·解放军国际关系学院战略与安全理论研究丛书·

变革世界中的
战略与安全

Strategy and Security in the Changing World

刘 峰◎主编

时事出版社

本书由解放军国际关系学院
“院长科研出版基金”资助出版

总　　序

21 世纪是一个传承与变革并行的时代，其间尽管国际事态纷繁复杂，但国际政治总的图景很大程度上是由 20 世纪后半叶的冷战和后冷战时代所催生的。其中，发端于 20 世纪最后十年，又在 21 世纪延续着自身逻辑的“后冷战时代”，自然地成为了新世纪战略特质的演绎者。可以说，冷战的终结开辟了一个新的时代，然而这个时代并不太平。在后冷战世界，各种传统与非传统安全问题非但未获得根本的解决，反而呈显出愈益复杂之势。如今，安全的概念变得越来越宽泛；不仅安全在定义上出现了宽泛化的倾向，而且冷战后的国际政治现实也或多或少地印证了宽泛化解释之必需，以至于给人们这样一种错觉：在当今世界，似乎什么都事关国家安全。这恰恰反映出了冷战后国家大战略缔造的一大困境。面对大变革、大调整、大发展的世界形势，面对传统安全与非传统安全相互交织的安全环境，世界主要大国纷纷加强了战略调整与战略创新，力求抢占主动，并为此展开了新的一轮战略博弈。其中，就战略缔造与实施而言，尽管影响因素众多，但根本上有赖于把握好两大环节。

首先，对于世界大势的把握，是一切战略缔造的根本出发点。

对于中国来说，能否稳步地实现自己的国家政策目标，除去客观因素外，很大程度上还取决于中国怎样认识世界、应对世界，亦即如何认识当今的国际环境和怎样进行国际政治斗争。“认识世界发展大势，跟上时代潮流，是一个极为重要并且常做常新的课题。”① 习近平主席的上述观点，深刻揭示了这样一个基本道理：对于当今中国来说，其发展前

---

① “习近平出席中央外事工作会议并发表重要讲话”，http：//news. xinhuanet. com/politics/2014 – 11/29/c_ 1113457723. htm

景必须也只能在世界大势中去定位。

什么是世界大势呢？那就是：当今世界是一个变革的世界，是一个新机遇新挑战层出不穷的世界，是一个国际体系和国际秩序深度调整的世界，是一个国际力量对比深刻变化并朝着有利于和平与发展方向变化的世界。除去上述显著变化外，当今世界还有五个“不会改变”：世界多极化向前推进的态势不会改变；经济全球化进程不会改变；和平与发展的时代主题不会改变；国际体系变革方向不会改变；亚太地区总体繁荣稳定的态势不会改变。①

正是基于这样的世界大势，新时期中国国家大战略本身也出现了一个显著的变化，那就是同时追求安全、发展、和平、正义这几类根本价值，同时强调：应对不确定性的最佳途径在于发展自己，使自己强大，用习近平主席的话说，就是“要坚持独立自主的和平外交方针，坚持把国家和民族发展放在自己力量的基点上，坚定不移走自己的路，走和平发展道路，同时决不能放弃我们的正当权益，决不能牺牲国家核心利益。”②

正因为如此，当今中国特别需要既审慎又创新的国家大战略，它除去具有普泛意义上的基本战略属性外，尤其需要深深根植于中国的历史文化，根植于中国政府的治国理政方略，根植于中华民族的强国梦想，根植于中国所处的内外环境。也就是说，中国的国家大战略需要顺应21世纪的战略心理特质，贯彻一种符合中国国情的现实主义基调，明确中国国家利益维护和渐次拓展的地理战略空间，阐明中国作用于国际体系和国家关系的基本原则、方式和方法，并重点规划好力量运用的基本方略和途径。

其次，准确认识和把握国家安全的科学内涵，是一切战略成功的关键所在。

2014年4月15日，习近平主席主持召开中央国家安全委员会第一

---

① “习近平出席中央外事工作会议并发表重要讲话”，http：//news. xinhuanet. com/politics/2014－11/29/c_ 1113457723. htm

② “习近平出席中央外事工作会议并发表重要讲话”，http：//news. xinhuanet. com/politics/2014－11/29/c_ 1113457723. htm

次会议并发表重要讲话，从观念、机制和能力等三个方面，提出了“三位一体”、全面系统的总体国家安全观。会上，习近平主席深刻地指出：“当前我国国家安全内涵和外延比历史上任何时候都要丰富，时空领域比历史上任何时候都要宽广，内外因素比历史上任何时候都要复杂。”①据此，新时期中国总体国家安全观突出强调了十一个具体安全领域，包括政治安全、国土安全、军事安全、经济安全、文化安全、社会安全、科技安全、信息安全、生态安全、资源安全和核安全。② 这十一个具体安全领域意味着国家安全的构成要素更加广泛，丰富了中国国家安全观的内涵和外延，体现了大安全时代的大安全思维，具有强烈的时代特色。正因为如此，我们必须根据不断变化的世界大势，去全面深刻把脉中国的国家安全问题。

美国著名学者克雷格·A·斯奈德曾指出：“为了使安全研究能够适应冷战后的时代，有必要转变安全思考。需要就三个宽泛的问题提出疑问：作为目标的安全，追求安全的手段，以及安全与国内事务的关系。”③ 毫无疑问，中国政府提出的总体国家安全观，正是对这三个安全问题的理性回答。在目标方面，新世纪中国追求的不仅仅是自身国家的安全，而是在实现自身安全的同时，尊重别国的安全关切，重视国际社会的安全，追求一种“共赢”的局面；在手段方面，主张通过平等对话和友好协商妥善处理矛盾和争端，实现合作安全和共同安全的目标；在处理国内和国际安全关系方面，认为应统筹好国内国际两个大局，特别强调“中国将通过争取和平国际环境发展自己，又以自身发展维护和促进世界和平”。④ 这样，纷繁复杂的传统安全与非传统安全议题，得以有机地整合到一个总体战略框架之内，即基于目标与手段、国际和国内的

① “习近平主持召开中央国家安全委员会第一次会议强调，坚持总体国家安全观，走中国特色国家安全道路”，《人民日报》，2014 年 4 月 16 日，第 1 版。

② 习近平：“坚持总体国家安全观，走中国特色国家安全道路”。载《习近平谈治国理政》，外文出版社，2014 年版，第 201 页。

③ ［美］克雷格·A·斯奈德：《当代安全与战略》，吉林人民出版社，2001 年版，第 11 页。

④ 习近平：“共同创造亚洲和世界的美好未来”。载《习近平谈治国理政》，外文出版社，2014 年版，第 333 页。

关系估算，来考察安全问题的性质、威胁程度、化解途径、成效评估，使之服务于国家安全的需要。

在总体国家安全理念下，就地缘安全而言，中国政府高度重视东亚和亚太地区对于中国实现中华民族伟大复兴所特有的战略价值，并尽最大努力在亚太秩序中追求中国的大国地位，这是因为东亚和亚太是中国大周边的关键地域，是战略的聚汇点，因而也是中国与世界上其他大国互动甚至是博弈的大舞台。就像习近平主席 2014 年 11 月 9 日在亚太经合组织工商领导人峰会上所强调的那样，我们有责任为本地区人民创造和实现亚太梦想。“这个梦想就是坚持亚太大家庭精神和命运共同体意识，顺应和平、发展、合作、共赢的时代潮流，共同致力于亚太繁荣进步。”[①] 为此，中国坚定地奉行与邻为善、以邻为伴的周边外交方针和睦邻、富邻、安邻的周边外交政策，贯彻亲、诚、惠、容的周边外交理念，同邻国和睦相处。可以说，新时期中国的周边外交和大国外交已经是一体两面，不可偏废。

中国作为发展中大国，坚持走和平发展道路，坚持合作共赢，坚持义利兼顾，坚持不干涉内政。这是中国政府向全世界所作的庄严承诺。在谈到安全问题时，习近平主席特别指出：“和平犹如空气和阳光，受益而不觉，失之则难存。没有和平，发展就无从谈起。国家无论大小、强弱、贫富，都应该做和平的维护者和促进者……国际社会应该倡导综合安全、共同安全、合作安全的理念，使我们的地球村成为共谋发展的大舞台，而不是相互角力的竞技场，更不能为一己之私把一个地区乃至世界搞乱。”[②] 当然，要实现中华民族伟大复兴的中国梦，除去利益共同体和命运共同体建设外，很重要的一点就是要在维护战略机遇的过程中顺势而为，积极有为，切实维护中国的国家利益及其拓展。[③]

历史反复证明，大国崛起从来不会一帆风顺，更不会一蹴而就。可

---

① “习近平 APEC 演讲：一切改革归根到底都是为了人民”，http：//news. china. com/focus/ddz/11163081/20141109/18941973. html

② 习近平：《共同创造亚洲和世界的美好未来——在博鳌亚洲论坛 2013 年年会上的主旨演讲》。http：//news. xinhuanet. com/politics/2013 -04/07/c_ 115296408. htm

③ 习近平：《在第十二届全国人民代表大会第一次会议上的讲话》（2013 年 3 月 17 日）。http：//news. xinhuanet. com/politics/2013 -03/17/c_ 115055434. htm

以说，在风雷激荡的世界里，要实现中华民族伟大复兴的中国梦，每一步都离不开正确战略的科学指导，因而也就格外地需要我们加强战略研究，汇聚聪明才智，寻求因应之策。正是在这个意义上，我们决定推出“战略与安全理论研究丛书”，以期探讨那些事关中国国家安全与长远利益的主要问题，从而为实现中华民族伟大复兴的中国梦提供应有的智力支撑作用。

是为序。

刘　峰

（解放军国际关系学院院长、少将）

目　　录

中国外交

美俄欧研究

东北亚研究

东南亚南亚研究

中亚中东研究

国际问题研究中的战略创新与战略定力

刘　峰

“振兴中华”、“中国崛起”是百余年来中华儿女孜孜以求的奋斗目标，而如今它有了“中国梦”这个更为精确的表述。习近平总书记指出：“实现我们确立的奋斗目标，我们既要有‘乱云飞渡仍从容’的战略定力，又要有‘不到长城非好汉’的进取精神。”① 我们要将习总书记的重要思想贯彻到我们的国际问题研究中，在积极开展战略创新的同时，不断增强战略定力。

一、新的战略时代呼唤战略创新

人类社会的发展史，实际上就是一部认识和实践持续创新的历史。创新是指超越旧事物、旧理论、旧方式，创造新事物、新理论、新方式。“创新是一个民族进步的灵魂，是一个国家兴旺发达的不竭动力。”② 具体到战略研究领域，后冷战时代可以说是一个传承与变革并存的新的战略时代。一方面，传统的影响因素依然存在，表现在政治、经济、军事、

① 习近平：《在纪念毛泽东同志诞辰120周年座谈会上的讲话》，载《人民日报》，2012年12月27日，第2版。

② 《江泽民文选》（第一卷），人民出版社，2006年版，第432页。

文化、地理等诸多方面。另一方面，战略实施的外在环境较之于冷战时期已不可同日而语。概言之，后冷战时代的战略缔造至少表现出以下若干趋向：一是软实力的运用使得力量的控制使用日益复杂；二是安全解释的宽泛化加大了战略聚焦的困难；三是非国家行为体的增生对国家的战略能力造成了渐进式冲击；四是“焦虑的时代”心理增加了战略优化的难度。[①] 进入新世纪以来，国际形势风云变幻，军事变革加速推进，战略缔造和战略实践都面临许多新情况、新挑战。新的形势和任务要求我们在做好历史传承的同时，坚持不懈地进行战略创新。

（一）战略研究攸关一个民族的政治判断力

战略的成败攸关国家盛衰和民族安危。古语云，“兴亡谁人定，胜负岂无凭”。古往今来，在国家间的竞逐中，“气力”的因素固然具有根本性，但“智谋”的因素也屡屡在关键时刻改变国家的前途命运。[②] 从这个意义出发，一个民族的政治判断力，或者用伟大的历史学家爱德华·吉本的话说，“公民的审慎”[③] 就显得至关紧要，因为唯有民族的政治判断力，才能确保不迷失航向，从而在世界民族之林立于不败之地。但恰恰在“公民的审慎”这一点上，国务家们无不为之深感焦虑，因为这需要消弭战略理性与大众舆论之间的分野，平衡利益与价值追求，因而一套成熟的治国理政方略就不可或缺。

冷战的终结开辟了崭新的时代，“和平的红利”曾让许多国家充满期待。然而，在后冷战的世界里，各种传统与非传统安全问题非但未获根本解决，反呈愈益复杂之势。面对汹涌澎湃的信息化大潮，面对大变革、大调整、大发展的世界形势，面对传统安全与非传统安全相互交织

---

① 宋德星：《试论后冷战时代战略制定的若干趋向》，载《中国军事科学》2012 年第 2 期，第 60—65 页。

② 韩非有言：“上古竞于道德，中世逐于智谋，当今争于气力”，参见《韩非子·五蠹》。

③ “公民的审慎”是大历史学家爱德华·吉本在总结罗马帝国衰亡原因时提出来的一个重要概念，意指政治的判断力，即一种正确判断具体情况的能力。参见（英）C. R. 波特编《新编剑桥世界近代史（I）：文艺复兴（1493—1520）》，中国社会科学院世界历史研究所译，中国社会科学出版社，1999 年版，第 22 页。

的安全环境，各主要强国纷纷加强战略调整和创新，力求抢占主动，并展开了新一轮的战略角力和博弈。

经过逾一甲子的持续奋斗，尤其是三十余年的改革开放，中国取得了举世公认的发展成就，如今已站在新的历史起点上。毫无疑问，亿万中华儿女拥有实现强国梦的坚定决心和巨大热情。但历史也反复证明，大国崛起从来不会一帆风顺，更不会一蹴而就。不仅中华民族的伟大复兴会遇到许多艰难险阻，甚至中国的国家安全也正面临诸多威胁挑战。国家崛起，民族复兴，百年大计，任重道远，每一步都离不开正确战略的科学指导。迅速崛起的中国面对风雷激荡的世界，在新形势下谋求强国梦的实现，需要更多的有识之士进行深入的战略思考，寻求有效的因应之策。所有这些都迫切要求我们加强战略研究，汇聚聪明才智，不容有丝毫的疏忽和懈怠。

作为一个有着深厚战略思想传统的国家，在中华民族辉煌的古代史上，曾留下许多战略博弈的精彩篇章。在当今时代，国际竞争在很大程度上表现为战略之争，这就要求我们必须要有大战略眼光。特别是在实现中华民族伟大复兴"中国梦"的征程中，中国的战略目标日益多元化，包括国家传统的和非传统的安全诉求、地缘政治角力、经济利益以及作为一个大国的责任与威望。显然，这样一个多元的战略目标，不仅会因为具体情势的变化而出现轻重缓急排序上的变更，而且还不可避免地要受到实力中心动态转移进程的影响。在这种情势下，一些精心设计的战略作为国家、民族和党的智慧结晶，不仅有助于确保中国多元战略目标的顺利实现，而且被视为国家"软实力"的重要象征。

（二）影响战略创新的各种因素

不同时代需要不同的战略指导。战略缔造总是受当时的政治、经济、文化和环境诸因素的影响。进入 21 世纪以来，全球的政治、经济、军事、科技等诸领域都发生了广泛而深刻的变化，对既有战略认识形成了巨大的冲击和挑战。厘清影响战略缔造的时代背景和影响因素，对我们有针对性地推进战略创新至关重要。

首先是国家利益的拓展。战略是为国家利益服务的，国家利益的拓展是推动战略创新的根本动因。冷战结束以来，我国国家利益的内涵与外延不断发生变化，特别是伴随着中国崛起的步伐和中国经济与全球经济的深度融合，中国的国家利益也在不断向新的战略空间拓展和延伸。其中既包括向海外的横向延伸，也包括向立体空间的纵向拓展。鉴于国家利益的不断拓展和延伸，创新与发展具有中国特色的战略研究，便成为当前及今后较长时期一项十分紧迫而又重大的战略任务。

其次是各国利益的融合。随着经济全球化和社会信息化的深入发展，世界各国的利益呈高度融合和相互依存之势。这一时代趋势正深刻地冲击和改变着世界各国的战略思维，人们的安全观、战争观、制胜观、价值观随之不断发展变化，从而影响战略的制定和实施。在安全观念上，求和平、谋发展成为世界各国人民的共同愿望，以综合安全、合作安全为核心的新安全观得到重视，以战争方式解决国际冲突的意愿相应降低。在战略指导上，制止和遏制战争成为重要目标。正所谓，“世界潮流，浩浩荡荡，顺之者昌，逆之者亡”。我们在战略研究中要顺应国家利益相互融合、相互依赖的时代趋势，更好地维护我国的国家利益。

再次是国家实力的增强。中国的崛起是冷战结束以来亚洲大陆最为引人瞩目的事实之一，也是国际战略界津津乐道的世界话题。冷战结束之初，全球形成了“一超多强”的权力格局，超级大国美国几乎处于全球权力结构的顶端。但进入新世纪以来，由于长期反恐战争的高昂开支以及次贷危机的严重拖累，美国的力量相对下降，而中国则保持了良好的经济增长势头，甚至在 2008 年全球金融危机中逆势而上，2010 年 GDP 跃居世界第二，对全球经济增长的贡献率一度高达 50% 以上。目前，中国发展强大的前景成为了一种共识，国际社会更为关注中国的发展强大对国际体系的可能影响，以及崛起的中国将如何使用它的力量，其中既包括地区层面，也包括全球层面。而这些问题事实上也是我国决策层和研究界需要通过深入的战略研究来寻求解答的。

最后是国家安全环境的变化。冷战结束后，特别是进入新世纪以来，我国和平发展所处的安全环境发生了重大变化。较之冷战时期，我国当前的安全环境已有较大改善，但各种新的战略挑战和安全威胁仍不断涌现。除传统安全威胁外，非传统安全威胁日益凸显，呈现出传统与非传统安全威胁相互交织、国内与国际安全威胁不断融合的状况。威胁的复杂性、多样性、不确定性大大增强，使得国防建设和军队的使命任务更加艰巨。由于上述变化，国家的安全和发展对战略运用提出了更高的要求，营造良好的外部环境、强化国家综合安全等问题，日益成为我国战略研究界必须密切关注的重大议题。为此，战略研究需要进一步更新观念，拓展视野，实现安全关注点从传统安全向综合安全的拓展，着眼应对多种安全威胁，完成多样化任务。

（三）战略创新应坚持的若干原则

第一，战略创新要始终以维护国家利益为最高准则

充分反映国家利益的最新需求，更加有效地维护国家利益，是战略创新与发展的根本出发点和归宿点。只有把维护国家利益作为根本着眼点，才能找准战略创新的最重要依据；只有适应国家利益的发展需要，战略创新才能获得不竭的动力；只有用国家利益作为评判战略成败的根本标准，才能正确把握战略创新的方向。鉴于目前中国国家利益在大空间、多领域里的拓展，战略研究应跟上国家利益拓展的步伐，实现与时俱进。只有这样，才能从纷繁复杂的矛盾和问题中瞄准战略方向，把握战略全局，破解战略难题，明确战略任务。

第二，战略创新要始终坚持全面协调可持续发展的方针

要根据国家利益拓展的需求，全面推进战略目标、方针、能力、手段的创新。在战略研究中，要科学评估国家安全所面临的威胁的性质和程度，既要着眼于维护国家当前的发展利益，又要维护国家的长远发展利益；要统筹好经济建设和国防建设，做到富国和强军目标的统一。要统筹好国内国际两个大局，深刻认识国内大局和国际大局、内政和外交的紧密联系，善于从国际形势和国际条件的发展变化中把握发展方向，掌握发展全局，审时度势，因势利导，内外兼顾，趋利避害。

第三，战略创新要坚持变革与稳定的统一

就大趋势而言，战略要根据时代潮流、形势变化、科技革新而不断创新，但这些变化或革新都需一个周期或过程。在某个周期或过程中，既定战略往往要保持相对稳定，随意变化的战略会使人莫衷一是，其结果甚至比没有战略还要糟糕。譬如新中国奉行的积极防御军事战略方针，虽然在建国后的不同时期其内容不断调整，但战略的核心内容始终是积极防御，具有较强的稳定性。所以，战略创新不等于战略多变，战略稳定也不等于战略僵化。“在创新中稳定，在稳定中灵活，在灵活中创新，这可能就是战略发展的运行链。”①

二、新的不确定性呼唤战略定力

2013 年 1 月，习近平总书记在新一届中央政治局第三次集体学习会上，从时代发展和战略全局的高度，提出走和平发展道路是“战略抉择”，强调要增强战略定力。② 这体现出他对实现强国梦、强军梦的深思远虑，对历史规律的深刻把握。

（一）增强战略定力的重要性

冷战后，在有关安全的研究中，与冷战时期截然不同的是，安全概念变得越来越宽泛。不仅“安全”在定义上出现了宽泛化的倾向，而且冷战后的国际政治现实也或多或少地印证了宽泛化解释之必需，以至于给人们这样一种错觉：在当今世界，似乎什么都关乎国家安全。这恰恰反映出了冷战后战略缔造的一大困境。实际上，20 世纪 90 年代以来，

① 王普丰：《战略的创新》，军事科学出版社，2010 年版，第 7 页。

② 《习近平在中共中央政治局第三次集体学习时强调，更好统筹国内国际两个大局，夯实走和平发展道路的基础》，载《人民日报》2013 年 1 月 30 日，第 1 版。

特别是“9·11”事件以来，“不确定性”（uncertainty）[①] 或者曰“国际性规制失控”（international deregulation），几乎成为世界各主要大国在思考国际战略环境时一个通用的词语。不仅如此，国务家们和战略研究界也基本相信，这一词汇在很大程度上描绘出了当今国际体系的基本风貌，并主要依此来思考国家安全和战略问题。中国国家领导人就曾指出：“现在，人类已经进入了充满希望的21世纪，世界和平与发展的事业正面临新的进步，但未来的不确定性依然是各国人民的关注点。”[②] 正是这种巨大的不确定性，决定了战略定力的重要地位。

一般认为，战略是统筹全局的方略，而战略定力则是实施战略的意志和决心。战略定力主要表现为“追求远大目标矢志不渝，应对复杂局势泰然自若，运筹利益全局胸有成竹，化解风险挑战胜券在握”。[③] 换言之，有无战略定力，攸关事业成败，攸关国家盛衰，也是衡量执政党是否成熟的重要依据。一个国家、民族和政党要始终立于不败之地、不断开辟前行道路，就必须有强大的战略定力。

目前，我国正走在追寻“中国梦”的伟大历史征程上。其实，类似中国的强国梦和强军梦，近现代不少国家都曾勉力追求过，但失败者多，成功者少。回顾近代以来的世界史，英美两国几乎是仅有的成功案例，而德法日俄（苏）虽也曾辉煌一时，却最终归于败绩。深入研究英美的成功经验和德法日俄（苏）等国的失败教训，不难发现一个共同的逻辑，那就是在追寻国家富强的过程中，能否有效抵御国内外各种诱惑和干扰，避免各种战略失误，坚持根本战略道路的坚定不移，这一点至关重要。如何才能避免战略失误呢？一个国家战略失误的最主要根源不在外因，而在内因。那就是，能否在国力迅速上升的过程中，坚持切合实

---

① 这方面的论述可参见 Henry A. Kissinger, “We Live in An Age of Transition”, *Daedal us*, V. 124 (Summer 1995); Richard N. Haass, ‘Beyond Containment: Competing American Foreign Policy Doctrines for the New Era’, in Eugene R. Wittkopf, Christopher M. Jones, eds., *The Future of American Foreign Policy*, Beijing: Peking University Press, 2003, p. 22。同样地，中国政府也认为，当今世界正处在大变革大调整之中。见胡锦涛《高举中国特色社会主义伟大旗帜，为夺取全面建设小康社会新胜利而奋斗——在中国共产党第十七次全国代表大会上的报告》，载《中国共产党第十七次全国代表大会文件汇编》，北京：人民出版社 2007 年版，第 44 页。

② 《江泽民文选》（第三卷），人民出版社，2006 年版，第 472 页。

③ 洪江强：《领导干部要增强战略定力》，载《解放军报》2013 年 6 月 18 日，第 7 版。

际的战略定位，追求科学合理的战略目标。当然，在具体战略实践中，几乎没有国家能够保证自己从不犯错，英美两国在崛起过程中也犯过不少错误，但出现问题后能迅速“纠错”，从而避免重大战略失误的出现，这或许是它们最值得别国学习的地方。

（二）增强战略定力应采取的若干方式

一是要以高度的战略自信培养战略定力。战略自信是战略定力的重要源泉。今天，中华儿女的战略自信就是中国特色社会主义的“道路自信、理论自信、制度自信”。经过30多年的改革开放，特别是近10年来的科学发展，中国特色社会主义道路、理论体系和制度不断丰富和完善，经济发展、政治安定、民族团结、社会稳定的良好局面得到长期保持。沿着中国特色社会主义道路实现中华民族伟大复兴，既是我们的政治信念，也是我们的最高战略。在新的历史条件下坚持和发展中国特色社会主义，习总书记提出“五个必须”——必须坚持走自己的路，必须顺应世界大势，必须代表最广大人民的根本利益，必须加强党的自身建设，必须坚定中国特色社会主义自信。这“五个必须”既是历史经验的科学总结，又鲜明地体现了时代要求，为新形势下坚持和发展中国特色社会主义指明了方向。我们要将对中国特色社会主义的战略自信融入到战略研究中，将“五个必须”的要求融入到战略自信中，让战略研究服从和服务于中国特色社会主义建设的伟大实践，在复杂多变的国际局势面前“立得脚定”，“著得眼高”，真正做到“任凭风浪起，稳坐钓鱼台”。

二是要以正确的战略判断支撑战略定力。兵法有云，“谋定而后动”。国际形势风云变幻，只有正确判断形势，才能正确选择行动。党的十八大报告全面客观辩证地分析了当前的国际形势，强调指出“和平”与“发展”仍是时代主题，国际形势保持总体稳定具备有利条件；同时，世界仍然很不安宁。[①] 一方面，我国的综合国力和抵御风险的能力显著增强，战略回旋空间不断扩大。另一方面，随着中国的快速发展，

---

① 《十八大辅导读本》，人民出版社，2012年版，第371页。

少数西方国家积极拉拢一些中国周边国家，加大对我国的防范和遏制力度，我国在较长时期将面临重大政治、经济和安全风险。在战略研究中，我们要深刻把握中央的科学判断和决策部署，增强机遇意识和忧患意识，摒弃浮躁，排除干扰，正确把握机遇，妥善应对挑战，力求在激烈竞争和复杂斗争中牢牢掌握主动权。

三是要以坚定的战略理念维护战略定力。面对中国的崛起，一些居心叵测的国家常以“战略不透明”诬蔑、攻击中国，一些不明真相的国家也推波助澜。鉴于这种情况，党的十八大报告系统地阐明了中国的政策主张和重大关切，表达了中国的国际关系理念、原则道路以及在具体问题上的政策方针。报告指出，在国际交往中，中国弘扬平等互信、包容共鉴、合作共赢的精神，大力推动建设持久和平、共同繁荣的和谐世界，高举和平、发展、合作、共赢旗帜，坚持和平共处五项原则，奉行互利共赢开放战略。在周边外交中，中国坚持与邻为善、以邻为伴；坚持睦邻、安邻、富邻；突出亲、诚、惠、容的睦邻理念。上述重要战略理念和主张，既是新中国60多年国家发展和对外交往的经验总结，也闪烁着中国传统文化和当今时代潮流的智慧光芒；既向世界充分展示了中国政府的精神追求和价值取向，也坚定明确地阐明了中国不可动摇的利益关切和战略底线。在战略研究中，我们要强化战略定力，就要坚持这些战略理念不动摇，要努力用这些理念来指导我们的研究，并积极为这些理念的弘扬和传播鼓与呼！

（三）当今中国战略定力之所在

实际上，冷战结束以来，中国国家大战略的一个显著变化，就是同时追求安全、发展、和平、正义这些根本价值理念。用时任国务委员戴秉国的话说，就是“中国是社会主义国家，坚持人民富裕、社会公正、国家发展、世界和平的基本目标”。[①] 而中国能否稳步地实现自己的目

① 戴秉国：《坚持走和平发展道路》，载《中共中央关于制定国民经济和社会发展第十二个五年规划的建议》（辅导读本），人民出版社，2010年版；另见中央政府门户网站：http://www.gov.cn/ldhd/2010-12/06/content_1760381.htm。

标，很大程度上取决于中国怎样应对世界，亦即中国共产党如何认识当今的国际环境和怎样进行国际政治斗争，其核心是要以足够深远、足够广阔的时空尺度，来透视当今世界与其较为长远的未来结构和走向，并由此思考和设想中国的发展道路与基本战略选择。

对此，以胡锦涛为代表的中国领导人的回答是"和谐世界"。2006年4月，在"中国梦与和谐世界"研讨会上，中国外交部领导详细阐述了中国所主张的"和谐世界"的内涵："我们主张的和谐世界，应该是一个和平、稳定的世界。在这样的世界里，各国之间相互信任、和睦相处，通过公平、有效的安全机制，共同维护世界的和平与安全"；"我们主张的和谐世界，应该是一个民主、公正的世界。在这样的世界里，各国主权平等，国际关系以法制和多边主义为基础，世界上的事务由各国协商解决"；"我们主张的和谐世界，应该是一个互利、合作的世界。在这样的世界里，经济全球化以及科技的进步，有利于国际社会的共同发展，特别是发展中国家的发展"；"我们主张的和谐世界，应该是开放的、包容的世界，在这样的世界里，不同文明开展对话，取长补短，不同社会制度和发展模式相互借鉴、共同发展。"①

2013年4月7日，在博鳌亚洲论坛年会上，国家主席习近平进一步详细阐释了中国政府的基本国际态度，那就是：勇于变革创新，为促进共同发展提供不竭动力；同心维护和平，为促进共同发展提供安全保障；着力推进合作，为促进共同发展提供有效途径；坚持开放包容，为促进共同发展提供广阔空间。他特别指出："和平犹如空气和阳光，受益而不觉，失之则难存。没有和平，发展就无从谈起。国家无论大小、强弱、贫富，都应该做和平的维护者和促进者……国际社会应该倡导综合安全、共同安全、合作安全的理念，使我们的地球村成为共谋发展的大舞台，而不是相互角力的竞技场，更不能为一己之私把一个地区乃至世界搞乱。"② 当然，要实现中国政府倡导的"和谐世界"这一伟大梦想，前提

---

① 《中国外交部副外长张业遂详解"和谐世界"内涵》，http：//www.chinanews.com/news/2006/2006－04－02/8/711326.shtml。

② 习近平：《共同创造亚洲和世界的美好未来——在博鳌亚洲论坛2013年年会上的主旨演讲》，http：//news.xinhuanet.com/politics/2013－04/07/c_115296408.htm。

之一必须是要实现中华民族伟大复兴的“中国梦”。①

这就是当今中国的战略定力。用美国大战略史家保罗·肯尼迪的话说，虽然中国可能是大国中战略地位最差的，但在大战略的连续性和向前看方面，比俄罗斯、美国和日本的都强，更不用说西欧的了。②

三、以“强国梦”牵引战略研究

实现“中国梦”是当今中国的时代最强音。2012年11月，习总书记带领新一届中央领导集体参观中国国家博物馆“复兴之路”展览时，首次科学地对“中国梦”进行了定义：“实现中华民族伟大复兴是中华民族近代以来最伟大的中国梦，它凝聚和寄托了几代中国人的夙愿，它体现了中华民族和中国人民的整体利益，它是每一个中华儿女的一种共同的期盼。”③ 可以说，经过长期的不懈努力，我们现在比历史上任何时期都更加接近实现“中国梦”。越是这种时候，越是可能遇到各种风险和挑战，越是考验中国人民的智慧、耐心和勇气，越是需要深入的战略思考和精心的战略谋划。

（一）战略研究特有的实践导向性

众所周知，国际关系和大战略理论知识的功能之一，就在于努力揭示特定的理论与观念是如何影响人们的世界意识与对国际问题的看法的，从而为政策行动提供指南。冷战后，随着中国稳步迈入既富含战略机遇又面临严峻挑战的伟大民族复兴进程，关于中国崛起之理论建构和理论

---

① 习近平：《在第十二届全国人民代表大会第一次会议上的讲话》（2013年3月17日），http：//news. xinhuanet. com/politics/2013－03/17/c_ 115055434. htm。

② ［美］保罗·肯尼迪：《大国的兴衰——1500—2000年的经济变迁与军事冲突》，陈景彪等译，国际文化出版公司，2006年版，第439页。

③ 《习总书记深情阐述“中国梦”》，载《人民日报》2012年11月30日，第1版。

准备问题便自然而然地提上了日程，并在国务家和学者群体中引起广泛关注和争鸣。

“历史也不可能止步不前，知识的探索永无止境，总会面对新的议题，总会有新的方法可资利用，总会产生新的洞见，总会有新生代学者去继续探求。”[①] 理论上，一国战略的主线经常是容易辨识的。然而，这一战略得以逐渐形成的过程往往极为复杂。“那种马汉式的观念，即认为健全的战略可以靠发现和应用永恒法则来自动生成，并不符合现实。战略思维并非发生在真空当中，亦非不可能找到十全十美的解决办法；政治、意识形态和地理状况塑造特殊的国家战略文化。这些文化反过来，可以使得一国难以逐渐形成明智和讲究实际的方法来对付它所面对的战略问题。”[②] 威廉森·默里和马克·格利姆斯利的这一论断，揭示了这样一个基本道理：就治国方略来说，我们必须将国家的战略转化为概念，使之成为普遍接受的治国理政的一般性知识，以此开发、动员和有效配置全社会的资源，使之为中长期的大战略目标服务。

为此，加强战略研究，一是要把握正确的方向。战略研究不是坐而论道的玄学，更不是哗众取宠的宣传，而是为了解决我国国家安全和发展面临的诸多现实问题，为了助力实现中华民族伟大复兴的“中国梦”。战略研究需要涉猎和关注的内容虽然冗杂，但最根本的还是要紧扣国家发展的根本目标，深刻洞察国内外形势的变化，努力从中掌握本质规律，实现战略认识的与时俱进，以正确引领战略实践。二是要坚持准确的定位。古今中外的战略制定，本无固定的模式而言，可谓“运用之妙，存乎一心”。总结这些成功战略的经验，离不开对当时情势的准确定位与战略目标的透彻思考。无论是抗日救亡的“持久战”战略，还是沉着应变的“韬光养晦、有所作为”战略，均是如此。因此，要搞好战略研究，就要从当前的实际出发，置身战略境地，找准目标定位，明确求解难题。

---

① ［加］罗伯特·杰克逊、［丹］乔格·索伦森：《国际关系学理论与方法》，吴勇、宋德星译，天津人民出版社，2008 年版，第 371 页。

② ［美］威廉森·默里、麦格雷戈·诺克斯和阿尔文·伯恩斯坦编：《缔造战略：统治者、国家与战争》，时殷弘等译，世界知识出版社，2004 年版，第 3 页。

（二）当前战略研究应重点关注的领域

对于时代问题的把握，是一切战略缔造的根本出发点。英国大战略理论家利德尔－哈特在探讨冷战时期的大战略问题时曾指出，氢弹的出现意味着“我们已经进入了一个新的战略时代”。[①] 后冷战时代也可以说是一个“新的战略时代”，一个需要努力去适应并认真加以应对的变化中的时代。也就是说，我们除了需要继续关注那些影响大战略缔造的传统因素之外，[②] 首先，也最重要的，就是要清醒认识和把握这一新的战略时代的特性，明辨其特有的战略意涵。这是因为，尽管大战略缔造的内在机理没有什么变化，但大战略实施的外在物质环境和心理环境与冷战时期已不可同日而语。

随着中国综合国力的跃升、国家利益的拓展，中国的国家安全视野和安全追求也逐渐地向新的战略空间延伸，并突出地表现在太空、海洋、极地和网络空间等诸多方面。

显然，一方面，就这些战略空间而言，它们对于当今中国的安全、利益和威望的意义极其重大，以至于建立在传统的领土空间认识之上的权势竞争、安全追求和战略规划远不能适应新的战略情势的发展，故而需要进行新的战略思考；另一方面，对于当今国际体系中的某些大国而言，它们在海洋、太空、极地和网络空间的力量存在和战略运筹早已有之，从而对于像中国这样的新兴大国构成了巨大的挑战。正因为如此，就当今中国来说，研究这些新增长的战略空间，首先需要从国际权势竞争的视角出发，较为细致地辨识这些新增长的战略空间权力政治运行的逻辑，包括它们与传统意义上的领土空间权力政治运行逻辑的内在一致

---

① ［英］巴兹尔·亨利·利德尔—哈特：《战略论（间接路线战略）》，中国人民解放军军事科学院译，战士出版社，1981年版，第3页。

② 在《缔造战略》一书中，大战略研究者威廉森·默里列举了影响战略缔造的6个方面的主要因素：地理，历史，政权的性质，宗教、意识形态和文化，经济因素，政府和军事体制组合方式等。冷战结束后，影响战略缔造的这些传统因素依然存在。见唐那德·卡根《伯罗奔尼撒战争中雅典的战略》，载威廉森·默里、麦格雷戈·诺克斯和阿尔文·伯恩斯坦编，时殷弘等译：《缔造战略：统治者、国家与战争》，世界知识出版社，2004年版，第8—22页。

性与显著区别，即一种基于权力政治的国际政治探讨。

第二，在明了这些新增长的战略空间权力政治运行逻辑的基础上，当前我们尤其需要切实把握在上述战略空间里已有的力量布局和力量态势，在软硬两个方面客观评估主要对手的目标追求及其用以实现该目标的可用资源，连同揭示其他国家（主要是西方大国）在这些战略空间长期活动所累积起来的历史启示和战略经验，特别是有关力量运用的艺术，以期明了中国作为新的战略棋手在这些战略空间进行权力政治博弈时总的环境特征。换言之，在进行必要的技术性分析和形势研判的同时，尤其需要加强战略研究，明了战略竞争态势。

第三，就中国而言，海洋、太空、极地和网络空间尚属于新增长的战略空间，其对于当今中国的安全、利益和威望的意义极其重大。但现实是：一方面我们的传统战略思维和战略认知还不能满足这方面的战略需求，另一方面又面临着其他力量的巨大战略压力。为此需要在借鉴他国和自己已有经验的基础上，认真地进行战略思考和战略规划，以增进中国的国家权势和国家利益。其中特别需要战略现实主义信条，它的一个最重要的成分或最突出的表现，在于通过一系列的战略举措，来促使世界认识到作为大国的中国，不仅仅是概念和言论意义上的，而且确实是一个按照基本的战略规划不断迈进的基本现实。为此，对于这些新增长的战略空间，中国既要避免反应迟缓，又要避免反应过度，根本上就是要避免成为战略上的孤独者和挑战者。

（三）努力实现战略创新和战略定力的有机统一

战略创新和战略定力并不矛盾，而是在战略实践中有机结合，相辅相成。谈到战略创新和战略定力的有机统一，近年来中国政府关于“新型大国关系”的主张和探索就是最好的例证之一。[①] 一方面，新型大国

---

① 党的十八大报告指出：“中国坚持在和平共处五项原则基础上全面发展同各国的友好合作。我们将改善和发展同发达国家关系，拓展合作领域，妥善处理分歧，推动建立长期稳定健康发展的新型大国关系。”见《十八大辅导读本》，人民出版社，2012 年版，第 48—49 页。

关系主张是中国和平发展战略的重要载体，体现了中国的战略定力和务实外交精神。首先，新型大国关系的主张是对中国30多年改革开放成果和“战略机遇期”的维护。中国改革开放以来的发展成就得益于和平稳定的外部环境，实现民族伟大复兴的“中国梦”同样需要国际战略环境的总体稳定。中国政府积极倡导建立新型大国关系，就是要努力控制和降低大国间的冲突风险，为中国的民族复兴尽可能排除隐患。其次，新型大国关系体现了中国外交的理性和务实精神。中国并非认为当前的国际体系不需要改革，也期望建立更为合理的国际政治经济新秩序，但深知这种转变是个长期的过程，需要坚持不懈的细致努力。新型大国关系主张立足于当前国际政治中的现实状况，如此，“平等互信、包容互鉴、合作共赢”的核心要义更容易得到相关国家的认同和支持，从而实现了战略前瞻性和现实可行性的有机结合。可以相信，如果这一主张最终能够实现，将对国际体系的良性发展和大国关系的长期稳定起到“润物细无声”的持续正面效应。

另一方面，新型大国关系是中国对国际体系和大国关系的主动塑造战略，展现出强烈的战略创新色彩。在国际关系史上，如何实现崛起国与主导国之间的和平相处，一直是个历史难题。当崛起国的实力接近或超过主导国之际，往往是两者关系最为动荡、最不稳定的时期。而双方政治制度、历史发展阶段等方面的差异，也会导致相互不信任甚至战争。而传统的权力转移理论无法为大国关系的演进指出一条和平、光明的发展道路。在没有前例可循的情况下，面对当今世界权力转移的大背景，中国创造性、前瞻性地提出建立新型大国关系的主张，表现出一个崛起大国对本民族、对国际社会，乃至对世界和平与人类未来的责任感，其目的在于超越成王败寇的权力转移逻辑。正因为如此，建立新型大国关系的主张在提出后获得了广泛的关注和赞同。目前，中国已经在发展中俄、中美和中印等双边关系的实践中提出了构建新型大国关系的倡议，并获得了比较积极的回应。

新的使命任务，新的战略环境，新的历史时代，要求我们在进行国际问题研究时，一方面要与时俱进，努力实现战略创新，从而为维护和实现国家利益提供可靠的智力保证；另一方面要保持战略定力，确保根本的大政方针不动摇，并以此为依归，确保战略缔造与实施的正确方向。总之，只有实现了战略创新和战略定力的有机统一，才能使我们的国际问题研究具备中国情怀，富含时代特色。

中国外交

新时期中国总体国家安全观的提出及其意义

王文明

自古以来，“事因于世，而备适于事”。[①] 在当今时代，国内外安全环境的新变化，呼吁我国国家安全观念的与时俱进。习近平总书记近期强调指出，要准确把握国家安全形势变化的新特点新趋势，坚持总体国家安全观，以人民安全为宗旨，以政治安全为根本，以经济安全为基础，以军事、文化、社会安全为保障，以促进国际安全为依托，走出一条中国特色的国家安全道路。习总书记关于总体国家安全观的系列论述，是因应时代发展而对我国国家安全问题的新概括，是对国家安全规律的新认识和对国家安全战略的新要求，也是对马克思主义安全观的新发展。

一、中国国家安全观的发展演变

国家安全观是关于国家安全的理论化、系统化的观念。国家安全观依附于特定的主体而存在，个人、组织、国家均可能存在不同层级的国

---

① 语出《韩非子·五蠹》。

家安全思考，形成不同类别的国家安全观。对于国家来说，每个国家由于其战略环境、国家利益、战略文化、战略特性等诸多因素的不同，也会形成不同内涵的国家安全观。作为关于国家安全的理论化、系统化、权威性的观念，一国的国家安全观，也是该国制定其国家安全战略的根本出发点。

新中国成立60多年来，随着国内外安全形势的发展变化，中国对国家安全问题的认识也在不断拓展和延伸，国家安全观的发展演变过程大体经过了两个时期。第一个时期是改革开放之前的30年。面对内忧外患、多面受敌的严峻安全形势，中国国家安全工作的关键是做好“反侵略、反颠覆、反分裂”（三反）工作，国防安全是这一时期国家安全观的核心。第二个时期是改革开放以来的30多年。根据国际形势和安全环境的变化，中国政府提出和平与发展是当今时代主题的重要判断，确定了通过增强综合国力来维护国家安全的战略思路，并逐步把国家安全观拓展为综合的大安全观，既包括政治、国防安全，也包括经济、文化、信息、能源、卫生、气候等多领域的安全。①

毫无疑问，冷战的结束是中国国家安全观发展演变的重要转折点。在1997年党的十五大报告中，关于国家安全问题的论述开始超越军事和政治，进入经济和其他领域。2002年，党的十六大报告提出了明确的“非传统安全”定义，开始逐渐形成一种既包含传统的军事和政治安全，又包括非传统的经济安全和应对恐怖主义威胁在内的综合安全观。所谓“综合安全观”，是指“用全局的、联系的、系统的思维，来思考政治、经济、文化、社会、军事，以及科技、生态、粮食等一系列安全问题，通过科学统筹，运用多种手段，发挥整体合力，实现国家的总体安全”。② 胡锦涛在出席十一届全国人大三次会议时强调，要正确认识和把握国家安全形势发展变化，牢固树立综合安全观念。胡锦涛关于综合安全观的重要论述被写入了党的十七大报告。

---

① 熊光楷：《中国的国家安全观和国际安全观》，载《国际战略研究》2011年第4期，第1—2页。

② 军事科学院军队政治工作研究中心：《论树立综合安全观》，《解放军报》2010年1月19日，第7版。

除了国家安全观外，一个国家关于国际安全的理念，也是对于什么样的世界才最有利于本国安全和发展的根本思考。中国在对国家安全的认识不断升华的基础上，提出并积极倡导“互信、互利、平等、协作”的国际新安全观。1999 年 3 月，江泽民在日内瓦裁军谈判会议上提出了以“合作安全”为核心的新安全观。2002 年，中国在参加东盟地区论坛外长会议时向大会提交了《中国关于新安全观的立场》文件，全面系统地阐述了中国在新形势下的国际新安全观。2009 年 9 月，胡锦涛在第六十四届联合国大会上发表重要讲话，重申了“互信、互利、平等、协作”的国际新安全观。中国政府倡导的国际新安全观坚持共同安全理念、综合安全理念和合作安全理念，主张各国彻底摒弃冷战思维，在互信基础上发展平等、协作，达到安全互利。① 可以说，国际“新安全观”是对“综合安全观”的丰富与发展。

总体而言，党的十四大以来，中共中央对国家安全的认识一直在不断拓展和深化，从国内安全扩展到国际安全，从传统安全领域拓进到非传统领域，并认识到传统安全威胁和非传统安全挑战相互交织的新情况，理性设计国家安全战略，构建和完善科学协调高效的维护国家安全的工作机制，做出一系列重大的国家安全决策部署，在理论深化和实践完善的基础上，逐渐形成了一种统领国际与国内两个大局、兼顾传统与非传统两个方面的新型总体国家安全观。

二、“三位一体”的新型总体国家安全观

以习近平为核心的新一代中央领导集体高度重视国家安全，不断在理论和实践两个层面创新探索国家安全工作。习总书记指出：“增强忧患意识，做到居安思危”是治党治国的重大原则；“我们党要巩固执政

---

① 江泽民：《推动裁军进程，维护国家安全：在日内瓦裁军谈判会议上的讲话》，《人民日报》1999 年 3 月 27 日；胡锦涛：《共同分享发展机遇，共同应对各种挑战》，《人民日报》2009 年 9 月 25 日。

地位，要团结带领人民坚持和发展中国特色社会主义，保证国家安全是头等大事。”① 2014 年 4 月 15 日，习近平主持召开中央国家安全委员会第一次会议并发表重要讲话，从观念、机制和能力三个方面，提出了“三位一体”、全面系统的总体国家安全观。

（一）创新的国家安全观念体系

习总书记提出的总体国家安全观是成体系的创新性国家安全观念。首先，总体国家安全观首提五要素，即以人民安全为宗旨，以政治安全为根本，以经济安全为基础，以军事、文化、社会安全为保障，以促进国际安全为依托。把人民的安全放在第一位，“坚持国家安全一切为了人民、一切依靠人民”，是总体国家安全观的重要亮点之一。政治安全就是要坚持中国特色社会主义制度。改革开放的伟大实践告诉我们，只有坚持中国特色社会主义道路，才能发展中国、振兴中国。离开了中国特色的社会主义制度，中国国家安全便失去了基本的政治方向。经济基础决定上层建筑，经济安全是国家安全的基础。从近年的西亚北非变局到当前的乌克兰危机，这些国家的动乱在很大程度上都要归因于民众的经济和发展诉求未得到满足。军事安全事关领土和主权完整，文化安全事关防范外来文化侵蚀，社会安全事关民生与社会稳定，这三者同样是构成国家安全的重要内涵。此外，在全球化时代，中国与外部的政治、经济、文化联系日益紧密，中国的安全发展越来越离不开整体国际环境的安全稳定，所以要在国际社会“打造命运共同体，推动各方朝着互利互惠、共同安全的目标相向而行”，这是新型总体国家安全观对国际安全的新界定。

其次，总体国家安全观突出强调了 11 个具体安全领域。包括政治安全、国土安全、军事安全、经济安全、文化安全、社会安全、科技安全、信息安全、生态安全、资源安全和核安全。这 11 个具体安全领域意味着

---

① 《习近平主持召开中央国家安全委员会第一次会议强调，坚持总体国家安全观，走中国特色国家安全道路》，《人民日报》2014 年 4 月 16 日，第 1 版。

更为广泛的国家安全构成要素，丰富了中国国家安全观的内涵和外延，体现了大安全时代的大安全思维，具有强烈的时代性色彩。例如，维基解密和“棱镜门”等事件的发生，进一步凸显了加强信息安全的重要性。面对欧美等西方国家的信息攻势，我国的信息安全亟待巩固和强化。近年来，环境恶化和资源短缺的负面效应不断显现，诸多生态环境恶性事件的发生警示我们，生态安全和资源安全与中国的可持续发展息息相关。中国作为世界主要拥核国家和核能和平利用大国，核安全问题也不容小觑。

第三，总体国家安全观坚持辩证统一、统筹兼顾的原则。基于中国国家安全面临的现实情况及民众的安全需求，习总书记在总体国家安全观中提出了“十个重视”的观点，即：贯彻落实总体国家安全观，必须既重视外部安全，又重视内部安全；既重视国土安全，又重视国民安全；既重视传统安全，又重视非传统安全；既重视发展问题，又重视安全问题；既重视自身安全，又重视共同安全。“十个重视”的要求充分体现了马克思主义的辩证法思想，坚持了外部/内部安全、国土/国民安全、传统/非传统安全、自身/共同安全、发展利益/安全问题等五对矛盾关系的有机统一。

（二）具有中国特色的国家安全委员会制度

中央国家安全委员会的设立，是对十六届四中全会首次提出并在后来多次强调的构建和健全中国国家安全工作机制的落实和发展。早在2004 年 9 月，党的十六届四中全会就首次系统论述了国家安全问题，提出构建维护国家安全的工作机制。2006 年 10 月，党的十六届六中全会提出，健全科学、协调、高效的（国家安全）工作体制。2012 年，党的十八大报告提出，要完善国家安全战略和工作机制。党的十八届三中全会则正式提出完善国家安全体制，设立国家安全委员会。2014 年 1 月 24 日，中共中央政治局召开会议，研究决定中央国家安全委员会设置，决定由习近平任主席，李克强、张德江任副主席，下设常务委员和委员若干名。国家安全委员会作为中共中央关于国家安全工作的决策和议事协调机构，统筹协调涉及国家安全的重大事项和重要工作。根据部署，中央国家安全委员会遵循集中统一、科学谋划、统分结合、协调行动、精干高效的原则，聚焦重点，抓纲带目，紧紧围绕国家安全工作的统一部署狠抓落实。

至此，我国拥有了在国家层面综合应对、协调处理国内外安全事务的顶层运作机制，完善了集中统一、高效权威的国家安全体制，加强了对国家安全工作的总体领导。中央国家安全委员会这一机构的设立，能够把事关内外国家安全的各种力量有效整合在一起，充分体现了维护国家安全与创新社会治理的有机统一，有效预防与化解社会矛盾的有机统一，预示着新一届中央领导集体关于国家安全战略思路的清晰化、科学化。①

（三）多种国家安全力量的协调运用

国家安全工作既涉及军事、外交、情报、公安、财经安全等多个传统的国家安全重点部门和领域的工作，亦涉及海洋权益、金融、核、信息化和互联网等众多新兴的国家安全重点关注领域。当前我国面临的安全挑战日益严峻，国家安全形势错综复杂。总体国家安全观的提出和中央国家安全委员会机制的设立运行，改变了长期以来我国维护国家安全资源高度分散、国家安全力量分布于政府和军队多个职能部门、“各自为战”的局面，极大地提升了国家安全力量使用的整体效能。习总书记指出，各地区各部门要各司其职、各负其责，密切配合、通力合作，勇于负责、敢于担当，形成维护国家安全和社会安定的强大合力。在中央国家安全委员会的统一指挥下，国家协调运用多种国家安全力量，建立高效能的分工负责、相互支持的统筹机制，更加有效地统筹安全维稳与经济发展、中央和地方、陆地和海洋、传统安全和非传统安全事务等各方面关系，使各级政府机构、军队、公安武警以及其他力量都更为有效地发挥维护国家安全的作用。

---

① 姜鲁鸣、王文华：《国家安全委员会的由来和使命》，《学习时报》2014 年 4 月 7 日。

总体国家安全观非常重视军事力量建设在国家安全维护中的作用。2014 年 4 月，习主席在部队视察、调研时，屡次重点强调国家安全。如习主席在视察武警部队时强调，武警部队作为国家反恐维稳的重要力量，要坚决有力打击各种暴力恐怖犯罪活动，维护国家安全和社会稳定，保障人民安居乐业。习主席在视察某空军部队时指出，空军在国家安全和军事战略全局中具有举足轻重的地位和作用，为维护国家主权、安全、发展利益作出了重要贡献；他要求空军保持常备不懈的战备状态，确保遇有情况能够快速有效处置。习主席始终强调部队要保持高度戒备，部队要忠诚履行职责与使命，确保在任何时候、任何情况下都坚决听从党中央、中央军委的指挥，永远做党和人民的忠诚卫士。

三、总体国家安全观提出的战略意义

总体国家安全观是以习近平同志为总书记的新一代中央领导集体对中国国家安全形势的最新判断，是中国国家安全战略的总纲领，使中国的国家安全理念体系更加科学完善，适应了新时期中国面临的复杂化安全环境的现实需要，为促进中国的国家安全与发展利益、为实现中国梦提供了重要的保障。

（一）总体国家安全观的提出，反映了新时期复杂化的安全环境的现实需求

安全观只有基于对现实安全环境和安全需求的深刻认识和准确把握，才能够有效地指导实践。总体国家安全观的提出，就是准确把握新时期我国安全环境和安全需求的结果。当前，我国发展面临的国内外安全环境正发生巨大而深刻的变化。习主席深刻地指出：“当前我国国家安全的内涵和外延比历史上任何时候都要丰富，时空领域比历史上任何时候

都要宽广，内外因素比历史上任何时候都要复杂。”① 随着经济全球化进程的发展，我国与外部世界的相互依赖程度进一步加深。中国作为全球最大的新兴经济体和安理会常任理事国，很难在外部重大危机或动荡中独善其身，其他地区、国家发生的危机或动荡极易对我国造成冲击，如发端于美国的次贷危机及随后的全球性金融危机对我国经济的影响，全球恐怖主义与反恐形势对我国与“三股势力”（宗教极端势力、民族分裂势力、暴力恐怖势力）斗争的影响等。同时，中国国内安全环境也出现新的变化，较之于传统的政治、军事领域的安全威胁，以暴力恐怖事件和群体性事件为代表的各种非传统安全挑战也日益威胁到国家安全与社会稳定。

目前，我国国内外总体安全态势稳定，但是也存在不少现实而紧迫的国家安全制约因素：外部因素有钓鱼岛和南海主权争端等事关国家主权和领土完整的危机；内部因素既有长期粗放式经济发展带来的资源短缺和环境污染等问题，又有以“三股势力”为代表的少数敌对分子的安全破坏。国内外各种安全挑战因素相互交织，相互作用，相互发酵，使得中国面临的总体安全环境的复杂性、综合性和敏感性日益增加。同时，伴随着生活水平的提高，中国民众的安全需求也越来越高。可以说，总体国家安全观是应运而生，既顺应了形势要求，又顺应了民意诉求，对于统筹国家发展全局，应对国内外安全挑战具有十分重要的意义。

（二）总体国家安全观的提出，体现了我国国家安全理念体系的科学完善

总体国家安全观继承了我国既有国家安全理论思考和经验认识的精髓，又结合当前国内外环境和我国的安全需求，是一种积极进取的理论创新。

首先，总体国家安全观继承了长期以来我国国家安全理论的精髓。

① 《习近平主持召开中央国家安全委员会第一次会议强调，坚持总体国家安全观，走中国特色国家安全道路》，《人民日报》2014 年 4 月 16 日，第 1 版。

安全观的宗旨是安全观的核心，它决定着安全观的根本性质和立足点，即保障谁的安全的问题。在这一点上，总体国家安全观的宗旨是人民安全，这与马列主义、毛泽东思想、邓小平理论以及党在新时期一系列创新理论中的群众观点是一脉相承的。从代表最广大人民群众的根本利益，到以人为本，体现在国家安全领域就是以人民的安全为宗旨的国家安全观，即民本安全观。只有人民安全，才是一切国家安全活动的根本宗旨和根本目的，而其他的安全都是为了实现这一宗旨和目的采取的措施和手段。总体国家安全观的宗旨充分体现了党和政府以民为本、以人为本的执政理念，真正夯实了中国国家安全的群众基础。

其次，总体国家安全观结合当前国内外环境和我国的安全需求，进行了积极进取的理论创新。很大程度上，总体国家安全观是对过去提出的“新安全观”和“综合安全观”的升级。以“互信、互利、平等、协作”为核心的新安全观是对外的国际安全观，而总体国家安全观则将国内安全与国际安全统合起来看待。而较之于“综合安全观”，总体国家安全观则集纳人民安全、政治安全、经济安全、军事安全以及国际安全，统筹国内外两个安全大局，协调中央、地方等不同层级，以及外交、军事、宣传等不同部门领域的力量，突出了总体国家安全观更为整合统一的安全战略视野。

（三）总体国家安全观的提出，为实现“中国梦”和拓进国家安全事业提供了重要保障

当今中国正走在实现中华民族伟大复兴的历史征程上，国家安全工作的含义必然不断更新拓进，拓宽拓深。习主席指出，实现中华民族伟大复兴是中华民族近代以来最伟大的中国梦，它凝聚和寄托了几代中国人的夙愿，它体现了中华民族和中国人民的整体利益，它是中华儿女的一种共同的期盼。历史的经验显示，崛起的大国越接近冲刺阶段，所面临的各种安全挑战就越大，今天的中国就站在这一微妙的历史节点上。因此，审时度势，需要将国家安全问题放到前所未有的战略高度来加以审视。2014 年 4 月 25 日，习主席在主持中共中央政治局集体学习时指

出，面对新形势新挑战，维护国家安全和社会安定，对全面深化改革、实现“两个一百年”奋斗目标、实现中华民族伟大复兴的中国梦都十分紧要。

为了实现中国梦，中国选择了和平发展的道路，努力实现和平的发展、开放的发展、合作的发展、和谐的发展。总体国家安全观与中国选择和平发展的道路是完全一致的。总体国家安全观不仅简练地阐述了中国对内对外的诉求，即“对内求发展、求变革、求稳定、建设平安中国，对外求和平、求合作、求共赢、建设和谐世界”；而且清晰地解答了中国实现和平发展的根本道路，即“发展是安全的基础，安全是发展的条件，富国才能强兵，强兵才能卫国”。①

实现中国梦，实现国家的长治久安，不仅需要在安全观念上紧跟时代潮流，也需要一个统筹协调各项涉及国家安全事务的中枢领导机构。面对复杂多变的国家安全形势，处在大国崛起关键阶段、改革攻坚期和社会转型期的中国，需要更加统一、协调高效、更具前瞻性科学指导能力的国家安全战略规划和领导机制。“三位一体”的新型总体国家安全观正是以其创新正确的理念、科学有效的制度、能力突出的力量，展现出中国捍卫国家安全的强烈信心和决心，从而为中国梦的实现、国家安全与发展利益的维护提供了强有力的保驾护航作用。

---

① 《习近平主持召开中央国家安全委员会第一次会议强调，坚持总体国家安全观，走中国特色国家安全道路》，《人民日报》2014 年 4 月 16 日，第 1 版。

大格局观下的中国国家利益追求

李高峰

21 世纪是世界各种力量大较量、大争斗、大角逐的时代，因而需要我们站在世界发展大趋势和国际格局演变的大背景下，去认识 21 世纪我们所面临的各种挑战。当前，国际形势的大发展、大变革、大调整导致了世界格局的重大变化。恐怖主义、大规模杀伤性武器扩散、能源安全和气候变化等非传统安全威胁更加突出；网络安全、太空安全、海洋安全已成为世界各国关注的新领域。

作为最大的发展中国家和全球第二大经济体，中国已进入与世界深入互动阶段。随着中国与国际社会相互关系的深化，中国的利益边疆不断拓展，日益呈现出国内利益国际化和国际利益国内化的趋势。如何在中华民族伟大复兴的进程中维护和拓展中国的国家利益，是中国必须面对和解决的一个重大战略课题。

一、中国国家利益追求所处的国际大格局

众所周知，现国际体系出现的权力结构变迁已经成为国际政治研究的重要议题之一，而新兴大国正是造成这种权力结构性变迁的最核心因素。进入新世纪以来，新兴大国（最为典型的代表是“金砖国家”）和转变中的全球秩序受到越来越多的关注。在这样的大背景下，作为新兴

大国的代表，中国不可避免地面临着双重转型：一是中国的快速发展带来的中国自身的转型，二是中国作为新兴大国的一员，其崛起直接催生了国际格局的转型与国际关系的重组。这种双重转型，决定了我们必须具备与此对应的“大格局观”,[①] 从把握国内国际两个大局的高度，不断提升战略思维能力和综合决策能力。

（一）21 世纪国际体系中的权力转移进程

所谓权力转移，意指国际体系中大国的数量和等级结构的显著变化，即大国的兴衰进程，核心是原有的主导性大国地位下降，而后崛起的大国地位上升并最终获得主导性地位。

在冷战后的第一个十年期间，全球权力结构转向“1 +4”形态，即唯有美国还是一个超级大国，中国、欧盟、日本和俄罗斯作为大国紧随其后。[②] 而进入 21 世纪的第二个十年，在新兴大国崛起等一系列因素的推动下，国际力量格局出现了新的显著变化，导致了权力转移进程的明显加速，其中最具代表性的是中美之间的权力转移逐渐在全球范围内展开，尽管其主要影响仍在亚洲。亚洲其他强国的崛起，也导致中美权力转移进程更加复杂化。印度正在积极赶超中国；日本在保持了数年经济强国的地位后，也想在政治与安全方面增强影响力；俄罗斯作为一个衰落的强国，正在恢复实力并维护其传统影响。此外，在全球化浪潮的推动下，以“金砖国家”为代表的新兴经济体整体快速发展，不仅有力地促进了它们与美国等西方发达国家的政治、经济、外交、军事和科技文化等方面关系的发展，也为国际社会在上述诸多领域提供了合作机遇。

---

① 大格局观就是要研究和探索大战略、大趋势、大视野、大思路、大转变、大方向，研究当前和今后一个时期最主要的矛盾，分析最关键的问题，抓住最核心的问题、探讨事关全局的问题，而不是拘泥和关注一些小细节、小支流等次要问题。我们只有分清了主次、轻重、缓急，分清战略、策略、战术，把握重点、关键、全局，理清发展思路，明确发展目标，最终才能实现我们的战略目标，实现中华民族的伟大复兴。

② ［英］巴里·布赞：《美国和诸大国：21 世纪的世界政治》，刘永涛译，上海世纪出版集团，2007 年版，第 75—76 页。

总体而言，冷战后的“一超多强”国际体系不是一个静态的结构，而是一个单极化和多极化力量并存的动态过程。一方面，美国作为唯一超级大国，企图建立美国的单极世界。另一方面，其他权力中心努力谋求自身的发展壮大，对既有国际秩序表达了各自不同的诉求，国际体系的多极化趋势在持续发展。

“在当今世界的各个国家，只有美国拥有行使全球领导力的物质能力和政治号召力。它已显示出一种从经济和政治困境中获得重新崛起的能力。它的人口规模、年龄结构和多样性，它的政治体制的稳定性和开放度，以及经济体制为创新所确立的激励机制，都意味着美国仍是世界上最富创意的社会。”[①] 有鉴于此，全球层级的权力转移尚有待时日，不过在地区层级的权力转移却有可能较早出现。这种情形已明显地发生在当今亚洲，而中印的崛起是最为明显的表现。

（二）中国崛起的世界意义

冷战结束以来国际体系权力分配中的一个最重大变化，是中国的世纪性崛起及其对国际体系的巨大影响。中国的崛起是以经济高速发展以及全方位地融入国际体系为特征的，其结果是中国的国际地位不断提高，在国际关系中的影响愈益重大，而这势必要在相当程度上改变既有的国际力量对比和世界秩序。

鉴于中国巨大的发展潜力和良好的发展势头，中国会否成为下一个超级或准超级大国，已成为国际社会关注的焦点之一。根据多家权威国际机构的预测，中国未来在全球经济和世界贸易中的地位将进一步上升。美国高盛公司 2008 年预测，中国的 GDP 将在 2027 年与美国相当。美国普华永道会计师事务所 2010 年发布报告称，如考虑到中美两国生活标准的差异，以购买力平价衡量，中国最早会在 2018 年取代美国成为全球最大的经济体；如果以市场汇率衡量，这种世界经济秩序的变动虽然比较

---

① ［美］罗伯特·基欧汉：《霸权及霸权之后：衰落辩论中的已知与未知》，载《国际政治》2013 年第 1 期，第 122 页。

缓慢，但同样是不可避免的。即使按照市场汇率计算，多数西方学者也认为中国经济在2030年左右可以超越美国。[①]

实际上，进入21世纪，中共中央已经提出了伟大中国“三部曲”：第一部曲，用20年时间，到中国共产党成立100周年时全面建成小康社会。据此，2012年的中共十八大围绕这一核心目标系统地设计了经济建设、政治建设、文化建设、社会建设和生态文明建设“五位一体”的目标体系。第二部曲，再用30年时间，到新中国成立100周年，全面实现中国特色社会主义现代化。第三部曲，在整个21世纪一步步实现中华民族伟大复兴。[②] 在迅速崛起的过程中，中国高举和平、发展、合作共赢的旗帜，发挥了负责任大国的作用，努力为自身的和平发展创造了更为有利的国际环境，同时也推动了国际政治经济新秩序的实现。

可以说，中国发展强大的前景已是国际共识。美国学者马丁·雅克指出，中国“巨大的人口规模和超高的经济增长率相结合，为世界提供了一种全新的经验：毫不夸张地说，中国正在改变呈现在我们眼前的世界，而且还会把它带入一个新的未来”。[③] 在这种背景下，人们现在更为关注的问题是：强大起来的中国将如何运用其实力，其中既包括地区层面，也包括全球层面。就后者而言，其核心命题是：中国作为崛起大国对全球主导大国美国的可能挑战。

（三）国际关系重组对于中国的意义

随着国际格局的深刻变化和大国关系的重大调整，改革国际体系的呼声日益高涨。我国既要抓住国际关系重组的战略机遇，还要面对中国自身转型与国际格局转型的双重挑战。

对于当前的国际战略形势，中国政府总的判断是：国际局势保持总

---

① 张维为：《中国震撼》，上海人民出版社，2011年版，第28—29页。

② 胡鞍钢：《世纪“中国梦”，伟大“三部曲”》，载《人民日报（海外版）》2012年12月1日。

③ ［英］马丁·雅克：《当中国统治世界》，张莉、刘曲译，中信出版社，2010年版，第151—152页。

体和平、缓和与稳定态势，但局部性的战争、动荡与紧张有所加剧；国际金融危机深层次影响还未消除，形形色色的保护主义明显升温；地区热点此起彼伏，霸权主义、强权政治和新干涉主义有所上升；军备竞赛、恐怖主义、网络安全等非传统安全威胁相互交织。[①] 这些因素已从三个方面对世界和平、稳定与发展带来严重冲击：其一，不同程度地破坏甚至摧毁了有关地区的和平与发展环境；其二，间接影响了整个世界的发展环境；其三，增添了大国关系中的隐患，从而威胁整个世界的和平与稳定。

在这样的背景下，一个具有长远影响的问题是国际安全与国内安全的互动关系。由于中国经济和社会的飞速发展，中国与主要发达国家的“力量差距”逐步缩小。这种缩小使一些国家，特别是与中国具有利益纠纷的国家感到不安。因此，我们要清楚地认识到，中国的崛起促进了国际安全，但同时也在承担由于实力快速增长和国际安全环境变化带来的各种压力，这种国际压力又在多层次、多方面影响到中国的国内安全与国际安全环境，这就需要中国制定出符合国家利益的战略，灵活运用各种策略手段来加以克服和转化。

二、新时期中国的国家利益追求

21 世纪，随着中国实力的不断增强，中国的利益边疆不断拓展，在全球化的潮流下，日益呈现出国内利益国际化和国际利益国内化的趋势。如何在新形势下认识和维护中国的核心利益，在中国的发展进程中拓展中国的国家利益，既是中国增强自身实力和提高国际影响力的必要途径，也是中国必须面对和解决的一个重大战略课题。

---

① 中共中央宣传部：《习近平总书记系列重要讲话读本》，人民出版社，2014 年版，第 147 页。

（一）坚持走和平发展之路是维护国家利益的根本选择

现在，中国已经确定了实现中华民族伟大复兴的发展目标，实现这一目标既需要保持中国当前的发展态势，还需要一个和平安宁的国际环境。所以，中国坚定不移地走和平发展道路，是中国维护国家利益的根本选择。尤其是党的十八大以来，党中央统筹国内国际两个大局，加强外交顶层设计和战略谋划，提出了许多重大对外战略思想，强调致力于建立以合作共赢为核心的新型国际关系。

中国政府所倡导的新型国际关系，首先也最直接地体现在中美关系上。中美关系的走向为世人瞩目，这是因为作为世界上最大的发展中国家和最大的发达国家，中美两国之间的合作，可以说是世界稳定的压舱石、世界和平的助推器。但面对中国的崛起，美国奥巴马政府却提出了“重返亚太”战略，其目的旨在维护和确保美国在亚洲的主导地位与中国争夺在亚太地区的影响力，同时试图延缓中国的发展步伐。在这种情形下，中国面对美国“重返亚太”形成的战略威慑，既要作出准确的战略判断，制定反制战略，也要毫不动摇地坚持和平发展的基本方针，从世界大势的高度来审视中美关系的全局意义。为此，中国政府强调，中美应该也能够走出一条不同于历史上大国对抗的新路，共同努力构建不冲突、不对抗、相互尊重、合作共赢的新型大国关系。

中国的和平发展既是自身发展的需要，也是世界的机遇。2014 年 3 月 28 日，习近平总书记在德国科尔伯基金会的演讲中指出：“中国走和平发展道路，不是权宜之计，更不是外交辞令，而是从历史、现实、未来的客观判断中得到结论，是思想自信和实践自觉的有机统一。”①

（二）坚决维护国家的核心利益

长期以来，中国政府始终把维护国家主权、安全、发展利益作为各

① 中共中央宣传部：《习近平总书记系列重要讲话读本》，第 148 页。

项工作的基本出发点和落脚点。为此，要积极稳妥地应对涉我领土主权和海洋权益争端，坚决维护国家的领土主权；坚决在国际上遏制“台独”、“藏独”、“东突”等分裂势力的破坏活动，维护国家的统一大业；坚决打击和防范国际暴力活动向境内渗透，维护国家主权和安全。

但随着国际战略形势的深刻变化和中国自身的快速崛起，如何在上述政策基础之上，对国家利益作出清晰的层次划分，一方面坚定地维护至关紧要的国家利益，另一方面在非至关紧要的问题上妥善处理分歧，便成为一项十分重要的课题。

2011 年，中国政府发表了全面阐述有关中国未来发展道路的白皮书《中国的和平发展》。该白皮书在“对外方针政策”一章中，将中国的核心利益界定为：国家主权；国家安全；领土完整；国家统一；中国宪法确立的国家政治制度和社会大局稳定；经济社会可持续发展的基本保障。这是中国官方文件中首次对国家核心利益作出清晰明确的界定，并正式向外发布。

在有关国家核心利益的问题上，我们要敢于划出红线，亮明底线，其目的是为了妥善处理有关分歧和摩擦，同时推动交流合作，通过合作扩大共同利益的汇合点，努力维护和平稳定大局。2013 年 1 月，习近平总书记在中央政治局第三次集体学习时指出：“我们要坚持走和平发展道路，但绝不能放弃我们的正当权益，决不能牺牲国家的核心利益。任何外国不要指望我们会拿自己的核心利益做交易，不要指望我们会吞下损害我国主权、安全、发展利益的苦果。”①

总之，随着中国的快速崛起，我们维护国家利益的战略资源越来越多，维护国家利益的政治意志也越来越坚定，策略手段也越来越主动。

（三）不断拓展中国的国家利益

中国欲实现和平崛起，需要维护和拓展国家战略利益的范围和空间。为此，中国需要：

---

① 中共中央宣传部：《习近平总书记系列重要讲话读本》，第 154 页。

第一，尽量避免与西方国家特别是美国陷入对抗、遏制和冷战的循环圈，避免周边国家结成旨在对付中国的同盟，避免中国周边的热点问题如印巴冲突、朝鲜半岛局势等失控。应该认识到，“大周边”在中国外交全局中占有首要位置。2013 年 10 月，习近平总书记在周边外交工作座谈会上强调，要谋大势、讲战略、重运筹，把周边外交工作做得更好。[①] 为此，中国政府反复重申，决不允许在中国家门口生战生乱，决不接受中国的发展进程再度受到干扰和打断。换言之，主动塑造有利于中国伟大复兴的大周边和国际环境，是新时期中国外交的头等任务。

第二，保持经济持续、快速、健康地发展，很重要的一点就是要确保经济发展所必须的石油、矿产等战略资源及其国际运输通道的安全，以及通过加强国际金融合作，提高中国规避国际金融风险的能力。这也就意味着中国国家利益的海外拓展及其安全保障问题，是历史发展的必然结果，是现实政策的直接催生物，是无法回避的战略课题。

第三，积极参与全球性国际机制并适时促进其完善，使之为我所用。特别是要积极主导或参与创建区域性国际机制，通过亚太地区的主导大国地位影响全球并获得全球影响力。应该看到，随着国家间力量消长及国际形势的发展演变，现有的国际机制、制度和规范等也在不断进行改革和调整。2008 年全球金融危机发生后，国际货币基金组织（IMF）和世界银行等机构就相继实施了减少发达国家部分投票权份额而提升新兴经济体份额的改革方案，这一行动本身就证明了中国国家利益的拓展不仅表现在硬权力领域，同样也应该表现在软权力领域。

三、中国国家利益诉求的基本路径选择

当今世界正处在一个大发展大变革大调整时期，经济全球化和世界

① 中共中央宣传部：《习近平总书记系列重要讲话读本》，第 152 页。

多极化继续深入发展。我国国家利益的内涵和外延比历史上任何时候都要丰富，时空领域比历史上任何时候都要宽广，内外影响因素比历史上任何时候都要复杂。为了更好地维护和拓展中国的国家利益，我们需要科学谋划国家整体战略和整体发展思路，运用各种战略手段来达到战略目标。

（一）以全面发展为“基”，不断增强国家的实力

在国际政治中，要维护、拓展和实现国家利益，国家就必须依靠自己。拥有强大的实力，这是保证一国国家利益实现的根本。只有拥有强大的政治、经济、科技、文化、军事实力，才能保证国家的政治独立、经济自强、文化自尊和领土安全。

首先，继续增强经济实力，特别是要通过推进产业结构调整，努力降低经济发展的对外依赖度，加强经济增长的内生动力。其次，不断锤炼军事实力，努力实现人民军队向机械化、信息化转变，尤其是发展海、空军，将其建设成为一支现代化的战略制衡力量，多层面维护国家利益。再次，切实提高文化实力，不断赋予社会主义文化以新的时代内涵和活力，以文化建设引领文化产业发展，提高文化竞争力、占领国家文化安全的战略制高点；加强对外文化交流，使中华民族优秀文化赢得更加广泛的认同、欣赏和被吸收，化解“中国威胁论”的消极影响，进一步增强中国的影响力。

（二）以战略经纬为“魂”，积极融入全球多层次利益共同体

就中国外交布局而言，大国是关键。面对中国的崛起，美国的战略对策之一就是将中国纳入它主导的“国际体系”，要求中国遵守国际规则和规范，承担大国责任。这一话语背后的逻辑就是：中国不能挑战美国的领导者地位。可见，现行国际体系有很多不利于中国的因素，但若一味地回避或拒绝，最终势必会损害中国的国家利益。相反，如果勇敢

面对，尽量在美国主导的这一体系中争取最大的利益空间，则会对中国长远目标的实现有着现实的积极意义。

中美关系是最复杂的一对大国关系，这种复杂性表现为一方面中美之间存在着结构性矛盾，并集中体现在崛起大国与守成大国之间的关系问题上。另一方面，中美之间也存在大量的共同利益，两国都致力于打击国际恐怖主义，防止大规模杀伤性武器扩散等。这一基本态势决定了中国在国际上应有的战略选择，就是既不过分韬光养晦、示人以弱，也不过于锋芒毕露、斗气逞强，在利益相关和能力所及范围内，尽可能多地积极参与重要国际问题的处理，尽可能广泛地加入各种国际体制。在决不允许中国根本利益遭受损毁的前提下，多同其他强国协调处理有关国际问题，尽可能使之逐渐培育出较大的对华认同感。

作为崛起中的大国，对力量的制度化运用尤显重要。随着国际合作领域的拓展，国际组织和国际法在维护世界和平与安全、推动经济社会发展、解决全球问题等方面的作用将会进一步加强，从而更好地协调和确保各国国家利益的实现。据此，我们要积极融入，努力发声，并以此为平台建立促进全球合作、应对包括反恐、生态保护在内的利益共同体，有效利用现有的全球性国际制度，同时加强中国的议程创设能力，积极争取国际制度的制定权。

在区域层面，进一步体现有所作为的积极姿态，在经济、安全、军事、生态等方面与邻近国家展开积极合作，加强地缘政治经济的塑造能力，着眼于构建区域全面合作的制度框架。为此，应着力全面加强与东盟的战略伙伴关系，推进中国—东盟自贸区建设，继续深化“10 + 3”框架下的合作机制；巩固、发展上海合作组织；推动六方会谈以维护朝鲜半岛和平稳定；继续深化和巴基斯坦的合作，保证中国西南边境安全稳定。在建设性的互动过程中消除长期积累起来的隔阂和积怨，探索并逐步确立国家间关系和国际关系的新准则。

（三）以海洋强国为“要”，维持并确保战略通道安全

在全球化背景之下，世界各国对战略通道更为关注。对中国来说，

经济的快速发展导致能源资源需求的迅速增长，因而未来威胁中国经济安全的一个主要因素就是对外部石油依赖的增加。因此我们必须致力于海洋强国建设，把稳定外部石油供给来源和保障供给线畅通作为国家安全的重要组成部分。

为此，一是要制定国家海洋战略。为突破东亚岛链的隐性遏制和软包围，使中国真正走向蓝色海洋，在战略层面上需要明确表达中方的基本原则与政策取向，以及中国海洋强国建设的目标与手段、利益与关切，使各方了解中国的政策底线。

二是要强化海上资源运输安全。为此，应积极发展大型远洋运输船队，加大对中东、非洲等世界重要产油区的战略投资，通过加强与产油国之间的关系稳定能源资源来源；加强海上力量建设，增强海上战略通道的保障能力。

三是加紧多条战略通道的建设。具体包括：保持与东南亚国家的良好关系以保证海路资源运输的安全；加强东北亚能源合作，建设东西伯利亚—中国—韩国—日本的天然气管道；加强和中亚国家以及俄罗斯的能源合作，降低由于中东石油供应受阻甚至中断所造成的脆弱。

（四）以形象塑造为“源”，为提升国际影响注入不竭动力

中国的利益具有全球性，战略利益向全球扩展是大势所趋。为此，中国应继续树立公共利益参与者与维护者的形象，为中国长远战略利益的契约化和稳定化开辟道路。

应该说，加强国家间合作与协调，维护国际道义，维护国际法的基本原则，是树立道义大国形象的重要途径，也是中国国家利益扩展到全球的前提条件。中国应该进一步塑造国际社会中负责任大国的形象，提供更多的全球性和地区性公共物品。在1997—1999年的亚洲金融危机中，中国的负责任大国形象已经树立起来，赢得了亚洲诸国乃至世界的尊敬。实践证明，中国付出一定代价承担国际义务是必要的，也是有长远回报的。

当前，尤其需要利用中国经济的巨大带动效用，首先承担起亚太地

区的国际义务，积极参与乃至主导建立亚太地区相关区域经济、安全机制，消除一些国家对于中国崛起和“中国威胁”的疑虑，以此维护和扩展中国的国际利益。

战略重点原则在中国处理海上领土争端中的运用

杨光海

中国是世界上邻国最多的国家：陆上与14个国家接壤；海上与7个国家相望。由于历史上的原因，新中国成立后与大多数邻国的边界都没有划定。领土问题成为影响中国周边环境及与邻国关系的一个至关重要的因素。20世纪60年代初，中国先后与5个邻国妥善解决了陆地边界划界问题。[①] 冷战结束后，中国又分别与6个国家签订了划界协定。[②] 目前，除印度和不丹外，中国已成功解决了同其他所有邻国的陆地边界争议，已划定的边界线总计20，222公里，占中国全部陆地边界的91.9%。[③] 与印度的划界谈判也在稳步推进之中。但是，与陆地边界问题接近全部解决、局势相对平稳相比较，中国在海上的领土争端却面临着巨大风险，主要表现为在东海方向与日本的钓鱼岛主权及东海划界争端，以及在南海方向与东南亚四个国家的南沙群岛主权及其周边海域划界争端。而且，这两个争端在最近几年里几乎是同时升温，同时激化，

---

① 按照签订边界条约的时间，这5国分别是：缅甸（1960年）、尼泊尔（1961年）、蒙古（1962年）、巴基斯坦（1963年）、阿富汗（1963年）。

② 按照签订边界条约的时间，这6国分别是：俄罗斯（1991年、1994年）、老挝（1991年）、哈萨克斯坦（1994、1997、1998年）、吉尔吉斯斯坦（1996、1999年）、越南（1999年）、塔吉克斯坦（1999年）。

③ David Shambaugh，"China Engages Asia：Reshaping Regional Order，" *International Security*，Vol. 29，No. 3（Winter 2004/05），p. 66.

这使中国的海洋权益和海上安全环境面临着自冷战结束以来最为严峻的挑战。如何应对这种挑战，已成为摆在我们面前的一个重大而紧迫的战略性问题。

一、“战略重点”原则对处理南海和东海争端的指导意义

领土问题属于主权问题，关乎国家的核心利益，维护领土主权是国家安全战略的首要任务。同时，领土问题又是国家间冲突最常见的根源。由于领土问题与战争之间存在着密切的关联性，有人甚至指出：“很难想象没有哪一场战争不包括某种领土因素”，存在领土争端的国家之间爆发战争的几率远大于没有领土争端的国家。[①] 因此，领土问题又属于战略范畴的问题。而根据古今中外的经验，战略的根本原则之一是：当一国同时面临两个或多个安全威胁时，要在保持对这些威胁兼顾应对的同时，区分威胁的轻重，权衡不同方向应对的利弊，采取不同的应对方式，以确保把精力和资源运用到应对最危险、最孤立、最易于突破的威胁方面，同时避免多面受敌，塑造有利的战略环境。这样一种原则就是“战略重点”原则。这一原则虽然是从军事战略和战争经验中得来的，但同样也适用于包括外交在内的其他领域。另外，虽然中国所面临的这两个争端目前仍处在可控范围内，在可预见的条件下不大可能升级为军事冲突，但采用上述原则加以区别应对，对于中国在和平条件下维护岛屿主权及海洋权益，乃至确保中国和平发展大战略不受阻扰，也具有不可或缺的指导意义。实际上，采用“战略重点”原则区别应对同时面临的这两个挑战，从根本上讲就是由中国和平发展这一大战略所决定的。

将“战略重点”原则运用到处理中国面临的海上安全问题上，意味

① John A. Vasquez, *The War Puzzle*, Cambridge: Cambridge University Press, 1933, p. 2, pp. 131 – 132.

着我们必须采取“争东海、稳南海”的策略。这里所说的“争”是指以积极进取的姿态，加强执法维权力度，反制日本的挑衅行为，并在此基础上增进针对日本的战略优势、外交优势、法理优势和舆论优势，推进中国在钓鱼岛主权和东海划界问题上的政策主张早日实现。而所谓“稳”，则是指考虑到南海问题的特殊性、复杂性及广泛的影响性，应采取以“防止争端激化、维持局势稳定”为主旨的策略，就当前而言，就是要采取积极有效的办法，努力消除紧张局势，促使争端降温；加强冲突管控，恢复关系稳定，为以双边谈判方式寻求争端的逐步解决创造条件。由此可见，无论是在东海推行“争”，还是在南海维持“稳”，在目标追求上并没有本质性区别，只是根据战略重点原则所采取的不同方略而已。

二、确立“争东海、稳南海”战略重点的必要性

（一）争端本身的特点有所不同

争端的应对方式同争端本身的特点休戚相关。东海争端和南海争端虽然属于同一个性质的问题，亦即都包括岛屿主权和海域划界这两个方面，但是，若从特点上看，二者却有着非常明显的差别。东海争端只涉及日本一国，是一对一的双边争端；而南海争端则包括东南亚方面的越南、菲律宾、马来西亚和文莱四国，加上中国在内，是一个典型的多国性质的争端。这种多边性就决定了其应对和解决过程的复杂性和困难性。除非营造一个有利于各方良性互动的政治氛围，否则任何一方针对另一方的行动都有可能引起其他各方的警惕和反对，因为各方的声索是相互重叠的，一方的行动尽管不是针对其他各方，但出于预防性防备的考虑，也会被其他各方当作敌对和挑战看待，并采取相应的对抗性举措。也就是说，多国争端一旦出现激化趋向，往往具有更强的“扩散性”。目前，中国在南海的维权就面临着这样一种困局。

南海争端的这一轮升温毫无疑问是由越菲两国挑起和推动的。作为对这两国激进化侵权行为的应对，中国采取了必要的反制措施。但无论我们的措施是针对菲律宾还是越南，都会引起别的争议国甚至是一些非争议国直接或间接、显性或隐性的连锁反应。之所以会出现这种局面，一是因为这四国分别都与中国存有争议，它们担心如果不及时做出反应，日后会陷入被动；二是因为虽然这四国之间也存在争议，但由于它们同为东盟组织的成员，而面对的又是实力远在它们之上的大国，因此它们都把中国的行为视为防范重点，并为此而出现了抱团倾向。另外，最近几年来，它们之间还出现了通过合作解决争议、缓和矛盾的倾向。例如，2009 年 3 月 16 日，马来西亚与文莱以交换文书的形式就彼此争议达成解决办法。根据协议，马来西亚承认靠近沙巴的有争议海域为文莱的专属经济区，同时承认路易莎礁（也就是中国命名的“南通礁”）归文莱所有。作为交换，马来西亚获得了为期40 年与文莱共同开发该海域油气资源的权利。为了落实这个协议，两国国有石油公司在次年 9 月和 12 月分别签署了两份联合开发合同。[①] 又如，2009 年 5 月 6 日，越南和马来西亚向联合国大陆架界限委员会联合提交所谓“外大陆架划界案”，将南海南部包括南沙在内的大片海域划为两国共同的外大陆架。这也为它们日后共同开发提供了可能。越南和菲律宾之间争议的范围也很大，但出于反对中国主张的共同需要，两国已选择淡化彼此争端，另外，还在 2012 年达成了在争议海域联合巡逻的协议。[②] 总之，与同日本的一对一争端很不相同，中国同东南亚国家的争端错综复杂，需要用一种深思熟虑的办法加以应对。

（二）争端涉及的国家间关系有所不同

国家间关系的性质对于彼此间争议的走向及解决前景有着非常重要的

---

① Youna Lyons, “Offshore Oil and Gas in the SCS and the Protection of the Marine Environment, Part 1: A Review of the Context and a Profile of Offshore Activities”, *Centre for International Law*, National University of Singapore, 31 July 2011, p. 20.

② Roberto Tofani, “Legality Waves Lap South China Sea,” *Asia Times Online*, 8 February 2013, http://www.atimes/Southeast_ Asia/OB08Ae01. html.

影响。一般来说，如果国家间关系处于良性互动状态，它们的争端就不大可能被频频激化或是成为冲突的来源，若是加以妥善处理，还有可能成为双方关系进一步发展的动力，甚至使得争端的最终和平解决。反之，如果国家间关系陷入紧张或敌对，它们的争端就很容易被激化，不仅导致原有对立进一步加剧，甚至有可能成为军事冲突的导火索。也就是说，国家间关系的特点与它们之间争端的走向是一种正相关关系。

日本和东南亚国家作为中国周边不同方向上的重要邻国，一直是中国睦邻友好政策的重点实施对象。在此政策的指引下，中国与这两个方向上的国家的关系在冷战结束后都得到了很大发展，从而成为中国整个周边环境获得空前改善的最重要标志之一。但是，进入新世纪以来，由于这两类国家战略方向的改变，中国的睦邻政策在不同的方向上开始遇到不同的境遇，中国与它们的关系也开始呈现出迥然不同的发展轨迹。从东南亚方面看，自从 90 年代初中国实现了同所有东南亚国家关系正常化以来，双方关系一直保持着持续稳定和快速发展的态势。从 1993 年中国成为东盟的磋商伙伴国，到 1996 年中国被升格为全面对话伙伴国；从 2002 年中国与东盟签署《全面经济合作框架协议》和《南海各方行为宣言》，到 2003 年中国与东盟共同宣布建立“面向和平与繁荣的战略伙伴关系”；再从 2010 年中国与东盟自由贸易区的如期建成，到 2013 年双方同意共同打造中国—东盟自贸区“升级版”等，双方的睦邻友好合作不断迈上新台阶。

在政治关系持续走高的大背景下，中国与东南亚国家间的经济联系也越来越密切。以贸易为例，1991 年中国与东南亚的贸易额只有 84 亿美元，经过 20 年发展，到 2010 年时达到 2928 亿美元。2012 年，双方的贸易额更是创下 4000.9 亿美元的历史新高，[①] 仅两年时间就增加了 1000 多亿美元。而且，中国与东南亚贸易的增幅一直高于中国对外贸易的平均增幅。2012 年双方贸易额同比增长 10.2%，高于中国对外贸易 6.2% 的平均增速。中国已连续 4 年成为东盟的第一大贸易伙伴，东盟则

① 中国商务部亚洲司：《2012 年 1—12 月我对亚洲国家（地区）贸易统计》，http://yzs.mofcom.gov.cn/article/g/date/v/201301/20130100008190.shtml。

跃升为中国的第三大贸易伙伴。[①] 在国别层面上，2000 至 2012 年，越、菲、马、文四国同中国的贸易额分别从 24 亿美元、31 亿美元、80 亿美元和 0. 74 亿美元，增加到了 506 亿美元、364 亿美元、948 亿美元和 16 亿美元。[②] 中国已连续 9 年成为越南的第一大贸易伙伴，越南则是中国在东盟的第五大贸易伙伴。中马贸易在马来西亚的贸易总额中多年来一直排名第一，马则连续 5 年成为中国在东盟的最大贸易伙伴。对于菲律宾来说，中国是其第三大贸易伙伴，菲则是中国在东盟的第六大贸易伙伴。文莱由于经济规模小，与中国的贸易额相对较低，但双方的贸易往来却是非常密切的。

随着友好合作的不断深化，包括这四国在内的东盟各国对中国的认知和态度已大为改善。“欢迎中国和平崛起、包容中国大国地位”、“利用中国发展机遇、分享中国增长‘红利’”、“吸引中国参与本地区事务、支持中国发挥建设性作用”等，已成为该地区各国主导性的对华认知及期待。[③] 目前，相互吸引、相互友好和相互合作已成为双方关系的主流特点。而且，这一特点并没有因为中国崛起所导致的双方实力差距的进一步拉大而改变（这与现实主义权力政治理论的假设形成反差）。目前，除南海问题外，双方之间已不存在任何足以使彼此政策发生重大改变、彼此关系发生严重倒退的隐患。

反观中日关系，人们却无法抱以乐观。中日关系，合则两利、斗则俱伤，这是从两国漫长的历史交往中得来的宝贵经验。基于这一点，在老一代领导人的共同努力和民间力量的大力推动下，两国关系在 20 世纪 70 年代以后进入了大发展时期。虽然钓鱼岛和东海问题依然存在，但基于对“搁置争议、留待以后解决”这一原则共识的信守，领土争议并没有成为障碍。但是，从 20 世纪 90 年代后期起，中日政治关系便开始朝

① 《中国—东盟经贸合作将实现新跨越——访中国—东盟商务理事会中方常务副秘书长许宁宁》，中国经济网，2013 年 3 月 4 日，http：//intl. ce. cn/specials/zxgjzh/201303/04/t20130304_24162249. shtml。

② 中国商务部亚洲司：《我对亚洲国家（地区）贸易统计》（2000 和 2012 年），http：//yzs. mofcom. gov. cn/article/r/。

③ 钱洪良主编：《中国和平崛起与周边国家的认知和反应》，军事谊文出版社，2010 年版，第 179—226 页。

着“冷”的方向转变。2001 年小泉内阁的上台及其连续 5 年的执政是两国关系走向对抗的起点。在 2006 年 10 月至 2008 年 5 月不到两年的时间里，中日关系在两国高层的“破冰之旅”“融冰之旅”“迎春之旅”和“暖春之旅”等一系列举措的带动下，出现了一定程度的缓和，但后来的趋向表明，这只是昙花一现。2010 年 9 月的钓鱼岛撞船事件把中日对立推向了悬崖，而两年后的日本政府“购岛”闹剧以及持续至今的紧张对抗更是使中日关系陷入了前所未有的冲突危机。

中日关系走到今天的地步，完全是由于日本方面扭曲的对华态度和错误的对华战略造成的。首先，面对中国强劲崛起和日本持续停滞的这一现实，昔日作为东亚霸主、后来又作为东亚经济首强的日本产生了强烈的不适应感、嫉妒感和排斥感。这种情绪在“日本决不当二等国家”的战略抱负的驱使下，使得其越来越倾向于把“遏制”作为对华战略的首选。其次，受国力持续萎靡和“国家正常化”诉求的双重刺激，加之战后反省的不彻底，日本国内政治日趋右倾化。这种倾向以修宪、扩军、亲美以及否认甚至美化侵略历史为特征，导致战后长期占主导地位的“和平主义”思潮日渐弱化。这不仅严重伤害了受到日本战争机器蹂躏最深的中国人民的感情，也为中日之间的历史性和解与互信建立蒙上了浓重的阴影。再次，出于修宪、扩军和摆脱“战败国后遗症”的需要，日本成为“中国威胁论”的主要推手。[①] 2014 年 2 月，安倍在访美期间接受《华盛顿邮报》专访和发表题为《日本回来了》的演讲时所抛出的言论，更是把“抹黑”和“敌视”中国推向了无以相加的地步。作为一国首脑，在外交场合公开使用露骨言辞宣布对中国和中国政府的敌视，在全球外交舞台上实属罕见，这也表明由右翼主导的日本政界已决意要同中国“决裂”。[②] 再其次，随着上述倾向的发展，日本已经明确无误地把中国认定为首要的安全威胁和最大的战略对手。这在日本最近几年出台的各种官方文件和研究论著中得到越来越明确的反映。在外交方面，

① “中国威胁论”最早就是由日本学者提出的。1990 年 8 月，日本防卫大学副教授村井龙秀在日本《诸君》月刊上发表题为《论中国这个潜在的威胁》一文，从综合国力发展的角度来论证中国是一个“潜在的威胁者”。此后，美英等西方媒体便开始大肆炒作。

② 朱锋：《日本回来了中国怎么办?》，《联合早报》2013 年 3 月 2 日。

日本也已把主要矛头指向了中国。近年来，日本一方面越来越强调“联美制华”，另一方面抛弃长期沿用的旨在把别国内政及意识形态同外交关系相分离的“福田原则”，推行所谓“价值观外交”，企图联合其他国家对中国进行孤立，增强在软实力方面同中国对抗的底气。安倍于2006年上台后提出的构筑日美印澳“价值观联盟”和由欧亚大陆外缘新兴民主国家组成的“自由与繁荣之弧”，以及2014年底重新执政后提出的建立由日澳印和美国（夏威夷）构成的“民主安全棱形”，就是这一企图的体现。

受政治对立的影响，中日经济关系也出现下滑。1991—1996年，中日贸易增速明显快于中国外贸总额的增速，但此后则出现相反情况，如2005年，中国外贸增幅为23.2%，但中日贸易增幅只有9.9%。[①] 2012年双边贸易增幅进一步降至3.9%。[②] 纵向看，中日贸易一直呈增长趋势，但由于增幅连续下滑，致使日本在中国贸易伙伴中的排名也不断推后。1993—2003年，日本连续11年一直是中国的最大贸易伙伴。但到了2004年，日本的排名分别被欧盟和美国超越，屈居第三位。2011年被东盟超越，退居第四位，2012年又被香港超越，退居第五位。中日关系的“政冷经热”局面正在让位于“政冷经凉”。

与日本在中国外贸中的地位持续下降相反，中国在日本外贸中的“第一伙伴国”地位则一直保持。这一方面说明中国的贸易伙伴日益多元化，另一方面说明日本对中国的依赖程度日益加深，中国市场对日本的重要程度越来越大于日本市场对中国的重要程度，一旦两国的经贸关系因政治对抗加剧而进一步下滑，日本受到的冲击会更大。这一点日本方面非常清楚。日本前众议院院长河野洋平在2014年1月的一次讲话中指出：“日本新政权将经济问题放在最优先解决的位置上。中国是日本经济最为重要的对象国，日本经济离开中国是没有发展前途的。”[③] 可

---

① 刘江永：《中国与日本：变化中的“政冷经热”关系》，人民出版社，2007年版，第85页。

② 中国商务部亚洲司：《2012年1—12月我对亚洲国家（地区）贸易统计》，http://yzs.mofcom.gov.cn/article/g/date/v/201301/20130100008190.shtml。

③ 《钓鱼岛争端日本不敢打响第一枪》，《和讯新闻》2013年1月16日，http://news.hexun.com/2013-01-16/150201120.html。

是，日本当政者却执迷不悟，变本加厉地推行错误政策。这只能说明，日本宁愿冒经济关系弱化的危险，也要同中国在战略和政治上进行对抗。

（三）争议国对待争端的态度及政策有所不同

一国对待争端的态度及政策是决定争端另一国应对之策的又一个重要因素。由于总体关系的特点各不相同，这两类国家在与中国的领土纠纷中所采取的政策也存在很大差别。南海问题产生于20世纪70年代。虽然该问题悬而未决，但在冷战后的20多年里并没有阻断中国同有关争议国以及东盟组织改善关系的进程。这是因为双方都把发展友好合作关系置于更重要的位置，不愿意让南海问题成为阻力。随着2002年《南海各方行为宣言》的发表，该问题“已经不再被视为能够对地区秩序造成破坏性影响的主要热点”,① 双方关系的发展也因此而获得新的动力。不仅如此，在中国与有关争议国之间还出现了通过谈判解决争议的初步努力。2000年中越签订《关于在北部湾领海、专属经济区和大陆架划界的协定》和《北部湾渔业合作协定》，2005年中越签订《北部湾联合巡逻协议》，2004年中菲率先达成在争议地区共同勘探油气资源的协议，以及2005年中菲越三国正式签订《南海协议区联合海洋地震工作协议》并付诸实施等，就是这种努力的可喜成果。

在2009年开始的最新一轮争端当中，我们的确看到了越菲这两个主要争议国南海政策的激进化和强硬化趋势，其他争议国以及某些非争议国也采取了一些消极行动，如推动争端多边化和国际化。尽管如此，有一点则是可以让我们感到释怀的，那就是：虽然它们都固守己见，但都避免把南海问题与中国的总体友好关系相挂钩，从而未导致与中国在其他方面的合作受阻，尤其是不愿意因此而与中国彻底交恶或是走向军事冲突。也就是说，它们采取了一种可以被称为“政经分离”的政策。这种政策虽然不利于中国在南海维权，但也为彼此继续保持接触、探讨合

---

① Ralf Emmers, “The De-escalation of the Spratly Dispute in Sino-Southeast Asian Relations, Working Paper No. 129”, S. Rajaratnam School of International Studies, Singapore, 6 June 2007, p. 10.

作解决争端的途径及方法提供了可能。

东南亚争议国的对华态度及政策在这一轮争端中表现得越来越明显。通过对事态走向的观察，我们可以发现，南海争端在最近几年里几乎每年都会有摩擦发生，不过每当摩擦出现，双方都会设法采取措施予以补救，从而促使事态（暂时）平息。也就是说，这一轮争端的发展似乎显示出这样一条规律：越菲争议方首先挑起事端──→中国被迫反制──→争端激化升温──→外交接触及磋商—→达成缓和矛盾的共识或办法—→紧张局势降温。例如，2011 年 5 月，越菲两国违反《南海各方行为宣言》，分别擅自在中国管辖的海域进行非法勘探油气活动，在遭到中国的抗议和阻拦后反而变本加厉，由此引发新的紧张和对抗。后经双方沟通和协商，菲总统阿基诺于 2011 年 8 月底至 9 月初实现访华，在与胡锦涛主席共同发表的《联合声明》中，双方一致认为不应让海上争议影响到两国友好合作大局，并重申将通过和平对话解决争端。8 月底，越南副防长阮志咏来华参加中越国防部第五次防务安全磋商，并就设立国防热线达成一致。10 月，越共中央总书记阮富仲专程访华，双方签署了《关于指导解决两国海上问题基本原则协议》，就妥善解决海上争端、推进北部湾湾口外海域划界谈判、海上共同开发以及海事合作等确立了 6 项基本原则。又如，2012 年 4 月菲律宾挑起黄岩岛事件后，虽然菲军舰与中国执法船在该海域进行了长达两个多月的对峙，但并没有爆发冲突。2014 年 5 月开始的仁爱礁事件也是如此。5 月底，两国防长利用参加东盟防长扩大会议之际，就该事件举行短暂会谈，并达成了三点一致意见：克制彼此行动、克制彼此言辞以免局势升级、继续展开对话直到找到一个和平解决方案。[①] 再如，2013 年 3 月，越南一艘渔船因非法进入中国西沙群岛海域捕鱼而遭到中国执法船驱逐后，一度引起两国关系新的紧张。在此背景下，越南国家主席张晋创于 6 月应邀访华。双方签署了《关于建立海上渔业活动突发事件联系热线的协议》，此外，还签署了《落实中越全面战略合作伙伴关系行动计划》、《中越国防部边防合作协议（修

---

① 《菲中同意自我克制，和平解决南中国海纠纷》，《联合早报》2012 年 5 月 30 日，http：//www.zaobao.com/special/report/politic/southchinasea/story20120530 - 108448。

订版)》、《关于北部湾协议区联合勘探协议第四次修改协议》等合作文件。双方还承诺从战略高度和两国关系大局出发，指导和推进海上问题的妥善解决，用好两国政府边界谈判等机制，坚持通过友好协商和谈判，寻求双方均能接受的基本和长久的解决办法，积极探讨不影响各自立场和主张的过渡性解决办法，包括积极研究和商谈共同开发问题等。在中国与东盟组织层面，2011 年 7 月，中国与东盟达成旨在落实《南海各方行为宣言》的指针。2014 年 9 月，双方又启动了制定南海行为准则的正式磋商。马来西亚和文莱虽然也是争议国，但它们的态度一直比较温和，不仅避免采取激进行动，还积极主张以合作的方式解决问题。2014 年 9 月底，马来西亚总理纳吉布在美国发表的一次讲话中就表示：希望南海争议各方用“处理朋友间纠纷的方法，而不是用对立的方法来解决领土争端”，这样各方都能从中获益，而非玩弄零和游戏，最终谁都不能获益。①

总之，南海争端虽时而激化，但通过合作控制争端白热化、防止总体关系被该问题绑架，是有关各方的一致利益所在。当然，这种观点可能会因为菲律宾最近以来的一系列极端举动而受到质疑。的确，与越南态度已经有所软化不同，菲律宾至今仍死抱强硬政策不放，除制造黄岩岛和仁爱礁事端以及加大依美制华的举措之外，又不顾中国反对，于 2014 年 1 月执意将南海问题提交到国际海洋法法庭仲裁。这确实引发了人们关于中菲关系恶化的猜疑。但需要指出的是，菲律宾的做法并不能代表其他各争议方的立场，不能因为这一国的举动而忽视总体趋势。

与东南亚国家处理南海争端的做法不同，日本最近几年来在钓鱼岛问题上的态度显示出远比以往更具挑衅性和敌对性的政策取向。例如，最近几年来爆发的两次最严重的对抗事件，即 2010 年的钓鱼岛撞船事件和 2012 年的“购岛”事件，都是由日本一手挑起的。以往日本在处理中国渔民在钓鱼岛海域捕鱼问题时，一般是采取警告和驱离的做法，但

① 《马来西亚总理纳吉布盼中马友好解决纠纷》，《参考消息》2013 年 10 月 2 日，http：//china. cankaoxiaoxi. com/2013/1002/280701. shtml。

这一次却动用两艘海岸警卫队舰只对中国渔船进行堵截，并强行登船抓扣所有15名船员。尽管中国政府竭尽外交努力促使日方放人，全国民众也掀起强大的抗议浪潮，但日方仍然一意孤行，以法院判决的名义对中国渔民实施所谓拘留。6天后日方虽然释放了14名船员，但仍将船长继续扣押长达17天之久。日本处理争端态度的转变由此表露无遗。在两年后的"购岛"事件中，日本再一次展现出蓄意挑战中国忍让底线的姿态。面对日本极右翼势力企图借"购岛"加剧中日对立的阴谋，民主党主导下的野田内阁不仅不从维护中日关系稳定的大局出发，制止这种挑衅行为，还全然不顾中国政府连续数月的严正交涉和海内外华人的坚决反对，最终以内阁决议的形式通过了由中央政府对钓鱼岛主岛及其两个附属岛屿"国有化"的决议。2014年1月，日本首相安倍在接受媒体采访时强调：在钓鱼岛问题上，"我们绝不会让步，也不会使其成为谈判对象"，还说"我们将以'钓鱼岛系日本领土领海'作为前提，来摸索改善中日关系的途经"。[①] 为了消除对立，在2014年6月的香格里拉会议（亚洲安全会议）上，我军方代表再次就领土问题提出了"搁置争议、留给后人解决"的主张，但日本官方却反驳说，钓鱼岛"不存在需要解决的主权问题"，也"不存在应该搁置的问题"，日本不接受中国有关钓鱼岛的任何主张。[②] 2014年7月日本政府通过的新版《防卫白皮书》，用三分之一的内容和从未有过的激烈言辞，对中国的海洋发展战略及海上维权活动百般指责，并且首次提出了发展日本独自的军事力量的"强军目标"。[③] 日本防卫相小野寺五典还向编制该版白皮书的负责人做出指示说："没有必要为了顾及对方而变得谨慎。"[④] 日本连续11年减少的防卫预算在2013年也首次被提高。

---

① 《安倍再就钓岛强硬发言，称中国领土策略"错误"》，《环球时报》2013年1月11日。

② 《近日谈钓鱼岛争议，戚建国"搁置论"遭中日舆论上面夹攻》，《联合早报》2013年6月4日。

③ 《日本防卫白皮书首提"强军目标"针对钓鱼岛》，新华网，2013年7月10日，http：//news.xinhuanet.com/cankao/2013－07/10/c_132528469.htm；《日媒：日防卫白皮书对华言辞激烈程度超以往》，《参考消息》2013年7月10日，http：//mil.cankaoxiaoxi.com/2013/0710/236946.shtml。

④ 《日媒：日防长称防卫白皮书不必"顾及对方"》，《参考消息》2013年7月10日。

（四）争端所引起的国际关注度及外部介入有所不同

领土争端属于国际问题，依其所处位置以及所涉国家对外关系的不同，会引起不同程度及范围的国际关注或介入，因而对争端本身的解决产生不同影响。钓鱼岛及其所在的东海海域位于东北亚地区，其地缘经济和地缘战略的重要性更多是针对该海域周边国家而言的，主要是中国、日本、韩国、朝鲜，以及（在较小程度上也包括）俄罗斯。而韩、朝和俄都与日本存在领土争端、历史恩怨或是历史认识问题上的严重分歧，对日本政治右倾化极为不满。相比之下，它们与中国则一直保持着友好关系，加之都希望维护地区和平与稳定，又都信守不干涉原则，因此，在中日间的领土争端中，这几国是不会采取支持日本同中国对抗的立场的，甚至会保持中立。至于该地区以外的国家，由于利害关系不大，要么是保持沉默，要么是一般性地表示关注。唯一实质性地介入该争端的区外大国只有美国。美国虽然地处遥远，但作为霸权国，它的利益范围指向全球各个角落，包括东北亚和东海在内。更何况该海域是美国西太平洋“岛链”战略的重要环节，作为争端方之一的日本又是美国的盟友。这就决定了美国的介入必然是以支持日本为特征。不过，尽管美国的介入加大了中国维权的困难，但由于该争端所引起的国际关注度比较有限，使得美国的介入显得曲高和寡，这就为我们进行维权斗争减少了外部干扰和牵制。

与东海方向的情况大为不同，南海方向则完全是另一种局面。南海是地处太平洋和印度洋之间，又位于亚洲大陆与东南亚海岛以及大洋洲之间的海上连接带上，是沟通两大洋和两大洲的“十字路口”，也是自古以来东西方海上交流的重要通道。位于南海南部的南沙群岛从东南向西北延伸约1000公里，通过南海的海上航线就分布在该群岛东西两则。据统计，世界1/3的海上贸易、1/2的海上油气运输经过南海。而且，每年经由南海运往东亚的石油是苏伊士运河运量的6倍多，是巴拿马运河的17倍。[①] 可以说，南海已成为东亚各国和地区最主要的进出口贸易和能源运输的海上通道，是它们经济发展的海上“生命线”，同时也是其他地区许多国家同东亚进行经贸往来的主要海上渠道，与它们的外向型经济密切相关。另外，南海上空也是世界重要的航空通道。不仅东北亚与东南亚各地的航线经过南海空域，西欧—中东—远东这条世界上最繁忙的航空线，以及西欧—东南亚—澳新和远东—澳新的部分航空线也要经过这里。

南海的上述地位决定了南海争端一旦升温必然会受到广泛的国际关注。首先是东盟的关注。东盟作为一个国际组织，并不是争端的当事方，但出于在本地区事务中发挥“核心”作用以及维护东盟团结的考虑，从90年代初开始就一直采取积极介入的政策，积极推动制定有约束力的《南海行为准则》就是东盟介入南海问题的主要表现。东盟的介入虽然不涉及对争议各方的领土声索采取立场，但在客观上却给了东盟争议方以鼓励，助长了它们抱团与中国周旋的图谋，同时也增加了中国坚持以双边谈判方式解决争端的困难。

其次是美国的介入。美国的南海政策服从和服务于其总体战略需要。冷战时期，在与苏联对抗的大背景之下，南海问题并不处在美国东亚利益的核心位置，美国在此问题上基本上持不表态和不介入的中立立场。[②] 冷战结束后，随着苏联威胁的消失和中国力量的凸显，美国开始加大对东南亚及南海的关注。90年代中期的“美济礁事件”发生后，美国的政策开始朝着公开介入的方向转变。在这一轮争端过程中，美国的介入更是达到前所未有的程度，表现为不仅继续为菲律宾撑腰，还开始拉拢并支持其昔日的敌国越南；不仅公开指责中国正当的维权行动，还利用各种多边场合进行炒作；不仅趁机提升与南海周边各国的安全关系，还借机加强在南海区域的军事活动和存在。美国此举包含着加强对华遏制、加紧同中国竞争在东南亚的影响力这一更为深远的战略目的，但它为此

① Robert Kaplan, “The South China Sea Is the Future of Conflict,” *Foreign Policy*, 15 August 2011.

② 胡素萍：《冷战以来美国对南海政策的演变（1950—2004）》，《新东方》2012年第5期，第7页。

打出的旗号却是冠冕堂皇的，因此颇具欺骗性和蛊惑性，并得到了一些国家的欢迎。美国决策界和研究界对此普遍感到窃喜，认为南海局势紧张“为美国……提供了黄金般的机遇”。[①] 由此可以预见，南海局势越是紧张，美国介入和干涉的机会就越大。

除美国外，日本、印度、澳大利亚等区外国家的介入也日益明显。如果说以往这几国只是对该争端表示“关切”并暗中使力的话，那么在这一次的争端中，它们则开始有了公开的和实质性的动作。日本为了拼凑对华包围圈、使中国陷入南北“两面受敌”的局面，正在极力拉拢东南亚争议国，也在加紧游说其他有关各国。印度出于推进“东向”政策以及争取在中印陆地边界谈判中主导权的考虑，也开始把南海争端作为切入点。澳大利亚则紧随美国的战略而动，成为美国加强在该地区军事存在的另一个主要支持者。值得注意的是，这几国的介入都不同程度地受到美国的鼓动，或者说成为美国“亚太再平衡”战略的筹码。美—日—澳三边机制的加强以及美—日—印三边磋商的酝酿就是其中的一个表现。

总之，由于南海特殊的地理位置和价值，南海争端的加剧极易引起外部力量的介入。这种介入既不利于争端的妥善解决，也不利于中国战略安全环境的改善。因此，无论从排除外部干涉，还是从维护中国战略安全环境的需要出发，在南海推行“稳”的政策都是必不可少的。

结束语

钓鱼岛争端和南海争端已成为当前中国面临的最重要、最紧迫的国家安全问题。如何应对这两个问题则需要从中国和平发展战略的全局来考虑。鉴于这两个争端在上述四个方面有着很大的差别，因此有必要按

---

① Bronson Percival, American “Returns” to Asia: The South China Sea, Paper presented at the Third International Workshop “The South China Sea: Cooperation for Regional Security and Development”, Hanoi, Vietnam, 3 – 5 November 2011, p. 1.

照战略重点原则的要求，采取不同的应对方式。具体说就是，在东海方向采取“争”的政策，在南海方向则采取“稳”的策略。前者有助于压制日本的挑衅行为，迫使其回归到搁置争议或谈判解决的轨道上来，也有助于促进我国对钓鱼岛主权的维护和东海资源的开发；后者则有助于保持和深化同东南亚各国及东盟组织的睦邻友好合作关系，维护中国在东南亚所取得的来之不易的外交成果（即外界所称的“魅力攻势”），挫败美国在“战略重心东移”背景下利用中国在海上安全方面所面临的麻烦，趁机挑拨离间、筹组制华联盟、恶化中国周边环境的企图，捍卫中国的战略安全利益，同时为在平稳、宽松的气氛中推进争端的逐步解决创造条件。总之，两个方向，一紧一松、一张一弛，二者结合，分别运用，是中国处理两个同时升温的领土争端的应有之义。

中国大周边的西部陆缘地带与中国国家安全

宋德星

1991年苏联的解体，再度开启了世界历史大进程中新的一轮实力中心动态转移的进程。其中，冷战后的中亚——阿富汗——南亚地区，由于地缘上的紧密相互依存、相似的安全脆弱性和共同面临着的体系层次的战略压力，在各方相互角力过程中，渐渐地增强了其地缘战略聚合价值，以及地区国家（印度和中国）和区外大国（美国和俄罗斯）的战略敏感性。可以说，冷战后填补该地缘聚合区“权力真空”的过程，就是苏联解体引发的主要实力中心的动态转移进程，而这一进程最富有意义的变化表现在两大方面：其一是包括“基地”组织和“三股势力”在内的这类非国家行为体对该地区弱国家的控制而引发的新型地区安全威胁；其二是冷战后唯一超级大国美国参与地区角逐而引发的地缘战略震动。结果，就中国而言，其大周边西部陆缘地带日益呈现出战略聚合趋势，本文姑且将该地区称之为“中南亚”。毫无疑问，“中南亚”[①] 战略聚合区的生成，不仅直接影响了中国的国家安全，而且对中国的陆上战略选择提出了新的更高的要求。

---

① 本文中的“中南亚”作为专门的地缘政治区域，包括狭义的中亚与国、阿富汗、南亚7国以及伊朗，总共14个国家。

一、传统大强国在“中南亚”的地缘角力

地理上，最适宜勾画“中南亚”图景的当数绵延1200余公里的兴都库什山脉。首先，它与喀喇昆仑山和帕米尔高原一起，形成了一道拱形天然屏障，将“中南亚”与欧亚大陆的东部分隔开来；其次，它又像是一座桥梁，向北可以直达费尔干纳盆地和里海北岸，进而直抵俄罗斯与东欧平原；向西南逐渐沉降，将通往伊朗和两河流域的大道展现出来。

与这种地理图景完全不同的是，“中南亚”给人最直观的印记就是它位于欧亚大陆发达的西部（中、西欧国家）和欧亚大陆快速发展的东部（主要涵盖了中国和东盟以及作为发达国家的日本、韩国、澳大利亚、新西兰）之间，是欧亚大陆上典型的“中间地带”。或者借用科恩（Saul B. Cohen）的话说，是“门户区”（gateway region），[①] 它从欧亚大陆的心脏地带一直延伸到印度洋，故而不仅能够深刻地影响着欧亚大陆心脏地带的政治事态，而且还因为直达印度洋而拥有了振兴经济不可或缺的世界主要大市场。

“中南亚”这个“奇怪的中间地带”，就如同美国恩特拉解决方案公司的总经理托马斯·巴尼特系统论所说的，属于“未融入全球化进程的空隙区”。[②] 按照作者的观点，处在该区域中的基本都是弱国家或“失败国家”，它们是对美国和世界安全造成威胁的主要来源。当然，“空隙

---

① 科恩认为，所谓“门户区”，意指能够促进其他地区联系和交往的区域，如东欧和中欧地区。Saul B. Cohen，“Geopolitics in the New World Era：A NewPerspective on an Old Discipline，” in George J. Demko and William B. Wood，eds.，*Reordering theWorld*：*Geopolitical Perspectives on the 21st Century*，Boulder，Colo.：Westview，1994，p. 28.

② 巴尼特在出版发行《五角大楼的新地图》和《行动蓝图：一个值得创造的未来》两书中，把空隙区分为四个部分：1. 包含北非、中东、中亚以及西南亚的伊斯兰世界；2. 亚太边缘部分；3. 包含加勒比海、中美洲以及南美洲安第斯地区的拉美地区；4. 撒哈拉沙漠以南的非洲地区。见：［美］托马斯·巴尼特《五角大楼的新地图：21世纪的战争与和平》，王长斌等译，北京：东方出版社，2007年版，特别见第4章；Thomas P. M. Barnett，*Blueprint for Action*：*A Future for Creating*，New York：Berkley Books，2005.

区”有可能呈批次缩小，而这意味着某地区的大批国家将差不多同时被融入核心区（该区域中的基本都是经济发达、政治稳定的国家），类似于过去十年中北约和欧盟同时吸收大批中东欧国家的模式。巴尼特的这一理论解读，实际上从一个十分重要的方面揭示了这样一种战略趋势：美国及其西欧盟国一旦成功地消化了中东欧国家，其下一个战略步骤或者说施加的战略压力必然是欧亚大陆“中间地带”的“中南亚”地区，而且是从外向里压缩。冷战后，无论是中亚地区的“颜色革命”，还是在巴基斯坦和阿富汗展开的反恐战争行动，均深刻地说明了这一点。当然，在这一进程中，借用一位研究者的说法，美国主要是采取大促进者战略（grand facilitator）——美国有能力通过维持全球和地区均势，将其自身利益与其他国家的利益和国际社会的主要目标结合起来，以维护其国家利益。[①] 可见，“中南亚”的形塑，离不开美国和西方的战略扩张与驱动。而这种战略趋势对于中国国家安全的影响尽管目前还没有很好地显现出来，但其后果之巨大是毋庸置疑的。

就美国来说，参与欧亚大陆的权势斗争是其霸权逻辑的必然结果。对此，布热津斯基在其《大棋局——美国的首要地位及其地缘战略》一书中强调指出：“对美国来说，欧亚大陆是最重要的地缘政治目标。在广阔的欧亚中部高原以南有一个政治上混乱但能源丰富的地区，它对于欧亚大陆西部和东部的国家，以及最南部地区那个人口众多、有意谋求地区霸权的国家来说，都有潜在的重大意义。”[②] 他将阿富汗以及中亚等国构成的地区称为“欧亚大陆的巴尔干”，认为这一地区在地缘战略上对美国有着重要意义。尽管美国因相距太远而无法在欧亚大陆的这一部分成为主导力量，但美国又太强大而不能不参与这一地区的事务。[③]

通过发动阿富汗战争，以及赋予南亚国家巴基斯坦以“非北约盟国”的地位，美国对“中南亚”事务的影响不再主要依靠投资和技术优势，也不再相当间接地通过地区国家来确保其地缘战略利益。美国实际

① Alberto R. Coll, “America as the Grand Facilitator”, *Foreign Policy*, No. 87, Summer 1992.

② ［美］兹比格纽·布热津斯基著：《大棋局——美国的首要地位及其地缘战略》，中国国际问题研究所译，上海人民出版社，1998年版，第41—47页。

③ 布热津斯基著：《大棋局》，第197页。

上具备了通过政治、军事和经济等手段直接影响地区事态，以及监视俄罗斯、中国、印度政策发展变化的极佳机会。[①] 在阿富汗反恐战争行动结束后，美国军事力量的继续存在，使得地区安全问题具有了新的内涵。也就是说，美国因素已经在一定程度上动摇了“9·11”事件后恐怖主义、民族分离主义和极端宗教势力作为首要安全问题的核心地位，成为其他国家不得不认真研究和应对的重要因素。换言之，传统的国与国之间的权势斗争将冲淡非传统安全的影响力，地缘政治仍将从根本上塑造地区事态和主要角力者之间的关系。正是大国权势政治的内在逻辑，决定了将中亚和南亚视为战略聚合体即“中南亚”的必要性。

与美国的巨大促进作用相反，苏联衣钵的主要继承人俄罗斯没能充分展现其作为地缘战略棋手的作用，尽管“中南亚”是俄罗斯阻止欧亚大陆外围势力（美国）从欧亚大陆边缘地带向核心地区渗透[②]的重要方向之一。这是因为：虽然俄罗斯几百年以来的外交史是一部它从国际体系的边缘走向舞台中心的历史，[③] 但今天的俄罗斯显得有点黯然失色。“更重要的是，它不再掌握自己在国际上的命运，而成为他国外交政策的对象”。[④] 所以，尽管冷战时期曾一度出现过莫斯科—喀布尔—德里“轴心”，冷战后的俄罗斯也提出了“近邻”外交的概念，大力倡导所谓的“欧亚合作”，但俄罗斯首要的战略目标是回归西方，特别是融入欧洲，故其在“中南亚”更多的是一种守势。

与传统大强国美国和俄罗斯相比，印度可谓具有某种地缘上的优势，即它是“中南亚”地区少有的大国之一，且具有成长为世界一流大强国的现实前景。可以说，无论是基于国际威望还是基于国家安全考虑，印度都渴望在阿富汗和中亚地区施加地缘影响。同时作为印度洋地区大国

---

① Scott Peterson, “Central Asia: The New Front in the Terror War?” *Christian Science Monitor*, July 2002, Volume 10, p. 7.

② 参见宋德星：《中亚地缘战略态势的五大特征》，载《现代国际关系》2005 年第 2 期，第 5 页；宋德星：《地缘政治、民主转型与俄罗斯外交政策》，载《太平洋学报》2004 年第 4 期。

③ Cyril E. Black, “The Pattern of Russian Objectives,” in Ivo J. Lederer, ed., *Russian Foreign Policy Essays in Historical Perspective*, New Haven: Yale University Press, 1962, pp. 3 – 38.

④ ［美］帕斯特编：《世纪之旅：七大国百年外交风云》，胡利平、杨韵琴译，上海人民出版社，2001 年版，第 187 页。

和新兴市场国家，印度有望成为“中南亚”其他国家主要出口市场和出海口之一，这是因为中亚丰富的油气和矿物资源与南亚紧靠出海口形成了紧密的互补。[①] 但与此同时，印度的弱点也十分明显。地域上，“中南亚”尽管主要包括了两大块，即中亚和南亚，但就目前来说，“中南亚”地区内部的整合主要表现为基于危机的合作（crisis-based cooperation），[②] 这就决定了印度这个新兴的地区大国的作用仍然有限，尽管从理论上讲其理应影响巨大。相反，这种危机导向的合作目前主要依赖于域外大国的战略推动和整合。当2006年1月美国国务院成立中亚南亚局时，美国前国务卿赖斯对此发表讲话称，美国正在把中亚、南亚视为重要聚合的地区。[③] 分管中亚南亚事务的美国助理国务卿包润石则称，作此调整的原因，除了文化与历史上的联系外，更主要的是因为21世纪的现实，如反恐战争、能源输出线路、经济合作与民主机会等将两者紧密地结合在了一起。[④]

二、“中南亚”地区弱国家群体的安全困扰

在“中南亚”地区，就国家构成而言，除去极少数大国（印度）外，一个典型的特征就是弱国家群体广泛存在着的脆弱性，不仅直接导致了国家局势的动荡，而且也因为这种脆弱性而使得其地缘战略价值格外的被重视。该弱国家群体主要包括了中亚五国、阿富汗和巴基斯坦。

首先，新生的中亚五国，由于在民族历史、生活习惯、文化传统和宗

① Ambrish Dhaka, *South Asia and Central Asia*: *Geopolitical Dynamics*, Jaipur: Mangal Deep Publications, 2005, see chapter 5, pp. 142 – 194.

② Ambrish Dhaka, *South Asia and Central Asia*: *Geopolitical Dynamics*, p. 177.

③ Secretary Condoleezza Rice: “Remarks at the State Department Correspondents Association's Inauguarl Newsmaker Breakefast”, *Fairmont Hotel*, Washington, DC, January 5, 2006, http://www. trackpads. com/forum/us-state-department/450898-remarks-state-department-correspondents-associations-inaugural-newsmaker-brea. html.

④ Ambassador Richard A. Boucher: “Pursuing Peace, Freedom and Prasperity in South and Central Asia,” Remarks before the Senate Foreign Relations Committee, Washington, DC, February 16, 2006, http://merln. ndu. edu/archivepdf/india/State/61317. pdf.

教信仰方面与穆斯林世界有着千丝万缕的联系，加之维持国家特性和独立的现实需要，在国际政治生活中急迫地希望摆脱甚至消除苏联的长期影响，并主要表现为对伊斯兰世界的天然亲近感，对于自己属于伊斯兰世界的强调；但同时，由于在国民经济、地缘安全、人口语言和外交运筹等方面与俄罗斯不可分割，它们又努力发展与俄罗斯的友好合作关系，并希望适度增进独联体这一地区国家组织的保护功能。当然，为了平衡大国的地区影响力和求得自身经济社会发展蓝图的顺利实施，它们也不忘大力发展与美国等西方国家的战略和经济关系，鼓吹外交方向的多元化。

及至21世纪，下列重大安全和外交事态的出现，使得中亚地区逐步成为世界瞩目的焦点地区之一：首先，2001年上海合作组织的建立，使得中亚五国与俄罗斯和中国的地区合作上了一个新台阶，其制度化保证足以让其他力量自叹不如；其次，“9·11”事件的发生，美国发动阿富汗反恐战争，及随后美军进驻中亚，使该地区成为国际反恐前沿和大国外交角力的重要战略区域；再次，2004年前后围绕着在该地区鼓动和抵制“颜色革命”的问题，中亚国家与西方国家之间、俄美之间进行了直接的激烈外交斗争，不仅在很大程度上改变了“9·11”事件以来的国家关系格局，而且使该地区的地缘战略形势发生了深刻变化。

正因为如此，中亚国家作为大国作用的对象，其脆弱性一面依然清晰可见，以至于人们有着这样的一种共识，那就是：中亚地区的政治不稳定和“三股势力”的滋长，不仅直接影响着本地区国家的安全，而且将产生溢出效应，影响国家间关系和地区战略态势。2005年5月发生在乌兹别克斯坦的“安集延事件”，无疑具有典型意义。[①] 该事件的发生、处置及其后续政治效应充分表明：即使像乌兹别克斯坦这样的中亚地区大国，其国家安全不仅有赖于自身的力量建设与运用，也有赖于外部力量的相互掣肘。

其次，“中南亚”地区的阿富汗不仅是典型的弱国家，而且属于典

---

① 2005年5月12—13日，在乌兹别克斯坦的安集延市，一伙伊斯兰极端主义武装分子抢劫军营武器，劫放监狱囚犯，攻占州政府大楼，并组织近万人游行示威，公然提出卡里莫夫政府下台等要求。卡里莫夫总统随后果断命令军队镇压了这场暴动，行动造成700多人死亡和数千人受伤，其中大多是平民，因此引起西方的舆论谴责和外交孤立，俄罗斯则给予乌兹别克斯坦全方位的支持，借机排挤美国在乌兹别克斯坦乃至中亚地区的影响力。

型的"失败国家"。1989年苏军撤出阿富汗后，由苏联扶持上台的喀布尔纳吉布拉政权在支撑了三年后便告垮台。为了争夺国家权力，阿富汗国内各派军政团体便展开了延续至今的"统一圣战"。在阿富汗内战过程中，在20世纪90年代中期，以普什图族为主的希克马蒂亚尔的"伊斯兰党"，以及一度得到俄罗斯和印度支持的拉巴尼的"伊斯兰促进会"，势力日渐衰微；相反，得到巴基斯坦全力支持的塔利班，于1996年9月攻占了阿富汗首都喀布尔，开始在阿富汗执掌政权，并控制了90%以上的国土。但实施政教合一治国纲领的塔利班政权——"阿富汗伊斯兰酋长国"，由于其极端保守的原教旨主义色彩，特别是其对"基地"恐怖组织的支持，在"9·11"事件后美国发动的阿富汗反恐战争中被推翻，随即成立的卡尔扎伊政府尽管获得了国际社会的一致承认和支持，但在国内同样难以实施全面有效的管辖和治理，塔利班和"基地"组织的残余势力仍然是一支不可忽视的政治力量，阿富汗中央政府不得不与塔利班进行的和解谈判就充分说明了这一点。

不仅国内政治生态极其险恶，阿富汗面临着的外部环境也极其复杂。阿富汗虽然只是一个65万平方公里的小国，但地理位置却非常特殊，它恰巧是东亚、南亚、西亚和中亚四大地区的衔接点。由于地缘战略的极端重要性，它历来就是外部大强国的必争之地。俄罗斯外长在论及阿富汗未来政权时就表示，希望在阿富汗建立和平生活的各个国家对阿富汗未来政权都有个"雏形"。重要的是，这些国家不要总想安排自己的人。①

第三，在南亚地区，巴基斯坦是一个具有重要影响力的中等强国。然而，这个年轻的穆斯林国家自独立以来，不仅国家生存的安全环境十分险恶，而且国内政治生态也错综复杂。在其60多年的历史中，军政治理的时间甚至比文官治理的时间还要长。但无论是军政府上台还是民选政府掌权，巴基斯坦均不得不去直面和应对巨大的困难，即在新的形势下如何应对：（1）地缘安全方面的巨大挑战；（2）国内严重的不安全感；（3）日益加剧的经济困难。结果，安全的内向化趋势成为了影响巴基斯坦对外政策走向的一个十分重要的内因。

---

① 新华社：《参考资料》2001年11月19日，第15页。

毫无疑问，巴基斯坦目前的状况在很大程度上符合弱国家的基本特征。[①] 首先，国民经济发展缺乏延续性，且属于相对低下的自给经济，结果也就无法维持人民基本的福利水平，更不能为国民经济的有效运转提供有力支撑。这种存在缺陷的经济，使得不管是城市还是农村地区，政府对于绝大部分人口缺乏实施有效管辖的可用资源；其次，人们之间并没有组成一个具有很强内在凝聚力的民族共同体，结果在前述原因的影响之下，人们就会转向他处想方设法寻求物质和非物质的需要，包括向种族部落甚至是塔利班、“基地”组织这样的极端势力寻求帮助；最后，共同体意识的缺失还意味着缺乏有效且反应迅速的国家机构，这一点在巴基斯坦体现得尤为明显。

正是这种弱国家特性，使得巴基斯坦的安全问题明显地内向化，并且或多或少地显得十分紧迫，因为无论是巴基斯坦政府还是人民，都正在为此付出高昂的代价，这方面最直接的表征就是巴基斯坦境内的恐怖袭击活动频发。特别是在美国于2001年发动阿富汗反恐战争后，阿富汗塔利班和“基地”组织残余势力开始向周边国家转移，尤其是向与巴基斯坦交界的边境地区转移。而巴基斯坦西北边境部落地区土地贫瘠，基础设施落后，生活条件极差，是巴基斯坦最不发达的地区之一。贫困的生活环境，加之对美国与巴基斯坦政府的反恐战争行动的仇视，以及对同属普什图族的塔利班成员的同情，使得塔利班和“基地”组织不仅有机会在这里找到庇护所，而且还能够招募和吸纳新成员加入，致使巴基斯坦西北边境地区出现了“塔利班化”的趋势。结果，巴基斯坦成为继伊拉克和阿富汗之后又一个恐怖活动频发的地区。2007年，巴基斯坦塔利班运动组织成立，并依部落区域划分为南北瓦济里斯坦、巴焦尔、斯贝特等单独的“基地”组织，俨然成为一个“国中之国”。[②] 实际上，自“9·11”事件以来，“基地”组织及其他暴力极端主义分子杀害了巴基斯坦数以千计的平民、警察和士兵，还暗杀了巴基斯坦前总理贝·布托。

---

① 有关弱国家特征的分析，详细见 Robert Jackson，George Sorensen，*Introduction to International Relations：Theories and Approaches*，4th edition，New York：Oxford University Press，2010，pp. 267－268.

② 正涛：《巴基斯坦恐怖主义的新特点及其影响》，《当代世界》2010年第7期。

他们还炸毁建筑物，破坏外国投资，对巴基斯坦的稳定造成威胁。正因为如此，美国总统奥巴马宣称，“基地”组织及其极端主义同伙是一个有可能从内部毁灭巴基斯坦的毒瘤。[①]

三、非国家行为体及其危害的地区性增生

毫无疑问，在苏联强大的军事集团所具有的威慑和屏障作用消失后，就“中南亚”地区而言，特别是就包括巴基斯坦、阿富汗和中亚五国在内的弱国家群体而言，由于地区性战略力量尚未形成，结果国务家们所期盼的所谓“足够的替代能力”不仅无从谈起，而且还不可避免地出现了布热津斯基所谓的“地缘政治黑洞”。自然地，多元力量开始相继进入这一地区。这方面，除去传统大强国固有的地缘影响外，以极端势力为主要形态的非国家行为体也得以增生，并发展壮大为足以威胁主权国家安全的强大的破坏性力量。其中，恐怖主义作为一种极端的政治行为，往往与民族分裂主义和宗教极端主义密切相连，且为了达到一定的政治目的，它们不惜以对抗和伤害个体、社会和国家的暴力方式，来展示实力。

故此我们看到，在“中南亚”地区新的“大角逐”中，除了主权国家行为体——大国之间的博弈外，最具有时代意义的变化当数詹姆斯·罗西瑙（James Rosenau）所说的“游离于主权国家之外的行为体”（sovereignty free actors）的显著影响力，[②] 即像“基地”恐怖主义组织这类行为体。由于具备了强大的资源动员能力，包括施加伤害的能力，因而它们不仅能对国际体系中的弱国家、不发达国家和转型国家的政治和经济进程施加重要影响，而且还有能力利用强大的主权国家在冷战后暴露出来的新的脆弱性的一面而对其施加伤害。这方面，本·拉登领导的“基

① 中国国际战略学会军控与裁军研究中心主编：“奥巴马总统阿富汗与巴基斯坦新战略讲话”，《美国奥巴马政府内外政策言论汇编》，军事译文出版社，2009年版，第133页。

② 这方面的论述见 James Rosenau，*Turbulence in World Politics*，Princeton：PrincetonUniversity Press，1989。

地”组织与阿富汗伊斯兰原教旨主义性质的塔利班政权的结合，直接催生了2001年“基地”组织对美国发动的“9·11”恐怖袭击事件。“9·11”事件后，当今最强大的主权国家美国与最具动员和破坏能力的非国家行为体“基地”组织在“中南亚”直接交锋，结果不仅在很大程度上改变了“大角逐”的呈现方式和内涵，而且赋予了其时代特色，即：一方面，新的“大角逐”在多元行为体之间展开；另一方面，在这场角逐中，由于阿富汗和巴基斯坦之间的天然联系，自然使得中亚和南亚地区成为了新的战略整体——“中南亚”。

诚然，像“三股势力”这类非国家行为体的滋生，不仅得益于地缘环境的突变，还得益于弱国家群体的前现代化属性。我们知道，袭击美国的“基地”恐怖主义组织、一度执掌阿富汗政权的塔利班运动，以及中亚地区的“三股势力”，无不是位于被现代化和全球化进程所边缘化的“灰色地带”。借用当今美国著名的地缘政治理论家布热津斯基的话说，它“不再处于‘现代化的欧洲’和‘落后的亚洲’之间，而是处于‘两个欧洲’之间的一个奇怪的中间地带”。[①]

上述地缘突变和全球化进程的影响，直接催生了“三股势力”及其威胁的地区性扩散。实际上，苏联撤军阿富汗及中亚五国独立后，为了填补苏联势力衰微后的意识形态“真空”，伊斯兰世界利用其在历史、宗教、种族和地缘上的优势，采取各种办法对“中南亚”地区的弱国家群体进行思想渗透。正如俄罗斯学者奥·列兹尼科娃所指出的：“这个真空很快就被各种充满矛盾的思想体系所代替，其中首先取代这一位置的是‘伊斯兰主义’和‘泛伊斯兰主义’，其兜售者是伊朗和土耳其。”[②] 与这种一元化的伊斯兰思想体系扩散相伴随的，还有基于因宗教、信仰和文化差异之上的反现代化的极端狭隘心理，以及基于历史仇恨、领土争端和权势竞争之上的极端排他主义情绪的蔓延。

结果，三种类型的极端势力——暴力恐怖势力（恐怖主义）、民族

---

① 《我们的安全困境》，《外交政策》1992年秋季88卷，第60页。引自布热津斯基著《大棋局》，第125—126页。

② ［俄］奥·列兹尼科娃：《俄罗斯、土耳其和伊朗在中亚》，《世界经济与国际关系》（俄文版）1997年第1期。

分裂势力（分裂主义）、宗教极端势力（极端主义），开始在国家和地区层面上同时施加危害。其中，巴基斯坦、阿富汗和中亚五国成为了国际恐怖主义、宗教极端主义和民族分裂主义的重要活动场所。尽管美国发动阿富汗战争后，上述“三股势力”受到沉重打击，但它们仍在暗中积蓄力量，并不时制造新的暴力恐怖袭击事件，使得这些国家成为了当前国际反恐斗争的主要战场。对此，当时负责指挥阿富汗反恐战争行动的美国中央司令部司令彼得雷乌斯就曾指出：“基地”组织的高级领导人正盘踞在巴基斯坦不受法律约束的偏远地区的巢穴中策划新的恐怖袭击，并且认为巴基斯坦已经成为“基地”组织指挥全球行动的“神经中枢”；[①] 同样地，由于“中南亚”地区的弱国家群体与中国山水相连、跨境民族相依，它们便自然地成为了“三股势力”对中国进行渗透和破坏的战略走廊，包括地理上和人员上的借力用力。换言之，包括“东突”分子在内的“三股势力”，主要借助于阿富汗和中亚国家脆弱性的一面，不时地对中国西部地区实施暴恐破坏活动，成为危害中国国家安全的一大力量来源。例如，“乌兹别克斯坦伊斯兰运动”（简称“乌伊运”）就与中国新疆的民族分裂主义势力相互勾结。2000 年在“乌伊运”政治首领尤尔达什的倡议下，活动在中亚、南亚一带的新疆民族分裂势力的代表人物在阿拉木图举行会议，商讨今后的发展计划。[②]

“三股势力”及其危害的地区性扩散，尽管是地区和国际形势发展变化的必然结果，但毫无疑问，防范和打击“三股势力”，首先需要在地区层面上的战略协同，以及在国家大战略层面上进行整体谋划。

四、有关中国的“中南亚”战略选择

无论是从地缘战略思想观念还是从大国权势政治出发，“中南亚”

① 《美国断言“基地”总部在巴基斯坦已建立新巢穴》，http：//news. 163. com/09/0513/10/596G6VGL000120GU. html，2009 年 5 月 3 日。

② 潘志平主编：《中南亚的民族宗教冲突》，新疆人民出版社，2003 年版，第 124 页。

作为单一地缘战略区域均有其合理性，且随着全球化的深入发展，“中南亚”的地缘属性也更加鲜活，其对于中国的意义也更加深远。

在这样的一幅图景面前，中国又该如何定位自己的作用、制定相应的战略呢？毫无疑问，中国的战略目标是多元的，包括国家传统的和非传统的安全诉求、地缘政治角力、经济利益以及作为一个大国的责任与威望。显然，这样一个多元的战略目标不仅会因为具体情势的变化而出现轻重缓急排序上的变更，而且还不可避免地要受到实力中心动态转移进程的影响。其中特别需要清晰地认识到：冷战时期，美国将其主要军事力量部署在欧洲和东亚，这样做的主要目的在于威慑，即威慑苏联和中国；到了21世纪，美国不仅在这两个地区仍然有军事存在，而且还成功地在这两大区域的“中间地带”实现了军事存在。而在这种军事存在的基础上构建起来的新秩序，有可能使中国陷入某种战略困境，即东西受压的困境。特别是当中国发展和拥有了“反介入”、“区域拒止”能力，从而使得美国在西太平洋的行动自由受到限制后，美国在“中南亚”地区牵制中国不失为一项战略选择。可见，美国整合“中南亚”，不仅基于地区事态的发展变化，而且还基于整个亚太地区事态的发展变化。换言之，作为唯一的超级大国，美国的基本战略取向在于：通过对日安全保证、对华接触、对印战略对话和整合“中南亚”，即通过进驻、接触和再保证，防止或至少是延缓其他国家反对美国霸权领导和制衡美国。①

其次，冷战结束后，“中南亚”地区伊斯兰极端势力和泛突厥主义的高涨与泛滥，对中国西北边疆的安全产生了严重的消极影响，使这一地区成为中国陆上边界最为脆弱的部分之一。2002年1月21日，中国国务院发表了《“东突”恐怖势力难脱罪责》的文章，彻底揭露了“东突”分子的累累罪行。文章指出，据不完全统计，仅1990—2001年，境内外“东突”恐怖势力在新疆境内制造了至少200余起暴力恐怖事件，造成各民族群众、基层干部、宗教人士等162人丧生，440多人受伤。

---

① 宋德星、李高峰：《美国亚太战略中的地缘政治考量》，《和平与发展》2011年第4期，第18页。

虽然阿富汗问题正逐步解决，中亚地区国际恐怖主义威胁也有所减弱，但自2004年以来，中南亚地区“三股势力”又呈现出活跃的势头，来自阿富汗和中亚地区的非传统安全威胁依然存在，反对恐怖主义的斗争仍是一个长期而艰巨的任务。

在这种情形下，中国应制定和推行什么样的战略以确保积极稳妥地实现上述多元目标呢？

首先我们需要扩展战略视野，像美国那样，将传统意义上的中亚和南亚地区视为新的聚合区，即“中南亚”，并在此基础上反复估算主要力量之间的关系，以及在国家利益追求上作精准的战略排序；其次就是要充分发挥中国作为欧亚大陆东部发展速度最快的新兴经济体和世界第二经济大国的地缘经济优势，连同全球化带来的诸多便利条件，争取成长为能够对“中南亚”地区国家产生巨大吸引力的中心，为地区安全和经济发展提供公益，真正形成互补关系。这方面，当前是要重点推进陆上“丝绸之路”建设，包括在中亚地区的基础建设投资，在南亚地区的中国喀什到巴基斯坦瓜达尔港的“经济走廊”建设、“中印孟缅经济带”建设等；第三，要充分认识并发挥上海合作组织的作用。实际上，包括印度、巴基斯坦、伊朗和中亚5国在内的“中南亚”地区的主要国家，均积极参与到了上海合作组织之中，这不仅为我们通过多边机制规范国家行为、塑造战略预期、发展合作关系、缓解安全两难提供了机会，而且为我们提供了一个整合“中南亚”的大好平台。而更为重要的，则是它使得中国具有了一项与美国大体相同的权势优势，即在区域范围内通过多边机制对力量进行制度化运作，从而赢得认可与追随。①

---

① 在“中南亚”，美国力量主要是在联合国和在北约框架内进行制度化运用。有关这方面的论述见宋德星：《国际关系中的力量运用：侧重于中国方面的分析》，《外交评论》2010年第6期，第66—75页。

从亚信峰会到香格里拉对话

——中国新型亚洲安全观引人瞩目

胡二杰

2014 年亚信峰会和香格里拉对话均已告结束，但亚太安全议题仍然是区域各国乃至国际社会的长期关注点。在此次亚信峰会上，习近平主席倡导的“亚洲安全观”受到与会各国代表的广泛认可；在香格里拉对话上，中方代表通过发表演讲、回答与会人士提问、参加电视辩论、参与分论坛讨论等形式，向外界传达中国的新型亚洲安全观。中国的亚洲安全观引起了国际社会的关切，并与美日等国的旧式安全观产生了碰撞和交锋。

一、亚信峰会和中国新型亚洲安全观的提出

2014 年 5 月 21 日，亚洲相互协作与信任措施会议（简称“亚信会议”）第四次峰会第一阶段会议在上海举行。本次亚信峰会，共有来自 46 个国家的代表出席，其中包括 11 位国家元首、2 位政府首脑和 10 位国际组织负责人，是亚信会议成立以来规模最大的峰会。

亚信会议是一个有关安全问题的多边论坛，其宗旨是在亚洲国家之间讨论加强合作、增加信任的措施。峰会和外长会议均为每四年举行一

次，两会交错举行，间隔两年。建立亚信会议机制的构想最初由哈萨克斯坦总统纳扎尔巴耶夫于1992年提出。以1993年3月的第一次专家组织会议为标志，亚信会议合作进程开始启动。经过专家论证（1993年3月—1996年2月）、外交协调（1996年2月—1999年9月）、确定原则（1999年9月—2001年1月）等若干阶段的长期酝酿，亚信会议首次峰会最终于2002年6月在阿拉木图成功举行。截至2014年5月，亚信会议已有26个成员国、11个观察员国（或组织），横跨亚洲各区域，是亚洲覆盖范围最大、成员数量最多、代表性最广的地区安全论坛。2010年6月前，亚信主席国一直由哈萨克斯坦担任；2010年的第三次峰会，土耳其接替哈萨克斯坦担任主席国；中国此次接替土耳其，成为2014—2017年间亚信会议的轮值主席国。而俄罗斯也深度参与亚信会议，使亚信峰会成为继上合组织之后，世界上第二个没有美国及其亚洲盟友参与主导的国际合作平台。美国、日本、菲律宾等国直到2010年才成为亚信会议的观察员国。

中国国家主席习近平在本次亚信峰会上作了题为“积极树立亚洲安全观，共创安全合作新局面”的主旨发言。习近平指出，应该积极倡导共同、综合、合作、可持续的亚洲安全观，创新安全理念，搭建地区安全和合作新架构，努力走出一条共建共享共赢的亚洲安全之路。习主席精辟清晰地界定了亚洲安全观的内涵与意义：所谓“共同”，就是要尊重和保障每一个国家的安全，不能一个国家安全而其他国家不安全，一部分国家安全而另一部分国家不安全，更不能牺牲别国安全谋求自身所谓“绝对安全”；所谓“综合”，就是要统筹维护传统领域和非传统领域安全，通盘考虑亚洲安全问题的历史经纬和现实状况，多管齐下，综合施策，协调推进地区安全治理；所谓“合作”，就是要通过对话合作促进各国和本地区安全，增进战略互信，以合作谋和平、以合作促安全，以和平方式解决争端；所谓“可持续”，就是要发展和安全并重以实现持久安全，要聚焦发展主题，积极改善民生，缩小贫富差距，不断夯实安全根基，要推动共同发展和区域一体化进程，以可持续发展促进可持续安全。[1] 中方建议，加强亚信的能力和机制建设，深化各领域交流合作，增强亚信的包容性和开放性，推动亚信成为覆盖全亚洲的安全对话合作平台，并在此基础上探讨建立地区安全合作新架构。中国将履行亚信主席国的职责，同各方一道，进一步提升亚信的地位和作用，携手开创亚洲安全合作新局面。

中国之所以积极倡导树立亚洲安全观和创造亚洲安全合作新局面，是因为亚洲安全合作的现状并不能令人满意。众所周知，美国自20世纪50年代成为全球霸权国后，就一直是亚太安全的主导力量之一，美国以“辐辏”结构（hub-and-spokes）的双边联盟体系来掌控亚太地区的安全秩序。冷战后，中国发展成为实力雄厚的区域大国，在亚太地区的经济影响力不断提升，但以美国为中心的“辐辏”结构联盟体系依然主导着亚太地区的安全秩序。冷战结束后，为巩固自己在安全上的主导地位、防范潜在对手的挑战，美国调整、强化了这一“辐辏”结构。这主要表现在以下几个方面：其一，深化了同日本、韩国、澳大利亚的军事同盟关系；其二，将泰国和菲律宾提升为“主要非北约盟国”；其三，同印度、新加坡、蒙古等国建立起“非盟国安全伙伴关系”；其四，与越南、印度尼西亚、马来西亚等国开展了广泛的军事交流与合作。长期以来，美国亚洲安全观的核心是一以贯之的，即防止其他大国对美国进行潜在和实际的制衡，维持和巩固美国在本地区的超强地位，压制有可能对美国进行挑战的区域强国，进行所谓的“霸权护持”。[2] 当然“霸权护持”的具体手段则因时因势发生变化。譬如，奥巴马上任伊始，鉴于美国在亚太经济影响力相对削弱的现实，奥巴马政府高调提出“重返亚洲”，并通过一系列经济、外交和军事部署来推动美国亚太战略“再平衡”。从外交和军事部署来看，奥巴马政府的“亚太再平衡”战略表现出以下特点：第一，在地缘政治上强调美国是太平洋国家；第二，以南海为着

---

① 习近平：《积极树立亚洲安全观，共创安全合作新局面》，新华网，2014年5月21日，http：//news. xinhuanet. com/world/2014 -05/21/c_ 126528981. htm。

② 秦亚青认为，全球霸权不能允许区域霸权的出现，当某个区域强国开始挑战全球霸权国家在本地区的主导地位时，这个全球霸权国就会支持这个地区强国的对手，以维护这一地区的权力平衡，制约这个地区强国的发展。参见秦亚青：《霸权体系与国际冲突》，上海人民出版社，2008年版。

眼点，在中国周边频频蛊惑；第三，加强在亚太地区的军事存在，将安全重心转向亚太；第四，巩固传统盟友关系，扩展安全体系范围。[①] 这一态势显示美国力图继续维持单极霸权体系，不仅要以美国为核心主导亚太区域的均势体系，更要将亚太权力变迁过程中的“均势重建”继续牢固地掌控在以美为核心的“霸权稳定”的框架之内。对比中国提出的亚洲安全观与美国既有的亚洲安全观，两者是根本不同的。较之于中国，美国的亚洲安全观是为巩固美国的霸权利益服务的，是一种追求绝对安全而不惜牺牲别国利益的安全观。

中国的新型亚洲安全观一经提出，就获得了与会各国代表的广泛认可。亚洲安全观写入了亚信峰会的《上海宣言》。宣言指出，本地区各国不仅利益与共，而且安危与共。任何一国在安全问题面前都难以独善其身。各国应在迄今已达成共识的基础上，谋求共同、综合、合作、可持续安全。吉尔吉斯斯坦总统阿坦巴耶夫表示，亚洲的事情应该由亚洲国家自己解决，吉方愿与中方一道，利用亚信平台，维护地区和平安宁。斯里兰卡总统拉贾帕克萨表示，亚洲国家非常需要采取措施解决亚洲事务。老挝副外长本格·桑松萨表示，期待亚洲能够实现建设亚洲新安全架构的目标，把亚洲的安全掌握在亚洲国家自己手中。哈萨克斯坦电视和广播综合体总经理哈利让诺维奇表示：“习主席的讲话不仅对亚洲地区，而且对整个世界也具有现实意义”，“习主席提出的亚洲安全观对亚信理念是有益补充，必将让全世界受益”。[②]

在此次亚信峰会上，中俄两国也就亚洲安全问题达成了广泛的共识。峰会首日，中俄两国元首进行了双边会晤，并发表了关于全面战略协作伙伴关系新阶段的联合声明。两国共同声明，将反对策划、支持、资助或鼓励更改他国宪法制度的行为，声明特别提出，在未来亚信机制的发展中，中俄会在构建安全架构、保障亚太地区稳定发展方面推进一致的倡议，两国还将密切协调双方的外交行为，必要时“建立新的合作机

---

① 参见卫灵：《试析美国“重返亚洲”战略》，《思想理论教育导刊》2012 年第 3 期，第 62—63 页。

② 《哈萨克斯坦媒体评习近平演讲：补充和丰富了亚信内涵》，人民网，2014 年 5 月 21 日，http：//world. people. com. cn/n/2014/0521/c1002 - 25047719. html。

制”。

二、香格里拉对话：两种安全观的碰撞

亚信峰会举行后不久，香格里拉对话（简称 SLD）如期召开，中国的新型亚洲安全观与美日的旧式安全观在会上发生了正面的交锋和激烈的碰撞。

较之于作为亚洲国家间的区域性多边论坛的亚信会议，SLD 是一个由英国第三方研究机构主持的世界性安全论坛。对于两者的区别，有中国学者形象的比喻为“香格里拉对话是英美式的，而亚信会议是中俄式的”。SLD 是新防务外交的产物。它是由英国国际战略研究所发起，在新加坡政府的支持下于 2002 年开始举办的亚洲安全会议，并因首次正式对话在新加坡香格里拉饭店举行而得名。会议的主要形式是由各参与国国防部门的高官展开对话，是新世纪以来形成的最具活力和影响力的国际军事外交机制之一。SLD 的出现既是顺应“9·11”事件后亚太地区安全形势和安全议程的新变化，也是第二轨道外交的发展和新防务外交的产物。

虽然 SLD 具有浓厚的西方色彩，会议议题也主要由英美等西方国家主导，但中国并没有拒绝这一机制。从 2002 年第一届对话开始，中国就派员参加，首次与会的中国军方代表是解放军总参外事局局长。5 年后，解放军副总参谋长章沁生出席对话，标志着中国军方高层正式参与香格里拉的讨论。2008 年以来，参加 SLD 的历届中国代表团团长为：副总参谋长马晓天（2008 年、2009 年和 2010 年）、国防部长梁光烈（2011 年）、军事科学院副院长任海泉（2013 年）、副总参谋长戚建国（2013 年）、副总参谋长王冠中（2014）、副总参谋长孙建国（2015）。十多年来，无论中国官方代表是否出现，无论中国出席对话的官员层次高低，中国议题始终是 SLD 的中心之一。

2014 年的 SLD 共有 28 个国家的国防部长或军方高级成员参会，

总参会人数460人，比2013年增加了100余人。其中，中国政府派出了国防部和外交部联合代表团，由解放军副总参谋长王冠中和全国人大外事委员会主任委员傅莹带队。中国政府代表团成员17人，规模居各受邀国政府代表团之首，仅次于东道主新加坡（19人）。此外，美国政府代表团有16人、越南9人、日本6人、韩国5人。会议期间，举行了5次全体会议，分别以“美国对亚太地区和平与安全的贡献”、“推进亚太地区军事合作”、“管理亚太地区战略紧张”、“中国在保证亚太和平与安全方面的角色”和“亚太地区的冲突管理”等为主题。31日，会议还举办5场分论坛，议题分别是“维护和管理开放的海洋”、“亚太地区新军事实力的影响”、“气候变化、人道主义救援和亚太安全”、“东盟地区安全新秩序”、“朝鲜的未来：地区安全的启示”。主办方原本计划设置一个分论坛专门讨论马航失联事件，但由于事件的关键线索依然比较模糊，最后将分论坛主题定为“气候变化、人道主义救援和亚太安全”。

在SLD第四次全体会议上，王冠中副总长发表了名为“树立亚洲安全观，共创亚太美好未来”的主题演讲，阐释习主席在亚信峰会上倡导的亚洲安全观，介绍中国军队践行亚洲安全观、开展国际安全合作的实践，提出加强地区安全合作的倡议。发言结束后，王副总长还就践行亚洲安全观、稳妥管控危机、妥善处理分歧、避免海空意外突发事件等问题回答了现场提问，阐述了中方在有关问题上的原则立场。傅莹主任委员作为讨论嘉宾出席了“维护和管理开放的海洋”分论坛，介绍了亚洲安全观，围绕海上安全挑战和合作等阐释了中国对地区安全形势的看法及相关政策，并就南海争议、中日关系等问题回答了与会嘉宾的提问。对话期间，王副总长和傅主委还分别会见有关国家防务部门、军队和外交部门的领导人，就地区安全形势、两军关系及其他共同关心的国际和地区问题交换了意见。特别引人关注的是，5月30日，王副总长与俄罗斯国防部副部长安东诺夫举行双边会晤，两人都表示中俄两军加强合作，是稳定地区安全的重要保障。安东诺夫指出：“在关乎国际稳定的不同事务上，中国和俄罗斯没有分歧……俄罗斯和中国携手合作，全世界都可以安然入睡。”[①]

中国的新型亚洲安全观在 SLD 上获得积极评价。《亚洲新半球》一书作者、知名新加坡外交家兼学者、有“亚洲崛起发言人”美誉的马凯硕很赞同中国的新型安全观，认为亚洲的安全架构应当更多强调东盟等地区性组织的核心作用，美国和中国都应当鼓励东盟在地区事务中发挥更大作用。新加坡总理李显龙在会见傅莹时积极评价新中关系及东盟与中国关系发展的良好势头，并表示重视中国领导人在亚信峰会上倡导的亚洲安全观，愿与中国继续密切配合，共同促进本地区的和平、稳定和发展。[②]

不过，中国与美日等国也围绕亚洲安全议题发生了激烈交锋。5 月 30 日，日本首相安倍晋三出席 SLD 晚宴并发表演讲，他就中国在南海的活动宣称：“企图不断使用既成事实、使现状变化固定化的行为”理应受到“谴责”。他提出了以遵守国际法为核心的“法治三原则”（国家主张必须依照法律；不得以主张为由，诉诸武力或以武力相威胁；纠纷的解决必须恪守和平），要求中国“保持克制”。安倍还表示，为确保航行和飞行的自由，日本将“全力支援东盟各国”，向菲律宾、印尼和越南等提供援助。31 日，美国国防部长哈格尔在 SLD 第一次全体会议上发表主题演讲，公开指责中国“破坏南海地区的稳定”，并警告称如果国际秩序受到威胁，华盛顿不会无动于衷。面对美日的正面挑衅，6 月 1 日，王冠中副总长在 SLD 第四次全体会议发表演讲时，主动脱离演讲稿，就安倍和哈格尔的言论做出回应。王冠中表示，安倍违背了香格里拉对话的宗旨，在香格里拉对话挑起争端和事端，这种行为不可接受，不符合对话的精神；哈格尔的讲话是一篇充满霸权主义味道、威胁、恐吓、非建设性的讲话，这一讲话鼓动、怂恿亚太地区不安定因素挑事闹事；哈格尔和安倍两人的讲话“一唱一和”，“利用他们在香格里拉对话上首先发言的优势向中国发起挑衅”，“可以看出究竟是谁在挑起事端、挑起争

① 《俄国防部副部长：中俄携手合作，全世界都可以安然入睡》，新华网，2014 年 5 月 31 日，http：//news. xinhuanet. com/mil/2014 -05/31/c_ 126569015. htm。

② 《香格里拉对话会——中国“亚洲新安全观”获积极评价》，新华网，2014 年6 月2 日，http：//news. xinhuanet. com/world/2014 -06/02/c_ 126572511. htm。

议、挑起冲突"。[①] 次日，德国新闻电视台评论认为"中美在摊牌"，在南海问题上，美国首次正面攻击中国；美国希望表明其亚洲政策没有变，它仍旧是世界的强权，掌握着太平洋的主导地位。英国《经济学家》称，中国认为英国智库举办的香格里拉会议是旧秩序的一部分，而中国早已觉得没必要遵守，这种秩序是美国制定的；哈格尔公开表示领导亚洲，这无疑激怒了中国。[②]"俄罗斯之声"引述俄罗斯科学院远东研究所专家帕夫利亚坚科的话称，美国和日本"想利用香格里拉对话痛批中国一顿。但小国中只有越南和菲律宾尾随，其他东盟国家没有批评中国。因此，美日在会上建立反华阵线的企图以失败告终"。[③]

在中国和美日言语激烈交锋的背后，中国的新型亚洲安全观与美日的旧式安全观正在发生碰撞。习近平主席在亚信峰会上倡导的亚洲安全观，被外界普遍认为是"新型安全观"；王冠中副总长在 SLD 上进一步阐述"共同安全、综合安全、合作安全、可持续安全的亚洲安全观"时指出，这既是对亚洲历史经验的深刻总结，也是对亚洲未来发展的美好期许。相比之下，美日维护的是以军事同盟为主导的旧式安全观。美日军事同盟是冷战时期的产物，是以共同假想敌为目标结为军事攻守同盟，以牺牲他国的安全利益来获取所谓的自身安全。冷战后的国际政治实践反复证明，以军事同盟为主导的旧式安全框架，本身是不稳定的，已经蜕变为亚太地区的不稳定因素之一，落后于时代发展，难以适应地区安全需要，应该被摒弃和替代。王冠中副总长在会后接受采访时指出，哈格尔强调强化以美日同盟为核心的同盟军事关系，并把它作为亚太安全的基石，"这显然是冷战思维的体现，这让亚太地区广大不结盟国家作何感想"；军事同盟已经是 20 世纪的历史陈迹，它的存在毫无疑问将会阻碍地区的和平与发展。[④] 但美日死守军事同盟，在不断深化同盟体系的同时，还不断扩大同盟体系，拉帮结派，试图将更多国家拉拢到自己

---

① 《解放军副总长脱稿回应美日对华无端指责，美日一唱一和公开挑衅》，新华网，2014 年 6 月 2 日，http：//www. hb. xinhuanet. com/2014 - 06/02/c_ 1110954591_ 2. htm。

② 《德媒：中美在摊牌美国首次正面强硬攻击中国》，《环球时报》2014 年 6 月 3 日。

③ 《外媒：美日建立反华战线企图失败，只有菲越尾随》，《环球时报》2014 年 6 月 3 日。

④ 《香格里拉对话会——中国"亚洲新安全观"获积极评价》，新华网，2014 年 6 月 2 日，http：//news. xinhuanet. com/world/2014 - 06/02/c_ 126572511. htm。

的阵营中，甚至隐含着构建遏制和威慑中国的“对华包围圈”意味。此举无异于公开破坏亚太安全与合作，极大加剧了亚太地区动荡的风险。对此，很多与会国家的代表心知肚明。而在中美激烈交锋的大背景下，很多亚太国家不愿选边站队，就是美国的亚太盟国在对待中国的态度与立场上也存在差异，在事实上对构筑对华包围圈的行为非常谨慎，乃至明确持反对意见。可以想见，随着亚太局势的风云变幻，中国倡导的新型亚洲安全观与美日固守的旧式安全观还会持续交锋碰撞，哪种亚洲安全观更有利于亚太地区人民的福祉，更符合亚太地区的发展利益，更有利于促进亚太地区的繁荣合作，历史终究会给出答案。①

三、对中国新型亚洲安全观的评析

中国新型亚洲安全观理念体系的核心是通过互信、互利、平等、协作实现亚洲各国的综合安全、合作安全、共同安全。与传统安全观及其主导的国际安全体系强调结盟、对抗相比，中国倡导的亚洲安全观主张承认亚洲各国的多样性，以互利共赢、求同存异建构亚洲的安全共同体意识。从目前看，亚洲安全观的提出既面临难得的历史机遇，也仍需克服一系列问题与挑战。

当今的亚洲是世界上最具发展活力和潜力的地区，和平、发展、合作、共赢始终是地区形势主流，通过协商谈判处理分歧争端是地区国家主要政策取向；当今的亚洲，区域经济合作方兴未艾，安全合作正在迎难而上，各种安全机制更加活跃，地区安全合作进程正处在承前启后的关键阶段；当今亚洲各国的共同体意识不断增强，进一步提升各国间的安全合作，已经成为地区形势发展的必然要求。亚洲安全观源于中国与周边国家成功的外交及安全合作，在冷战后中国处理与前苏联国家的边

---

① 梁逸飞：《香格里拉交锋是亚洲新旧安全观的大碰撞》，人民网，2014 年 6 月 4 日，http：//m. people. cn/n/0/2014/0604/c23 －404789 －3_ 1. html。

界问题时发挥了重要的历史作用，得到了大多数亚洲国家的肯定，这为亚洲安全观的拓展打下了坚实的基础。

新型亚洲安全观与中国长期以来奉行的“新安全观”及睦邻政策是一脉相承的。20 世纪 90 年代以来，随着实力增长，中国开始积极地行使其在国际体系内的权力，并且通过双边关系和多边组织在亚太地区扮演日益重要的角色。针对亚太地区安全的现实需求，中国提出了培育“互信、互利、平等、协作”的新安全观。中国“与邻为善，以邻为伴”的睦邻友好政策是新安全观的具体实践，取得了较好的效果。在安全领域，中国积极参与亚太地区安全机制，参与解决地区热点问题并发挥作用，致力于同亚太国家共同营造和平稳定、平等互信、合作共赢的地区环境。面对亚太地区出现的各种新老安全问题，中国与有关国家及时交换意见，并对相关国家做工作，在必要的时候公开表达共同关切和立场，以此维护地区局势的稳定和促进相关热点问题的解决。中国倡议建立了上海合作组织和朝核问题六方会谈，为维护本地区的和平、稳定与发展做出重要贡献。中国是东盟地区论坛、东盟防长扩大会议、亚太安全合作理事会、香格里拉对话等机制的重要成员和积极推动者，提出了一系列合作倡议，主办众多合作项目，受到了有关各方的肯定。

但是，推动新型亚洲安全观在现阶段也面临诸多的难题与挑战。首先，部分国家推动霸权主义、强权政治的挑战。譬如，美国对中国在亚太地区日益重要的角色充满忧虑，认为“从许多方面看，中国成功的外交策略和推动‘新安全观’的举动，可以被视为北京为在该地区提出一种堪与华盛顿的安全框架相对应的另一类安全体系”。美国也认识到任何试图孤立或损害中国经济的尝试，都会因导致包括美国最紧密盟友在内的地区其他国家疏远美国而遭致失败。所以美国决策者谨慎认为，“我们需要维持美国在该地区的实力，以防中国最终走的道路不符合我国利益”。[①]

其次，需要处理和应对亚洲安全体系“碎片化”的问题。“碎片化”

---

① 刘昌明、郭彧：《美国的不完全霸权与东亚地区秩序的转型》，《东北亚论坛》2008 年第 3 期，第 46 页。

是亚洲安全体系的重要特点，这主要源于亚洲地缘文化和政治格局多元化的特点。亚洲地域辽阔，从地理上有东北亚、中亚、南亚、东南亚、西亚等次地区之分。与地域上相对集中且日趋成熟的安全体系欧洲相比，亚洲国家相互之间无论是在经济发展水平、宗教、文明、政治体制、文化上都存在极大差异。中国认为，“短期内，本地区难以形成凌驾于各机制之上的泛亚太区域安全合作机制。现有机制应继续发挥各自优势，相互补充和促进，发挥建设性作用”。[①] 与此同时，中国积极寻求建立能够覆盖整个地区并易被区内各国接受的安全保障新机制。应该说，亚信机制就是这方面的重要尝试之一，尽管目前这一新机制仍然处于发展初期，但中国已经表现出非常积极的态度，愿意与区内其他国家共同发展壮大这一机制。

其三，如何解决、应对亚洲国家间复杂的历史与现实矛盾。毋庸置疑，冷战后的亚洲基本上保持了和平与稳定，没有发生大规模冲突。然而，亚洲仍然是世界上各种安全热点问题最为集中的地区之一，亚洲国家间复杂的历史与现实矛盾并未得到根本的消解，从朝鲜半岛到南亚次大陆，从南中国海到印度洋，各种矛盾和分歧此起彼伏，有时甚至呈现白热化，达到一触即发的状态。目前，亚洲面临的诸多安全挑战，其中既有二战残余、冷战积怨、海上权益争端等历史遗留的安全矛盾，更有自然灾害、跨国犯罪、网络安全、能源和粮食安全等日益突出的非传统安全威胁。此外，通过强化双边军事同盟寻求个别国家绝对安全的做法仍然存在，使得亚洲国家间的互信氛围的营造仍然任重道远。[②]

其四，新型亚洲安全观理论体系的构建、推广是一项系统的长期过程，是对中国软实力的重要考验。在当今时代，国际政治具有浓厚的“话语权政治”色彩，外交行为从某种程度上说是一种话语权竞争行为，话语权已成为国家“软权力”的最重要组成部分之一。然而，目前，国

---

① 刘振民：《中方愿与各方共建开放透明平等的亚太安全架构》，新华网，2012 年 1 月 8 日 http：//news. xinhuanet. com/world/2012 -01/08/c_ 111394951. htm。

② 刘振民：《亚洲的安全与中国的责任——在亚太安全合作理事会第九次大会午餐会上的演讲》，外交部网站，2013 年 12 月 3 日，http：//www. fmprc. gov. cn/mfa_ chn/wjbxw_ 602253/t1105032. shtml。

际政治中的话语霸权主要为西方国家所掌控，不仅许多重要理念、价值观、政治主张多由西方国家首先提出和推广，它们在各种国际组织和国际体制中的话语权优势也很明显。相比之下，亚洲国家尽管经济领域的体量在迅速增长，话语权却远远滞后。面对西方的话语霸权，如何以更广泛地为国际社会所接受的话语阐释、宣传、拓展亚洲安全观理念，考验着中国的外交智慧和战略耐心。2014 年恰逢“和平共处五项原则”提出 60 周年，中国不仅已成功主办亚信峰会，还承办了 APEC 会议，这对于中国提升话语权，展示中国影响力提供了重要契机。为积极推动新型亚洲安全观，我有关部门能否结合当前中国外交与亚洲形势的实际提出有针对性的话语和阐释，变中国日益上升的综合国力为相应的国际影响力，值得思考。

从整体上看，新型亚洲安全观的提出和发展体现了亚洲各国国际影响力上升、要求自主解决地区安全难题的客观要求，也是中国将自身发展积极融入地区发展，将自身安全与地区安全相结合的重大实践。尽管这一理念体系的发展成熟与推广仍面临各种瓶颈和制约，但机遇大于挑战，而这也对中国的外交工作和软实力建设提出了更高的要求。①

① 付宇：《专家视角：亚洲安全观的机遇与挑战》，《国际先驱导报》2014 年 5 月 22 日。

美俄欧研究

奥巴马的亚洲政策与中美关系

葛腾飞

随着中国国力的日益上升，中国作为亚洲大国的地位也日益显要，这使20世纪中叶以来美国在亚洲主导构建的以排他性结盟为特征的地区秩序面临种种问题和重构的必要。然而，例如2014年4月奥巴马的亚洲四国之行，美国的亚洲政策又经常受到某些非理性隐忧和偏执情绪的影响，从而在对华政策上选择一些不合理选项，由此造成中美关系的损害和亚洲政策的战略困境。本文在对美国近期以中国为目标的亚洲政策进行分析的基础上，对美国亚洲政策实施与中美关系的影响，以及美国亚洲政策的战略性问题进行了探讨。

一、奥巴马亚洲政策的基本思路

美国对外战略旨在促成其在安全、繁荣和国内自由等方面的核心利益。这主要通过实现以下三大途径来达到：一是管理外部环境以减少近中期对美国国家安全的威胁；二是促进一种有利于发挥美国优势的经济秩序以扩展美国在全球经济的主导地位并使其国内繁荣最大化；三是创造、维系、设计全球性的机制和秩序，向国际社会拓展美国国内的制度优势，同时根据对美国有利或由美国主导的条件，来主导必要的国家间合作。

在亚太地区，基于国家安全利益的首要地位，美国最首要的政策目标是要确保对其有利的亚太安全态势[①]，即确保美国在亚太安全秩序中的领导地位，防止亚太地区出现对美国不利的安全秩序与事态变化，从而损害美国的安全利益。而达到这一政策目标的重要内涵，便是阻止亚太地区出现可能挑战美国权势的地区性或洲际性强权，或强权的联合。[②]但奥巴马政府上台后，其在亚太地区面临的实际态势，则是在美国十年反恐战争的过程中，中国实现了经济上的强势崛起，并且，在美国看来，这可能形成打破地区力量均势、危及美国在亚洲主导地位的潜在态势。

实际上，21 世纪的第一个十年结束之际，中美关系已经开始进入了新的纪元。构成这一新纪元标志的，至少有两大关键性事态：一是中国经济力量上升的新标志。2010 年中国 GDP 正式超过日本，成为世界第二大经济体。二是大致与此同时，中美关系逐步形成了某种既包含伙伴关系亦包含对手竞争关系的复杂的结构性特征。从 2009 年以后，美国开始承认中国在国际事务，特别是国际经济事务中的某种合作伙伴地位。[③]但同时，中美双方围绕人民币汇率、经贸关系、气候变暖、对台军售以及东海、南海问题不断出现分歧和争端。美国国内战略界也不断出现应对中国力量崛起的呼声，甚至是炒作“中国威胁”，这成为奥巴马政府提出美国重返亚太战略的重要缘由，成为美国在反恐之后仍然继续维持强势军事力量态势的重要原因。2011 年 11 月，美国总统国家安全事务助理汤姆·多尼隆正式提出“再平衡”这一概念，[④] 之后亚太“再平衡”

---

① 2011 年 11 月，奥巴马在澳大利亚国会发表演说时明确提出，为保持亚太地区稳定，美国首先必须确保亚太安全，建立一个权利和责任得到维护、法治和规范得到贯彻、商业和航行自由不受阻碍、矛盾与分歧能够和平解决的国际秩序。US President Barack Obama, “Remarks by President Obama to the Australian Parliament,” November 17, 2011, http://www.whitehouse.gov/the-press-office/2011/11/17remarks-president-obama-australia-parliament。

② Zalmay Khalilzad, et al., *The United States and Asia: Toward a New U. S. Strategy and Force Posture*, RAND Corporation, 2001, p. 43.

③ 2009 年 11 月美国奥巴马总统对华访问时，中美双方一致同意，共同努力建设 21 世纪积极合作全面的中美关系，并将采取切实行动稳步建立应对共同挑战的伙伴关系。2011 年 1 月，中国国家主席胡锦涛访美时，中美双方宣布致力于共同努力建设相互尊重、互利共赢的合作伙伴关系。

④ Tom Donilon, “America is Back in the Pacific and will Uphold the Rules,” *Financial Times*, 27 November 2011.

遂成为美国对亚洲的基本战略，而其核心问题便是如何重新加强美国在亚洲的主导地位，同时应对中国崛起的挑战，防范中国崛起对美国主导性安全利益的损害。兰德公司的一份报告道出了美国战略界这样一种颇有市场的担忧："在未来20年中，中国的国民生产总值和国防预算都可能超过美国，使它成为与美国旗鼓相当的竞争对手。……按发生冲突的几率大致从高到低排序，中国可能会涉及在朝鲜半岛、台湾、东南亚单个或多个国家、及印度等地发生的冲突。"①

要实现亚太"再平衡"战略的核心意涵，按奥巴马政府第一任国务卿希拉里·克林顿所言，美国的政策手段主要体现在以下六个方面：一是加强美国在亚太传统的双边同盟；二是根据美国的条件深化与新兴崛起国家之间的工作关系；三是积极影响和塑造地区多边机制；四是发挥美国的经济优势，扩大在亚太的贸易与投资联系；五是打造广泛的军事力量存在；六是促进美国式的民主和人权观。② 而这些手段的核心，仍是维持某种对华战略威慑。如兰德公司的前述研究报告认为，基于美国有能力继续保持威慑，从而阻止那些可能引发这种冲突的行为，因而中美两国之间的直接武装冲突都不大可能。③ 实际上，美国政府正是试图在亚洲保持某种有效的对华威慑，以期防止出现导致美国面临被迫卷入一场亚洲战争的尴尬困境。

传统上，基于"门户开放"政策的思想传统，美国在亚洲向来着力于将安全与经济的利益融合在一起，通过倡导某种有利于美国经济优势的"商业和航行自由"，既达到消解某个国家或者某种力量联合控制亚洲地区局势的可能，也可促进美国经济优势力量在亚太地区更强势的渗透和影响，同时为美国政治价值观和文化等软性影响力的广泛传播形成有利环境。然而，随着中国的经济崛起乃至新兴亚洲经济体力量的上升，美国的传统经济优势与经济快速上升的中国和亚洲新兴经济体相比，已

---

① James Dobbins, David C. Gompert, et al, *Conflict with China: Prospects, Consequences, and Strategies for Deterrence*, RAND Corporation, 2011, pp. 1 – 2.

② US Secretary of State Hillary R. Clinton, "America's Pacific Century," *Foreign Policy*, No. 189, November 2011, pp. 56 – 63.

③ James Dobbins, David C. Gompert, et al, *Conflict with China: Prospects, Consequences, and Strategies for Deterrence*, pp. 1 – 2.

经渐显疲态，颇为失色，因而在得以实现其经济和产业的更新升级之前，美国难以依靠传统的经济和商业手段来推进其亚洲战略。因此，当前情势下，美国欲要彰显其亚太“再平衡”战略的效果，不得不诉诸的力量手段，便是其明显居于优势地位的军事力量显示。

在这种情况下，美国该轮“再平衡”战略调整过程中，一开始最为有力的政策表现，便是其军事力量在亚洲的前沿存在、前沿部署、靠前威慑。然而，不可避免的困境是，“在任何情况下，美国常规作战的升级，乃至基于这一点的威慑能力，都将会提高中国方面也升级行动的风险，包括在网络战和反卫星作战中。……而且这一风险无疑将会随着时间的推移而增长。对中国核力量指挥控制系统的常规威胁甚至可能引起中国的核武器回应。”① 美国亚太“再平衡”战略本身蕴含的最大战略危险即在于此。

实际上，美国自身决策层也认识到这种战略危险的存在，但第二任奥巴马政府策略性反思的结果是，着力于推行一种双面策略。一方面，美国致力于增强亚洲盟国和伙伴国的军事力量，鼓励亚洲区域各国在政治上和军事上“站出来”与中国对抗，以此提高对中国力量的制衡；另一方面，美国又努力防止中国方面形成美国有意与东亚各国联合起来对抗中国的认知，所以，美国在支持其亚洲盟友时，也有意推动包括中国在内的区域安全合作，在各种事务中与中国接触，以达到既制约中国，又维持地区稳定和保持美国主导性影响力的战略目的。

美国亚洲战略的这种双面策略，在某种意义上也与中美关系结构性特征中除竞争性外的另一面特性——中美关系本身包含着某种程度的伙伴关系内涵——相适应性。在中国方面，“十八”大后中国新政府极力倡导的“中美新型大国关系”建设，在谋求一种稳定的中美关系态势方面也正与奥巴马政府的这种双面策略的部分内涵产生了某种契合点。甚至在 2013 年习奥庄园会晤之后到 2014 年年初的一段时间内，中美“新型大国关系”的理念使美国对华双面策略本身产生了更倾向于对华接触一面的改变。事实上，到 2013 年底时，包括美国政府决策层和战略研究

① James Dobbins, David C. Gompert, et al, Ibid. , p. 7.

界的不少人士已在某种程度上逐步接受了“中美新型大国关系”这一提法。[①]“新型大国关系”以不冲突、不对抗、相互尊重、合作共赢为根本特征，致力于追求中美两个大国关系中的平等互信，并努力将两国对抗的战略风险降到明显可控的程度。应该说，在美国国内因财政困窘而陷入资源制约的时期，这种“新型大国关系”的模式在美国国内确实不乏响应。基辛格先生在2011年《论中国》一书中便提出了中美共同建设“太平洋共同体”的主张。[②] 美国对外关系协会理事长理查德·哈斯早在2008年也提出，一种更乐观和积极的中美关系替代性选项是形成一种选择性伙伴关系。[③]

二、“克里米亚模式”、奥巴马的亚洲四国之行及其对中美关系的损害

但是，无论以何种形式响应“中美新型大国关系”，奥巴马政府的对华双面策略终究难以克服自身常有的重大战略隐忧：一是力量不断崛起的中国能够在多大程度上“顺应”美国的战略期望，或者说，美国政府到底能够在多大程度上“塑造”中国的战略行为，这种隐忧决定了美国政府对中国极力倡导的“中美新型大国关系”倡议本身存在着将信将疑的态度。在一些关键议程上，当中国政策出现不按美国期望的走向时，美国国内便会泛起压华制华的声音。二是美国人迫切的危机意识使其以零和博弈的心理看待中国的力量崛起，认为中国力量的上升意味着美国权势的相对减损甚至权力的丧失。这两大战略隐忧时常会敦促美国政府决策层在对华战略上加强对华制衡的一面，并在策略上导致美国敦促其

① 刘军：《对“中美新型大国关系”的再思考》，新华网，2013年12月25日，http://news.xinhuanet.com/world/2013-12/25/c_125911964.htm。

② Henry Kissinger, *On China*, the Penguin Press, a member of Penguin Group (USA) Inc., 2011; Henry Kissinger, "The China Challenge," *The Wall Street Journal*, May 14, 2011.

③ Statement of Richard N. Haass, *Hearing before the Committee on Foreign Relations*, United States Senate, 110th Congr-ess, May 15, 2008.

亚洲盟友更多地站出来与中国对抗。

这些所谓的“战略隐忧”，当遇到重大诱发因素时，便会非常轻易地显露出来而损害中美关系。2014 年春发生的看似遥远的乌克兰危机引发的美俄大国博弈，即对中美关系产生了实质性影响。乌克兰危机爆发后，俄罗斯成功地将克里米亚并入俄国，美国却未能显示出足够有力的反对姿态。除了经济上的制裁以外，美国甚至不愿显示出对俄更强硬的态度。美国的虚弱引来了美国国内和其他西方国家的普遍质疑，并在美国国内引发了对“克里米亚模式”可能在世界其他地方，特别是在东亚重演的担忧。特别是，美国国内亚太“再平衡”战略的倡导者们极为迫切地提出，中国有可能援引“克里米亚模式”而在东亚地区进行扩张，并且给美国在亚洲造成无法承受得起的战略代价。美国负责东亚和亚太事务的助理国务卿丹尼尔·拉塞尔和美国国防部长哈格尔等在不同场合将南海问题与克里米亚问题相提并论，称“克里米亚模式”可能成为中国在南海通过武力胁迫手段获取领土的先例。① 实际上，所谓的“克里米亚模式”真正令美国害怕的是，原先亲美的中小国家会因此丧失对美国的信任，亚洲的美国盟友会倒向中国一边，而这对于奥巴马第二任政府亚太“再平衡”战略的实施无异于釜底抽薪。

由于在克里米亚问题上的软弱和无所作为而在国内受到过多批评指责和政治压力的奥巴马政府，借机在亚太展现其强硬姿态。2014 年 4 月 23 日起，奥巴马开始其亚洲四国之行，分别访问日本、韩国、马来西亚和菲律宾。而这四国之中，日、韩是美国在亚太的重要盟国，日、菲、马三国则均是与中国在东海或南海存在领土争端的国家。更甚的是，奥巴马作为现任总统，在日本公开声明钓鱼岛问题适用《美日安保条约》，这是美国现任总统第一次这样宣布；在菲律宾，奥巴马称美菲同盟像“铁打的”（ironclad）一样坚强，并签署美菲之间为期 10 年的《加强防务合作协议》，美军根据协议将可在菲律宾指定区域新建军事设施或升级现有的基础设施，美军可以在菲律宾预先部署武器装备、补给物资和人道主义救援物资等；在马来西亚，作为近 50 年来第一次对马访问的美

---

① 许利平：《拿南海比克里米亚，居心叵测》，《环球时报》2014 年 4 月 8 日。

国总统，奥巴马将美马关系升级为“全面伙伴关系”；作为回报，奥巴马也得到了马来西亚对美国亚太“再平衡”战略的“欢迎”。

然而，奥巴马明确地以中国为对手目标的亚洲之行，美国明确地在钓鱼岛问题上选边站队，激怒了中国领导人和中国人民。这些未曾预料地导致奥巴马政府亚太“再平衡”战略的双面策略竟然失效，也就是说，结果导致了中美直接战略对抗的危险性陡然上升，而这本来是美国希望避免的。显然，美国在亚洲四国的外交举动有意针对中国，违背了“不冲突、不对抗、相互尊重、合作共赢”的“新型大国关系”精神，中国政府决策者亦明显感受到了挑衅的意味。这在某种程度上打破了之前一些中国人因中美“新型大国关系”建设而希望美国在中日关系上保持某种战略模糊立场的期望，在中国国内极大损害了中美“新型大国关系”的政治基础。

特别是，奥巴马在钓鱼岛问题上的失策造成了美国政府远远没有想到的结果。奥巴马政府应该明了钓鱼岛问题本身的政治涵义与法律涵义，但对于钓鱼岛问题在中日关系上的象征性意义并没有更清楚的认识。对于中国政府的对外政策而言，中日之间围绕钓鱼岛的主权争议以及中日之间呈现的战略性矛盾，无疑是中国目前极为认真看待的关键问题。在中日已经呈现出来的对抗性战略态势下，美国奥巴马政府采取的这一公开姿态，显然没有显示出对中国政府和人民的应有尊重。就在奥巴马访日之机，日本在其最西边、也是离中国台湾和钓鱼岛最近的有人居住岛屿与那国岛（Yonaguni）上建设新的前沿雷达站，并增派少量陆上自卫队兵力，旨在加强日本对钓鱼岛以及对中国大陆沿岸地区的监视能力。可见，奥巴马对日本的访问以及对日本在钓鱼岛问题上的助阵，提升了日本与中国对抗的意志。其实，更重要的还在于，中日之间的钓鱼岛问题对于中国民众的民族感情来说，极具敏感性。钓鱼岛问题涉及到中日关系的历史恩怨。在20世纪上半叶受尽日本侵略的中国人民把钓鱼岛不仅仅看成是中国固有的领土，某种程度上更把在钓鱼岛问题上的斗争看成是洗雪曾经的日本侵华之耻辱的荣誉之战。恰恰在这一点上，奥巴马没有认识到因钓鱼岛问题表态而在中国民众心理上造成的美国舆论形象损毁。①

因此可以说，奥巴马的亚洲之行及其在钓鱼岛问题上对日本的公开承诺，犯了外交政策上的大忌。现实主义大师汉斯·摩根索曾经说过，不要被弱小盟友的利益所挟持。奥巴马在钓鱼岛问题上对日本的承诺并没有换来对美国利益的重大促进，反而是明确地招致了中国政府和民众的极大不满，更进一步损害了中国政府和民众对美国的形象认知，损害了中美之间在建设"新型大国关系"方面取得的有所增进的共识，导致中美战略对抗危险的急剧上升。

三、奥巴马近期亚洲政策的根本困境

奥巴马的亚洲之行，激怒了中国，自然遭到中国的强烈反对。2014年5月习近平主席在上海亚信会议上明确提出，"亚洲的事情亚洲办"，这被外界解读为亚洲版的"门罗主义"。而在此前，中国一直颇为明确地承认美国在亚洲的大国地位。奥巴马因其在亚洲政策而遭到的极大政策反弹压力是其意料未及的，显然损害了美国自身在亚洲的战略地位。这也迫使奥巴马政府不得不采取一些修补措施来避免中国反弹政策的进

① 中国网民对FBI支持中国反恐表态的反应可以为例。在2014年3月1日云南昆明暴恐事件后，白宫声明支持中国反恐，美国FBI表态尽力向中国提供帮助，本来这些应是友好的表示，甚至可以看做是美国政府有意修补前期因其亚洲四国之行而被损坏的中美关系的一种姿态。然而，中国网民的言论却呈现出几乎一边倒式的反美仇美，主要表现为以下几种观点：一是坚决不要美国的帮助；二是不相信美国，认为美国所说实乃道貌岸然的假话；三是认为美国的帮助不安好心，别有用心，真正意图是搞乱中国；四是认为美国是中国暴恐背后的真正支持者，反恐就要反美。参见国内各大网站网民对"FBI声称不遗余力支持中方反暴恐愿提供帮助"这一新闻的反应。

一步加剧。①

奥巴马亚洲政策还促成了中俄之间形成更紧密的战略协作关系。这对于美国政府来说，就其亚洲政策的最首要目的，即防范亚洲大陆形成任何可能挑战美国权势的主要力量或者力量联合来说，遭遇到最致命的挑战。俄罗斯总统普京在2014年5月对中国访问时，中俄签署了价值4000亿美元的天然气大单，由此俄罗斯与中国之间建立了长达30年的战略性能源供应关系。同时中国与俄罗斯在东海举行的联合海军演习，也向日本乃至美国发出了明显的反制信号。在中俄领导人发布的联合声明中，双方明确表示，中俄关系已经提升到一种新的全面战略伙伴关系的新阶段。尽管中俄关系的加强本身并不等同于形成西方国家结盟式的关系，但对于美国战略决策者来说，这却是其不愿意看到的结果，他们认为这种紧密的中俄联合必然意味着美国在亚洲领导能力的根本受损。

中俄关系更趋密切的发展趋势和中美关系对抗性态势的发展又引起了欧洲国家的担忧，损害了美国欧洲盟友对美亚洲政策的信任。对于美国的欧洲盟友来说，克里米亚危机后，俄罗斯被认为是试图修改冷战后欧洲秩序的最直接挑战，因此也是欧洲国家最大的忧虑来源。它们因此认为，利用实用主义的中国，可以给修正主义的俄罗斯施加压力；在维持与中国之间的良性工作关系的同时，美国需采取适当措施控制住其在亚洲的盟友。②

当然，奥巴马近期亚洲政策的困境不仅仅表现在以上外部战略环境的恶化方面，从美国自身的战略处境来说，奥巴马政府不得不思忖在亚

---

① 2014年6月10日美国海军解除了其巡洋舰“考本斯”号舰长与指挥军士长（海军上校格雷戈里·W·格姆波特和海军指挥军士长加百列·J·基顿）的职务。2013年12月5日，美国海军提康德罗加级导弹巡洋舰“考本斯”号，在南海海域监视正在执行训练任务的中国海军“辽宁”舰航母，擅闯中国海事局因“辽宁”舰训练而事先宣布的南海禁航区，中国船坞登陆舰抢位阻止其冒险航行，迫使“考本斯”号紧急制动以规避撞击。该事件曾经引发国际舆论高度关注。美国政府撤换该舰指挥员的行为在某种意义上可视为一种不希望与中国发生武装冲突的信号。无疑，美国希望与中国进行沟通以确立双方遵守的国际空域和海上规则，以确保该地区局势的稳定性。

② Erik Brattberg and Bernardo Pires de lima, *Confronting Moscow With the Help of Beijing*, The Diplomat, May 25, 2014, http://thediplomat.com/2014/05/confronting-moscow-with-the-help-of-beijing/.

太与中国对立的巨大战略代价。奥巴马政府到底会在多大程度上珍视其亚洲的盟友，并决心因此与一个主要的贸易伙伴、核武器大国进行对立，以进行一场遥遥无期的大规模地努力来保卫这些盟友的利益呢？从美国推行亚太“再平衡”战略的双面策略本身的用意来看，这犯了战略手段与战略目的之间相互颠倒的大忌。因为亚洲的这些盟友本来是被奥巴马政府利用来与中国进行对抗的手段。从维护地区战略环境稳定这一最基本战略任务来说，这肯定也不符合美国的战略逻辑，美国决策者深知并有意避免中美直接对抗的战略危险。如兰德公司报告所指出：“未来数十年，美国要在中国周边范围内保障其朋友和盟友的能力将逐渐减弱。”如果美国采用升级手段来增强其能力，中国方面也会有相应的战略升级。因此，对美国来说，“基于升级的战略和最终通过报复行动来进行威慑，实现同样的目标在未来会比在过去有更大的风险。美国在该地区的某些利益可能不值得冒这种愈来愈大的风险。这也说明了有必要用其他的劝阻、抵制和说服手段来作为对军事威慑的补充”。[①] 而且，除核大战以外，美中发生的任何冲突所造成的损失主要会体现在经济领域。“如果中美出现任何重大的武装冲突，那么即使双方都避免使用经济武器，仍会造成大量的相互经济损失。”更何况，中美之间的这种“史上最强”的互相依存，“实际上形成了某种确保经济互毁模式”。[②]

从更深层的历史机理来分析，可以说美国在亚洲的政策困境是必然的。这种政策困境简单地说，就是在自身实力相对下降时欲维持自身的传统霸权地位然而却力不从心的尴尬困境，如同英国在18世纪五六十年代欲维系其在北美的统治地位，如同神圣同盟19世纪20年代欲对美洲革命进行干涉，如同20世纪中期英国欲维持在中近东的地位和法国欲维持其在印度支那的统治，也如同任何一个影响力下降的霸权国家在面临新兴的地区力量上升时，都必然会面临的那种战略手段贫乏的困境。以20世纪90年代后美国一度在全球享有的单极独霸的首要大国地位，以20世纪中期以后美国在亚太的核心主导地位，美国希望依旧能够主导亚

---

① James Dobbins, David C. Gompert, et al, *Conflict with China: Prospects, Consequences, and Strategies for Deterrence*, p. 8.

② James Dobbins, David C. Gompert, et al, ibid. , p. 9.

太秩序，并在这种主导中实现其自身利益，赢得其亚太传统盟友的尊敬。然而，尽管美国在亚太的一系列盟友关系在形式上没有变化，但美国忽视了国际和地区力量实质性格局的变化，正是这种力量实质性结构的变化，使得亚太地区秩序发生了根本性改变。在一种变化的格局中试图维持传统的秩序，这本身便是不遵守历史性规律的非理性逻辑。

当现实层面的政治手段捉襟见肘、战略手段也不合逻辑之时，美国更多是祭出了法律的武器，试图通过法律的手段来维系其主导的传统地区秩序。不过，就法律手段来说，美国向来持有的双重法律标准，使其难以说服中国相信美国诉诸国际法的诚意。即使站在国际法的角度，无论如何，忽视一个国家的历史性权利和历史性地位也是危险的，它将造成国际秩序的历史性不公正，造成国际体系的某种历史性割裂。

总之，试图将中国这样一个新兴崛起大国排除在美国排他性主导体系之外的政策，其本身是不合理的，以一种冷战的联盟体系来主导冷战后的非冷战格局更是无法持久的，还无须说美国这样一种外来力量试图主导的是一种亚洲本地的秩序，这个秩序却试图把亚洲本地的最大力量主体排斥在外。事实上，中美之间互为全球第二大贸易伙伴的紧密经贸关系、在传统和非传统安全事务上日益广泛和有深度的合作，均说明中美之间的关系不同于冷战时期的美苏两极关系，中美之间的关系也不可能是完全敌对的关系，中国的亚太大国地位也并不能由得美国实行亚太“再平衡”战略来压制，在很大程度上可以说中美两国已经处于某种共同的秩序之内。因此，美国采取的这种欲排斥中国而维系一己主导的过时的亚洲盟友体系的政策，已经出现了形式与内容的背离。

而且，对于亚洲这些美国的盟国而言，它们与美国从根本上说是一种相互战略利用的关系，美国要利用它们更多地站出来充当对抗中国的“马前卒”，而这些亚洲盟友则要利用美国的支持来消解自身对中国力量上升的担忧和恐惧。可是，尽管如此，他们也认识到中国在亚洲的历史性地位和常量性作用，这是任何暂时的外部同盟关系均无法根本抵消的。当中国的强大并不导致所谓的扩张冲动时，当这些亚洲国家逐渐适应一个强大的中国之时，这种对中国力量的担忧和恐惧将会消失，那时美国与亚洲国家的同盟关系本身将成为这些亚洲国家急欲抛弃的“烫手山芋”。

因而，明智的政策调整是任何一种因时制宜、与时俱进的战略决策所需要的。如果不顾自身相对下降的实力而强行维系在某个海外地区的地位，其结果将是徒然的战略损害。相信自身实力永不枯竭，并充满对新兴强国力量上升的嫉妒，会导致自身政策的偏执以及产生过分的压制新兴对手的对外政策热情，其结果将是贻误或丧失自身政策调整的最佳时机①，而对自身造成难以逆转的力量损害。

另外，基于成功的战略调整需要有相应的国内政治环境作支撑，有必要提出这样一种观点，即美国要真正确立明智理性的亚洲政策和对华政策，并具有较好的稳定性，还有赖其政治领导人和社会精英共同努力引导和塑造在亚洲政策和对华认知上的理性的社会政治舆论。基于一种历史性的理解，大国力量崛起与新型大国关系形成，必然会带来国内社会认知的结构性调适，并总是不乏出现国内社会政治力量的某些激烈反应。从这一意义上理解，中美关系自冷战结束以来的不断波动，甚至周期性反复，均可看做部分反映了中美两国社会政治层面在相互关系调整过程中痛苦的相互认知调适。而较近期中国崛起的强劲态势更引起美国国内的广泛关注和各种争论。总体来说，冷战后以来在中美关系的调整中，由于美国所居于的优势地位以及美国政策对于中美双边关系的主导性，美国社会政治上迄今尚未形成某种对华政策的理性共识，或者理性声音主导的社会政治舆论，这是导致中美关系经常性波动甚至反复的重要因素。需要指出，由于现代网络传媒技术的发展和包括社交工具在内的各种新型国际交流媒介的出现，一国国内社会政治上的舆情正在日益跨越传统的国家边界而被其他国家民众所感知，国际政治领域也因此出现越来越明显的国家间认知互动现象。这也给明智的当代国务家提出了一个新的重要任务，即如何通过自身的战略理性来塑造和影响本国的舆情，在避免极端民族主义的同时促成温和与理智的国内政治共识的出现，并因此而影响其他国家对本国的形象感知和心理认知。这种形象感知和

① 休谟早已阐述过这一审慎的国家对外政策原理。他在《论势力均衡》中说，某种嫉妒的竞赛精神，常常会导致走得过远的固执和偏激的做法。休谟：《休谟政治论文选》，商务印书馆，2010年版，第106—107页。

心理认知对于一个国家构筑真正友善的国际和地区战略环境是必须的，也是一个国家的力量发挥合理的国际和地区影响的必要因素。反之，如果一个国家的国务家不能塑造这种理性、温和、明智的国内政治舆论，必然在其他国家和国际社会导致不利的舆论反冲效应，从而损害该国在国际和地区层面的战略环境。从这一意义上说，当前美国战略决策界中不少人对于“中国威胁论”的热衷宣扬，以及美国政府在亚太“再平衡”战略框架下针对中国的战略部署、力量威慑，以及广泛利用盟友来与中国对抗的策略，在导致其国内政治舆论中遏华一面上升的同时，也引发了中国舆论对美国不利的社会政治反冲效应，这最终会根本损害美国在亚太的战略地位，损害中美关系的发展前景。

美国军事战略调整与中美关系

储召锋

2014 年 3 月 4 日，美国国防部发布了新版《四年防务评估报告》（QDR），该报告与 2012 年 1 月发布的防务战略指南一脉相承，基本形成了奥巴马政府的总体军事战略及防务政策。报告系统地介绍美国安全环境面临的新变化，阐述了美国军事战略的三大支柱——保卫本土、营造全球安全、军力投送与决战制胜[①]，为美军如何转型指明了方向。其中，“再平衡”成为该报告的最大特点，也是美国新军事战略的核心。这份报告，一方面透露出美国未来军事战略的发展动向、关注重点与基本任务，另一方面也展现出美国在面临诸多挑战的情形下护持霸权地位的决心。

一、美国 2014 年版《四年防务评估报告》的主要内容及特征

2012 年 1 月，美国国防部发表了名为《维持美国的全球领导地位：21 世纪防务的优先事项》的新防务战略指南，提出面向 2020 年美国军

① Department of Defense, United States of America, *Quadrennial Defense Review Report*, March 2014, p. Ⅰ.

事建设的基本原则。这个防务战略的基本目标就是要保持美国的全球领导地位、维持美国的军事优势，以适应未来的需要。此次《报告》正是依据该指南制定，为美国未来4年的国防政策设定了目标。目前美军正处于撤出阿富汗的收官阶段，为应对自动减支计划的财政压力，美国国防部作出了积极的战略调整姿态，以适应未来的需要。

（一）美军对未来威胁的基本判断

第一，冲突威胁样式日趋多元。《报告》认为，未来的冲突威胁既包括代理人团伙使用非对称手段造成的不确定的混合偶发事件，也可能包括来自技术先进的具有反介入和区域拒止（A2/AD）能力的国家的高端冲突，甚至还会有类似伊拉克及阿富汗这样需要进行长期的稳定作战的冲突出现。因此，美军将调整战略重心，以应对未来这些广泛且多样化的挑战。[①]《报告》未直接提及未来美国和中国可能爆发冲突，但是在“地区趋势”章节中对“中国的军事现代化步伐持续加速，中国领导人关于军事能力和意图缺乏透明性和公开性”表示了担忧。

第二，地区性强国威胁升级。对于地区性的潜在对手，与2010年版《报告》不同的是，2014年版《报告》明确提出了伊朗和朝鲜政权严重威胁到了地区的安全与稳定，特别是对美国的盟国和伙伴国构成了威胁。《报告》强调，美国依然将致力于维护朝鲜半岛的安全稳定。针对朝鲜不断发展的远程导弹和大规模杀伤性武器计划，尤其是核武器，美军的核威慑能力以及延伸威慑能力，仍是应对这些威胁的终极力量。鉴于目前伊朗核问题“P5 +1”六方会谈取得积极进展，《报告》对伊朗的批评较以往降低了调门，但依然把伊朗追求核武能力等行为视为对地区安全环境的威胁。《报告》中还多次提及了拥有大规模杀伤性武器及先进技术并具有反介入和区域拒止能力的国家对地区局势的不稳定负有责任。《报告》认为拥有“反介入和区域拒止能力”的国家主要是伊朗和中国。

---

① 关于美军对未来威胁的判断，可参见 Department of Defense, United States of America, *Quadrennial Defense Review Report*, March 2014, pp. 3 - 11。

第三，非传统安全领域挑战严峻。作为2012年《防务战略指南》的延伸，2014年《报告》继续将暴力极端主义、恐怖威胁、防止大规模杀伤性武器扩散以及可能出现的新的跨国威胁作为非传统安全领域的威胁重点，其热点区域是中东和非洲。美军将通过在也门、阿富汗和马里等遥远地区投射军力来打击恐怖主义，并帮助伙伴国反恐及对抗大规模杀伤性武器扩散。[①]

第四，关键性领域威胁扩大。美军认为关键性领域的威胁主要来自于网络空间及太空。美军将有能力限制美军目前在网络空间和太空优势的敌人作为威胁的重点。《报告》表明，美国将继续投资于国防和其他领域的重点科学、技术、研发项目，并不断创新，以确保美国可以在关键领域持续取得进步，保持绝对优势。[②]

（二）在军事转型方面，《报告》指出美军要具备全方位作战能力

《报告》设想未来美军要应对多样性的冲突，既有非对称作战，也有与拥有大规模杀伤性武器或反介入以及区域拒止能力国家的高端冲突，因此美军在能力建设上要从注重未来准备打什么样的战争，转移到准备打各种可能形式的战争。这意味着今后美军的建设将突出具备全方位作战能力。[③]《报告》列举了美国防务战略日程的优先事项：推进“亚太再平衡”；维护欧洲和中东地区的安全与稳定；在全球范围内（重点是中东和非洲）打击暴力极端分子和恐怖主义；在美国军事力量总体“瘦身”的情况下保护美国对技术的关键投入；努力构建新型伙伴关系，强化关键的同盟和伙伴关系。

基于上述战略目标和重点，《报告》提出美军未来重点发展的七大

---

① Department of Defense, United States of America, *Quadrennial Defense Review Report*, March 2014, p. 5.

② Ibid., pp. 6 – 8.

③ 吴心伯：《布局2020—解读美国2014版〈四年防务评估报告〉》，《中国社会科学报》2014年3月12日。

关键军事能力：一是发展新型和范围更广的网络战能力。美军正在新建和扩建网络部队，以增强美军实施网络作战行动和支持美军全球行动的能力，同时反击针对美国的网络攻击；二是加强导弹防御能力建设。除在欧洲按照原计划部署所谓的针对伊朗弹道导弹威胁的设施（预警雷达和陆基、海基“标准”拦截导弹）外，美军将增加陆基拦截导弹的数量，并在日本部署第二套远程雷达，以增强早期预警和跟踪能力；三是提升核威慑能力，升级核武器发射系统以及预警、指挥和控制系统；四是建设更有活力的太空战系统。美军的空间部队建设将向更为简单、成本更低、更具韧性的系统和系统架构转型，并寻求通过多层次的方式威慑对手针对太空系统的打击，同时维持在威慑失败的情况下做出反应的能力；五是发展空海一体战能力。美国空军将继续发展战斗机和远程攻击机，海军将加强海底作战能力，以增加联合部队对抗反介入和区域阻止（A2/AD）挑战的能力；六是扩编反恐和特种作战部队。美军特种作战部队的最终编制将扩充至6.97万人，以便美军在打击“基地”组织、应对各种新生跨国威胁、反大规模杀伤性武器、构建伙伴国能力、支援常规作战等各个领域都具有实施持续性、网络式、分散式行动的能力；七是提高精确打击能力以及在情报、监视和侦察等其他领域的行动能力。①

（三）将亚太“再平衡”摆在美国海外战略目标的首要位置

美国国防部2012年1月发表的《防务战略指南》，强调美军在保持全球存在的同时要以亚太和中东为重点。因此，《报告》在列举美国防务战略日程的优先事项时把推进“亚太再平衡”摆在首位。《报告》认为，亚太地区对全球商业、政治和安全的重要性在上升，但安全环境不容乐观，其复杂性主要体现在：长期存在的主权争端和对自然资源的诉求将会导致破坏性的竞争或爆发冲突；中国持续快速和全面推进“缺乏

① See *Quadrennial Defense Review Report*, 2014, pp. 32 – 38.

透明度”的国防现代化；朝鲜发展远程导弹和大规模杀伤性武器，尤其是核武器。[1] 有鉴于此，五角大楼采取一系列措施强化在亚太的军事布局：第一，加强美国在亚太的军事部署，例如，在2020年前，60%的美国海军作战舰艇将部署到亚太地区，届时部署在太平洋的主力战舰将达到65艘。第二，增强在大洋洲和东南亚的军事存在。第三，强化与日本、澳大利亚、韩国等关键盟友的安全合作，同时深化与新加坡、越南等关键伙伴的防务联系。美国将根据协议调整驻日美军基地，尽早实现包括驻冲绳基地的海军陆战队移师关岛，培训日本自卫队的登岛夺岛能力，支持日本反导能力建设；与韩国协商解决基地建设问题；增加在澳大利亚基地部署军力人数；在新加坡部署濒海战斗舰；探讨向越南派遣军舰的可能性等等。

（四）“亚太再平衡”：美国应对军事预算缩减的药方

全球军事存在、军事优势、“亚太再平衡”，这是美国新的防务战略的核心内容。然而，上述目标的实现面临着诸多挑战。报告为解决军事预算压缩开出的药方是“再平衡”：体现在国防体制的“再平衡”、联合部队的“再平衡”、全球布局的“再平衡”、资源分配的“再平衡”等等。事实上，报告中，“再平衡”或“重新平衡”等词汇一共达到了73处，比4年前几乎翻一番。在军事力量“再平衡”中，报告称，弥补能力不足的主要途径是发展新型作战能力。报告特别列举了网络战等7种军事能力。其中，报告将网络作战能力列为首位，而在“10版”的报告中，网络作战能力只排在美军六项核心能力之末，这反映出奥巴马政府对网络空间作战能力的重视度。报告将国防部网络作战部队建设作为一个重点，提出在2016年为网络作战部队配备人员，并投资研发尖端的网络作战手段和设施；在2019年前组建13个国家网络作战部队、27个作战任务部队、18个国家网络防护部队、24个军种网络防护部队、26个

---

① Department of Defense, United States of America, *Quadrennial Defense Review Report*, 2014, p. 4.

作战司令部和国防部信息网络防护部队。[①]

二、美国军事战略调整的动因分析

奥巴马政府上台以来，美国军事战略再次出现调整，这一调整与美国对世界安全形势的判断、国内局势的分析、战争形态的变化、军队能力的要求等一系列问题密切相关。冷战结束后，美国军事战略曾做出过若干次重大调整，但最近的这次调整具有明确的“应对未来”挑战的特点。全面了解美国军事战略调整的背景，将有助于我们更加清醒地认识国际安全形势的发展变化。对 2014 版《四年防务评估报告》映射出的美国军事战略“再平衡”调整的原因，可以从三个维度加以分析：

（一）国际体系推动

冷战后的很长时间里，美国所享有的“单极时刻”正随着全球的权势转移和力量格局重新配置而不复存在。始于 2008 年的全球性金融危机可谓给了以美国为首的西方传统经济强国的一记重拳，令国际社会对所谓的“华盛顿共识”产生质疑。与之形成鲜明对比的，是以“金砖国家”为代表的新兴经济体的蓬勃发展壮大，尤其是它们在应对金融危机中表现抢眼，从而在很大程度上改变了原有的国际体系结构。这一切似乎预示着“后西方世界”的到来。[②] 21 世纪前十年，新兴国家经济快速崛起，中、印、俄、巴四国均已进入世界经济前十强的国家行列。目前，

---

① Department of Defense, United States of America, *Quadrennial Defense Review Report*, 2014, p. 33.

② Stephen F. Szabo, "Welcome to the Post-Western World", *Current History*, January 2011, pp. 9 - 13.

金砖五国的 GDP 已占世界总产值的 25% 左右。[①] 近两年，新兴国家经济增长速度大大高于美国等西方发达国家。金融危机进一步加重了美国统治阶层对未来前途命运的担忧，因此，加快经济发展、放慢军事扩张、军队要忍耐已成为美国新的国策。[②]

奥巴马政府在《四年防务评估》报告中写道："美国正面临着一个不可预知、不确定、变化迅速的安全环境，全球政治、经济和政治力量分散在加剧，新技术、新力量中心的快速涌现对美国构成战略挑战的同时也带来战略机遇。"[③] 面对如此环境，奥巴马政府意识到美国必须采取主动行动来调整其全球战略，利用国际体系改革以及国际责任分担的方式来维持与巩固美国的领导地位。可以说，美国军事战略的调整，是美国因应国际政治经济格局变化的客观需要而进行的全球战略调整的重要组成部分。反映在"报告"中便是重视、强化与关键盟友及重要伙伴之间的合作，呼吁盟友承担更多的防务责任，从而为美国"减负"。

（二）对地区安全局势的考量

这里主要体现为两个方面：一是美国逐步从伊拉克、阿富汗战争退出后，需要对未来的军事战略走向进行重估；若要继续把持世界霸主的地位，美国的战略重心必须尽快从国外转到国内，美国应从战争状态过渡到重建国家基础力量状态。这必然要求美国军事战略逐步收缩，保持克制。二是从地缘政治、地缘经济角度而言，亚太和中东地区对美国的国家安全利益有着至关重要的意义。但同时，美国在这些地区也日益面临着强国崛起所带来的巨大挑战。亚洲作为一个整体，对世界经济与政治的意义日益重要。今天的亚洲不仅是世界上人口最多的地区，而且是经济发展最具活力、最有潜力、市场最宏大、财富最集中的地区，还是

---

① Globalization 101，"BRICS：The New World Powers"，www. Globalization101. org/brics-the-new-world-powers－3/，May 4，2011.

② 许嘉：《奥巴马政府军事战略调整探析》，《外交评论》2013 年第 1 期，第 80 页。

③ Department of Defense，United States of America，*Quadrennial Defense Review Report*，2014，p. III.

世界上军事力量最密集和核扩散问题最严重的地区。出于长期的经济和战略原因，美国认为多花些时间巩固在亚洲的地位、少花些时间关注中东的战事和欧洲的权力斗争，是十分明智的。

在分析亚洲形势时，美国考虑最多的因素是中国。在其看来，未来十年，中国是唯一有可能与美国竞争全球超级大国地位的长期对手。在2011年美国《国家军事战略报告》和2012年奥巴马和帕内塔联合签发的美国国防战略指南——《维持美国全球领导地位：21世纪防务重点》等文件中，美国多次提到中国的威胁。美国国防战略指南宣称："从长期看，中国作为地区强国的崛起将会从各个方面影响美国的经济和安全。……然而，中国军事力量的增长必须要在更明确地澄清其战略意图的前提下进行，以避免引起该地区摩擦。美国将继续进行必要的投入，以保障我们能够遵守同盟条约和国际法做到进入地区和行动自由的能力。"① 在自身国力日渐衰落的情况下，美国必须防止亚洲地区出现挑战其主导权的地区强国。美国"亚太再平衡"战略将更多的注意力转移到亚太，正是基于这种考虑。

在中东地区，美国调整收缩反恐战略，避免在中东地区投入过多资源。奥巴马政府不仅坚决从伊拉克和阿富汗撤军，其在整个大中东地区都坚决执行减少干预的战略，并取得了阶段性成果。不过，需要指出，奥巴马政府在中东的战略意图是避免过度消耗财政紧缩情势下有限的军力和财力，协调失衡的战略关注度，绝不是减少或忽略对中东的关注。作为全球霸权，中东和亚太将是美国必须同等重视的两个地区。《报告》指出，美国意识到，中东地区依然有很多"摩擦点"，"恐怖主义依然是一个持续的、演进的、蜕变的威胁"，"维持中东地区的安全与稳定"又被提至仅次于亚太、欧洲之后的重要位置。②《报告》指出："美国在中

---

① Department of Defense, United States of America, *Sustaining U. S. Global Leadership: Priorities for 21 [st] Century Defense*, January 2012, p. 2.

② Department of Defense, United States of America, *Quadrennial Defense Review Report*, 2014, p. 21. 关于中东地位的表述，还可参见负责美国国防政策、计划和部队发展的副部长秘书沃姆斯对《报告》的解释说明："Quadrennial Defense Review charts strategy evolution-Quantico Sentry Online News", http://www.quanticosentryonline.com/news/article_6df18fc8-aab3-11e3-9ea1-0017a43b2370.html。

东地区拥有持久的利益，我们仍将继续全面承诺该地区伙伴的安全。我们将继续在海湾地区保持强有力的军事态势，使我们可以迅速应对危机，慑阻侵略以及为盟国和伙伴提供安全保障，同时确保我们的军事能力不断演进，足以应对新的威胁。”① 2013 年奥巴马政府进入第二任期后，其对中东的关注度明显上升，截至 2014 年 2 月，新任国务卿克里已 12 次访问中东，而访问亚太仅有 5 次。

（三）美国国内因素使然

美国国内因素首先表现为美国持续疲软的经济状况与不容乐观的财政状况。《报告》通篇谈钱，对预算限制问题着墨尤其多。这凸显美国的国防预算依然相当紧张。《2011 年预算控制法案》规定，2012—2021 财年，美国将累计消减 4870 亿美元的国防预算；该法案还制订了一个自动减赤（sequestration）机制，该机制一旦启动，这十年间每年将再额外削减 500 亿美元。两党 2013 年达成的预算妥协虽然暂缓了自动减赤的压力，但是危险将在 2016 年再次来临。在这种情况下，美军必须更为短小精干，并减少海军军事活动。为了防止最坏局面出现，国防部正积极做国会工作，展现主动姿态，以求国会支持和理解。当然，报告的字里行间也有威胁的味道，按照该报告的说法，“如果自动减赤计划再次被激活，到 2021 年，美军将太小太过时，不足以全面支持美国的国防战略”。美国政府充分认识到，国防预算削减已是大势所趋，不确定的只是削减的速度和程度。如何应对当前窘局？“再平衡”貌似已成为济世良方，正迅速成为美国军事战略调整的中心思想。

其次表现为美国国内政治意愿的制约。在一场经济危机和两场战争中上台的奥巴马执政后推动的美国战略转型，就是要削减美国在海外承担的义务，今后美国在海外的实质性军事介入，将取决于美国的利益关联度以及解决该问题的预期成本。奥巴马在 2014 年发表的国情咨文中表

① Department of Defense, United States of America, *Quadrennial Defense Review Report*, 2014, pp. 17 - 18.

示，他只会在“真正需要”的情况下才会派兵参战，并且不会让美军卷入无底洞式的冲突之中。这意味着今后美国只会在有限的地区实质性地投入军事资源。这在美国处理叙利亚局势和乌克兰危机的态度中得到了印证。与美国国内形成对比的是，一些国家随着经济实力的提升和技术的进步，将有能力发展强大的国防实力，这将削弱美军局部的力量优势，限制美军进行海外干预的行动自由。在世界走向多极化、美国实力相对下降、安全挑战趋于多元的大背景下，美国决策者不得不改变战略思维、调整防务目标。

另外，网络战能力在报告中被列为美军未来重点打造的7种能力之首，也有其必然的国内因素。随着信息技术的突破性发展，网络实力（cyber power）已成为决定国家竞争力的核心之一。奥巴马总统曾被称为“互联网总统”，其竞选经费87%来自网络小额募捐，各类社交网站是其动员和组织选民的关键。[①] 奥巴马上任后，将网络实力放在国家安全的最核心地位，采取了一系列进取性措施，美国网络实力在全球的垄断性优势持续扩大。2013年，“斯诺登事件”的爆发，反映了美国在网络空间的霸权行为。无论在美国国内还是国外，无论是国家元首还是草根百姓，无论是海底光缆还是移动电话，美国“老大哥”都对全球网络、通讯实施着全方位的紧密监控。在网络空间的军事能力建设上，2010年5月，美国正式宣布成立网络司令部，宣布对涉嫌攻击美国重要基础设施和网络的计算机，美国网络部队将主动还击。2011年7月，国防部出台《网络空间行动战略》，将网络空间明确定位为与陆、海、空、天同等重要的“军事行动领域”，强调必要时“将动用军事力量来应对网络空间的敌对行为”。[②] 2012年1月的《国防预算优先性与选择》明确宣布“网络空间仍将是经费投入还会增加的少数领域之一”。[③] 在实战层面，美国使用“震网”病毒重创伊朗核设施，并与以色列联合研制“火焰”

---

① 达巍：《全球再平衡：奥巴马政府国家安全战略再思考》，《外交评论》2014年第2期，第72页。

② The US Department of Defense，“Department of Defense Strategy for Operating in Cyberspace”，July 2011，http：//www. defense. gov/news/d20220714cyber. pdf.

③ The US Department of Defense，defense budget priorities and choice，January 2012，http：//www. defense. gov/news/neesarticle. aspx？ id = 118187.

病毒，表明美国网络战已率先进入实战阶段。

三、美国军事战略调整的评价

奥巴马政府执政以来，施行了一套以战略收缩与战略克制为特征的军事战略，不过在战略的某些层面也是有取有舍、有进有退。奥巴马政府曾在2010年发布了一份《四年防务评估报告》，由于当时美军在伊拉克和阿富汗的战事仍在进行，该报告具有“战时”性质。与那份报告相比，2014版《四年防务评估报告》所描绘的美国面向2020年的防务战略，表明美军已彻底摆脱两场战争的牵绊，着眼于未来技术的发展、美军多样化的任务需求，着力打造一支规模更小、执行任务能力更强的军事力量。

第一，奥巴马政府军事战略调整是一种因应形势之举，在某种程度上也是迫不得已而为之，折射出当前一段时间美国所面临的战略困境。可以说，美国军事战略调整是在“内忧外患”的背景下做出的。美国前国防部长帕内塔在新闻发布会上曾表示：“在经历了十年战争以及国防开支大幅增加之后，美国正处于一个战略转折点……虽然我们的大规模军事行动消退了，但美国在全球范围内仍面临着复杂且不断增加的一系列安全挑战，这要求我们重新塑造美国防务的优先选项，集中关注暴力极端主义、大规模杀伤性武器及材料的扩散、伊朗和朝鲜的挑衅行为，以及亚洲新兴力量的崛起和中东剧变造成的持续威胁。”所有这些威胁都发生在美国面临严重财政赤字与债务问题的时候，因此“在许多方面，我们处于危机时刻”。① 又如负责美国国防政策、计划和部队发展的副部长秘书沃姆斯所言：“国防部颁布的《四年防务评估报告》是美国政府已经推行了的防务战略发展进程的一部分。美军已从伊拉克撤军，

① U. S. Department of defense，“Statement as Prepared by Secretary of Defense Leon E. Panetta on the Defense Strategic Guidance”，January 5，2012. http：//www. defense gov/release/release. aspx? Released = 14933.

当前正处于阿富汗政策过渡的关键时期，《报告》展望未来挑战，商讨军事战略如何调整演进，以及国防军队相关机构如何在财政紧缩时期实现‘再平衡’。”①

第二，美国新军事战略反映了美国国家战略的发展方向。鉴于国际和国内环境的变化，美国的国家战略也随之发生演变，主要体现在以下三个方面：

（1）调整军事与国家安全的关系，强调军事手段在对外战略中只是最后的选项。2013 年 11 月，国防部长哈格尔在战略与国际问题研究中心发表演讲时，再次表示军事力量在美国对外战略中只起到支持作用，而非主角。②

（2）“精兵简政”，加速军事转型。在军事战略层面，与传统的“同时打赢两场战争”不同，奥巴马政府强调“在一个战场击败重大侵略行为，同时在另一场冲突中干扰和破坏潜在敌人，或使其付出难以承受的代价”，也就是我们所理解的“1 +”战略。在结束两场反恐战争以及防务开支紧缩的大背景下，美军力量结构和能力建设的调整不可避免，主要是裁减陆军、加强海空军。现役陆军人数将从战时最高 57 万减少到 44 万—45 万；海军陆战队将由已经削减的 18 万人再降至 17.5 万人，同时大幅削减文职人员和高级军官人数。

（3）采取补救措施，确保对未来重点领域投入。根据美国国会 2011 年颁布的预算控制法案的要求，美国国防部将在未来的 10 年内削减开支 4870 亿美元。同时，自动减支机制也要求每年减少 500 亿美元的赤字。《报告》指出，在现有情况下美军仍能保有完成各种使命及任务的能力，但是完成这些任务的风险也相应增加。不过，美国 2015 财年的国防预算看似比以往削减幅度不小，但军事方面的实际开支并没有实质下降。奥巴马政府单独提出了一个“机遇、增长和安全”计划，并为此申请了

① “Quadrennial Defense Review charts strategy evolution-Quantico Sentry Online News”, http://www.quanticosentryonline.com/news/article_6df18fc8-aab3-11e3-9ea1-0017a43b2370.html.

② The U. S. Department of Defense, “Speech Delivered by Secretary of Defense Chuck Hagel at CSIS Global Security Forum”, Washington D. C., November 5, 2013, http://www.defense.gov/speeches/speech.aspx? speechid=1814.

260 亿美元预算，用以解决部队在战备现代化方面面临的重大挑战。这笔预算加上基础国防预算，总额将超过 5200 亿美元，与 2014 财年的国防预算申请额相差无几。并且，与 2014 财年的拨款额相比，新财年预算案中只有陆军预算减少了 1.1%，而海军和空军分别增加了 0.25% 和 2.28%，凸显了美军对其决定性作战力量的重视，以及其在未来确保海空优势的意图。

第三，美国新军事战略是一项平衡战略。

《报告》重点论述了以下四种“再平衡”的军事能力：

一是加强行动能力的“再平衡”，应对广谱冲突。报告指出，美军未来面对的冲突既有可能是极端组织或恐怖分子发动的暴乱事件，也有可能是国家发起的大规模杀伤性武器以及反介入威胁。多元化的威胁必然要求多元化的能力。美军必须做好应对复杂对手的准备，通过加强科学技术和研发投资，维持并扩大在太空、网络等战略新疆域的优势，确保能自由进入。报告强调，在反恐及应对大规模杀伤性武器方面，美军应该构建更均衡的手段，军事打击和威慑要与经济、外交、情报、执法等手段综合匹配，盟友及伙伴的支持与合作不可或缺，尽量规避单打独斗。实际上，近年来美国在叙利亚生化武器、伊朗核问题、巴以问题上的政策就反映了奥巴马政府推进美军能力“再平衡”的战略考虑。

二是重申全球战略布局“再平衡”，在重返亚太的同时兼顾中东与欧洲。与此前美国的各大报告相比，该报告推进亚太“再平衡”的调门有所降低。如将海军的 60% 力量配置在亚太地区，继续在东北亚保持强大军事力量，提升在印度洋及东南亚地区的军事存在。较有新意的是，该报告也花了同样不小的篇幅强调美国在中东有着持久的利益，在维护欧洲安全与繁荣方面有着一贯的责任和义务。这反映出美军不想在亚太过于咄咄逼人，也不想因亚太“再平衡”而毁了其中东战略与大西洋联盟，希望全球战略布局有一个“再平衡”。

在美国国内，存有一种批评，在他们看来，奥巴马政府过于强调“转向亚洲”（Pivot to Asia），使得白宫执行着亚洲代表“未来”的模糊概念，导致美国忽视了中东和欧洲那些危险得多的问题。怀疑者辩称，奥巴马政府对亚洲的高度关注，助长了弗拉基米尔·普京和巴沙尔·阿萨德等人使用武力的倾向，因为这些人相信美国人的眼睛正死死盯着远东。[①] 有意思的是，面对近期俄罗斯在叙利亚、克里米亚问题上的进攻态势，《报告》并未散播俄罗斯威胁，或动用常规力量进行威阻之类的言辞，反而大谈美国与俄罗斯拥有众多共同利益，如在“防扩散、反恐和朝核问题”领域的合作。《报告》建议继续增进与俄罗斯接触（engaging），共同维护一个“和平与繁荣”的欧洲，维持与俄、中的战略稳定。[②] 这些真切地反映出美国战略收缩与克制的态势。

三是在军兵种间搞“再平衡”，优化资源配置。《报告》表示，美军在未来的5年，将通过对联合部队的再平衡，打造出一支规模更小，战备能力更强，同时也更现代化的作战力量，以适应各种可能性的作战行动。

报告指出美军联合部队的“再平衡”建设主要包含以下几个方面：

（1）维持空军全球投射能力。《报告》提出，为了节省成本完成重点目标，空军还将减少或终止某些单一任务飞行平台。如果自动减支计划在2016财年或以后强行实施，那么空军将不得不使超过80架飞机退役，减缓购买联合攻击战斗机，并做出其他困难的调整。

（2）确保陆军遂行多样性任务能力。为使陆军保持在未来的陆地上展开各种广泛的作战行动的能力，包括在大规模、多阶段的联合和跨国行动中进行迅速和持久的作战，《报告》提出，国防部将通过对陆军现役部队、国民警卫队和预备役部队进行再平衡的方式，来维持最佳的部队结构，主要指的是在人员、训练、装备等方面进行调整。

（3）保持海军处置重大危机的快反能力。美国海军一直以来都是在全球范围内最先抵达危机地区处置突发事件的“快反手”。《报告》要求，为确保美军各大舰队有能力在任何地区和全频谱冲突中具备作战能力，必须完成其水面舰船（包括航空母舰）、飞机和潜艇舰队的现代化，

---

① 吉迪恩·拉赫曼：《美国“转向亚洲”的两难》，Financial Time，中文网，2014年4月23日。

② “Obama's Quadrennial Defense Review Calls for ‘Engaging’ Russia”, http://www.breitbart.com/Big-Peace/2014/03/10/Obama-Quadrennial-Defense-Review-Calls-for-Engaging-Russia.

以应对21世纪的威胁。

（4）提升海军陆战队处置关键性危机能力。优先完成海军陆战队的现代化项目，并确保其战备能力，将现役海军陆战队最终编制规划为18.2万人。为了应对近年来针对美国驻外机构的恐怖袭击事件上升的趋势，《报告》明确要求为美国驻外使领馆安全警备项目增派近900名海军陆战队员，以保护美国的海外利益和设施。

四是推进国防部与作战部队的“再平衡”，资源配置向作战部队倾斜。为了更好的控制成本，节约预算，以便将更多的资源配置到作战部队，国防部主动拿自己开刀，已经向国会提交了三大一揽子计划，包括将各大总部的预算压缩20%，减少文职和承包商，以及加强财务管理与审计等。此外，该报告宣布，国防部将继续推行采购改革，并厉行节约。

需要特别指出的是，2014版《四年防务评估报告》规划的这些“再平衡”调整努力，肯定会遭遇重重的困难，各军兵种在资源投入上的矛盾、各式大型装备或技术背后利益集团的博弈、日益不足的资源与不太确定的能力等都将制造各种障碍。这种“再平衡”的努力能否真正达到预期，还须继续观察。

四、美国军事战略调整与中美关系

2014版《四年防务评估报告》10次提到中国，认为“从长远看，中国在亚太地区的崛起对美国经济和安全等许多方面产生了潜在影响”，并认为这种影响体现在两个方面：一是中美两国在维护东亚和平与稳定、建立“合作性的双边关系”① 方面有着共同利益；二是中国的崛起，尤其是中国军力的增长令美国感到担忧。《报告》进一步明确了美国已有的对华军事战略，即“借重与防范”并举。这一战略从本质上说并不是

---

① Department of Defense, United States of America, *Quadrennial Defense Review Report*, 2014, pp. 4, 17.

一种“遏制”战略，而是一种“预防”战略。中美之间的结构性矛盾尚未得到解决，战略互信机制没有建立。但是，中美两国并未形成战略对抗态势，中美关系仍可保持积极的竞合关系。这种判断主要基于以下几点考虑。

第一，美国对华战略认知总体趋向于积极，然而双方战略互信不足的问题短期内难以弥合。美国政府从冷战结束初期将中国视为“改造对象”、“战略竞争者”到“负责任的利益攸关方”，再到“相互尊重、互利共赢的合作伙伴”和呼应“中美新型大国关系”，其对华战略认知整体上呈现积极的螺旋上升趋势。2010 年版的《报告》提及“中国”15 次，而 2014 年的《报告》则减少到 10 次。相比 4 年前的版本，报告对中国的态度更加趋于理性和客观。报告没有明确将中国列为“重点威胁”和“防范”对象，而是强调促进与中国的对话交流，通过与中国加强在经济、军事等方面的合作来维持地区安全和稳定。《报告》还表示，要以符合国际规范和准则、促进地区和平与稳定的方式处理好两军关系的竞争面。由此看来，美国新的防务战略在强调保持对华战略警惕和军事优势的同时，又反映了近年来中美两军关系的进展，并试图呼应两国元首关于构建中美新型大国关系的积极共识。

另一方面，报告虽然减少了对中国的指责，缓和了有关措辞，但整个报告中始终在暗示亚太地区的紧张局势和中国军力“威胁”之间的正相关关系，并声称这是美军军事力量“再平衡”的原因。当前，中美关系的核心问题在于双方战略互信不足，“与其说是中国要挑战美国，不如说是美国恐惧中国崛起”①。在实践领域，我们看到奥巴马的“转向亚洲”或“亚太再平衡”战略过度强调军事层面，即便在鲜有作为的经济层面订立“跨太平洋战略伙伴关系”（TPP）上也有意孤立中国，这使得中国没理由不认为“转向”不过是“遏制中国”的委婉表达。中美良性互动关系需要在长时期的实践交往过程中逐步确立，有赖于两国的共同努力。

第二，彼此尊重对方的核心利益与重要关切是维持和发展中美关系

---

① 郑永年：《美视中国为敌将加速自身衰落》，《参考消息》2014 年 4 月 23 日。

的前提与保障，两国对此都十分清楚，并高度重视。一方面，中美关系发展的政治基础是美国对中国核心利益的尊重。奥巴马政府在一系列政府文件中明确表示，美国坚持“一个中国”政策，无意干涉中国的核心利益；另一方面，美国对中国崛起的最大担忧是中国作为一个“修正主义者”颠覆当前的国际体系。[①] 但是，中国坚持的和平发展战略排除了这种可能性。中国政府始终以自己的实际行动表明，中国是当前国际体系的维护者、改善者，而不是破坏者、颠覆者。中国寻求的是体系更新，而非体系更迭。中国在各种场合呼吁国际社会一同维护国际体系，珍惜二战结束以来形成的国际秩序。然而，现实中存在的问题是，美国在涉及中国核心利益的领土主权等问题上时常施压添堵。事实上，中国的和平崛起不仅仅取决于中国，也取决于美国。

第三，国际力量分配的新变化与当前国际政治格局有助于两国关系发展。当前，以“金砖国家”为首的新兴经济体的群体性崛起，成为推动国际权势转移的主引擎，这在很大程度上改变了国际格局中西方国家独大的局面。中国有着与这些新兴经济体相同或相似的利益诉求，这有利于增进中国在与美国交往博弈中的相对优势。与此同时，当前国际政治形势的多样性与复杂性拓展了两国共同利益的范围，这既为中美关系的发展提供了历史性机遇，同时也增强了发展中美关系的必要性与重要性。美方已经认识到国际事务中的许多重大事件或危机缺少中国的有效参与是无法解决的。中美关系的依存性大于问题面。对此，美国防长哈格尔坦诚“中美是竞争者，不是敌人”。[②]

总之，不管是美国《防务战略指南》，还是《四年防务评估报告》，都将中国列为美国的潜在战略竞争对手与主要防范对象，这符合美国制造战略“假想敌”的一贯风格。因为任何战略的制订必须要有一个明确的“对手”，这也反映出战略的一大特点——对抗性。就此而言，美国将目前世界第二大经济体的中国设定为“敌人”是美国制订战略的需要，无需反应过激，就是既要保持足够的警惕，也要稳住阵脚、保持冷

---

① 陈积敏：《奥巴马政府新军事战略评析》，《现代国际关系》2012 年第 2 期，第 28 页。

② 《美防长访华首登辽宁舰，哈格尔称中美不是敌人》，新华网，2014 年 4 月 8 日，http：//news. xinhuanet. com/world/2014 －04/08/c_ 126365942. htm？ prolongation ＝1。

静。总之，只要始终坚持和平发展道路，主动承担国际责任，积极履行国际义务，坚决捍卫国家主权和利益，保持经济健康发展、社会稳定、民生改善的基本面，中国最终将赢得国际社会的尊重，成为改革和塑造国际体系的建设性力量，同时也将破除国际关系中的“修昔底德陷阱”，在新型大国关系政策的指引下，探索出一条新的国际权力转移之路。

一体化与多元主义的融合

——浅析美国的民族政策

王伟伟

美国是世界上最大的移民国家，种族繁多，民族复杂。但是美国的社会却保持着相对稳定，这与其民族政策密切相关。本文以美国的民族政策作为研究对象，探讨分析了其民主政策的指导思想——文化多元主义以及在实施过程中的一体化：国民认同之上的政治一体化、利益平衡下的经济一体化、主流文化主导下的多元文化。在此基础之上，对中国解决民族问题提出启示。

美国是个移民之国，种族复杂，民族众多，从先天上注定其必为种族问题所困。然而，即使美国历史上曾因蓄奴制及种族隔离政策而臭名昭著，乃至今日长期遗留下来的种族偏见和歧视仍阴魂不散，再或者也有人基于后冷战时代民族主义所导致的民族问题丛生，对美国能否保持国家特性表示担忧。但实际上，美国自“南北战争”后族群关系相对稳定，国家的统一从未受到来自种族（民族）分裂活动的直接威胁，究其原因，除去一系列的客观因素外，与美国一体化基础上的多元文化主义民族政策密不可分。

一、美国的民族及主要的民族问题

民族，亦指美国的“族群”（Ethnic groups），即体现语言、种族、宗教、祖籍国等差异的各群体。出于概念的统一，本文暂将“族群”纳入“民族”的范围予以论述。

美国因其民族众多，曾被戏称为“大熔炉”、“比萨饼”或“民族百衲图”。据1997年美国管理与预算办公室（OMB）所确立的新的种族分类，美国种族可分为5大类：白人、非洲裔美国人、亚洲裔美国人、美洲印第安人和阿拉斯加原住民、夏威夷及其他太平洋岛民。2010年美国最新人口普查结果显示：美国总人口已经达到3.1亿，排名世界第三。种族构成为：白人79.9%，黑人12.85%，亚洲人4.43%，美国印第安人和阿拉斯加土著人0.97%，夏威夷和其他太平洋诸岛土著人0.18%，其他种族1.61%。[①] 相比于2000年的人口普查，2010年白人所占比例由75.1%[②]上升了近5个百分点。截至2013年7月，非拉丁裔白人依旧是美国的最大群体，1.978亿人，占总人口的62.6%；拉丁裔仍高居少数族裔首位，拥有5410万人口，同期增长比例为2.1%。[③] 同时移民人数仍在不断增加，据美国人口普查局数据，从2012—2013年，美国本土之外出生的移民人数增加了84.3万多，其中最大的移民群体是亚裔，达33.8万人，比前一年增加了6%，亚裔人口达到了1940万，比2012年增加了2.9%，已取代拉丁裔成为美国人口增长最快的少数族裔。上述种种，都意味着美国民族问题的多样性与复杂性。

首先，种族歧视并未消失，各种群体之间呈现结构性不平等。美国建国以来至今200多年的历史和现状表明，种族歧视及由此导致的种族间冲突从来就没有停止过。特别是从20世纪80年代以来，伴随极右思潮的回复和“新白人至上主义”的兴起，种族主义再度升温，种族冲突事件也频有爆发。如经常见诸于媒体的“种族形象定性”，即是警察对某人采取行动并认定其从事某种犯罪行动，仅仅根据其种族、族裔或原国籍，而不是其行为或获得的其他信息。最近广为关注的是：2014年8

---

① 美国人口普查局资料，http：//2010. census. gov/2010census/data/index. phptp：//2010. census. gov/2010census/data/index. php。

② 《美发布最新人口普查数据》，中国新闻，http：//epaper. chinanews. com/html/2014-06/28/content_ 54762. htm。

③ Deborah Ramirez&Jack Mcdevitt，“A Resource Guide on Racial Profiling Data Collection Sysem”，http：//www. ncjrs. gov/pdffilesl/bja/18478. pdf.

月 9 日，美国密苏里州的弗格森镇 18 岁黑人学生迈克尔·布朗被警察击毙，该事件在当地引发抗议活动，并演变成骚乱，再一次将美国的种族歧视和种族关系推上风口浪尖。同时虽然少数种族在法律上的种族歧视已经基本上被消除，但其在实际生活中的权利并未得到真正的体现。1975 年哈佛大学出版的《民族》一书中提出了“民族分层”（ethnic stratification）这个重要的概念，这个概念通过分析所涉及到的现代化进程、就业、教育、职业差异、收入差距等因素得出结论：美国的少数民族（主要是黑人和拉美族裔）的社会地位和经济状况大多处于金字塔的中下层，这表明由于美国所固有的种族歧视与种族矛盾已经渗透到社会的基本结构中，少数民族的权利在现实中很难得以完全实现。其次，移民存在潜在隐患。美国是一个移民大国，其移民主体来自不同的国家和地域，种类多、数量大，新移民居住区域相对集中，人口素质不一，且存在大量的非法移民。复杂的移民情况给美国带来了一系列的民族问题。如西班牙语裔移民（特别是墨西哥移民）对“美利坚民族”的认同挑战是当前美国最严重的民族问题。西班牙语裔美国人又被称为拉丁美洲裔美国人，主要指墨西哥裔、波多黎各裔、古巴裔和其他中南美洲裔的美国人。① 拉美裔移民往往缺乏融入美国社会的兴趣，缺少寻求成功、实现“美国梦”的意愿，教育水准低于其他族裔，笃信天主教，与故国存在难以割断的联系。在 2010 年的人口普查中，首次出现了加利福尼亚州拉美裔移民占据多数的现象。无怪美国著名政治学者塞缪尔·亨廷顿在《我们是谁：对美国民族认同的挑战》一书中警告美国政府：“如果此种情况得不到改变，美国很快会分化为由‘两个民族、两种文化和两种语言’组成的国家!”②

在美国的民族关系史上，充斥着移民群体、移民与印第安人、美国人与黑人奴隶及其后裔、美国主流社会与其他移民之间的冲突和斗争。即便如此，在因民族主义风起云涌而导致世界民族问题丛生的后冷战时

---

① ［美］布·罗贝：《美国人民：从人口学角度看美国社会》，董天明、韩宝成译，北京国际文化出版公司，1987 年版，第 139 页。

② ［美］塞缪尔·亨廷顿：《我们是谁？——美国国家特性面临的挑战》，周琪等译，新华出版社，2005 年版，第 136 页。

期，美国却没有出现太大的民族问题。这种状况在相当大的程度上可以归因于美国民族政策的成功。

二、美国民族政策的指导思想——文化多元主义

美国政府制定民族政策的基本思想经历了从最初的“同化政策”到“熔炉思想”，再到“多元文化主义”的演变过程。建国初期，无论是亚当斯的“天定命运”理论、还是汉密尔顿的联邦主义主张、杰弗逊的民主思想等，都认为美国应该是一个盎格鲁—撒克逊人统治的国家，要求外来移民必须彻底断绝与母国的政治和文化联系，转而认同美国的社会制度，在政治、文化、心理上都要牢固树立起“美国第一”的观念，把美国的利益置于个人和各移民团体的利益之上。但是，移民与母国文化的联系并未剪断，完全美国化的运动也没有达到它的目的，“同化政策”在各少数种族的反对声中面临着巨大的危机。

18 世纪圣约翰·德克雷弗柯提出“种族大熔炉”思想，爱默生随之把美国称为熔炉，到 20 世纪美国犹太作家以色列·赞格维尔开始使用熔炉这一概念。① 这种思想主张美国作为一个种族的大熔炉，将不分皮肤颜色的移民融合在一起，进而形成为一个新的统一的美利坚民族。然而正如托马斯·潘恩在其著名的《常识》小册子里提到“欧洲而不是英格兰，是美国的母国，这个新世界曾经是来自欧洲各地的热爱世俗和宗教信仰自由的人们的避难所”。② 熔炉政策仅是把“真正的美国人”由盎格鲁—撒克逊民族扩展到整个欧洲的白人，即使低等的欧洲人也欢迎他们移居到美国。③ 其根源在于，欧洲的移民同属白种人，也是基督教徒，

---

① 董小川：《美利坚民族认同问题探究》，《东北师大学报（哲学社会科学版）》2006 年第 1 期。

② Michael Lind, *The Next American Nation*, *The New Nationalism and the Fourth American Revolution*, New York : The Free, 1995, p. 135.

③ Gary Gerstle, *American Crucible*, *Race and Nation in the Twentieth Century*, New York: Princeton University, 2001, p. 77.

再多也不会危及到美国的种族和文化，而有色人种则不同。

鉴于“熔炉理论”受到来自理论和现实两方面的挑战，以及第一次世界大战仇视移民的血腥场面，至20世纪初多元文化主义理论应运而生。霍勒斯·卡伦指出：“美国处于一个联邦国家的形成中，不仅仅是作为地域和行政上统一的联盟，也是作为一个文化多样性的联合体，各种民族文化的联邦或共同体。”① 多元文化主义认为：种族多样性是美国社会生活的事实，美国属于所有来到这个大陆的种族集团，不论其种族、宗教、阶级、职业有何区别；文化的多样性，符合美国传统的民主理想，每个种族集团有权利选择自己的生活方式；文化多样性有利于社会竞争，有利于鼓励个性差异和民主，创造更高、更丰富的文化；不同种族群体应互相承认、尊重，取得平等地位，积极合作，共同履行对国家生活的责任和义务。② 多元文化主义比之前者，具有更大的包容性，但其早期主要集中在欧洲白人种族集团内部，非盎格鲁白人要求改变盎格鲁文化的支配地位，分享在美国的权利，而没有或极少涉及还处于人口少数地位的非白人种族集团的文化和利益问题，直至二战后，美国作为世界上最大的移民接受国之一，其社会的种族集团更为多样和复杂，种族多样性的社会现实得到了进一步确认。越来越多的美国人意识到，现代美国社会“与其说是处在一个曾经长久支配我们历史的同化时代，不如说是处在一个突出多元化的时代”。③

当代美国最终确立了多元文化主义的民族政策指导思想，但是在具体的实施中，美国却并非像其所宣称的那样任由多元主义自由发展，而是将政治、经济一体化同主流文化主导下的文化多元主义相结合，二者共同构成了美国的民族政策。

---

① 高鉴国：《试论美国民族多样性和文化多元主义》，《世界历史》1994年第4期。

② 同上。

③ ［美］布鲁顿、伯莱等：《关于种族关系与民族关系的研究》，《民族译丛》1981年第6期。

三、当代美国民族政策的根本——美利坚民族一体化

美国是一个由外来移民及其后裔组成的国家，“在过去300余年的时间里，没有哪一个国家像美国那样接受了文化背景十分庞杂、人数众多的外来移民”。[①] 如何协调好多元与一体的关系是美国政府制定种族政策的基本问题。在文化多元主义的外衣下，美国民族政策的核心仍然是美利坚民族的一体化。

（一）国民认同之上的政治一体化

美国自建国以来就大力构建和不断强化国民认同感，并以此作为国家凝聚力的柱石。各群体的成员自加入美国社会后，在美国的政治框架和“合众为一”的“国民认同”意识引领下，逐渐淡化了本群体的政治色彩，而成为“亚文化群体”，进而随着族群之间的频繁交流和相互通婚，逐渐模糊了族群间界限，最终形成了“美利坚民族”（American nation）。具体来说，主要表现在正反两个方面：

第一，政府保证少数民族作为“普通公民”所享有的权利。根据哈贝马斯的“新型归属感”理论，“新型归属感”不是基于共同体内人们的族裔世系的一致性，而是通过对公民个人权利和自由的法理建构而营造出公民对国家共同体的认可。这种“公民国家”模式不是以族属特征而是以公民资格作为对共同体成员角色定位的核心依据。[②] 因此美国政府从“公民”角度对少数族群成员作为国家公民所应当拥有的平等权、选举权、财产权、工作权等各项权利予以保障，以法律的手段逐步消除

① 梁茂信：《美国移民政策研究》，东北师范大学出版社，1996年版，第1页。

② 任军锋：《地域本位与国族认同：美国政治发展中的区域结构分析》，天津人民出版社，2004年版，第3页。

或减少了种族之间的权利不平等，使少数民族作为美国公民个体的权利逐渐趋同，使之成为“完整公民”，从而淡化和模糊各个种族、族群之间的边界，让不同文化和宗教传统通过密切接触发现共同关怀，建立共同的美国国家认同。

第二，不给予少数民族群体特殊权利。首先，“美国信条构想的是一个由自己选择并对自己负责的个人组成的国家，而不是一个以不可侵犯的民族社团为基础的国家。宪法保障的是个人的权利而不是群体的权利”。[①] 即美国的法律只承认和保护个人权利而非民族的权利（印第安人例外），其所宣称的平等和其他权利只属于个体的美国人，而不属于各个民族，这样既强化了个人对“美国公民”身份的认同与遵守，又从政治上使族群作为一个整体追求政治权利的途径毫无意义，将个人同其所在的族群相剥离。而对于一些少数族群成员在社会发展中的不利状况（如英语水平差的新移民或受教育程度低、就业率低的黑人），美国主要通过民间和半民间的各种社会福利项目对需要帮助的个人或小群体（而不是“族群”）予以帮助和支持，而不是通过政府优惠政策来保护其群体的“政治权益”和“民族权益”。这就使与族群相关的各种问题，主要以个体成员和个案的社会问题形式表现出来，而不表现为以整体族群为单位的政治、民族问题。

另一方面，美国严格防止各族群在政治、地域上实行任何形式的“自治”、“割据”而危害国家的统一。美国联邦单位的自治权是建立在地域而非民族聚居原则基础之上的，整个政权体制（如众议院、参议院议员的席位，总统选举中的选举人团制度等）都与各地域单位（州）密切联系，从根本上否定了以民族地域为单位寻求民族权利的可能，成功地将多元化的地域利益纳入一个具有包容性的规则体系中，成为美国民族整合的重要制度基础。[②] 同时，美国对于在大民族体下出现的小民族体的限制和防范一向是严于其他国家的。美国虽允许成立以某个族群为基础的、不具有排他性的文化团体，但绝不允许建立在种族（民族）、

---

① Gagnon Alain-G&Tully James, *Multinational Democracies Cambridge*, Cambridge University Press, 2001, p. 29.

② 杨恕、李捷：《当代美国民族政策评述》，《世界民族》2008 年第 1 期。

族群方面具有排他性并具有“自治倾向”的政治组织和经济组织。对于处在美国社会底层的少数族群（黑人、土著印第安人）个别成员所存在的“民族自治”乃至建立独立国家的倾向，美国政府则进行了严密监控和全力压制。据此也就不难理解2007年联合国大会表决通过《原住民权利宣言》时，平常“人权”、“自由”、“民主”不离口的美国会投反对票，其理由居然是“该宣言存在缺陷，有很多矛盾及适用性问题，实施时难以成为国际标准”。

（二）利益平衡下的经济一体化

“从根本上讲，文化的问题还需要从经济上来解决，美利坚合众国的合众为一首先是经济上的一体。”① “现代社会维系国内各个民族联系的主要因素是经济，只有建立在密不可分的经济联系基础上的民族关系才是最牢固的。”② 将不同的个体、民族和地区利益纳入国家经济的主导框架，正是美国孕育人们共同体意识的关键所在，是美国民族同化和一体化的强劲推力。正如亨廷顿所言：“美国经济活动和财富的成倍增长，造成了人们对自己国家的自豪。”③ 毋庸讳言，美国也存在零星的分裂活动，主要集中于原住民——印第安人部落、夏威夷和阿拉斯加的土著居民当中，但这些分裂势力在原住民中从来就没有掀起大风浪，更不至于撼动美国的社会基础。究其原因，美国政府通过立法承认、保障原住民享有特殊经济利益，并在经济、旅游和文化等地方事务中赋予原住民一定的权力，使分裂思想在原住民中没有市场。1978年，夏威夷州修改宪法，提出要进一步保护土著人的利益和传统；同年通过了《夏威夷家园管理法》，批准成立夏威夷事务办事处。该机构由土著人推选的代表组成，代表土著人掌管7300平方公里土地的使用权，并将这些土地的收益转化为土著人的福利。在阿拉斯加，美国政府于1971年通过阿拉斯加赔

① Richard D. Alba, *Ethnicity and Race in the U. S. A.*, Routledge, 1984, p. 22.

② 马戎：《民族与社会发展》，民族出版社，2001年版，第317页。

③ ［美］塞缪尔·亨廷顿：《我们是谁？——美国国家特性面临的挑战》，周琪等译，新华出版社，2005年版，第102页。

偿法案，将该州1/12的土地交给原住民经营。同时，政府还通过有关法规，保障阿拉斯加土著居民和其他该州长期居民都可以从当地的自然资源开发中分享利益，从而缩小了贫富差距，使阿拉斯加的人均收入在美国50个州中列第14位。正如美国加州波莫纳学院太平洋研究所所长、民族问题专家格拉德尼所宣称的，夏威夷和阿拉斯加的例子说明，分裂活动常与经济利益分配有关，只要大多数原住民得到实利，充分分享当地经济发展的成果，分裂主义就没有市场。

（三）主流文化主导下的多元文化

1924年，美国哲学家霍勒斯·卡伦（Horace Kallen）首次提出了“多元文化主义理论”（Cultural Pluralism）概念。[①] 20世纪中叶美国学术界接受了“文化多元主义”，并以此讨论和处理种族、族群关系。但是这并不意味着美国政府允许多元文化自由发展，尤其在处理少数民族问题时，仍然秉承主流文化普遍性的方针。

第一，坚持主流文化的主体地位。美国的一位学者山森铁直曾经说，美国多元文化社会、多种族社会的难题，是如何使每个民族的文化保持其特性，同时又表现美国的共性。[②] 美国最初的国民构成以欧洲、特别是英国后裔占绝大多数，英语和基督教在美国文化特性中占主导地位。各族群成员在作为“文化”最核心内容的价值观念和行为规范方面必须追随美国的主流社会。事实上，少数族群成员如果不会讲英语在美国就寸步难行，不接受美国的基督教价值观念和行为规范，在美国社会与其他人或政府机构打交道就十分困难，更谈不上就业和发展。同时美国主流文化倡导通过个人努力实现事业成功，并把全体美国人对未来所持的共同观念（a common conception of the future，即俗称的“美国梦”）作为维系美国人的精神信念。移民后代出身的美国政治家，包括奥巴马在内，无不宣传自己是“美国梦的化身”。

---

① M. M. Gordon, *Assimilation in American Life*, New York: Oxford University Press, 1964, p. 147.

② ［美］山森铁直：《认识多民族的美国》，谭小勤译，《世界民族》1998年第3期。

第二，允许各少数族群保留自己的部分传统文化，努力把族群问题向“亚文化群体”的方向引导。美国传导的“文化多元主义”并不是保留真正独立的“文化群体”，只是允许在接受“美国共同文化”的前提下，保留原有传统文化的某些特点。美国政府和主流社会也大都不提“民族”、“民族平等”的概念，而是强调、灌输各族群（民族）公民“享有平等的人权和公民权”的理念，极力引导人们把族群差异、宗教差异看作是“多元文化社会”中的“文化差异”，把各少数种族和族群引导成多元社会中的“亚文化群体”，淡化这些族群的独立政治意识，把族群身份“去政治化”。如果允许发展有族群背景并真正独立的“文化群体”，很可能滋长自治倾向并最终危害美国的政治统一，这是美国政府、政治家们和主流社会不能接受的。

四、美国民族政策的评价及其对中国的启示

美国是世界上最大的和最具有代表性的移民国家，其种族关系和移民间所存在的问题也最能说明问题。美国一体化基础上的文化多元主义民族政策为促进不同种族、民族之间的融合，确保美国国家属性的完整和社会的稳定起到了积极作用，有很多值得中国借鉴之处。

第一，淡化民族意识，树立和强化公民意识。借鉴美国处理民族问题的成功经验，我们应在实践中努力贯彻公民权利平等，树立公民意识、弱化民族意识，坚决反对大民族主义和狭隘的民族主义，构建现代法制观念下的国家认同和公民身份认同，塑造起各族人民从心理上、文化上认同的国民精神，使各族人民在对中华文化的认同中形成稳固和谐的国民共同体——中华民族。

第二，逐步实现民族分界、民族身份“去政治化”。在全体中国人之“民族国家”概念的框架下，把族群之间的差异视为文化差异，限制并最终禁止各族群有自己特殊的政治权利。对于一些少数族群成员在社会发展中面临的不利状况（如语言受限、就业率低等），国家通过社会

福利项目对需要帮助的个人或小群体予以帮助和扶持，而不是给整个族群以优惠，从政策法规上保障各族群真正实现事实上的平等，保障国家在处理民族问题上的权力和权威。

第三，稳步提高少数民族的生活、文化水平。少数民族地区经济和文化发展普遍滞后，是中国民族问题突出的原因之一。譬如新疆南疆少数民族地区文化教育事业落后，群众文化素质偏低，青壮年文盲占有相当大比例，与之相伴的是低就业率和赤贫生活。鉴于此，民众容易受宗教极端势力和分裂恐怖势力的诱惑与欺骗，这在客观上也为外部势力、民族分裂势力挑拨民族关系、煽动民族情绪、攻击党和政府的方针政策提供了可资利用的借口和条件。因此，政府必须稳步提高少数民族的生活水平，让少数民族能够分享当地资源开发、经济发展带来的利益，加强少数民族地区与内地的文化交流、融合。

总之，他山之石可以攻玉，研究美国民族政策中的合理之处并为我所用具有积极意义。当然不可否认，美国民族政策仍有其不足之处，同时冷战的结束以及全球化的发展也对美国的民族政策带来了一系列的挑战。正如“9·11”事件的发生促使美国对移民的作用进行了反省和重新估量：“是因为我们没有有效的法律来阻止阿拉伯人的进入，要阻止类似的行为发生，必须进行种族和移民的压缩，这样就会消除恐怖的危机。”① 在可以预见的将来，美国的民族政策也将会出现一系列的调整。

① Jared. Taylor, “Diversity: A Threat to National Security,” http://www.nytimes.com.

俄罗斯货币危机及其后果

崔建树

对俄罗斯来说，2014 年可谓是风云变幻。2013 年底的乌克兰危机把俄罗斯逼到了墙角，出重手夺回克里米亚，搅动世界政治风云。此后，乌克兰面临分裂的巨大风险。美国和欧洲不断给乌克兰，提供经济援助和政治支持，并对俄罗斯进行制裁。西方的经济制裁加上美国的页岩气革命等国际政治经济因素，导致俄货币急剧贬值。俄罗斯卢布狂贬将对俄罗斯国内政治和国际地缘政治态势产生较大冲击，值得关注和研究。

一、卢布贬值过程

历史上，俄罗斯货币经过多次大规模贬值风潮。1961 年，苏联发行新卢布，定价为 1 美元兑换 0.9 卢布。直到 1989 年，卢布一直坚挺，享有“金”卢布之称。但是，1991 年苏联解体后，新生的俄罗斯增发了 18 万亿卢布，卢布汇率急降。到 1994 年 11 月 25 日，卢布的官方汇率跌至 1 美元兑 3235 卢布。1997 年，亚洲爆发金融危机，俄石油出口暴跌，对俄罗斯经济产生严重影响，卢布再度急剧贬值。1998 年 1 月，俄发行新卢布。但是，1 新卢布等于 1000 旧卢布的币值仍在不断缩水。到 2000 年元旦，卢布兑美元的汇率跌至 28.5。有人推算，苏联解体 10 年，俄罗斯的币值贬了 50000%。普京上台后，俄罗斯经济企稳。2006 年 7

月 1 日，俄罗斯联邦政府让卢布成为可自由兑换货币。但是，2008 年美国发生的次贷危机对俄经济再度产生重创。俄罗斯经济在当年第四季度陷入停滞，2009 年负增长 7.8%。在随后的几年里，俄的通货膨胀率也处于高位运行状态。

表 1　　2008 年次贷危机后俄罗斯的通货膨胀率①

2008	2009	2010	2011	2012
14.1%	11.7%	6.9%	6.1%	6.2%

经济低迷加上通货膨胀高企，俄罗斯货币的币值不断下探。据俄官方发布的数据，从 2008 年年初到 2009 年 3 月，卢布贬值了 47.4%；从 2008 年 8 月份到 2009 年 3 月，卢布贬值了 35%；从 2009 年年初到是年 3 月，卢布贬值了 23.1%。② 2013 年底乌克兰危机爆发后，俄罗斯经济雪上加霜，卢布贬值速度加快。

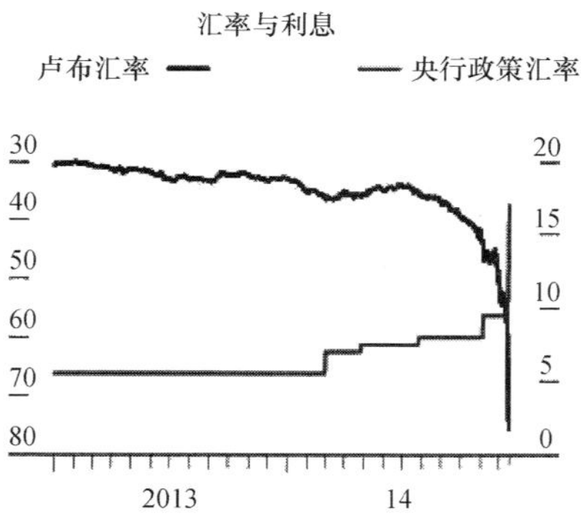

图 1：俄罗斯卢布兑美元汇价走势图③

2014 年 10 月 6 日，莫斯科交易所开盘后，卢布兑美元汇率下挫至 1

① http://www.docin.com/p-871398721.html.

② 《俄罗斯出现货币危机卢布 09 年贬值 23%》。

③ 费迪南多·朱里亚诺：《图解俄罗斯“黑色星期二”》，《金融时报》，2014 年 12 月 17 日，http://www.ftchinese.com/story/001059711。

美元兑换40.03卢布，创下历史新低。另外，卢布兑欧元当天也跌至1欧元兑换50.08卢布，继9月16日突破1欧元兑换50卢布大关之后继续走低。为稳定卢布币值，俄罗斯央行斥资超过16.8亿美元对汇市进行干预，这是乌克兰危机爆发以来俄罗斯央行进行的最大规模的外汇交易干预行动。但俄罗斯央行在10月份对汇市的干预效果并不理想，卢布贬值的势头“根本停不下来”，币值仍加速下探。护盘失败后，俄罗斯央行于11月11日宣布不再以可以预期的方式在卢布兑美元和欧元的汇率超过央行规定的限度的时候进行自动干预。这一规定事实上是允许卢布汇率自由浮动。俄罗斯央行的这一决策严重打击了市场信心，卢布币值加剧下滑。为防止卢布继续贬值，俄罗斯不得不抛售黄金储备，其在12月上旬一周内就动用了43亿美元的黄金储备。由于俄罗斯央行抛售黄金，国际市场黄金价格下跌，使美元币值坚挺，这又进一步打压了卢布汇率。12月12日，俄罗斯央行接受该国商业银行持有的俄罗斯石油公司的债券作为贷款抵押，用印钞票来填补政府预算缺口。这一做法加剧了卢布币值走软。12月15日，莫斯科交易所一开盘，卢布就开始大幅贬值13%，美元兑卢布汇率突破60大关。次日，美元兑卢布汇率一度突破80，两个交易日累计贬值约25%。[①]

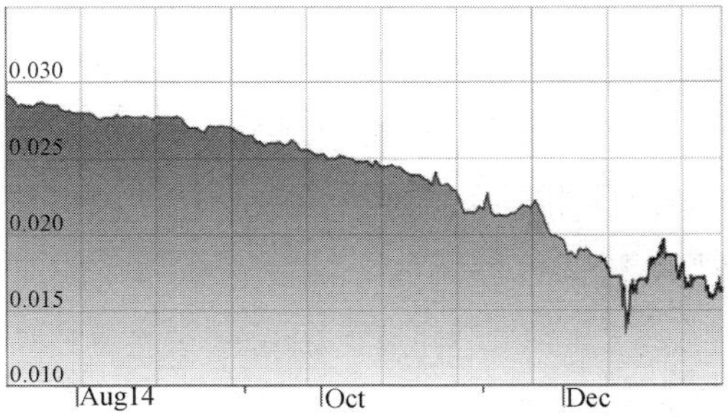

图2　卢布兑美元走势图

对于卢布急剧贬值，施罗德（Schroders）基金经理亚历山大·莫斯

① 《卢布危机的历史之鉴》，http://news.xinhuanet.com/finance/2014-12/18/c_127314972.htm。

利（Alexander Moseley）做了如下评论："俄罗斯已陷入一场全面的货币危机。很难看到根本的压力来源消失。"① 出于对卢布币值进一步下滑的恐惧，俄罗斯消费者开始恐慌性购物，试图抢在卢布进一步贬值前买入各种商品。与此同时，部分银行由于客户囤积美元和欧元而遭遇现金短缺。卢布进一步贬值的压力和国内的恐慌情绪给俄罗斯央行决策投下了巨大阴影。俄罗斯央行副行长谢尔盖·什韦佐夫（Sergey Shvetsov）在莫斯科举行的一场活动期间称俄罗斯的货币危机出乎他的意料，"即便在一年前，我在最险恶的噩梦里也想象不到会发生这种事"。他认为，货币危机使俄罗斯局势处于"紧要关头"。②

为挽救俄罗斯卢布，俄政府做出了艰苦努力。在 2014 年，俄中央银行 7 次加息，其中 2014 年 12 月中旬做出提升 6.5 个百分点的加息决定，使俄利率达到 17%。此外，俄罗斯央行还动用了 800 多亿外汇储备干预汇市。俄罗斯央行力挺卢布的措施在短期内收到了一定效果。2014 年 12 月底，卢布兑美元汇率回升幅度超过 30%。25 日圣诞节当天，美元兑卢布降至 1：53 以下。对于取得的上述成绩，俄罗斯政府颇为乐观。据路透社援引西卢阿诺夫的话说："上调关键利率是为稳定汇率……这一时期在我们看来已经过去。"③ 但是，西卢阿诺夫言犹在耳，俄罗斯卢布在当月 29 日再度暴跌 8.15%。依经济学理论分析，俄罗斯依靠央行和财政部出售外汇储备和黄金储备为卢布托底只能发挥短期效用。还有一点必须指出，俄罗斯的外汇储备在 2014 年烧掉 800 余亿美元救市后虽仍剩下 4000 余亿美元，但据市场人士分析，按现在的救市速度，这些储备也仅够维持 25 周时间。④

---

① 尼尔·巴克利：《俄罗斯滑向金融危机》，《金融时报》，2014 年 12 月 17 日，http：//www.ftchinese.com/story/001059702。

② 同上。

③ 《俄罗斯宣布卢布危机结束》，http：//fujian.hexun.com/2014－12－27/171831199.html。

④ 徐立凡：《卢布危机的"底"在哪里》，http：//opinion.people.com.cn/n/2014/1231/c1003－26305676.html。

二、俄罗斯卢布危机爆发的原因

俄罗斯卢布危机是俄罗斯长期依靠出口国内资源导致经济结构单一、油价下跌、西方经济制裁、美元走强等多种因素综合作用的结果。

（一）经济结构单一

俄罗斯资源极其丰富。据俄罗斯科学院的研究报告，世界上完全能够实现自然资源自给的国家只有俄罗斯，其自然资源总量价值高达300万亿美元，占已探明的世界资源储量的21%。

俄罗斯在经济发展过程中“三化”十分明显：一是经济原材料化，即经济发展依赖能源等原材料部门；二是出口原材料化，俄罗斯出口产品按所占比重的排序，燃料能源产品占首位；三是投资原材料化，即俄罗斯投资相当大部分用于采掘工业。“三化”的结果使得在俄罗斯工业中能源和原材料部门的比重日益提高。1990年，工业中能源和原材料工业比重为33.5%，制造业比重为66.5%；到1995年，俄罗斯制造业在工业中的比重已降至42.7%，而能源和原材料工业比重相应增至57.3%；2004年后，随着国际能源价格的走高，能源和原材料工业快速发展；2006年，能源和原材料工业比重已达到67.8%；2011年为66.4%。尽管能源和原材料工业受国际市场价格等因素的影响，但它在工业中的比重一般都超过60%。[①]

时间进入21世纪后，国际原油价格步入快速上升通道，连连刷新历史纪录。2003年初，国际原油价格再次突破30美元/每桶，然后基本上是一路上升，连破历史纪录。2004年9月，受伊拉克战争影响，国际原

① 陆南泉：《俄罗斯经济出了什么问题》，《欧亚研究》，http://finance.ifeng.com/a/20140813/12916086_0.shtml。

油价格突破40美元/每桶，继而首次突破50美元/每桶。2005年6月，国际原油价格突破60美元/每桶。2005年8月，“卡特里”飓风重创墨西哥，国际原油价格首次突破70美元/每桶。2007年9月，国际原油价格首次突破80美元/每桶，随后，继续加速上扬。2007年10月，国际原油价格首次突破90美元/每桶，并在年底直逼100美元/每桶！2008年国际原油价格出现大幅飙升，7月14日纽约商品交易所原油期货价格创出147.27美元/每桶的历史高点。

2000年上台执政的普京总统是国际原油价格上涨的最大赢家。油气出口换回的巨额外汇让俄罗斯提前还掉外债，还刺激了国内经济发展，它的固定资产投资、资源采掘业、商业零售额等均呈两位数增长。但资源丰富也是把双刃剑。由于油气等能源产业投资获利丰厚，俄罗斯的资本大举进入这些行业，导致俄罗斯的经济优势主要集中在资源开采、建筑、军工、商业等少数领域。俄罗斯经济依赖能源出口是苏联时期就存在的老问题，在普京任内不仅没有缓解，反而更加恶化。普京上任后，把俄罗斯石油寡头全部打垮，将石油企业变为国有企业，导致俄国内经济和金融体系单一、脆弱。俄罗斯税收的45%来自石油行业，除此之外，俄经济只有军工、航天业等少数亮点，而后者却无法成为带动经济发展的决定性力量。

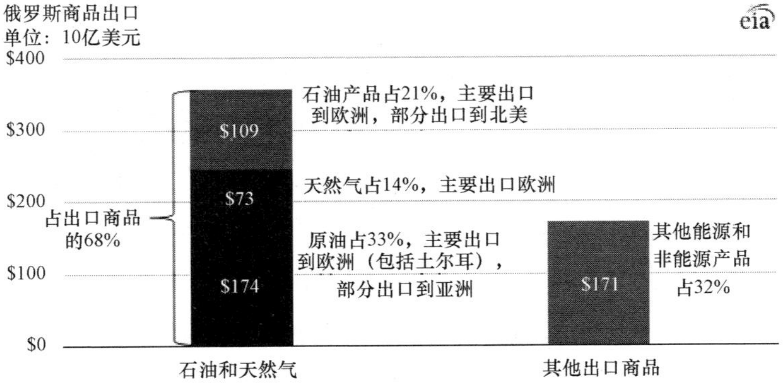

图3 俄罗斯商品出口结构

产业结构单一造成的最大问题是经济会随国际市场变动发生剧烈波动，过度依赖油气产业的国家更是如此。这是因为国际原油市场的价格对外界环境变化极其敏感，常因战争、世界经济运行周期、国际投机炒作、国家行为体出于战略目的打压或哄抬等发生剧烈变动。如1970年时，国际原油价格不到2美元/每桶；1974年第一次石油危机爆发后飞涨至10美元/每桶；1981年，国际油价一度暴涨至39美元/每桶；1986年，国际原油价格又跌至10美元/每桶。2000—2008年，国际油价一路上扬。但2009年，国际油价受国际金融危机影响，由顶峰期的147美元/每桶跌至40美元/每桶。

图4 国际油价剧烈变动图

自然资源丰富是一国良好的先天禀赋。但是，经济学家的研究也表明，国家的富裕与强大与自然资源的丰富程度并无必然关系。世界历史发展甚至表明，英国、瑞士、日本、韩国、以色列等经济较为发达的国家，它们的自然资源均不丰富，甚至十分贫瘠。相反，非洲和南美洲的大部分资源非常丰富的国家，经济发展却长期落后，即使是盛产石油的中东国家，特别是沙特阿拉伯等国，虽然国家财富因石油出口增加较多，但并不是经济强盛之国。自然资源丰富的俄罗斯也深陷这一“自然资源的魔咒”。在20世纪80年代，石油价格从暴涨到暴跌，就曾使苏联经济遭受严重负面影响。从2002—2006年，国际原油价格指数上涨256%，使俄罗斯经济蓬勃发展。但是，花无百日红，人无千日好。世界上从来没有出现过一种只涨不跌的大宗商品。就油气而言，一旦价格迅速下降，俄罗斯经济结构单一性的缺陷就暴露无遗。另外，需要特别指出的是，自然资源的价值是矛盾运动的。一方面，快速发展的经济使自然资源日益稀缺，资源性产品价格因此上涨；另一方面，资源价格的上涨又推动科技革命，让人类制造出更多的替代性资源或干脆节约了资源，这又促使资源价格相对降低。在二者的矛盾运动中，后者更占优势。所以，如果同其他商品的比价联系起来看，以及扣除通货膨胀的因素，100 年来资源性产品的真实价格实际上还是下降的。经济发展规律证明，人类创造性活动或复杂劳动形成的价值越来越大，而资源性产品价值在总价值中所占的比重越来越小。

俄罗斯经济对自然资源的依赖也制约了其经济转型。普京执政以来，无论是国际社会还是俄罗斯国内，呼吁转型的声音不绝于耳。早在 2003 年，国际货币基金组织曾发布一份报告，呼吁俄罗斯“应该加大力度推进经济结构改革，只有结构改革才能保证经济的持续发展，并且减轻对能源领域的依赖”。在俄国内，除专家学者呼吁经济转型外，普京也多次提出要致力于改变单一的经济结构。梅德韦杰夫 2009 年 9 月在其博客中撰写的《前进，俄罗斯!》一文中指出：“20 年激烈的改革也没有让我们的国家从熟悉的原料依赖中摆脱出来……简单地依靠原料出口来换取成品的习惯导致了经济长期的落后。”他还提出了一个严肃的问题：“我们应不应该把初级的原材料经济……带到我们的未来?”但是，在国际原油价格高企时，石油行业利润太丰厚，俄国内资本和流入的国际资本更倾向于流向油气领域，导致俄罗斯单一的经济结构不断固化。

（二）国际油气价格暴跌的冲击

在冷战时期，石油和其他自然资源的出口收入占苏联政府预算收入的半壁江山。苏联解体后，蕴藏丰富石油资源的中亚地区虽然分离出去，俄罗斯依然是能源大国。俄联邦从石油天然气部门获得的税收收入可以分为“专门税”（即与开采和出口有关的关税及资源使用税）和“共同税”（指产品进入国内市场才须交纳的利润税和增值税等）。俄从油气和石油制品出口中获得的税收是国内预算收入的大头。以2000—2003年俄罗斯石油税收收入为例：

表2　俄罗斯石油天然气公司缴纳的税款在俄联邦政府预算收入中的比重（单位：%）①

税种	2001	2002	2003
利润税	17.2	11.3	10.3
增值税	9.1	8.9	9.3
营业税	68.4	70.2	77.2
资源使用税	70.1	80.6	84.8
关税	55.3	51.9	49.7

从表2数据可知，从2000—2003年，俄罗斯78%的资源使用税、72%的营业税和52%的关税是由俄罗斯石油天然气公司贡献的。有学者研究指出，世界原油的市场价格在每桶16美元以上时，按俄罗斯现行的税收制度，如果石油年平均价格上涨1美元，就会使联邦政府多收入12~13亿美元。② 当前，俄罗斯石油、天然气和石油制品的出口额占总出口额的比重超过60%。这导致俄罗斯经济相当脆弱，一旦石油行业出问题，俄罗斯的整体经济表现必然受严重影响。例如，2008年7月到2009年1月，国际原油价格从每桶140美元一度跌至每桶35美元，导致俄罗斯国内生产总值衰减6%，卢布兑美元下跌50%。2014年，国际原油价格一直走低。全球油价基准——伦敦洲际交易所（ICE）2014年1月交货的布伦特（Brent）原油价格在12月16日跌破每桶60美元，降至5年半低位，是6个月前每桶115美元的一半还不到。

---

① 宫艳华：《石油在俄罗斯经济中的作用》，《俄罗斯中亚东欧市场研究》2005年第11期。

② 同上。

图 5　布伦特原油价格走势图

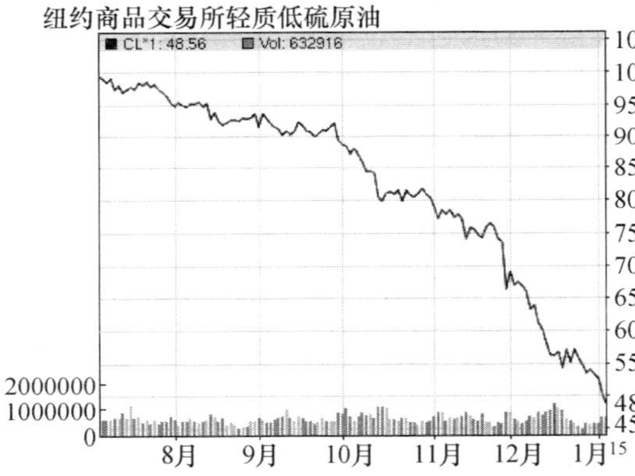

图 6　纽约原油价格走势图

俄罗斯的财政收入主要依靠油气和油气制品。据复兴资本投资银行（Renaissance Capital Bank）2014 年 11 月 10 日发布的研究报告，俄罗斯 2013 年的能源出口总值为 3720 亿美元，占出口总额 5260 亿美元的 2/3 以上。据俄罗斯政府前顾问、巴黎政治学院经济学教授古里耶夫（Sergei Guriev）称，俄罗斯当前的预算是以未来 3 年世界原油价格达到 100 美元/每桶为基础的。“以 100 美元/桶的油价水平来说，俄罗斯在未来两到三年将可能实现预算平衡，可能会占用一些储备基金，但这并不见得是悲剧。”古里耶夫指出，俄罗斯政府对未来 3 年原油价格趋势的估计

“可能过于乐观”，“如果石油价格维持在当前水平，这在未来几年将会是很严重的问题。”① 古里耶夫的估计与复兴资本投资银行专家们的估计不谋而合。后者在报告中认为：“如果油价涨至110美元/桶或115美元/桶，俄罗斯明年GDP增长会更强劲，可能会超过2%；但据我们的预估，油价只有在92—93美元/桶以上时，俄经济才会正增长。否则，经济将转为负增长，卢布将触及新低。”“鉴于我们对地缘政治因素的假设，如果油价保持在90美元/桶，我们预计俄罗斯明年经济将萎缩0.4%，预计年均汇率水平将接近41卢布兑1美元。”此外，如果油价从当前水平进一步跌至80美元/每桶，俄罗斯明年经济可能会萎缩1.7%。②

俄罗斯要渡过此次货币危机，国际油价反弹是前提条件。但是，促使油价反弹的客观因素并不令俄罗斯乐观。2014年11月27日召开的石油输出国组织（OPEC）会议上，OPEC决定维持2015年日产量3000万桶的目标不变。另外，美国页岩气革命虽然受到油价下跌冲击，但仍然在继续推进。还有一点也很重要，即受西方复苏乏力与新兴经济体增长放缓影响，石油需求持续趋弱将成为常态。综合以上因素，我们认为，短期内石油供过于求的态势难以改变，油价仍将处于低迷状态。

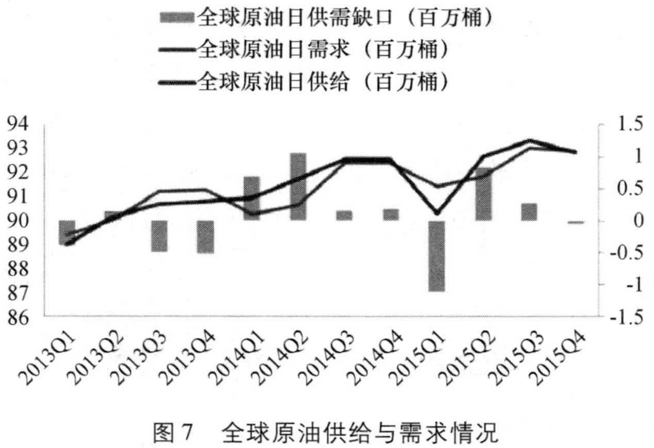

图7 全球原油供给与需求情况

① 《为何原油价格对俄罗斯经济极为重要？原油怎样影响俄罗斯经济》，http://money.laoqianzhuang.com/dazhongjiaoyi/20141112/641080.shtml。

② 《为何原油价格对俄罗斯经济极为重要？原油怎样影响俄罗斯经济》。

（三）俄罗斯经济形势严峻

一国货币币值是否坚挺，关键是看它的经济发展态势。受本国经济结构不合理、油价下跌拖累和西方国家制裁影响，俄罗斯经济表现不如人意。

1999—2004 年，俄罗斯国内生产总值的增长率 70% 是国际市场能源及其他原材料价格上涨的结果。2009 年受金融危机的影响，全球经济出现严重衰退。能源价格大幅度下跌，这对俄罗斯来说确实是致命的打击，导致 2009 年俄罗斯 GDP 下降 7.8%。无论在 2009 年世界排名前十位的国家中，还是在“金砖国家”中，俄罗斯经济下滑幅度都是最大的。2013 年俄经济又陷入困境。据世界银行 2013 年 12 月 15 日发布的报告称，2013 年俄 GDP 增速为 1.3%。俄罗斯学者索罗金指出：“俄罗斯主要工业设施严重老化，到目前至少落后于发达国家 20 年，生产出的产品在国际上不具有竞争力。机器制造业投资比重为 2% ~3%。同发达国家相比明显存在技术差距。”最近他又指出：“如今俄罗斯机器制造企业中使用的技术设备服役超过 25 年，而整体来看所有经济实体部门的技术设备中有 80% 的服役时间已经达到 16—35 年，这就使得俄罗斯不能生产出有市场竞争力的产品。”在卢布持续贬值以及乌克兰危机导致西方对俄经济制裁的影响下，俄罗斯经济 2014 年陷于停滞。但如果油价保持在目前的水平，2016 年即便是零增长也很难实现。在本周的一份声明中，俄罗斯央行表示，预计 2016—2017 年，俄罗斯经济将分别收缩约 4.5% 和 0.9%。”

（四）西方国家制裁加重了俄罗斯经济困难

俄罗斯将克里米亚并入本国版图的行动和在乌克兰东部支持亲俄势力的政策让西方国家对俄举起制裁大棒。在政治上，西方国家将俄驱逐出八国集团。对于西方国家意在孤立和惩罚俄罗斯的这一政治举动，俄用“不想来索契（原定 2014 年 G8 峰会地），就不用来了”的答复以示

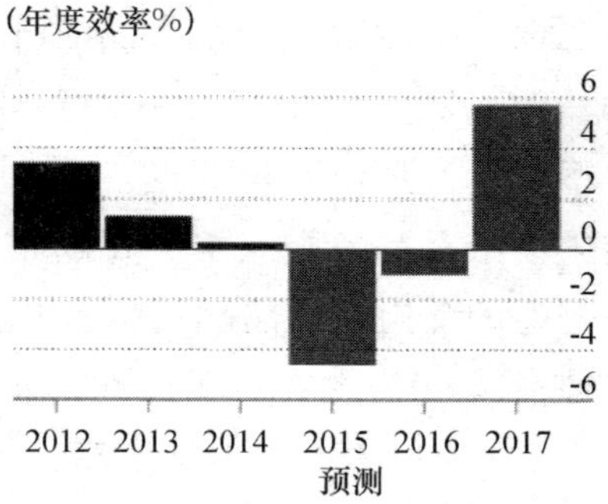

俄央行根据原油60美元/桶预测
资料来源：路透社数据

图 8　俄罗斯 GDP 增长率

轻蔑。但是，俄为树立国际形象，对举办冬奥会和八国集团峰会的索契投入巨资。西方的制裁让俄罗斯改善国际形象的努力大打折扣。在经济方面，自克里米亚危机以来，美欧已经陆续对俄罗斯进行了 5 轮制裁。克里米亚危机之初，美国和欧洲宣布对俄实施经济制裁。2014 年 7 月底，美欧对俄经济制裁升级，由针对个别自然人和公司的制裁改为针对俄罗斯具体经济领域的制裁。如欧盟禁止向俄罗斯公司提供用于北极地区和页岩油产地的深水石油勘探和生产设备和服务。如果说欧盟的制裁仅涉及俄罗斯石油天然气领域，那么美国则针对具体的对象：俄罗斯天然气工业公司、俄罗斯天然气石油公司、俄罗斯石油公司、卢克公司和苏尔古特石油公司等。美欧还禁止为俄罗斯大型金融机构提供服务，禁止投资者为俄罗斯的储蓄银行、对外贸易银行、天然气工业银行、农业银行和对外经济银行发放超过 30 天的新贷款。

对于西方的制裁，俄罗斯政府高层官员还颇为乐观，认为西方经济制裁不会对俄经济造成伤害。在西方国家对俄进行第一轮制裁时，实际上对俄仍抱有幻想，其制裁也只是警告性的，只是冻结了俄罗斯的部分海外资产，限制俄十多名官员入境。对于西方迟迟出台的这些所谓“制裁”措施，俄议员们进行过奚落，甚至提出要请美欧国家制裁的玩笑。但是，如前文所述，俄罗斯经济已蜕变为出口以初级资源为主、进口以制成品为主的发展中国家经济结构。这种经济结构对国际经济环境极为敏感，存在极大的脆弱性。虽然制裁初期，俄经济发展并未受到太大影响，但数月之后，制裁效果就表现出来。2014 年 8 月 26 日，俄罗斯政府官员就开始表示，俄罗斯经济已接近衰退。西方的经济制裁和俄的反制裁措施，使俄国内生活必需品价格飞涨。在远东的萨哈林岛，通常是俄超市里最便宜、最普通的禽肉类商品的鸡腿价格骤涨 60%，远东滨海地区的鱼价也比制裁前贵了 40% 左右。在投资方面，俄罗斯投资形势进一步恶化，投资下跌了 2.4% 以上，资本外流高达 1000 亿美元。在外汇储备方面，俄罗斯政府也面临巨大压力。在 2014 年度，俄花掉了 900 多亿美元拯救卢布，其外汇储备由年初的 4990 亿美元降至目前的 4000 亿美元左右。尽管花去巨资救市，但效果仍不明显。

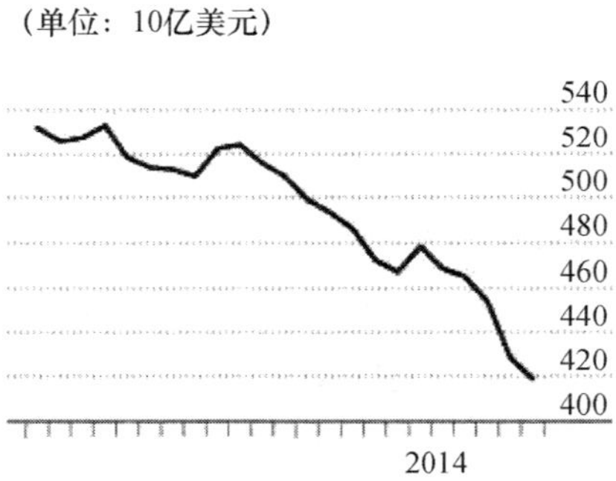

资料来源：路通社数据。

图 9　俄罗斯外汇储备余额变化趋势图

更严重的问题在于俄罗斯的私营和国有企业共持有 6700 亿美元外币债务，约占俄罗斯总经济规模的 1/3，如果卢布继续下挫，俄罗斯公司将无法偿还这些债务。温伯格写道："为了偿还外债，俄罗斯借款人需要支付的卢布在一夜之间增加了 20%，和本月初相比上升了 50%，和 11 月初相比则提高了 90%……俄罗斯人负担的外债有效利率超过 6000%，这足以把任何经济体置于死地。"

俄罗斯经济结构在冷战结束后一直在进行调整，但调整的结果是不仅没有改善，反而进一步强化了经济结构的单一性。寄望于短时间内改变这一现状肯定是不现实的。在国际原油价格波动方面，由于美国页岩气革命和替代能源的发展，油价短期内冲高的可能性也很渺茫。俄罗斯卢布的汇价最有力的支撑是良好的国内经济，但是投资减少、资本外逃和要消化吞并克里米亚及支持乌克兰东部亲俄力量负担让俄罗斯经济风雨飘摇。加重俄经济困难的西方经济制裁在短期内也不可能解除，除非俄罗斯吐出克里米亚和停止支持乌克兰东部亲俄力量。俄罗斯政府在上述两个方面已投入巨资，做出退让就意味着血本无归，而且普京本人还要为此承担巨大的政治风险。所以，综合上述因素，俄罗斯卢布币值在短期内很难稳定下来，甚至还有进一步恶化的可能。

三、俄罗斯卢布危机的影响

货币危机使俄罗斯卢布成为2014年度世界上表现最差的货币。此次货币危机的影响将比1998年货币危机深远得多。

首先，此轮货币危机打击了普京的个人威望。普京主政克林姆林宫期间，利用高油价带来的繁荣和爱国主义热情，赚取了俄罗斯人的拥戴。2000年，普京成为俄罗斯总统后，不断通过国有化加大了对油气资源和金融业的控制力度。普京的这一做法合乎政治逻辑。历史上，资源丰富的国家，民众一般都对实施国有化抱有很大热情。在2008年之前，普京是国际原油价格暴涨的最大获益者。石油财富推升了消费，刺激了经济增长和国民财富的累积。2000—2010年这10年间，俄罗斯政府的公共支出比上一个10年高出25%以上。对于这笔财富，俄罗斯政府进行二次分配，其中相当一部分流向社会救助、养老金提高、公共部门薪资以及军事开支等领域。国内民众享有高福利对海外俄罗斯侨民或俄裔居民产生巨大吸引力，这也是俄乌交恶后，乌克兰境内俄裔居民亲俄倾向大增的原因。它为俄吞并克里米亚和支持乌东部亲俄力量制造了“民意”。

有人把普京缔造权威的手段称为“资源民族主义”。一般而言，采取“资源民族主义”路线的政治家会把自己标榜为地区领袖，并利用与邻国的冲突煽起国民的爱国热情。换句话说，海外冲突是国内合法性的来源，而且冲突目标并不重要，重要的是把冲突延续下去。普京在强硬吞并克里米亚后，他在国内声望不断攀升，在 2014 年 6 月时一度获得高达 85% 的民意支持率。

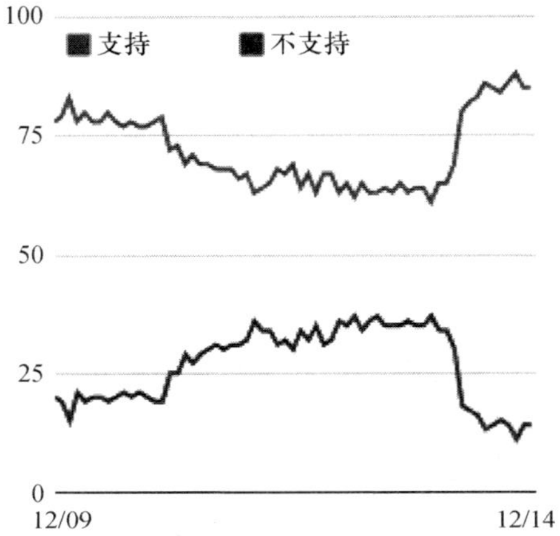

图 10 普京支持率变化图①

但是，"资源民族主义"制造的合法性不具有可持续性。因为，通过国有手段牢牢垄断国家的自然财富虽然可以取得一时之利，但无法造就真正的繁荣。这给普京进一步巩固权力制造了障碍。普京要在国内建立绝对权威，需要普通民众的支持、国内精英的默许和经济的持续发展。从目前发展形势看，经济的持续发展是普京的最大敌人。严重的货币危机令俄罗斯人对普京的崇拜情绪有所降温，甚至有人开始怀疑他的做法。12 月 16 日，俄罗斯负责经济和金融事务的政府高官们在讨论如何稳定卢布汇率时，一位与会者大胆指出：普京要为此次危机负责。对于这位与会人员的看法，与会的其他人说："那不算什么重大表态，他只是顺带说了一声，但我们都明白。"② 17 日，态度倾向于支持政府的《莫斯

① Van Horowitz, "Why Cheap Gas Prices Are Ruining Russia's Economy", *Global Staff*, January 09, 2015, http://www.bostonglobe.com/news/world/2015/01/09/the-russian-economy-collapsing/6ddJ2TcafJaTj4TIp7aZKJ/story.html Global.

② 席佳琳：《卢布危机让普京在国内失宠》，《金融时报》，2014 年 12 月 18 日，http://www.ftchinese.com/story/001059727。

科共青团报》发文称："突然之间，那种稳定感、或者政治进程仍然可控的感觉再次从我们的生活中消失。那种普京是一位掌控一切（克里米亚、西伯利亚虎以及卢布）的魔术师的感觉消失了。"①

第二，货币危机导致俄罗斯国内通胀快速抬头。2014 年 11 月俄罗斯通胀同比大增 9.1%，如果卢布继续贬值下去，通胀率将会很快突破 10%。通胀的恶果不仅使得国内物价上涨，增加百姓生活成本，加重百姓生活负担，而且是对百姓财富的洗劫。俄罗斯货币大幅度贬值使国内经济雪上加霜。货币贬值一定程度上有利于出口，但以石油等能源资源出口为主的俄罗斯，出口价格正在大幅下跌，特别是纽约轻质原油价格已跌破每桶 55 美元，俄罗斯出口越多损失越大，换汇越少。通胀对国内实体经济是噩梦。俄罗斯经济增速已经出现零增长。

资料来源：路透社数据。

图 11　俄罗斯国内通货膨胀趋势

为应对危机，俄罗斯目前最重要的手段是货币政策，主要是加息和向市场抛售美元稳定卢布汇率。2014 年 12 月 11 日，为对抗通胀高企，俄央行宣布将关键利率从 9.5% 上调到 10.5%，12 月 16 日，俄罗斯央行将关键利率从 10.5% 大幅上调到 17%。这是俄央行不到一周来第二次加息，旨在阻止卢布贬值、防控通胀大幅走高的风险。不过，加息是把双刃剑。加息使得币值提高，可以缓解居民抛售卢布，起到稳定货币作

① 席佳琳：《卢布危机让普京在国内失宠》。

用，同时让通胀放缓。但加息又会进一步扼杀经济增长，使得国内企业融资成本上升，加重国内企业负担。

第三，不得不寻求与西方和解。美联储正在走入加息通道，美元已经进入升值周期，这必将促使卢布继续快速贬值，也将抵消俄罗斯央行加息等货币政策效用。4000多亿美元的外储，很难顶住抛售压力。一方面，居民、投资者对卢布贬值的恐慌心理驱使其抛售卢布、手持美元；另一方面，俄罗斯央行干预汇率也要抛售美元。更加致命的是，俄罗斯外储基本是有出无进的状态，创汇的石油价格暴跌，使其美元外汇流入大减。美元大幅度流失和外储大幅度减少，使得俄罗斯外汇储备乃至整个经济越来越堪忧。这种状况绝不是依靠货币政策单兵突进能够解决的。

挽救俄罗斯经济下滑、金融风险、外汇困境的治本之策是迅速寻求国际合作，从政治层面入手，改善与欧盟、美国等发达经济体的关系。一方面使得国际油价尽快稳定下来，阻止其继续下滑的趋势，进而稳住俄罗斯的外汇储备，给其干预汇率补充源源不断的“弹药”。一旦卢布汇率能够趋稳，俄罗斯经济的所有问题都将迎刃而解。另一方面，寻求国际合作，从国际货币基金组织或者其他经济体寻求融资帮助，使得俄罗斯渡过目前的经济金融难关。国际货币基金组织的宗旨就是救急，而俄罗斯到了“最急”的阶段，国际货币基金组织理应伸出援手。当然，其前提是俄罗斯必须在乌克兰东部等国际问题上采取与国际社会谈判、尽快解决争端的策略，妥协和策略性让步往往是智慧的体现。俄罗斯作为一个开放大国，包括其汇率和货币兑换都已经完全市场化、国际化，在这种情况下，国内经济受制于国际政治经济气候的影响，即使是国内经济金融问题，也不是俄罗斯独自能够解决的，必须依靠国际力量，这是开放经济一大特质。尽快创造一个宽松的国际政治经济环境，是解决目前俄罗斯经济金融危机的唯一出路。

欧盟—土耳其的防务安全合作关系

孔　刚

欧盟与土耳其的关系错综复杂，可谓“剪不断、理还乱”。双方早在20世纪60年代便签署了密切经济贸易合作的《安卡拉协定》，但迟至今日，土耳其加入欧盟的谈判取得成功依然遥遥无期。两者在政治方面的关系也是好坏参半：土耳其虽然时常自觉不自觉地在政治系统的运作上参考学习欧盟的模式和经验，但其国内主导性的伊斯兰宗教文化并不会全盘接纳植根于异质文明基础上的欧洲社会模式。而欧盟国家虽然也相当理性地肯定土耳其的某些政治和外交作为，但在民主化进程、库尔德问题上对土耳其的严苛态度却从未放松过，更不用提土耳其与欧盟成员希腊、塞浦路斯之间的紧张关系。防务领域却有所不同，这是一个需要更多利益交集的地方。加上冷战期间，土耳其已经与大多数欧盟国家（同时也是北约国家）建立并发展过密切的防务合作关系，更是为冷战后至今的双方合作奠定了扎实的基础。

一、欧盟与土耳其防务安全合作的背景

冷战期间，尽管土耳其与希腊之间数度几乎兵戎相见，但都在北约和美国等的调解斡旋下重新回到谈判桌上。而且土耳其与意大利等南欧国家也在北约框架内建立了密切的防务合作关系，共同应对苏东集团在

地中海的活动。然而，欧盟国家与土耳其的防务合作并不等同于欧盟与之的合作。真正意义上的欧土防务合作肇始于20世纪90年代初《马斯特里赫特条约》生效之后。

《马斯特里赫特条约》要求欧盟除了巩固加强已经有的经济一体化机制即欧共体之外，还应当建立起一个政治联盟。作为政治联盟的重要组成部分，《马约》提出了发展“共同外交与安全政策”（CFSP）的要求，并设想在未来适时的时候，共同外交与安全政策进一步导向共同的“欧洲防务”，也即建立“欧盟防务共同体”的宏大愿景。然而与此同时，对欧盟在安全防务领域内发展承诺的考验迅速到来：由于南斯拉夫联邦的解体，巴尔干地区在冷战结束伊始便出现了严重的族际冲突，时间跨度长达将近10年，危机热点一个接着一个。包括塞尔维亚族、克罗地亚族、斯洛文尼亚族、波黑穆斯林、阿尔巴尼亚族、马其顿斯拉夫人等，许多当地族裔均不同程度地卷入了冲突。这一情况在很大程度上拖累了该地区新独立的国家融入欧洲共同体的历史性进程。欧盟在自身能力不足，早先干预屡屡失效的情况下，要求北约帮助稳定巴尔干的安全形势。由于地理、历史、政治和宗教文化等一系列因素，土耳其随着美国等非欧盟国家一道介入了对东南欧地区的冲突控制与危机管理。土耳其几乎向每一个在联合国或是北约旗号下展开的行动派出了大量人力物力资源，在此过程中，与欧盟外交和安全机构建立起实质性的合作关系。

另一方面，冷战结束也对欧盟—土耳其总体关系提出了适时调整的要求。相对于欧盟的漫不经心，并未将对土关系列入优先议事日程（欧盟需优先处理深化一体化水平、货币联盟、机制改革乃至于向东欧扩大），土耳其并不满足于当时的双边关系水平，盼望将其继续深入。尤其是欧盟新的共同外交与安全机制有可能存在着将土耳其等国永久性客体化的“危险”。这一点已经在欧盟将西欧联盟逐渐吸纳的过程中得到了隐约地体现（详见下文）。对于土耳其来说，欧盟共同外交、安全与防务机制的不断完善，在土耳其无法全面参与的情况下，具有相当负面的影响。这个新政策正在将欧土两者隔离而不是连接起来。简单地说，土耳其过去曾经在泛欧防务共同体、主要是西欧联盟内部享有的联系国的地位和权力将遭到侵蚀。在西欧联盟逐渐被欧盟架空的情况下，不具有欧盟成员国身份（与西欧联盟不同，欧盟没有安全事务领域内的联系国这一机制安排）的土耳其将失去对欧洲安全事务哪怕是象征性的参与权，更遑论决策权。但与此同时，在巴尔干地区冲突亟待平息的情况下，欧盟在自身安全防务能力羽翼未丰的条件下，又渴望借助于包括土耳其在内的其他力量，这又给土耳其提供了与欧盟展开实用性合作，进而推动总体关系发展的机遇。

二、欧盟与土耳其防务安全合作的维度

土耳其目前虽然还不是欧盟成员国，但是双方某些实用主义的做法早已经在防务领域得到了贯彻。随着欧盟防务一体化从上世纪 90 年代开始不断深入发展，妥善处理欧盟与土耳其在防务安全领域内的关系始终是欧盟考虑的一大重点，因为欧盟非常看重土耳其拥有的强大军事实力和丰厚的防务资本，这些可以为欧盟越来越多的海外安全防务行动提供有力支撑；反之，对土耳其来说，如何更深入地融入欧洲安全新架构并为最终成为欧盟正式成员国创造条件，同样是土耳其国防政策和相关战略的重要（甚至是首要）议题，因为冷战时期的成功经验告诉土耳其，在军事防务领域对西方作出贡献（如加入北约）大大地有助于本国整体上融入西方的历史性工程。自 1999 年欧盟共同安全与防务政策启动以来，欧土双方已经在防务机制、防务力量、防务产业以及防务行动等多个层面展开了卓有成效的合作。

（一）防务合作的机制层面

战后国际防务安全合作的一大特点是广泛且深入的机制化。北约、华约、西欧联盟、美日同盟等等均是这方面的突出代表。尽管土耳其至今还不是欧盟的正式成员国，但是早在冷战刚结束时，欧盟就通过西欧联盟（WEU）这一桥梁与土耳其建立了一种防务安全的制度化关系。借

助于《马斯特里赫特条约》，欧共体（欧盟）开始向安全与防务一体化领域迈进，共同外交与安全政策（CFSP）的出台是其主要标志。虽然欧盟与土耳其之间的政治联系早已有之（80年代末土耳其还曾经正式向欧共体申请加入），且土耳其通过北约这个平台与大部分欧盟国家建立了长期的安全防务盟友关系，但是欧盟本身与土耳其的制度化联系却并不存在。1992年，双方向这一联系走出了第一步。当年11月，西欧联盟部长理事会在罗马举行会议，决定把“准成员国”的资格授予土耳其、冰岛和挪威三国。这三国均是非属于欧盟的北约成员国。与此同时，西欧联盟还把“观察员国”的资格授予了那些不属于北约的欧盟成员国。

西欧联盟是在20世纪90年代联系着欧洲安全相关各方（特别是原属于冷战中西方阵营的国家以及欧洲中立国家）的重要纽带之一：一方面，把西欧联盟作为欧盟的安全与防务臂膀，最终将其完全吸纳的呼声越来越高（1996年欧盟政府间会议时，法德英等国就此议题展开过激烈争论，《阿姆斯特丹条约》对此做了折中），西欧联盟有朝一日被合并入欧盟的共同外交与安全防务政策已是大势所趋（2010年西欧联盟停止运作，其资产与功能被欧盟所吸纳）；另一方面，整个90年代北约都在进行深刻转型，其中的重要内容之一就是调整大西洋两岸的防务关系，而建立欧洲安全防务主体性（ESDI）是其中的关键一环。正是通过ESDI，西欧联盟与北约也建立了特殊伙伴关系。这样一来，土耳其不仅通过北约与欧盟建立了机制化的防务合作关系，而且变成了欧盟自身安全防务政策中的准成员国。根据1992年西欧联盟部长理事会发表的《彼得斯堡宣言》，土耳其等准成员国拥有“与正式成员国同样的权利与责任，即当从其他论坛（fora）或是机构（institutions）把功能转交给西欧联盟，而准成员国又属于那些机构的时候。它们有发言的权利，但是不能阻止在成员国达成共识基础上作出的决定。它们可以参与成员国作出的决定……它们可以在与成员国同样的基础上参加西欧联盟的军事行动，如果它们为这些行动提供了军力支持的话”。[①]

1999年，随着欧洲安全防务政策（ESDP）的出台，西欧联盟的作

① WEU Council of Ministers, Bonn, *Petersberg Declaration*, 19 June 1992, p. 10.

用开始空心化，欧盟完全意义上的安全防务支柱的出现，使得它可以直接与北约展开防务安全合作，从而绕开了西欧联盟。西欧联盟被日益边缘化，逐渐变得失去份量。在此情况下，欧盟与土耳其的防务安全机制联系面临着重新调整的必要。实际上，随着西欧联盟逐渐从安全舞台上退去，欧盟与土耳其之间的防务合作面临着制度上脱节的危险，而安卡拉对此尤为担心：土耳其以前可以通过定期参加西欧联盟部长理事会，参与到欧盟的安全事务决策当中。然而当西欧联盟的角色逐渐转移给欧盟时，按照欧盟的条约规定，西欧联盟的准成员国（也就是非欧盟的北约盟国）却不允许参加欧盟理事会总务与对外关系委员会（以及负责决定军事行动议题的政治与安全委员会）的会议。根据1999年4月北约华盛顿峰会发表的《北约—欧盟安全防务合作的声明》，北约同意欧盟在执行它自己的防务行动时使用北约的资源，作为交换，同时也要求欧盟继续赋予西欧联盟准成员国已有的权利甚至是更多的权利。因此，土耳其本来希望在ESDP中得到更多，却没想到实际上连原来在西欧联盟中的权利也丧失了。通俗点说，土耳其等国被从欧盟安全事务的决策圈中“踢”了出去。相比较挪威等国，土耳其对此尤为不满，它认为自己对欧洲安全的影响力远比挪威等大得多。此外，由于得不到在欧盟内的共同决策权，土耳其非常担心欧盟未来的安全行动会在本国周边展开（北约90年代末的一份研究报告认为，在欧盟最可能采取行动的16个热点地区里，有13个位于土耳其附近），也就是说，在攸关土耳其核心安全利益的地方，土对欧盟的行动却没有发言权。最可怕的是，土耳其担心希腊会把欧盟的军事力量引入塞浦路斯问题以对付自己。当然，欧盟最初并不认同土耳其的抱怨，它认为自己已经为非欧盟成员国参与行动专门建立了一个“贡献国委员会”（Committee of Contributors），不过，这个委员会不能行使决策权。而且如果因为要满足土耳其等国的要求而修改欧盟条约的话，欧盟认为并没必要。此外，欧盟必须照顾到成员国希腊在这个问题上的态度。

经过了三年的僵持，欧盟与土耳其在防务安全关系的机制问题上进行了大量的谈判和协商，最终取得了突破。在美英两国的居间斡旋下，欧盟与土耳其在防务合作机制的调整方面取得了突破：2001年12月，双方达成了《安卡拉文件》(Ankara document),欧盟在此声明其欧洲安全与防务政策(ESDP)框架内的安全行动绝不针对任何一个北约盟国,从而满足了土耳其的一大需求。除此之外,欧盟还声明,如果ESDP的安全行动是在非欧盟的北约成员国附近地区或是涉及到了这个国家的安全利益,欧盟理事会将在决定邀请该国参加之前与该北约成员国协商。土耳其对欧盟的以上声明表示赞赏。然而希腊要求给予更多的时间对这些问题加以消化,因此,欧盟与土耳其以及与之密切相关的欧盟与北约的防务合作机制问题的最终解决又拖了一年。尽管如此,从2002年开始,一系列积极因素正在推动欧土双方朝着解决问题的方向继续前进。首先,欧盟与土耳其的总体关系得到了显著改善。欧盟对于土耳其新上台的具有伊斯兰主义背景的正义与发展党(AKP)政府的疑虑逐渐消失,不仅如此,欧盟还在当年宣布启动土耳其加入欧盟的一系列谈判。其次,随着欧洲安全与防务政策的发展,欧盟新兴的安全防务力量已经初具规模,欧盟急需展开一系列的安全防务行动以将政策付诸实践并加以检验(不过此时还需要北约资源的支持),它把接管北约在前南马其顿共和国的行动指挥权作为了ESDP行动的适当开端。在此情况下,欧盟与土耳其(以及北约)达成一揽子协定的压力日益增加。

最终,双方于2002年12月的欧盟哥本哈根峰会期间达成了完全谅解,欧盟不仅正式宣布开启土耳其入盟谈判,而且郑重声明在任何情况下,ESDP的安全防务行动都不会用来对付一个北约盟国。此外,作为欧盟成员国的塞浦路斯和马耳他也不参加使用了北约资源的任何一场ESDP行动。土耳其最终如释重负。在欧土谅解和协议的基础上,欧盟与北约的防务合作也取得了突破。欧土达成协议后的第三天,即2002年12月16日,欧盟与北约两大组织在双方共同的总部所在地布鲁塞尔签署协议,决定将北约根据1996年"柏林附加"(Berlin plus)协定提供给欧盟防务资源以使建立起来的防务合作关系继续深入发展下去。由于欧土分歧这一症结的解除,欧盟与北约的谈判得以顺利进行。2003年3月,双方签署了《信息安全协定》,规定给予欧盟对于北约规划资源(planning assets)的永久使用权,以及在个案审查(case-by-case)的基础上使用北约其他防务资源的权利。欧北协定的签署为欧盟如期在马其顿以及波黑地区展开行动创造了条件，这些行动标志着欧盟安全防务政策的首次成功实践，因此在欧洲安全防务一体化的历程中具有里程碑式的意义。欧盟为此对土耳其的作用给予了高度评价，它在2003年关于土耳其入盟进展的报告中指出："（欧盟）与土耳其之间的协定对于欧盟与北约在2002年12月达成关于允许欧盟展开军事危机管理行动的全面谅解具有重要作用，它清除了执行'柏林附加'议程上的一大障碍。"[①]

（二）防务合作的力量与行动层面

冷战后，欧盟认为建立一支强大、灵活，机动性高的防务力量是发展共同安全与防务政策的关键一环。而土耳其长期处于冷战对峙前沿的历史经验使得安卡拉保有一支强大的军事力量，其规模在北约内仅次于美国。一方面，从1999年欧洲安全与防务政策（ESDP）出台开始，欧盟便着力于建立属于自己的快速反应力量，以满足各类危机管理行动的需要，这些努力包括规划建立一支欧盟快速反应部队（1999年底欧盟赫尔辛基峰会提出，总规模约6万人），以及更加灵活轻便的战斗群（欧盟2004年提出，每支约1500人）概念。这些计划提出后，虽然欧盟已经在军力建设方面取得了令人瞩目的进展，但是由于各成员国在战略文化、政治决心、财力支出等一系列问题上的困难，欧盟的实际力量建设与期待和规划还有差距，还满足不了不断增加的危机管理行动需要。另一方面，土耳其不仅成功保持了其冷战时期在大量美援支持下建立的强大军队，而且冷战后的复杂安全环境使得土的军事防务能力继续提升，武器装备的现代化水平不断提高。冷战结束后，土耳其几乎是欧洲唯一的军事开支持续增加的国家。1998年，土耳其政府开始推行一项为期10年、总额高达300亿美元的军事现代化计划（预计此后30年总额将达1500亿美元），计划重点是升级土军的主战坦克、攻击直升机、突击步枪以及先进军用战机系统等等。[②] 对于土耳其的防务现代化工程，外界

---

① European Commission, *2003 Regular Report on Turkey's Progress towards Accession*, p. 123.

② Elliot Hen-Tov, "The Political Economy of Turkish Military Modernization", *MERIA*, Vol. 8, No. 4, Article 5, Dec. 2004.

给予了高度评价。美国中央情报局分析认为这项计划卓有成效，它使得土耳其如今拥有“根据北约新的战略概念，具备得到了巨大提升火力的高度机动性的部队”。[①]

冷战后，欧盟与土耳其在安全防务领域内的利益交集越来越大，欧盟安全防务一体化的发展与土耳其安全防务政策的契合度越来越高，双方在防务力量建设以及安全行动方面的合作不断加深。首先，土耳其在军事力量上的强项恰好可以弥补欧盟防务力量建设中的短板。欧盟集体防务力量目前最大的弱点是军力投送能力，特别是远程投送能力。防务问题专家指出：军力投送能力要求两大基本要素，即适当的人员和装备。[②] 对于这两样要素，欧盟都比较缺乏，而土耳其恰恰拥有比较丰富的资源。尤其是在欧盟快速反应力量最缺乏的战略空运能力这个问题上，为了向战区投送部队，欧盟国家联合研发的空客“A—400M”型运输机目前还没有大规模投入现役，对此欧盟的解决办法之一是向俄罗斯、乌克兰等国租用前苏式的军用运输机。但是这个办法并不可靠，因为租用要受到欧俄、欧乌政治关系的制约，而这些关系常常是不稳定的。2003年，欧盟在刚果展开的首次完全独立自主的防务行动“阿特米斯”，充分暴露了欧盟战略空运能力的薄弱性。尽管这次行动总体上非常成功，但还是进一步暴露了欧盟在战略运输以及后勤补给能力上的明显不足。“阿特米斯”行动指挥官、法国将军内沃（Neveux）指出：行动证实了欧盟需要在战略空运能力方面投入更多的资源。[③] 2004 年，欧盟通过了关于防务力量建设的“2010 年总体目标”（Headline Goal 2010），决心“到 2005 年实现欧盟战略运输的联合调度，到 2010 年在战略运输领域（包括空运、陆运和海运三方面）具备必需的能力和充分的效率，以支

---

① The CIA World Fact Book 2004，“Turkey”，http：//www. cia. gov/cia/publications/factbook/print/tu. html.

② Salmon and Sheppard，*Towards a European Army，A Military Power in the Making?*，Lynne Rienner Publishers：London 2009，p. 130.

③ Anand Menon，“Empowering Paradise? The ESDP at Ten”，*International Affairs*，85：2（2009），pp. 227 –246.

持预期中的行动”。[①]

土耳其并没有参加2003年的“阿特米斯”行动，因为那是欧盟完全独立自主的行动，并不借助北约资源，因而不在北约与欧盟关于防务合作的“柏林附加”协议的授权范围内。但是此后土耳其也不再局限于北约与欧盟的合作框架内，而是直接与欧盟的防务安排打交道，以第三国的身份参加欧盟的力量建设或是防务行动，而对于这一点，欧洲安全防务政策那些颇具实用主义色彩、富有弹性的政策安排恰恰是非常欢迎的。2007年7月，9个欧洲国家在荷兰建立了欧洲行动协调中心（Movement Coordination Centre Europe），旨在统一调度这些国家的战略空运和空中加油能力。[②] 土耳其从一开始就加入了这个机构，而且由于本国空军拥有颇为可观的空中加油能力，安卡拉成了这个机构举足轻重的成员之一。早在1997年，作为土耳其军事现代化项目的重要做成部分，土向美国购进了7架波音“KC－135”型同温层加油机，使土耳其的远程兵力投送能力得到了大大提高，而土耳其拥有的这种中空（mid-air）加油能力正是欧盟完全欠缺的。有了土耳其这型加油机的帮助，欧盟就可以在距离欧洲大陆6000多英里远的刚果更有力地展开防务行动，从而有效克服2003年“阿特米斯”行动中暴露出的运输和后勤支援问题。[③] 在土耳其同意向欧盟防务力量提供这一资源后，欧盟的军力投送水平迅速地提高到了新的层次。

土耳其对欧盟防务力量建设的参与还表现在土积极申请加入到欧盟新的快反力量——“战斗群”（battle group）的组建当中。2004年欧盟“战斗群”的概念提出后，欧盟把它视为一个加强与伙伴国防务联系的灵活机动的平台，不仅成员国可以自愿加入组建，就连土耳其、挪威这样的非成员国也可以申请加入。由于战斗群的设计思想比欧盟那支6万人的快速反应军团更加灵活开放，这就为土耳其等国提供了更多的渠道，

---

① EU Headline Goal 2010，Council of the European Union，http：//www.consilium.europa.eu/uedocs/（6/27/2010）.

② http：//www.nato.int/docu/update/2007/07－july/e0701a.html（29/07/2010）.

③ Erdal Tatli，“Turkey Turns Cold to European Defence：Implications for Western Security”，*Policy Watch 1376*，The Washington Institute for Near East Policy，June 2008.

使得它除了在北约框架内与欧洲盟国共组军事力量外，还可以在欧盟的框架内联合建军。2005 年 5 月，土耳其与意大利、罗马尼亚两国一起签署了一份意向书，三国准备共同组建一支 1500 人规模的战斗群，直接接受欧盟安全防务机构的指挥。这对于土耳其而言是个重大事件，因为这是它首次向自己不属于的国际组织贡献防务力量并受其支配。土—意—罗战斗群的联合训练从 2007 年开始，并在 2009 年底达到了完全行动能力。根据欧盟的安排，这支战斗群于 2010 年下半年担负了欧盟的战备值班任务。①

其次，从欧盟策划发起自己的安全防卫行动的第一天开始，布鲁塞尔就热切希望土耳其能够向欧盟还不够丰满的军事臂膀贡献自己的力量，而土耳其也迫切愿意通过参加 ESDP 的防务行动，加深与欧盟在安全防务领域内的融合程度。迄今，土耳其已经参加了欧盟发起的 7 次安全防务行动，向这些行动贡献了数量可观的人力和装备支持。到 2009 年时，土耳其是参加 ESDP 行动的欧盟伙伴国（所谓“第三国”）当中贡献兵力位居第三的国家。② 2003 年初，欧盟酝酿多时的安全防务行动在西巴尔干地区迈出了第一步。根据与北约达成的“柏林附加”协议，欧盟在波黑展开的、旨在维持该国秩序并推动塞（尔维亚）穆（斯林）克（罗地亚）三族政治和解进程的“阿尔泰亚”行动（EUFOR Althea）得到了北约防务资源的支持，特别是来自土耳其的大量实质性帮助。波黑国内大量的穆斯林人口使得土耳其在该国拥有难以取代的影响力。同年，土耳其还参加了欧盟的首次军事危机管理行动，即在前南马其顿共和国展开的“协和”行动（Concordia）。通过该行动，欧盟从北约“盟军和谐”行动（Allied Harmony）手里接过了在马其顿的和平使命。尽管土耳其缺席欧盟在刚果展开的“阿特米斯”行动，但却参加了欧盟在马其顿进行的另一场和平使命，即警务使命“比邻星”行动（EUPOL Proxima）。此外，通过那些得到了联合国授权或是组织的维和行动，土耳其还与欧盟

---

① Giovanni Gasparini ed., *Turkey and European Security*, IAI-TESEV Report, Istituto Affari Internazionali, February 2007, pp. 91 – 92.

② A. Davutoglu, “Bridging an Unnecessary Divide: NATO and the EU”, *ISSUES*, No. 30, October 2009, p 5.

的防务力量在其他场合进行着合作，例如在亚丁湾的国际反海盗行动中，土耳其就与欧盟海军的“阿塔兰特”行动（EUNAVFOR Atalanta）保持着密切协同.

三、欧盟—土耳其合作的制约因素与前景

即使欧盟与土耳其之间的防务安全合作已经具备了一定的深度和比较丰富的内涵，但依然有某些制约因素在限制其发展，影响亦不容低估。

首先，欧盟—土耳其防务合作既可以实用性地给总体关系以助力，但反过来总体关系尤其是政治关系的水平也会影响到防务合作。难以否认的是，近年来欧土关系总体水平并没有值得一提的进展。欧盟在“扩大疲劳症”等的影响下，最终正式接纳土耳其这个穆斯林人口大国的意愿不断降低，欧盟国家内部不断兴起的反伊斯兰文化浪潮只会加剧这一不利状况。从最近的事态来看，随着法国一系列伊斯兰极端主义者滥杀事件的发生，欧盟几乎不可能在短期内抱有推动土耳其入盟谈判的兴趣。反观土耳其，具有浓厚伊斯兰主义色彩的“正义与发展党”（AKP）最近数年执政期间，取得的政绩深得土耳其民众的信赖与拥护。土政府在外交上大力推动所谓“新奥斯曼主义”路线，渴望摆脱对欧盟等西方世界的单向依赖，重振欧亚地区性大国的雄风。这一做法客观上降低了欧盟对土耳其的吸引力。加之欧盟本身由于债务危机等困扰，对土关系的磁吸效应已经降至冷战后的新低。其实，土耳其已经表现出了日益雄心勃勃的外交目标。以 2014 年迅速升温的乌克兰危机为例，土耳其明确地与欧盟以及美国保持了距离。土耳其不愿追随欧美国家对俄罗斯施加制裁，在土政府眼中，欧美等域外力量不应限制土耳其与俄罗斯关系的自然发展。可见，土耳其不愿将自身外交立场继续无条件地向西方看齐，无疑将影响到欧盟对它的看法。

第二，北约的内部矛盾正在从客观上起到将欧盟与土耳其相互剥离的效果。美国向来坚定支持土耳其加入欧盟，然而近年来，美国已经与

法国、德国等欧盟核心成员在土入盟问题上分歧日渐严重。美国从整个欧洲—大西洋安全架构的角度强调土耳其入欧的战略意义，但法德等认为欧洲一体化有其自身的逻辑，并不能被大西洋架构所置换，况且欧土双边的事务也不容美洲国家频频插手。在北约于冷战后日益呈现出“二元化”发展的趋势中，欧盟国家与美国在海外危机介入、调整战术核武器部署、建设导弹防御系统等问题上多有不睦。土耳其时常面临着艰难的选择，而往往难以左右逢源。曾经将土耳其与欧洲国家胶合起来的北约同盟，如今已经变为影响土耳其与欧盟加深关系的不确定因素。

第三，巴尔干局势渐趋稳定正在客观上削弱欧土防务合作的基础。正如上文，欧土防务合作具有高度的实用主义特征，而巴尔干地区无论是从地理位置、宗教文化还是历史因素，都是联系欧土双方的纽带。正因如此，欧盟与土耳其才能在该地区的危机管理、冲突管控等方面合作的如此流畅。然而，防务合作成功后带来的政治稳定与和平秩序已经将下一步的重点，即社会重建以及为入盟做准备，转交到了欧盟的手里。但与此似乎矛盾的是，巴尔干地区防务合作的成功正在削弱而不是增强欧盟与土耳其的防务合作动力。尽管地中海地区其他安全事务上的合作有可能成为新的合作增长点，但要达到巴尔干地区的水平还有一定难度。

至于欧盟与土耳其防务合作的前景，比较可能的趋势依然是：受制于总体关系的影响，但会继续在实用主义的原则下保持。双方防务机制上的合作水平对于目前的合作内容已经足够，在欧盟着眼于其他在布鲁塞尔看来更加重要的机制调整的情况下，机制合作水平难以有大的突破。从防务力量合作以及行动合作来看，欧盟将继续对土耳其敞开大门，而土耳其也会积极地参与，因为地中海周边安全态势的变化客观上为双方合作提供了新的动力。

当前德国默克尔政府的对华政策及其走向

蔡　焱　王　楠

在默克尔过去执政的9年当中，她有7次出访中国。我们不妨来盘点一下她的7次“中国行”：2006年5月，默克尔第一次对中国进行访问，她表示德国新政府将保持对华政策的连续性，推动两国战略合作伙伴关系深入发展。2007年8月默克尔前往南京出席了“德中同行”活动的开幕式，期间还同南京大学中德经济法专业的学生展开座谈。2008年10月，胡锦涛主席会见出席第七届亚欧首脑会议的默克尔，因为认识到中国在全球金融危机中的作用，以及之前默克尔会见达赖的举动之“不妥”，她此次访华被视为奥运会后修复德中关系之旅。2010年7月是默克尔“满载而归的中国行”，她除了捧回巨额的经贸大单外，双方还签署了具有里程碑意义的《中德关于全面推进战略伙伴关系联合公报》。2012年2月，默克尔应邀来华并在中国社科院发表演讲，指出在经贸合作大前提下，应把德中关系往更深层次的文化交流方面引入。2012年欧元区的形势依旧很困难，于是默克尔“又来了”，这次是要在欧债危机上与中国交换意见。2014年7月是默克尔第二次连任后第一次访问中国，她将“经贸问题”和“乌克兰危机”作为议题的核心，德中“黄金十年”关系的保鲜为她第七次访华圆满地划上了句点。

自1972年两国建交到2014年，德中双方已经经历了“四十不惑”之年，两国关系可谓是曲折发展。双方不论在哪些方面打交道，默克尔政府的对华政策都呈现出其独特的一面，从她对华政策的演变我们也可以看出她本人对德中关系的探索经历了一个过程。默克尔说：“我们必须学会了解中国，中国的发展道路和东德的道路是不一样的，它是一条值得世界关注的道路。”

一、对华政策的制定依据

默克尔组建的大联合政府刮起的“黑红旋风”不仅吹遍了德国政坛，而且横扫到亚洲和中国。虽然说默克尔在经济上整体沿袭了前总理科尔和施罗德对华友好合作的外交政策，但是在意识形态领域方面她的政策一下来了个180度大转弯，态度也变得尖锐起来。德国学者分析德国对华政策的制定主要受到三方面因素的影响：一、政府机构；二、立法机构；三、社会环境。[①] 结合德国学者的分析，笔者认为以下三个要素是左右默克尔政府制定对华政策的依据。

（一）对华政策的利益牵引

从根本上来说，国家利益是一国制定其对外政策的硬性标准。而国家利益也不是一成不变的，它会随着国内社会的变迁和国际秩序的演变而发生变化。德国首要关心的是自身的发展与安全，其次是推动欧洲的一体化建设，再次是建立有效的多边主义世界秩序。[②] 虽然德国整体处于欧盟的大框架之下，但这一时期中国已经对德国国家利益造成了影响。

中国的崛起使“中国威胁论”在一些德国人当中很有市场，他们声讨施罗德并拥护默克尔，对此默克尔就不得不对他们有所回应——在意识形

---

① Kai Oppermann/Alexander Höse, Die innenpolitischen Restriktionen deutscher Außenpolitik “, in Thomas Jäger et al. （Hrsg.）, Deutsche Außenpolitik, Wiesbaden：Verlag für Sozialwissenschaften, 2011, S. 44 – 76, hier S. 47.

② Vgl. Michäl Stäck, Deutsche Interessen in einer multipolaren Welt, Antrittsvorlesung an der Helmut Schmidt-Universität am 4 Juni 2007, S. 4.

态领域拿中国来“说事”。[①] 近几年来中国的综合国力有了显著提高，经济实力更是突飞猛进，以前一些德国人认为德中之间不存在直接的利益冲突，但如今欧盟内部的大萧条直接让他们感受到了现实的、赤裸裸的威胁，对于这样强势崛起的中国，他们还没有做好应对的准备。经济实力的减弱必然造成政治影响力的下降，想要成为政治大国的德国因此忧心忡忡。[②] 实际上默克尔政府面对中国日益增长的政治经济影响力已感到“底气不足”，因此需要有与中国讨价还价的筹码。

（二）民意和党派间的影响

1. 德国国内的民意背景。默克尔政府调整对华政策的一个重要背景是参考德国的民意基础。不管是德国政界还是民间，对中国的看法都随着中国实力地位的提升发生了起伏，根据德国《法兰克福汇报》（FAZ）[③] 所作出的民意调查显示，德国民众对中国、德中关系的评价褒贬各有，毁誉参半。

表 1　　问题：哪些国家将在未来 20 年内成为经济领先的强国？

民意调查时间	中国	美国	欧盟	印度
2006 年 2 月	44%	19%	10%	4%
2007 年 10 月	50%	12%	16%	7%
2008 年 1 月	55%	8%	14%	8%

① 覃安基：《默克尔对华政策调整及中德关系展望》，广西大学学报（哲学社会科学版）2008 年 4 月，第 2 期第 30 卷，第 56 页。

② 周安平：《默克尔：是伙伴还是对手》，《世界知识》2007 年第 22 期，第 44 页。

③ 《法兰克福汇报》（Frankfurter Allgemeine Zeitung）：该报在德语社会具有巨大的影响力，它登载的文章也经常被其他国家的媒体引用或转载，因而该报成为最具国际知名度的德文报纸。

表 2　　问题：我们应与哪些国家紧密合作

国家	法国	美国	俄罗斯	英国	中国	日本	印度
05 年民意调查	70%	63%	41%	46%	42%	44%	未调查
07 年民意调查	68%	61%	46%	40%	38%	34%	32%

资料来源：Dr. Thomas Petersen，“Der Tanz mit dem Tiger”，*FAZ*，2008－01－23. 阿伦斯巴赫民意调查研究所专为《法兰克福汇报》所作的民意调查，此处转引自李乐增：《德国大联合政府对华政策探析》，载《德国研究》2008 年第 2 期，第 6 页。

可以看出，在对中国的形象和德中关系进行评价时，德国人的心情是非常复杂的。大多数的德国民众是认可中国经济的发展的，在这一点上他们对中国的肯定大大超过了欧盟和美国，并且在调查范围内的国家中，中国超过日本和印度，成为“德国最应紧密合作的亚洲国家”。但同时德国民众也感受到了亚洲新兴经济体给自身带来的威胁，他们对亚洲国家的总体评价都是下降的。除了经济关系继续得到了积极评价外，德国民众对中国的政治评价非常低，这除了他们是戴着“有色眼镜”看待中国外，还包括了他们对中国的“不信任”。①

2. 政党利益使然。默克尔调整对华政策乃是政党利益使然。凡是涉及到中国问题，西方政客们基本上都是“一致对外”的。中国强劲的经济增长和在亚洲乃至全球政治影响力的不断扩大，导致了“德中双边关系的结构转变”。② 西方政客们整体向中国身上“泼脏水”，其实正是将政府在财政方面无能的原因“祸水东引”，从而帮助默克尔联盟党摆脱国内民众的指责。③

内部方面，大联合政府中默克尔领导的基督教民主联盟本身就是一个由宗教兴起的政党，这在根本上与中国共产党信仰的“无神论”是背道而驰的。同时为了压榨对手社民党的执政空间，默克尔选择了鼓吹“中国威胁论”来转移政府内部的党派纷争，通过利用德国人普遍对社会主义和发

---

① 李乐增：《德国大联合政府对华政策探析》，《德国研究》2008 年第 2 期，第 6 页。

② Margot Schüller（Hrsg.），Strukturwandel in den deutsch-chinesischen Beziehungen，Hamburg 2003，S15.

③ 欧阳潇潇：《关于中德关系中西藏问题的研究》，《湖北省社会主义学院学报》2009 年 2 月第 1 期，第 41 页。

展中国家存在的误解和偏见打出“人权牌”、“宗教牌”，在一定时期内联盟党的支持率不降反升，成功赢得了外交政策方向的掌控权。

这也与默克尔个人因素有关。身为联盟党党主席，她的主观偏见自然会影响到整个联盟党的行事风格。出身东德的默克尔从小就养成了一种绝对化的思维定式，对事物的判断既简单又极端，非黑即白，不是朋友就是对手；民主德国的成长氛围使她对“专制”和“自由”理解异常深刻，对企图控制社会与经济每个方面的国家表示不信任；[①] 而牧师家庭的出身也使她从小就被灌输了宗教自由的思想，这就使她的“人权”和“民主”观念更为激进。这些都暴露出她对东方传统文化了解的欠缺以及在外交手段实施方面的不成熟。

（三）大国战略平衡的考量

默克尔政府外交政策的调整主要表现在德国在国际关系中的两个平衡角色的变化：

第一个平衡是指德国在欧美之间的协调作用。[②] 在全球问题上与美国的合作、在安全防务上对美国的依赖都要求德国与美国走近，而与中国疏远。且不论中美关系、中德关系是不是21世纪最重要的双边关系，但美国“重返亚太”的战略转变早已是不争的事实。面对中美联手在国际舞台上的精彩表现，德国若不想成为“欧洲落没的贵族”就必须协调中美欧之间的平衡。[③] 施罗德政府时期，德国因为反对伊拉克战争导致恶化的德美关系破坏了这一平衡，大联合政府成立以后，因为默克尔的“西化”倾向，德国恢复这一平衡的条件已经成熟。

第二个平衡角色是指德国在欧洲与俄罗斯之间的协调作用。目前扩大的欧盟与后共产主义时代的俄罗斯之间最重要的战略伙伴关系就是能源领

---

① Christian Hacke，“Germany ‘s Foreign Policy under Angela Merkel”，August 8，2008，http：//www. aicgs. org/documents/advisor/hacke. Vuln0808. pdf.

② Christian Hacke，“Deutsche Außenpolitik unter Bundeskanzlerin Angela Merkel”，Aus Politik und Zeitgeschichte，43/2006，S. 31.

③ 周安平：《默克尔：是伙伴还是对手》，《世界知识》2007年第22期，第45页。

域里的合作。[①]“红绿政府”时期对俄罗斯采取的是信任的态度，而大联合政府对俄罗斯则采取了明显强硬的立场。默克尔打的如意算盘是：一方面继续发展与俄罗斯的“战略伙伴关系”，借俄罗斯的欧洲地位和能源输出提升自己的政治影响和经济实力；另一方面也以各种手段给俄罗斯前进的道路“设陷”，希望通过“和平演变”让俄罗斯跟着西方的笛子起舞，更希望能彻底消除俄“大国复兴”的可能性，一劳永逸地切除这块引发欧洲局势动荡的“溃疡”。

二、对华政策的演变及德中关系在曲折中发展

德中两国的关系并不是一帆风顺的。默克尔政府前期对华政策中价值观因素一直居于主导地位，但是庞大的金融负担很快就使“价值观外交”昙花一现。其“攻势外交”（Kampagnen Außenpolitik）是如何实现向“对话外交”（Dialogdiplomatie）转变的？这其中的关键点就是正视德国的经济“软肋”、把握中国的主权“底线”。

（一）“攻势外交”：德中关系趋于紧张

早在科尔政府时期，德国就对中国推行过“价值观外交”。只不过总理本人有意淡化“价值观因素”的色彩，对于双方在意识形态所持的不同观点的问题，科尔的做法都是“点到为止”。而默克尔本人对此极为不满，她上任后反复强调：“经济利益与价值观是一个硬币的正反面。”由于“价值观因素”的明显增强，默克尔早期的对华政策中包含了“关键的问题”（Mut zu kritischen Tönen）。[②]

---

① Alexander Rahr，“Der Kalte Krieg ist Geschichte”，Internationale Politik，März 2007，Nr. 3，S. 13.

② Heiduk Felix：“Conflicting Images? Germany and the Rise of China”，*German politics.* Mar-Jun2014，Vol. 23 Issue 1/2，p1.

1、攻势外交：在不同意识形态领域对华公开指责。前期默克尔政府对中国的政策通常以公开指责和开展舆论压力的“攻势外交”的方式予以体现，与之前相比，特别是在外交风格上有很明显的转变。[①] 由于“攻势外交”是冷战的产物，是一种缺乏建设性及合作意愿的单方面行动，它往往会对双边关系产生不同程度的负面影响。[②]

为了显示与施罗德这位“只注重签合同的生意人”的不同，默克尔在2006年第一次访华的时候就显示出了她与众不同的风格：她在人权问题上清晰地表达了自己的不同观点，并且特意参观了教堂，表达了对维护人权、宗教自由问题的关切，刻意给人造成一种距离感。2007年默克尔第二次访华的时候，她不仅不积极回复中方提出的关于取消欧盟对华武器禁运和承认中国市场经济地位的问题，反而带来了一些新的“观点”，比如在中国社科院所做的演讲中，她将人权问题与2008年的北京奥运会直接挂钩：“中国正在为奥运会做准备，全世界都在关注着中国，关注着中国将如何表现自己——特别是在新闻和言论自由方面。”[③]

默克尔同样在知识产权方面给中国“施压”。中国宣布拥有自主知识产权的“磁悬浮”技术后，这在德国媒体中掀起了轩然大波，德国国内纷纷质疑中国窃取了德国的磁悬浮技术。[④] 2007年在和南京大学中德经济法学院的同学举行座谈时，默克尔直言不讳地批评了中国汽车业对德国汽车业的抄袭和模仿，[⑤] 意有所指中国在保护知识产权方面执法不力而给德国企业造成了损失。默克尔一直在对中国领导人强调知识产权的保护问题：德中两国间知识产权纠纷主要集中于两种形式——商标侵权的纠纷和产品侵权的纠纷。[⑥] 此次随行的德国唯宝陶瓷集团董事会主席温德林·冯·宝赫（Wendelin von Boch）先生说：“唯宝任何一款在中国销售的陶瓷在外观设计、专利等方面都得重新注册。知识产权问题如果能得到进一步改

---

① Antje Vollmer, Merkels Außenpolitik ist, neokonservativmissionarisch,

② 李乐增：《德国大联合政府对华政策探析》，《德国研究》2008年第2期，第8页。

③ Merkel, Angela: Rede vor chinesischer Akademie für Sozialwissenschaften, 2007.

④ 刘建辉：《默克尔的平衡术》，《经济》2006年5月，第22页。

⑤ 赵柯：《解析默克尔政府的对华政策》，《欧洲研究》2010年第5期，第99页。

⑥ 江安东、刘振英：《德国的知识产权保护体系和中德之间的知识产权纠纷》，《德国研究》2005年第2期，第20卷，第32页。

善，中国的投资环境会变得更加吸引人。”[①]

作为科尔政府时期的环保部长，默克尔对环保问题也“情有独钟”。2007 年 3 月举行的欧盟首脑会议上，中国被她特意点名要求“在温室气体的排放上要承担起相应的义务”。她把环境问题上升到道德高度，指出“破坏环境就是破坏了全人类的生存权，这是对全人类的犯罪”。默克尔还指出，环境问题既然作为一个道德问题就不能在金钱面前打折扣，并且建议中国在环保方面向德国的环境立法取经，以此来刁难中国。

2. “橱窗外交”：会见达赖。“西藏问题”一直使德中关系如鲠在喉。前德国驻华大使施明贤（Michael Schäfer）认为，中国以主权导向看问题，把达赖作为分裂国家的政治人物；德国则以价值和哲学为视角，将达赖看成倡导和平的宗教领袖。[②] 德国没有刻意损害中国主权，不同的文化滋生了不同的认知和误解。[③] 由于价值观因素作用的明显增强，西藏问题在德中关系中日益凸显。[④] 默克尔及其联盟党的所作所为可以理解为，德国在与不同制度和意识形态的国家打交道时，盛放“价值取向”和“利益取向”的天平是不偏不倚的，甚至有时候天平的指针还要往右边倾斜一点。

2007 年 9 月 23 日，默克尔不顾中国政府的强烈反对，执意以德国总理的身份在总理府会见了长期流亡国外从事西藏独立活动的达赖，表示支持达赖的“自治”和“宗教自由”的要求，令中方极度震惊和失望。事后在接受报社采访时，她还发表了“我是德国总理，我有权力决定我会见谁、在哪里会见，我们的外交原则与经济利益并不相抵触”的言论。[⑤] 德国总理会见达赖，这在德国历史上是第一次。这种行为被当时的副总理兼外交部长施泰因迈尔批评为“橱窗外交”，即“将外交政策彻底暴露在公开场合或媒体面前，是一种华而不实、中看不中用的政治作秀”，并称这

---

① 《“好朋友”眼中的默克尔：中国行关注知识产权保护》，《第一财经日报》，2006 年 5 月 26 日，

② Dalailama，“Vorwort des Dalailama”，in Petra Kelly Hg，Tibet-ein vergewaltigtes Land，S. 17.

③ 李凌飞、黄雨果：《德国与中德关系发展前景：中国德国研究会年会暨学术研讨会综述》，《国际战略研究简报》2007 年第 11 期，第 2 页。

④ 赵光锐：《中德关系中的“西藏问题”及其历史起源》，《欧洲研究》2009 年第 3 期，第 47 页。

⑤ 《默克尔坚持接见达赖：我是总理想见谁就见谁》，《环球时报》，2007 年 11 月 22 日，http：//news. cnwest. com/content/2007 – 11/22/content_ 1077827. html。

是一项“愚蠢的外交政策”。默克尔会见达赖的举动极大地伤害了两国人民的感情，随后中方取消了一系列与德方的高层会晤，德中关系一度陷入低谷。

3. “价值观外交”：出台“亚洲战略”文件。德国联盟党议会党团于2007年10月通过了一份名为“亚洲——德国和欧洲的战略挑战和机遇”（Asien als strategische Herausforderung und Chance für Deutschland und Europa）的文件，简称“亚洲战略”文件。[①] 由于正好发表于默克尔会见达赖后的一个月后，因此该文件尤为引人注目。事实上，该文件的核心内容正是反映了德国目前对亚洲政策的考量，是联盟党对华价值观外交的理论基础，也是默克尔政府在前期对华政策的集大成者。

这份文件描绘了亚洲的政治、经济崛起和对德国、欧洲产生的后果，其核心内容正是如何应对中国崛起和它对德国乃至世界所造成的影响。文件强调：“只有在共同价值和理论的指导下，这种伙伴关系才能显示出长久的生命力。”[②] 这无非还是强调了价值观的因素。默克尔联盟党对中国的定位由“伙伴”转变为“对手”，[③] 她试图将“人权政策”与“经济发展”有机融合，达到牵制、最终遏制中国的战略目的。[④] 联盟党认为，中国的崛起对德国构成了挑战，中国这种缺乏“民主”与“自由”的经济取得了巨大的成功，给欧洲乃至世界带来了不小的冲击；在政治上这种发展模式为其他发展中国家提供了“第三条道路”，这威胁到了西方的政治体制。[⑤] 文件还强调了中国对于德国来说首先是“挑战”，其次才是“机遇”，德国

---

① CDU-Bundestagsfraktion：Asienstrategie，Berlin，2007.（基民盟—联邦议院：“亚洲战略”文件），关于“亚洲战略”文件的德文原文，参见：Asien als strategische Herausforderung und Chance für Deutschland und Europa Asienstrategie der CDU/CSU-Bundes-tagsfraktion Beschluss vom 23. Oktober 2007，Kurzfassung. Asienstrategie kurz web。

② 熊炜、苏浩：《德国联盟党的亚洲战略及其对中欧关系的印象》，《领导者》（双月刊）2008年4月号，总第21期。

③ Merkel，Angela，Speech at the Gala Dinner hosted by the Indo-German Chamber of Commerce，http：//www. bundeskanzlerin. de/nn127722/Content/EN/Reden/2007/10/2007 – 10 – 31 – rede-merkel-deutsch-indische-handelskammer-mumbai. html.

④ 李乐增：《德国大联合政府对华政策探析》，《德国研究》2008年第2期，第7页。

⑤ CDU-Bundestagsfraktion：Asienstrategie，Berlin，2007，Asien als strategische Herausforderung und Chance für Deutschland und Europa Asienstrategie der CDU/CSU-Bundes-tagsfraktion Beschluss vom 23. Oktober 2007，Kurzfassung. Asienstrategie kurz web.

首先应该加强同美国的关系，再联合传统盟友日本、印度、澳大利亚等国共同抵制中国的“威胁”。

（二）“对话外交”：两国关系发展良好

默克尔对中国推行的“橱窗外交”、价值观外交”、和“攻势外交”遭到了国内外不同人士的痛批。除了来自中方的严厉谴责外，德国内部的反对声音也一浪高过一浪。为了拯救摇摇欲坠的德国经济，修复跌入低谷的德中关系，默克尔不得不重新思考她的对华政策。

1. 首脑外交：定位关系、消除分歧。在默克尔会见达赖之后，德中高层对话一度中断。2008 年的全球金融危机给欧洲的冲击尤为剧烈，在北京举行的第七届亚欧首脑峰会上，默克尔希望德中合作能在所有领域进一步推进，特别是想在经济方面尝到中国的“甜头”。对此中方也给予积极回应。会上两国领导人共同倡导亚欧两大洲共同抵御全球金融危机。此次访华也被视为默克尔的修复德中关系之旅。

默克尔担任总理以来 7 次访华，温家宝总理 5 次访德。施罗德政府时期，两国就建立了“总理定期会晤机制”。2011 年，两国又建立了“政府磋商机制”，其级别之高、规模之大、议题之广前所未有。德国仅与关系最紧密的国家建立这种机制，中国成为欧洲以外第三个、全球第八个与德建立该机制的国家。

2014 年 3 月习近平主席对德国进行友好访问把德中首脑外交推向了又一个小高潮，这是中国国家主席时隔 8 年后首次对德国进行国事访问。期间双方签署了《建立中德全方位战略伙伴关系的联合声明》。这份联合声明与 2010 年颁布的《中德关于全面推进战略伙伴关系的联合公报》具有同等重要的战略地位，它在 10 个领域规划了德中未来双边关系的走向，同时深化和发展了“战略伙伴”的定义和范畴，把两国的战略合作伙伴关系向高领域、深层次推进。另外习近平主席还从正面驳斥了“中国威胁论”。

据此，专家评论此次习主席访德“重实效”，为德中未来10年发展谋篇布局。[①]

2. 经贸外交：根源所在、优势互补。“经济基础决定上层建筑”，内政和外交同属“上层建筑”，而一国的经济基础则是决定它对内对外政策的基准。发展一国的经济是历任国家领导人首当其冲的任务，因此默克尔政府这回打出了“以商促变”（Wandel dürch Handel）的牌。

在2010年之后，受全球金融危机的影响，美国的进口贸易在减少，而中国不管是对德进口还是出口都还有较大余地，[②] 因而中国正日益取代美国成为德国最重要的贸易伙伴。

表3　　2008—2011年德中贸易发展

年份	2008年	2009年	2010年	2011年
德对华出口（亿欧元）	340	370	540	650
占总出口比（%）	3.5	4.6	5.7	6.1
德从华进口（亿欧元）	610	570	770	800
占总进口比（%）	7.6	8.6	9.7	8.8

资料来源：德国外贸批发商协会（BGA）。“德媒时评：中国—德国最重要的贸易伙伴”，2012—02—07 19：59，文章来源：中国驻德国使馆经商处，此处转载自：中华人民共和国商务部网站：http：//www. mofcom. gov. cn/aarticle/i/jyjl/m/201202/201 20207956 0 – 97. Html。

2013年是德中双边关系发展进程中成果丰硕、承前启后的一年，截至2013年9月底，德累计实际在华投入居欧盟国家首位，双边贸易额达1616亿美元，德中贸易额已占欧中贸易额的近1/3。[③] 2014年德中全面战略伙伴关系向全方位推进。默克尔总理再度成功连任后第一次访华，此次访华延续了以往“突破德国人低调严谨形象”的作风，把包括来自西门子公司

① 《专家：习近平访德重实效，为未来十年发展谋篇布局》，中国网，2014年3月30日，http：//news. 163. com/14/0330/10/9OJ2C00O00014JB6. html。

② 《中国取代美国成为德国最重要贸易伙伴》，中国新闻网，2011年1月12日，http：//www. chinanews. com/gj/2011/01 – 12/2780989. shtml。

③ 《中德关系进入快车道和提速期——访中国驻德国大使施明德》，《光明日报》2014年3月22日，第8版。

(SIEMENS)、大众公司(Das Auto)、空客集团(Airbus)、汉莎航空(Lufthansa)、德意志银行(Deutsche Bank)等的20多位德国企业的知名"当家人"一口气拉往东方。据德国媒体报道,默克尔这次访华是时间最长的一次,也是经济代表团最具有重量级的一次。[①] 默克尔将停留的首站选在了重庆,赋予了"渝新欧国际铁路联运大通道"[②] 新的意义,迎合了中国"中部崛起"战略,"古老的丝绸之路"将重新焕发活力。

除去经贸订单,德中两国还签订涉及电动汽车、节能环保、医药等多个领域的合作文件。更为重要的是,双方还签署了关于在德国法兰克福(Frankfurt)建立人民币清算机制的谅解备忘录,届时,法兰克福将作为欧洲首个人民币离岸交易中心。目前,德国在华企业已超过7500家,2000多家中资企业也在德国经营。德中经贸关系已进入"快车道"和"提速期",投资从"单向道"转为"双向道"是两国经贸合作转型的方向。以正在成长的"中国制造"与成熟可靠的"德国制造"实现珠联璧合,是德中关系的"发动机"和"稳定器"。

3. 公共外交:交流文化、注重教育。近年来,文化成为德中两国交流中的新要素。文化交流是双方相互了解、增加互信得天独厚的优势,有助于将两国的战略互信从经济层面提升到精神高度。习近平主席在2014年3月访问德国的时候说:"一些人对中国存有偏见,主要是源于陌生、隔阂和不了解。只要加强交流,持之以恒,偏见和误解就会消于无形。"[③]

在德中两国的公共外交中,青少年已经成为主力军。两国友好的"橄榄枝"已经抛向青年一代,两国关系的未来也在青年一代。近两年最突出的环节就是中国在德国的留学生人数大幅上涨。迄今为止,德中之间已有500多所高校建立了校际联系,[④] 中国各大外语高校都已成立德国歌德学

---

① 《默克尔总理第七次访华,主打经贸牌》,腾讯网,2014年7月7日,http://finance.qq.com/a/20140707/023066.htm。

② "渝新欧国际铁路联运大通道"开通于2011年4月8日,连接杜伊斯堡(Duisburg)和重庆。参见"汉新欧铁路重启为新丝路发展注入动力",新华网,2014年10月24日,ttp://www.21so.com/HTML/xinhua/2014/04-24-51878.html。

③ 《习近平:对中国偏见主要源于陌生隔阂和不了解》,中国网,2014年3月29日,http://news.china.com.cn/2014-03/29/content_31944478.htm。

④ 数据出自:《默克尔可能成执政时间最长女领袖》,《中国妇女报》2013年9月23日,第A03版。

院，培养了大批的德语人才，德国学术交流中心（DAAD）自1994年在北京成立以来，就成为了两国文化交流的桥梁。在德国国内也设有8家孔子学院，[①] 日益满足德国人民对中国文化不断增长的好奇和需求，越来越多德国普通民众不断加深对中国真实情况的认知与了解。2012年、2013年双方互相举办“文化年”的活动，更是在德国国内掀起了“汉语热”、“中国热”。大批留学生在德生活可以拉动疲软的德国内需，带动国内经济的增长；而对于中国学生来说，留德除了可以学到先进的科学知识，还不用缴纳高额的学习费用。欧美一些大学高额的学习费用往往让中国学生望而却步，而德国公共教育每年500欧元的学费基本和中国国内大学相持平。

4. 多边外交：服务安全、产生效应。在这里的“多边外交”已经超出了德中两国“双边外交”的范畴，两个地区性的大国在解决国际事务上的默契正成为新型大国关系的典范。欧盟想要在非传统安全领域的议题上取得进展，与中国的合作就必不可少。默克尔政府倡导德中两国在应对非传统安全领域方面各自承担起区域性大国的责任，其“1+1”产生的效果绝对是大于2的。

早在2006年，中国警方就与德国警方在反恐、打击跨国犯罪、执法培训等领域携手并进，推动双方合作朝着更加务实、全面、深入的方向发展。[②] 2000年中国公安部和德国联邦内政部签署了《关于打击犯罪的合作协议》，2008年双方又签署了《空警合作谅解备忘录》，并在“对方国家使馆互派警务联络官”方面统一步调。[③] 在制止网络黑客行为方面，德国媒体之前有报道称中国黑客对德国政府部门的计算机网络“发起攻击”。关于这一点温家宝总理专门提到：“黑客袭击、破坏计算机安全是全球共同的问题，中国愿同德国保持合作，联合抵制任何黑客行为，保持互联网的安全与畅通。”

在应对地区冲突方面，以利比亚危机来看，德国强调政治途径解决比

---

① 数据出自：《2012中德关系大事记》，时雨编，《德国研究》2013年第1期，第28卷。

② 《中方表示：“中国警方愿与德国警方在反恐、打击跨国犯罪等领域加强合作”》，新华社，2006年8月3日，http://gb.cri.cn/1321/2006/08/03/661@1160347.htm。

③ 《中德合作成就与展望》，新华网，2011年6月24日，http://news.xinmin.cn/rollnews/2011/06/24/11208584.html。

采取军事行动更能收获成效。在2011年3月17日联合国安理会的1973号决议中，德国并没有在“支持在利比亚设立禁飞区”的决议上倒向它的西方盟友，而是选择与俄罗斯、中国、巴西、印度站在一边投了弃权票。[①]同样在伊核问题中，德中双方作为伊核六方会谈的成员，都主张用和谈方式解决伊核问题。相信德中之间能够通过双边合作带动多边合作，把一些国际事务的发展方向拉入一个良性循环之中。

（三）对华政策转变的原因分析

1. 经济利益是根本原因。默克尔态度的转变，始于2008年度的全球金融危机。遭受重创的德国企业界集体向政府的对华政策表示抗议。而2007年萨科齐总统访华时带走的200亿欧元订单更是打翻了德国媒体心中的“醋瓶子”。于是，一篇题为“德国工业界要求默克尔向中国低头”的文章登上了2007年11月27日《德国金融时报》的头版。德国联邦工业协会（BDI）主席图曼（Jüngen Thumann）在与默克尔会晤时明确要求改善对华关系。他说：“在经历了数周的不愉快后，我们需要建设性的对话。我相信，联邦政府会坚持奉行以伙伴关系和相互尊重为基础的中国政策。”[②] 除了工业界，德国金融业也发表言论：“我们有着明确的经济利益，只谈人权话题必须当心被排挤出中国市场。”[③] 同时德国地方政府和企业界也不停抱怨：“必须考虑修复北京与柏林之间的紧张关系，否则我们邀请不到中国客人。”

2. 大联合政府内部存在“不同声音”。除了工业界和金融业界外，德国政府内部也发出了不同声音：社民党出身的副总理兼外交部长施泰因迈尔痛批了默克尔接见达赖的行为：“这愚蠢的行为给德国外交带来了不可

---

① 闫瑾：《德国利比亚危机政策分析》，《欧洲研究》2011年第3期，第10—11页。

② 武正弯：《德国外交战略1989——2009》，中国青年出版社，2010年版，第147页。

③ 《德国眼红萨科齐访华，工业界要默克尔低头》，新华网，2007年11月30日，http：//news. sohu. com/20071130/n253714143. shtml。

估量的损失。”德国《明镜》周刊（Der Spiegel）[①] 把默克尔的此项举动称之为“战后德国最大的外交失误之一”。社民党前总理施罗德也站在了中国的一边，批评默克尔会见达赖是个“错误”，并且社民党的一些学术界的人士也认为，默克尔这种公开指责中国以及施展舆论压力的做法“不够成熟”。之所以这些“不同声音”的发出者都来自于社民党，是因为社民党和联盟党对华政策分歧的焦点就集中在人权政策上，[②] 这反映出德国联合政府执政时，出自不同党派的联邦总理和外交部长在对华政策的分歧上折射出明显党派竞争的背景。[③]

三、关于未来中德关系发展的观察与思考

在默克尔的第三次选举中，“中国话题”缺席大选，这并不是她有意忽视中国，而是表明德对华政策的日臻成熟。虽然与英、法两国的对华政策相比较，德国的对华政策具有进步性，但在一些敏感区域两国还是存在分歧。中国还应采取相应措施，促成两国关系的积极发展。

（一）干扰中德关系发展的不和谐因素

1. 德国内部对中国的偏见。正所谓“解铃还须系铃人”。德国人对中国存有的偏见，很大程度上来自于德国媒体对于“中国威胁论”的炒作和德国高层对双边关系的肆意“破坏”。

---

① 《明镜》周刊是德国最重要的新闻周刊，也是在欧洲发行量最大的新闻周刊之一，每周的平均发行量近 110 万册。1947 年创刊，用德文和英文在汉堡出版。该周刊由于重视调查性报道，敢于揭示政界内幕和社会弊端，因此在国内外都具有重大影响力。

② 从 2002 年社民党提出的《东亚政策纲要》和 2007 年联盟党提出的《亚洲战略》两份文件可以看出，社民党和联盟党在对华政策基本原则上的不同：前者立足于用西方的法治国家理念和人权价值观来影响中国；而后者则力主于用西方民主制度及人权标准来制约中国。

③ 德国政府组阁时总理和外长的职位由当时选举进入议会的政党分别出代表担任。此处参见李乐增：《德国大联合政府对华政策探析》，《德国研究》2008 年第 2 期，第 10 页。

自2007年联盟党内部出台了“亚洲战略”文件后，德国社会对中国的态度也随之转变，一股“中国威胁论”的暗流在德国国内悄然形成。2008年北京举办奥运会期间，德国媒体更加变本加厉地对中国进行缺乏真实性的报道，借以混淆视听。德国联邦宪法保护局称，中国黑客频频对德国政府机构和企业界“发动攻击”，《明镜》周刊也以“黄色间谍——中国是如何侦盗德国技术的”为封面故事，歪曲事实，指责一些中国留学生和科技人员是政府指派的商业技术间谍。[①] 尤其可笑的是，德国媒体把奶制品涨价也归罪到中国头上，其实德国90%的奶制品都出口到了欧盟国家，出口到印度和中国的只占到了总份额的0.1%。[②] 而对于这些不真实的报道，德国政府竟然采取默认的态度，根本就不去询问中国方面的意见，以致“黄祸”之说一夜间在德国社会甚嚣尘上，严重歪曲了中国在德国民众心目中的形象。

2. “人权问题”及“西藏问题”。中德双方在“人权问题”和“西藏问题”上存在根本分歧。当初默克尔改变对华政策是源自于国内外的压力，而并非她的本意。据2011年8月22日的《法兰克福新闻报》称，达赖再次窜访黑森州（Hesse-Darmstadt），虽然默克尔本人没有接见，但还是有少数黑森州的政府人士接见了达赖。人权问题和西藏问题一直是中德关系发展的一个障碍，但是也并非不可调和。两国自1999年以来开创了“人权对话机制”，到2013年已经成功举办了11届。[③] 2013年5月，中国—德国第11次人权对话在宁夏回族自治区银川市举行，双方围绕人权领域新进展、种族歧视、少数民族权利保护等议题深入交换了意见。[④] 目前以默克尔为首的德国领导人能够更加务实地看待中国，理解中国面临的特殊国情和挑战，这就是一个进步。

3. 对华武器禁运和对台军售问题。德国是武器生产和出口的大国，国际社会非常重视昔日的这辆“德国战车”的武器流向地。中国政府则高度

---

① 武正弯：《德国外交战略1989—2009》，中国青年出版社，2010年版，第146—147页。

② 劳石：《如何看待中德关系的不和谐因素》，《当代世界》2007年12月，第18页。

③ 《中德人权对话——国际人权合作的典范》，新华网，2005年11月1日，http://news.xinhuanet.com/comments/2005-11/01/content_3712219.htm。

④ 《中德举行第11次人权对话》，中华人民共和国外交部网站，2013年5月15日，http://www.fmprc.gov.cn/mfa_chn/wjbxw_602253/t1040576.shtml。

关注德国会不会把武器卖给台湾。虽然德方高层领导人对中国政府反复强调“不参与售台武器”，但是由于对台出售武器可以带来丰厚的利益，某些德国企业家在国内一些利益集团的驱使下还是选择“铤而走险”，这起到了极大的消极作用。[①] 同时中国还关注欧盟对华武器禁运问题。默克尔执政之初将人权问题与武器禁运问题“挂钩”，是因为她认为中国颁布的《反分裂国家法》并没有解决“人权问题”，因此当时她反对对华解除武器禁运令。[②] 但默克尔在第四次访华中尝到了经贸“甜头”之后，就高调宣布尽快在欧盟内帮助撤销对华武器禁令并承认中国的市场经济地位。

4. 贸易摩擦和知识产权问题。中德贸易中存在几个比较突出的问题：其一，德国产品“可靠质量”的背后，却是让中国方面“望而却步”的价格。其二，部分德国人对中国仍存有片面的歧视，贸易保护现象时有发生，特别是他们针对中国的食品采取了过分严格的限制。其三，德国对外贸易的运行机制已逐渐与欧盟的整体经济框架重合，欧盟纷繁复杂的经济规则也在无形之中增加了中国产品流入德国市场的难度。[③] 虽然人权问题的风波被压下去不少，但知识产权问题却一直被默克尔反复强调。德国政界和企业界一方面看好中国的高科技产品市场，一方面又对把高技术转让给中国表示担忧。

（二）对未来四年中德关系发展的预测

2013 年 9 月 22 日，默克尔政府成功“梅开三度”，中方在第一时间表示祝贺，同时希望两国关系继往开来再谱新篇。国务院总理李克强在德国《时代》周报发表了题为《百尺竿头更进一步》的署名文章，强调在双方

---

① 徐聪：《在曲折中前行的中德关系》，《辽东学院学报》（社会科学版）2010 年 10 月，第 12 卷第 5 期，第 37 页。

② 赵培雯：《经济利益与价值观冲突：冷战后德国对华外交政策的变化》，复旦大学硕士学位论文，2012 年，第 39 页。

③ 郭元奇：《冷战后中德关系的现实基础及影响因素》，山东大学硕士学位论文，2006 年，第 38 页。

共同利益和互相需求越来越大的背景下，中德关系定会越走越近。[①] 习近平主席表示："发展中德关系，好比驾驶一辆汽车，必须看得远，才能安全和顺利。"

1. 德国：对华政策保持较强延续性。新政府上台后，德国对华政策会保持较强的延续性，加强双边经贸往来仍会是德国发展对华关系的主线。作为出口大国和制造业大国，近年来德国在其对华政策中受益良多，因此随着全球投资环境的变化，德企对华投资的规模也会进一步加大。中国提供给德国的不仅是较低的劳动力成本，还有潜力巨大的消费市场。中国对德投资多以中小企业为主体，目前在德国有400万家企业，其中99%都是具有雄厚技术力量的中小企业。[②] 从投资领域上看，汽车、机电和化工仍占主导，但未来服务业的比重无疑会加大。汽车、机械和化工是德国的传统工业，也是优势企业，但随着中国国民收入的增加，中国对服务业的需求也会越来越大。目前德企对外总投资的64%集中在服务业，远远高于占30%的制造业，[③] 因而增长的空间很大。在投资地域方面，近期德国的投资仍主要集中于长三角、珠三角以及环渤海湾地区，但是随着中国"西部大开发"和"中部崛起"战略的推进，未来德企的目光将投向中国一些中西部城市，如重庆、武汉、郑州等。同时在技术转移方式上，德企将把纯生产性投资转为生产、研发、投资并举。为了保护德国本土的知识产权并兼得高额利润，德企会针对中国市场开展适应性的产品研发，以巩固其在华市场份额。[④]

2. 中国：对德关系将成为对欧关系的典范。欧洲的经济靠德国牵引，亚太的增长靠中国推动，对接德中这两个巨大经济体所产生的强大效应已超出了双边影响的范畴。中国可通过对德国的友好关系生成对欧盟关系的

① 《李克强访德取得三大成果》，《国际金融报》，转载自新华网，2013年5月28日，第1版，

② 吴献金、刘爱龙：《德国对华直接投资的发展研究及趋势展望》，《德国研究》2007年第1期，第22卷，第22—23页。

③ 黄琼：《德国对华直接投资特点及困难分析》，《科技促进发展》2007年总第33期，第22—24页。

④ 杨西、冯晓、朱彦元：《德国企业在华投资特征研究和基于区位理论的前景展望》，《德国研究》2008年第4期，第23卷，第51—52页。

良性循环，因为欧中关系和德中关系有极大的相似之处——制约双方关系的因素均为贸易保护、人权问题、武器禁运等问题，而双方关系的实质所在同样是经贸合作。[①] 现在的欧洲，在某种意义上可以说是“德国的欧洲”，德国对华经贸合作的成果越大，欧洲的总体得益就越多；反过来，中国若跟欧洲打交道，就是与一个类似“德国的欧洲”打交道，在对欧洲的某些政策上甚至可以套用对德政策。也就是说，德中经济合作的成功有利于规范和影响未来的欧中经济合作模式，中德关系的友好发展也有利于规范和影响未来欧中关系的良性循环。

3. 双方：双边合作应当赋予全球意义。全方位的战略伙伴关系还要求双方在合作领域上实现质的跨越。作为政治大国的中国崛起主要体现在经济层面上，而作为经济大国的德国崛起主要体现在政治层面上。德中之间不存在任何历史遗留问题，在国际战略利益上也不存在重大冲突，经过多年的磨合，最终会殊途同归，共同走向世界大国的行列。当前的德中关系已经过“蜜月期”、“成熟稳健期”，迈入“历史最好时期”，两国间未来的战略合作也不图有虚名，而是包含实实在在的深度合作项目。在谈到如何进一步发掘合作潜力时，德国波恩大学政治与国际关系学终身教授辜学武指出：“德中两国的双边合作已经走得很前，如果要进一步挖掘合作的潜力领域的话，应该在如何将德中双边合作赋予全球意义上做文章。”[②] 也就是说，中德双方都要静下心来好好思考一下如何在全球治理、能源安全、海上通道、航天航空、极地开发等领域通过合作、共同影响这些全球性事务的走向和速度，真正担当起大国的责任。正如 2014 年 10 月李克强总理在参加中德经济技术合作论坛上赠予默克尔总理一把“鲁班锁”时所说：“相信中德之间的合作能不断创新，共同破解世界性难题，开启美好的未来。”

---

① 赵培雯：《经济利益与价值观冲突：冷战后德国对华外交政策的变化》，复旦大学硕士学位论文，2012 年，第 20 页。

② 《波恩大学终身教授：中德合作将成为中欧合作典范》，人民网，2003 年 5 月 23 日，ht-tp：// politics. people. com. cn/n/2013/0523/c1026 –21582075. html。

（三）中国加强中德关系应采取的措施

中德两国关系发展的特点有：第一，高层互访频繁，政治互信增强，关系定位提升；第二，经贸关系发展迅速，科技合作富有成果，文化交流方兴未艾。[①] 从德中关系现在的发展状况来看，政治因素已经无法撼动经济因素，我们除了要牢牢把握住经济因素外，还要从改善自身条件出发，继续推动双边关系的良性发展。

1、加强“中国声音”，以“两手对两面”。中德之间的高层对话机制已经相当完善。中国应当排除中德关系中非理性因素的干扰，在与德国等西方国家打交道时应学会善于制造话题、直言不讳，化被动为主动。这不仅不会影响到与德国的关系，反而会赢得对方更多的尊重和理解。对于德国和西方国家在经济上“友好”，在政治上“打压”的做法，中国应该在冲突中求和谐，在差异中求协同，在多样中求统一。[②] 在德国有“德国之声”（Deutsche Welle）[③]，它使德国的声音传遍全球的各个角落，中国人也应在国际舞台上发出“中国声音”，增强中国在国际上的话语权。

虽然默克尔因为经济利益暂时放弃了她的“价值观外交”，但是我们不能因此而放松警惕。从心底上讲，默克尔这位拥有“西方价值文明和骄傲”的女总理这样做是迫不得已，也是不情愿的。我们在与默克尔政府打交道时，既要在涉及双方经济利益的领域处理得当，又要在意识形态存在差异的领域游刃有余，在双方敏感的价值观区域主动提出自己的见解，必要的时候甚至可以利用社民党与联盟党对华政策的分歧来牵制联盟党，以“两手对两面”，在各个领域都切实维护好自身的利益。[④]

---

① 梅兆荣：《中德关系35年的丰硕成果和宝贵经验》，《德国研究》2007年第4期，第4—6页。

② 劳石：《如何看待中德关系的不和谐因素》，《当代世界》2007年12月，第20页。

③ “德国之声”（Deutsche Welle）网站是德国多媒体、互动的网上服务项目。该网站以30种语言提供有关德国、欧盟以及国际的时事新闻、背景报道。德国之声中文网每天更新时事、经济、文化和体育新闻，提供包括如何留学德国以及欧洲旅游等信息，并提供部分被中国大陆当局禁止出版图书的在线阅读。

④ 熊炜：《默克尔的“价值观外交”冲击中德关系》，《中国国际战略评论》2008年，第71页。

2. 加强公共交流，注重媒体对话。中国还应当继续加强两国间的公共交流。首先是要是大力加强外文网站的建设，积极传输中国的“正能量”。互联网是当今西方公众了解中国的重要渠道，建设好涉外网站可使外国更真实、更准确地了解中国的信息，消除一些不必要的误会。其次中国可开出优厚政策，积极倡导德国民众来华交流。德国人把自己的亲身经历带回国内宣传往往最有说服力，法兰克福作家汤姆·卡恩是少数批评黑森州政府邀请达赖的人士，他在接受记者采访时说：“以我本人到访西藏自治区的亲身所见所闻，没有达赖的西藏不是更好吗?”①

同时两国要注重媒体间的对话。中德两国陆地距离甚远，大众传媒是两国民众相互了解对方最简单快捷的手段。2008 年 11 月在广州举行了“中德媒体对话”研讨会，我们发现两国媒体争论的议题主要集中在“德国媒体中的中国形象”这一点上。② 中方普遍认为德国媒体对中国的报道过于负面，扭曲真实性和客观性。而德方则认为是中国本身存在诸多问题，而不是德方有失客观公正。相比之下，另一议题“中国媒体中的德国形象”也存在“德国在中国媒体眼中的形象不够客观全面，刻板印象居多，有简单化和美化倾向”等问题，这会造成中国观众仅从汽车、啤酒、旅游等方面了解德国，而很少从政治角度知晓德国的社会问题。

---

① 时雨：《2011 年中德关系大事记》，《德国研究》2012 年第 1 期，第 27 卷，第 115 页。
② 周海霞：《从跨文化视角看“中德媒体对话”》，《德国研究》2009 年第 1 期，第 45 页。

乌克兰国家分裂局面的形成及其原因分析

张恒彬　胡二杰

乌克兰动乱的局势已经持续了数月，此次事件的导火索是2013年11月21日乌克兰政府暂停了与欧盟签署联系国协定的准备工作，继而恢复与俄罗斯和独联体国家的经贸联系。11月24日，数万人走上基辅街头抗议要求恢复继续与欧盟的谈判。此后，事态急转直下，乌克兰国家分裂局面逐渐显现。2014年3月17日，克里米亚宣布独立并加入俄罗斯。5月11日，乌克兰东部顿涅茨克州和卢甘斯克州分别举行关于本州地位问题的地方公投。据乌克兰媒体报道，两州公投组织者均宣布90%左右的选票赞成独立。乌克兰国内的纠纷由来已久，以第聂伯河为界，向西以乌克兰族为主，信仰天主教，讲乌克兰语；向东以俄罗斯族为主，信仰东正教，讲俄语。在政治上，西乌克兰倾向于加入欧盟，而东乌克兰则希望与俄罗斯保持一致。本文认为，乌克兰出现目前的国家分裂局面，是因为东、西乌克兰历史上的长期分裂、民族之间的对立、宗教信仰的差别、大国背后的角力以及领导人的政策造成的。

一、东西乌克兰历史上的长期分裂

乌克兰具有悠久的历史。早在公元9世纪，东斯拉夫人倚傍第聂伯河流在如今的乌克兰地区内建立起罗斯部族，最终成为基辅罗斯国家。

12—14 世纪期间，古罗斯的政治、经济、文化由基辅向东北部的弗拉基米尔转移，从此古罗斯部族逐渐分裂为俄罗斯人（大俄罗斯人）、乌克兰人（小俄罗斯人）和白俄罗斯 3 个支系。14 世纪起，乌克兰从古罗斯脱离出来后形成了自己的语言、文化和民族体系。

13 世纪，蒙古大军的西征改变了乌克兰的命运，从此乌克兰进入了反复的“东西分离”状态。此后，乌克兰曾先后抗击蒙古人、日耳曼人及土耳其人的入侵。14 世纪中叶，立陶宛相继侵占白俄罗斯地区的波洛茨克公国和第聂伯河西岸的乌克兰。1569 年，立陶宛与波兰联合成立波兰王国，今天的乌克兰的大多数领土都曾在波兰王国的管辖之下。波兰王国为了加强对乌克兰的控制，要求乌克兰民众改信天主教，此举引起了强烈反抗，进而发展成反对波兰王国统治的起义。1654 年，起义领袖、俄罗斯移民后裔博格丹·赫梅利尼茨基为了联合俄国对抗波兰，与沙皇签订《佩列亚斯拉夫和约》，承认沙皇对乌克兰的统治，自此东乌克兰与俄罗斯帝国正式合并。18 世纪末，俄罗斯女皇叶卡捷琳娜二世与欧洲列强三次瓜分波兰，使古罗斯旧地乌克兰和白俄罗斯全部并入俄罗斯帝国版图，进而通过战争方式吞并了奥斯曼土耳其的附庸国克里米亚汗国。到 1795 年，除加利西亚以外，乌克兰其余地区均在俄罗斯的统治之下。

1917 年俄国十月革命爆发，沙皇的统治被推翻，随即在东乌克兰地区成立了乌克兰苏维埃社会主义共和国。苏联成立后，东乌克兰加入联盟，成为苏联的创始国之一。根据 1921 年波苏《里加条约》，西乌克兰则成为波兰领土。二战爆发后，波兰被分割占领，西乌克兰与乌克兰苏维埃社会主义共和国合并。1941 年苏德战争爆发后，苏联在乌克兰地区一度遭受严重失败，直到 1943 年苏联红军发动反攻，基辅方被解放。战争结束后，加里奇、沃伦、北布科维纳和特拉斯卡帕提亚正式并入乌克兰苏维埃社会主义共和国。乌克兰在这个时期领土获得了统一，但是由于西乌克兰长期与东乌克兰的分离，并且在苏联高度的中央集权和计划经济的体制之下，西乌克兰人民长期受到压制，对苏联政权的不满情绪日益明显。此后西乌克兰地区成为乌克兰民族主义运动的主要活动区。①

1985 年戈尔巴乔夫上台后，由于长期的历史积弊和现实困境日益严重，苏联各加盟共和国的民族主义和民族独立倾向迅速抬头，乌克兰也开始其独立步伐。1989 年 9 月，乌克兰人民争取改革运动成立。1990 年 7 月，乌议会通过《乌克兰国家主权宣言》。1991 年 8 月，乌克兰政府发表国家独立宣言，正式宣布脱离苏联独立，这标志着乌克兰结束了和俄罗斯 337 年的结盟历史，成为一个独立国家。12 月 8 日，乌克兰、俄罗斯和白俄罗斯三国领导人在明斯克签署《别洛韦日协定》，宣布苏联不再存在，成立独立国家联合体。

在苏联解体以前，乌克兰从未成为独立的国家，以第聂伯河为界，东西乌克兰长期处于分离的状态，历史发展的独特性给乌克兰的动乱埋下了种子。第聂伯河以东的乌克兰（以下简称“东乌克兰”）长期属俄罗斯治下，形成了与俄罗斯一致的观念，在 18 世纪初北方大战胜利时已有了共同的民族荣耀感，这说明很大一部分东乌克兰人已经形成了俄罗斯人或俄罗斯民族的自我认知。而第聂伯河以西的乌克兰（以下简称“西乌克兰”）在划归乌克兰苏维埃社会主义共和国之后，本来就缺乏对俄罗斯强烈的民族认同感，在苏联的高度中央集权统治之下所发生的肃反扩大化等政治现象，又严重伤害了西乌克兰民众的民族感情。

由于历史上的长期分裂造成了东西乌克兰对于某些历史问题的认识存在很大的偏差。比如，它们对于第二次世界大战的性质就有明显不同的看法。西乌克兰民众视俄罗斯的统治为异族统治认为二战是一场民族解放运动，把二战期间曾与纳粹德国合作的民族主义者斯杰潘·班德拉、罗曼·舒赫维奇等人视为民族英雄；东乌克兰民众则对俄罗斯有强烈的认同感，认为二战是法西斯对苏联的侵略战争。2009 年 9 月 8 日，顿涅茨克民众为曾经解放乌克兰后被乌克兰起义军杀害的苏联统帅 H·瓦图京将军建立纪念碑。② 这种对历史问题的认识差异对乌克兰国家身份的建构造成了很大的障碍。如在 2010 年乌克兰第五次总统选举中，亲俄候

---

① ［美］保罗·库比塞克：《乌克兰史》，中国大百科出版社，2009 年版，第 104 页。

② 沈莉华：《乌克兰东西纷争的历史根源》，《贵州社会科学》2013 年第 10 期。

选人亚努科维奇以48.8%的支持率击败了亲西方的前任总理季莫申科当选总统，亚努科维奇没有获得任何来自西乌克兰的选票，而亲西方候选人在乌克兰东部的一些州的选票也从未超过20%。这种对历史认知的偏差也影响到乌克兰领导人的外交政策。

二、东西乌克兰之间的族群矛盾

乌克兰历史上的长期分裂最严重的后果就是东西乌克兰之间的民族矛盾。乌克兰目前总人口近4600万，共有130个少数民族。按各族人口占全国的比重来看，乌克兰族占77.8%，俄罗斯族占17.3%，其他民族占4.9%。作为以乌克兰族为主的多民族国家，乌克兰政府在独立后积极提升乌克兰族的地位。首先，1996年宪法明确规定，乌克兰族是乌克兰的核心民族，俄罗斯族次之；其次，乌克兰政府将乌克兰语确立为官方语言并大力进行推广；最后，乌克兰执政者大力发掘和调动乌克兰的文化资源。例如，在1996年，乌克兰电视台先后创办了144个节目，以唤起后苏联时代人们对乌克兰民族的历史自豪感。① 但是，由于前苏联时期中央政府所推行的大俄罗斯主义政策，强制乌克兰人民学习俄语，积极开展移民政策，对乌克兰进行民族同化。直至苏联解体，苏联的旧制度对乌克兰都有巨大的影响。特别是东乌克兰已经基本上被“俄罗斯化”，东乌克兰民众对于俄罗斯的民族认同感高于对乌克兰的民族认同感，这导致乌克兰国内存在两种民族文化，产生了特有的“文化断层带”。

在乌克兰建构国家身份的过程中，来自民族问题的两个主要冲击是语言和宗教。在初获独立之际，面对英语和俄语的双重冲击，乌克兰政府特别重视乌克兰语的规范工作。早在1989年，尽管苏联极力反对，乌克兰仍通过了语言法，确立了乌克兰语的国语地位。1992年又在乌克兰

① Taras Kuzio, *Ukraine State and National Builiding*, Routledge, 1998, p. 202.

语的应用上对这部法律做了修正，但直到“颜色革命”以后该法才获得通过。乌克兰政府在许多公共生活领域推行乌克兰语的同化政策，以消除沙俄时期以及前苏联时期的俄语政策影响。例如在苏联时期，俄语学校大约占九成，乌克兰语学校占一成。截至2008年，乌克兰国内的2.15万所学校中，67.9%使用乌克兰语教学，大约1305所学校用俄语教学，还有2000多所学校用乌克兰语和少数民族语言进行双语教学。[①]尽管乌克兰政府积极推行“乌克兰语化”政策，但由于历史、地缘等因素的影响，俄语在乌克兰的日常生活中仍然有很重要的地位，在乌东部和南部还生活着许多俄罗斯人和说俄语的人。据欧亚遗产基金会2008年的统计，70%的乌克兰居民可以自由地使用俄语交流；5%的居民不能使用俄语交流，但能听的懂；仅2%的居民完全不懂俄语。由此可以看出俄语在乌克兰国家文化中的地位。

除了语言上的困境外，乌克兰国家身份建构中的另外一大阻碍是宗教问题。从世界历史来看，宗教是一个国家共同文化构成的主要部分。乌克兰目前的主要宗教有东正教和天主教，其中东正教徒约占人口的85%，天主教徒约占10%，其他还有犹太教、马蒙教等。历史上，在17世纪波兰—立陶宛王国控制乌克兰时，曾在乌克兰强制推行天主教政策，严重伤害了东正教及其教徒的情感。在二战中，乌克兰的天主教会曾与德国纳粹分子合作，支持乌克兰的民族主义运动。二战结束后，乌克兰天主教教会解散。20世纪80年代末，西乌克兰的离心力不断加强，天主教开始由秘密行动转为公开活动，进而要求当时执政的苏联政府归还1939年前被乌克兰东正教占领的天主教堂和财产。随着乌克兰的独立，西乌克兰的民族主义力量逐渐壮大，乌克兰天主教得到了政府的支持。此后，乌克兰东正教与天主教的纠纷经常发生。

除了天主教与东正教之间的纠纷外，乌克兰东正教内部也存在着矛盾。历史上乌克兰长期存在着两个东正教，一个是听命于莫斯科的俄罗斯东正教，另一个是服从于拜占庭教皇的乌克兰东正教。14世纪，立陶

① 张弘：《社会转型中的国家认同：乌克兰的案例研究》，《俄罗斯中亚东欧研究》2010年第6期，第5页。

宛公国吞并了南罗斯，使基辅东正教总教区与俄罗斯的总教区分离，而臣服于拜占庭教皇，这就是乌克兰东正教。1448 年，俄罗斯东正教拒绝服从拜占庭牧首而宣告独立。1654 年东乌克兰划归俄国后，乌克兰东正教的基辅主教也逐步脱离拜占庭，于 1686 年臣服于莫斯科主教。1990 年，乌克兰自主正教教会牧首姆斯季斯拉夫宣布乌克兰自主正教独立于莫斯科东正教牧首。这样在乌克兰，东正教又分为忠于莫斯科的俄罗斯东正教和乌克兰自主正教，前者宗教礼仪使用俄语，后者则使用乌克兰语。两个东正教派分裂时，曾就如何划分东正教教堂和财产发生争执。1992 年，乌克兰东正教会和乌克兰自主正教会合并，成立了新的乌克兰东正教会。2008 年，时任乌克兰总统的尤先科向东正教最高精神领袖君士坦丁堡牧首巴尔多禄茂一世提出请求，要求允许乌克兰东正教会脱离俄罗斯东正教会而独立，其目的是要从宗教上割断与俄罗斯的千年历史渊源，这一请求的重要性绝不亚于乌克兰申请加入北约和欧盟的动作。

三、乌克兰的地缘战略地位及背后的大国博弈

20 世纪初，英国牛津大学地理教授、现代地缘政治学的主要奠基人之一麦金德，提出了一个著名的三段论式警句：“谁统治东欧，谁便能主宰心脏地带；谁统治心脏地带，谁就能主宰世界岛；谁统治了世界岛，谁就能主宰全世界。”[①] 麦金德所说的“世界岛”，是指欧亚大陆，这片大陆拥有全球最大的土地面积和人口，也是世界历史主要舞台之所在。所谓“心脏地带”，大致是指从西伯利亚冰冻的平坦海岸，一直伸展到俾路支斯坦和波斯酷热的陡立海岸，到海上不能到达的地带。[②] 乌克兰恰好处在“心脏地带”的中心位置，因此，历史上欧亚大陆强大的民族或力量几乎都不约而同地把目光盯向乌克兰。

---

① J. Mackinder, *Democratic Ideals and Reality*, Henry Holtabnd Company, 1942, p. 62.

② ［英］麦金德：《民主的理想与现实》，商务印书馆，1965 年版，第 73 页。

追溯乌克兰的历史，自14世纪以来乌克兰就一直处于外来强国的统治之下，直到1991年乌克兰宣布独立，持续了6个世纪的被控制状态才宣告结束。独立后的乌克兰面积为60.37万平方公里，是欧洲国土面积第二大国家。东西长1300公里，南北长900公里。南临亚速海和黑海，陆上东北接俄罗斯，北邻白俄罗斯，西连斯洛伐克、波兰和匈牙利，南同摩尔多瓦、罗马尼亚接壤，是欧盟与俄罗斯地缘政治的交叉点。由于乌克兰的地理位置，美俄等大国的政治家用复杂的眼光盯着乌克兰，精明地估测乌克兰的地缘战略前景及意义，并且隐晦而有力地开始了在乌克兰的争夺。冷战结束以后，全球霸主美国为了让自己的霸权地位更加稳固，同时也为了扩大西欧盟友的影响力以遏制俄罗斯，处于“中心地带”的乌克兰成为美国战略上控制欧亚大陆的跳板。美国的战略部署是，在巩固了西欧的“民主桥头堡”之后，进而向东挺进中东欧和中亚；此后以中亚为中心，向南可控制印度和印度洋，向东可到达中国，向北可牵制俄罗斯。美国要达到控制中亚和俄罗斯的目标，乌克兰是不可逾越的战略地带。① 对于俄罗斯来说，乌克兰的地缘战略意义则更加重要。苏联解体后，美国著名战略家兹比格纽·布热津斯基高度关注独立后的乌克兰在欧亚大陆地缘政治中所具有的战略意义。他宣称，“没有乌克兰，俄罗斯就不再是一个欧亚帝国。……如果莫斯科重新控制了拥有5200万人口、重要资源及黑海出海口的乌克兰，俄罗斯将自然而然重获建立一个跨欧亚强大帝国的资本”。② 美国地缘政治学者乔治·弗里德曼也指出，长久以来，乌克兰之于俄罗斯的意义，相当于得克萨斯之于美国、苏格兰之于英国的意义。此地如陷于敌手，则将对上述国家构成现实的威胁。对俄罗斯而言，乌克兰关乎国家的基本安全；而对西方强权来说，乌克兰对于遏制俄罗斯也极具价值。③

乌克兰在地缘上的战略价值引来各大国的争夺，加深了乌克兰的分

---

① ［美］兹比格纽·布热津斯基：《大棋局：美国的首要地位及其地缘战略》，中国国际问题研究所译，上海人民出版社，2006年版，第41页。

② ［美］兹比格纽·布热津斯基：《大棋局：美国的首要地位及其地缘战略》，第39页。

③ George Friedman, “Geopolitical Journey: Ukraine”, http://www.stratfor.com/weekly/20101129_geopolitcial_journey_part_6_ukraine.

裂倾向。以美国为首的西方向乌克兰抛出橄榄枝，希望通过欧盟和北约在经济以及安全上的吸引力促使乌克兰回到欧洲。乌克兰国内也对加入欧盟表示了极大的兴趣，尤其是乌克兰西部地区。1994 年，乌克兰成为第一个与欧盟签署合作伙伴关系协定的独联体成员国。1998 年，乌正式提出《乌克兰与欧盟一体化战略》，提出在法律、经济、国家安全、政治民主和环境保护等方面进一步加强与欧盟的合作。在 2004 年“橙色革命”后上台的维克多·尤先科总统的全力推动下，乌克兰的入盟进程明显加快：乌与欧盟签订了“欧盟—乌克兰行动计划”，希望尽快满足欧盟提出的社会经济和政治条件，争取在 2008 年前加入欧盟。2010 年，亚努科维奇总统就职不到一周，就访问了布鲁塞尔欧盟总部，表示欧洲依然是乌克兰外交的优先方向，乌克兰将继续政治和经济改革进程，以期达到欧盟的标准。2011 年乌克兰与欧盟签订了自由贸易协定，入盟进程取得重大进展。但是乌克兰国内的混乱一直遭受着欧盟国家的指责，并且一些东乌克兰政治家们认为加入欧盟后的乌克兰必然会和世代友好的俄罗斯决裂。与加入欧盟的热情相比，乌克兰对北大西洋公约组织则更加谨慎。乌克兰国内对北约的看法存在很大区别，东乌克兰地区的居民将北约视为一个“具有进攻性的武装军事集团”；而过半数的中西部乌克兰调查者则将北约视为一个具有防御性质的西方国家联盟体系，而加入北约还可能意味着对乌融入欧洲政策有所助益。①

在乌克兰国内特别是西乌克兰地区，很多激进的民族主义学者都表示乌克兰要尽快回归到西方大家庭，但是他们也不否认俄罗斯对于乌克兰的影响力以及必要性。乌克兰很多学者都认为不能因为回归西方而与俄罗斯反目成仇，这种做法极有可能造成乌克兰的国家分裂，尽管俄罗斯在历史上给乌克兰带来过痛苦的回忆，但是乌克兰对于俄罗斯的战略地位就像加拿大对于美国一样。还有一点值得注意的是，乌克兰的发展很大程度上得依靠俄罗斯的资源供应，乌克兰重工业都集中在东乌克兰地区且与俄罗斯保持着紧密的联系。尽管在独立初期以及“橙色革命”

① Oleksandr Potekhin, “The NATO-Ukraine Partnership: Problems, Achievements and Perspectives”, in Kurt R. Spillmann, Andreas Wenger and Derek Müller, eds., *Between Russia and the West: Foreign and Security Policy of Independent Ukraine*, New York: Peter Lang, 1999, p. 158.

后乌克兰和俄罗斯的关系出现过动荡，但是乌克兰历届政府还是比较重视乌俄双边关系。2010 年大选时，乌前总统亚努科维奇便称，基于共同的历史、文化、语言和信仰，乌克兰对外政策的关键在于恢复和保持与俄联邦的平等和友好关系，俄罗斯是乌克兰主要的邻居和战略伙伴。

乌克兰独特的地缘战略地位给该国既带来了机遇，也带来了挑战。乌克兰夹在俄罗斯与欧洲之间，西方文明与东正文明在乌克兰领土上碰撞，并形成了一个文明的“缓冲区”，乌克兰实际上是一个拥有着“两种文明的分裂国家”。两种文明的拉扯加剧了东西乌克兰民众之间对于国家身份认同的差异。如果打个比方，乌克兰就像一块口香糖，美俄就像两只手在两头拉扯，本来就不紧密的国家身份随着美俄的逐步加力，东西乌克兰被拉扯得越来越远直至分裂。当 2013 年 11 月，乌克兰前总统亚努科维奇暂停了与欧盟签署联系国协定的准备工作之后，这一“缓冲区”在两种文明和力量的冲击下逐渐变成了“断裂带”。

四、乌克兰独立后的政策取向之争

1991 年 8 月乌克兰独立迄今，一共经历了 5 任总统任期，4 位总统（除在 2014 年动乱中上任的临时总统），每一届总统的政策大体都是向西靠近，特别是在乌克兰刚独立之初以及“橙色革命”刚结束时，乌俄关系降至冰点。西乌克兰想尽快“去俄罗斯化”，而东乌克兰对于俄罗斯的感情并非一刀就能斩断，乌克兰历届领导人所采取的政策对当前乌克兰分裂局面的形成也起到了很大的作用。

乌克兰独立后的首任总统列昂尼德·克拉夫丘克曾长期在乌共中央工作，对于前苏联及乌克兰的情况非常了解，并亲自参与了 1991 年 12 月《别洛韦日协议》的签订，充当了苏联的“掘墓人”。主观上他梦想的乌克兰是完全脱离俄罗斯的独立、自由、民主、有影响力的欧洲国家。客观上独立后的乌克兰则面临着经济萧条、恶性通货膨胀、贪污腐败等诸多问题，进行全面改革和发展的任务繁重。为加快经济改革步伐、缓解国内矛盾，克拉夫丘克总统推行亲西方的“一边倒”外交政策，将加入北约和欧盟视为本国外交的优先选择。这样乌克兰一方面能得到西方国家的外交承认，进而指望从西方获取经济、技术援助和安全保障，另一方面乌克兰能独立于俄罗斯的影响之外，与其划清界限。但是克拉夫丘克的亲西方“一边倒”政策并没有让乌克兰从独立后低迷的经济中走出来。相反，其对俄激进对抗的政策使俄乌政治、经济关系迅速恶化，乌克兰居民生活水平急剧下滑。同时乌克兰东部工业区受到的巨大影响，引起了东部地区工人的罢工浪潮，政府被迫提前进行大选。1994 年 7 月，在提前一年举行的乌克兰总统大选中，列昂尼德·库奇马力压群雄，成为乌克兰历史上第二位总统。库奇马作为来自乌克兰农村的国家领导人，具有丰富的基层工作经验。他上任伊始调整了克拉夫丘克时期的“一边倒”政策，其任期内乌克兰外交政策呈现出兼顾西方和俄罗斯的“两边倒”倾向。

在 2004 年底，乌克兰总统大选出现了政治危机。反对派领导人尤先科指责亲俄的时任总理亚努科维奇在选举中存在舞弊行为，拒绝接受选举结果，并发起了大规模的抗议示威活动。在国内外的双重压力下，乌克兰进行了第二次总统选举。在随后的重新选举中，尤先科顺利当选。橙色的栗子花是基辅市花，橙色也是尤先科竞选阵营的代表颜色，尤先科的支持者都以橙色标识参加活动，所以该事件被称为“橙色革命”。尤先科执政期间，亲西方的总体外交方向没有变化，但由于在其执政的四年时间里政府总理频繁更迭，所以尤先科时期的外交政策呈现“东西摇摆”的特点。

2010 年乌克兰新一届的总统大选中，维克多·亚努科维奇以微弱的优势打败对手尤利娅·季莫申科，成为乌克兰新一届总统。亚努科维奇曾多次担任乌克兰总理，对国内情况有自己的看法。他在阐述自己的政治目标时强调，首要任务是团结国家，消除因两大政治阵营对抗而造成的东西部社会分裂现象；在国内，将推行大规模改革，促使乌克兰克服经济危机，争取 10 年之内跻身世界最发达经济体前 20 强的行列；对外政策将会建立在同时与俄罗斯和欧盟发展互利友好关系的基础之上，优先与俄罗斯解决能源稳定供应问题，继续与北约合作，与欧盟签署自由贸易协议。亚努科维奇在对待美俄的态度上采取的是“东西平衡”的态度，他希望自己能够摆脱“莫斯科代理人”的形象，但在实际表现中，他不管对内还是对外都表现出“亲俄”的一面。因此在2014年动乱后他被反对派及其支持者罢黜。

从乌克兰事态的发展可以看出，乌克兰今日的状况与执政者的政策有很大关系。试想如果乌克兰的领导人从一开始就以温和的消除东西隔膜政策代替激进的“去俄罗斯化”政策，乌克兰的政局还会如此动荡吗？虽然执政者的决策不能彻底改变乌克兰人民的观念，但是随着时间的推移，在正确的政策指导下，乌克兰国民对国家集体身份的认同很可能会逐渐趋于统一。

五、结论

建构主义理论认为，国家集体身份是通过群体之间的互动而形成。集体身份形成具有两种逻辑：自然选择与文化选择。[①] 具体到乌克兰问题，东乌克兰与西乌克兰虽属同一个国家，但是两者在历史、宗教、语言、文化等各个方面都有着明显的差异，在构建国家集体身份方面存在较大的困难。自然方面，天然的地理位置造就了乌克兰独特的地缘战略价值。自9世纪以来，地理位置特殊的乌克兰在各个时期都引来各大国的侵略与统治，导致了乌克兰直到1991年独立后国内仍存在着两种文化，两种不同的文化时刻都在侵蚀着乌克兰人民的思想。独立之后的乌克兰尚未在构建国家集体身份上取得完全的共识。西乌克兰倾向于“回归欧洲大家庭”，东乌克兰则希望与俄罗斯结成“命运共同体”。在西乌克兰人眼里，东乌克兰不过是一个缩小的俄罗斯，而俄罗斯在很多西乌克兰民众的心中是强烈排斥的对象。文化的作用是巨大的，而乌克兰政

① ［美］亚历山大·温特：《国际政治的社会理论》，秦亚青译，上海人民出版社，2008年版，第285页。

府恰恰忽略了文化的力量，一味追求“向东或向西”，忽视了对“自我”的认识。历史上长期捆绑在一起使得西乌克兰愿意加入欧盟，东乌克兰则与俄罗斯更容易建立集体身份。两种相背离的文化影响着乌克兰国家身份的建构，在今后的道路中，东西乌克兰甚至可能会渐行渐远。

如今，乌克兰国家分裂的局面几乎已是难以挽回的事实，如何建立一个能够团结整个乌克兰民族、得到东西乌克兰认同的国家，建立一个真正的民主的乌克兰，这是乌政府所面临的问题。在未来的日子里，乌克兰不变的是历史上的分裂所带来的民族问题、地缘“文明断裂带”以及美俄在该地区的继续争夺。向东还是向西不过是乌克兰所面临问题的表现，自身缺乏清晰的国家身份定位才是问题的症结所在。

东北亚研究

日本由“贸易国家”向“普通国家”的战略转向

宋德星

1986年，理查德·罗斯克兰斯在其著作《贸易国家的兴起》中提出了“贸易国家”的概念。他认为，二战后，世界上并存着两种截然不同的国际关系组织模式：“军事—政治体系”和“贸易体系”。贸易体系中的国家即贸易国家，它们放弃以领土扩张和军事征服争逐权势，致力于凭借贸易竞争获得昔日以战争谋求的资源和市场，通过经济实力和国家财富的增长提升本国在国际体系中的话语权和威望等级。从战后国际关系的实践来看，日本称得上贸易国家中最为典型的代表。它凭借贸易国家的身份重返国际舞台，从战争的废墟上迅速成长为举世瞩目的“经济大国”，并日益成为对亚太地区乃至整个国际体系有着重要影响的世界“一极”。但随着经济实力的增强，日本的大国情怀不断膨胀，从最初的“政治大国”意愿，到冷战后随着国际形势变化而逐渐加快的”普通国家”化步伐，日本在由贸易国家向普通国家转向的道路上行进得越发坚定，特别是在安倍首相时期体现的尤为明显。

一、战后日本贸易国家身份的形成

身份是由内在和外在结构建构而成的。[①]日本贸易国家身份的形成既是由于外力强制，也符合日本的国内状况，反映出了国家利益和民众愿望，其贸易国家身份塑造的过程是国际体系环境和国内因素相互作用、共同影响的结果。

（一）塑造日本贸易国家身份的国际体系环境

日本是个四面环海的群岛国家。从经济角度看，日本自然资源贫乏，国内市场狭小，难以实现自给自足。从地缘政治角度看，日本处于欧亚大陆边缘地带，天然是海陆强国争夺的战场，既可以充当大陆强国抵御海洋力量的堤坝，又可以作为海洋力量封锁大陆强国的前沿。因此日本的命运似乎更多地取决于其对外关系，而非国内发生的事件。[②]

1. 战后形成的新国际秩序为日本贸易国家身份的形成提供了必要的国际环境和国际机制。第二次世界大战引发了国际环境和大国关系的剧烈变化。随着战时合作基础的消亡，雅尔塔体系中关于美苏合作主宰世界的构想在双方的现实政治考量下破灭，出现了两极对峙的世界格局。核武器的存在成就了相互确保摧毁的恐怖平衡，遏制了美苏两国直接交战的可能。美苏各自领导和控制着自己的同盟，着力强化同盟的稳定性，以便在世界主要地区维系和创造对己方有利的局面，维护安全利益和自身霸权。这恰恰为日本成为贸易国家提供了相对稳

---

① ［美］亚历山大·温特：《国际政治的社会理论》，秦亚青译，上海世纪出版集团，2008年版，第225页。

② 埃德温·赖肖尔所著的《日本人》和 Kenneth B. Pyle 的著作 *Japan Rising—the Resurgence of Japanese Power and Purpose* 中都对此有所阐述。参见［美］埃德温·赖肖尔著，《日本人》，孟胜德、刘文涛译，上海译文出版社，1980年版，第116页；Kenneth B. Pyle：*Japan Rising—the Resurgence of Japanese Power and Purpose*，New York：Public Affairs，2007，pp. 33－49.

定的国际环境。

战后，美国以威尔逊主义为旗帜，积极推进民主政府、自由贸易、集体安全和法制，主张建立自由民主秩序。凭借无人可及的经济实力，美国在推行国际经济政策方面尤为积极，主导创立了布雷顿森林体系、关贸总协定等国际机制，强化国际贸易和经济发展的制度联系和制度保障。这些机制推动国家在经济事务中发挥更大的作用，实现国内政府干预和国际贸易自由和平共处，使国家和市场相互联系、共同作用。与此同时，美国为振兴欧洲而实施的“马歇尔计划”带动了西欧经济的迅速发展，扩大了世界市场，对日本通过贸易促进经济发展十分有利。

2. 美日同盟的存在是日本贸易国家身份形成与存续的关键性因素。对日本实施单独占领后，美国随着对苏遏制战略的发展和国民党蒋介石政权在中国的败退，将对日政策重点由铲除侵略战争隐患，逐渐转向把日本扶植成为冷战前沿的桥头堡。从 1950 年 10 月美国提出《对日媾和七原则》到 1952 年 4 月《旧金山和约》、《日美安全保障条约》和《日美行政协定》生效，美国将日本从昔日敌手变为同盟，将确保日本的安全与复兴视为美国亚洲安全战略的重要组成部分。对日同盟成为美国的“双重遏制”工具，既能够用以防御苏联，又如“把手轻轻地放在日本的颈动脉上，如果需要，可以加大压力使日本昏迷”。① 美国在军事和政治上对日本形成有力制约，能够放心地因循本国全球战略利益的需要帮助日本重返国际舞台，加入战后重要的国际组织，并愿意通过援助、投资、向日本单方面开放市场等多种方式，为日本经济复兴和繁荣提供便利。日本获得了美国的安全承诺后，贸易作为通向安全和繁荣的途径在国内形成共识②。国家得以集中有限的资源投入经济建设，而不必过多承担同盟义务，美国所能得到的最好的东西只是句承诺：“日本将会不

---

① Shiraishi Takashi：*Teikoku to Sono Genkai*（*Empire and Its Limits*），Tokyo：NTT，2004，p. 110. 转引自［美］理查德·J·塞缪尔斯：《日本大战略与东亚的未来》，刘铁娃译，上海人民出版社，2010 年版，第 51 页。

② 参见 Thomas U. Berger，“Norms，Identity，and National Security in Germany and Japan”，Peter J. Katzenstein ed.，*The Culture of National Security*，*Norms and Identity in World Politics*，Peking：Peking University Press，pp. 330 – 332.

断地为自己的防卫承担更大责任等。”① 美日同盟还为日本营造了相对稳定的周边安全环境，使那些曾在二战后有过痛苦遭遇的东亚国家面对日本经济实力的迅速崛起，不至产生强烈的抵触和防范。

（二）塑造日本贸易国家身份的国内因素

1. 重新执掌政府的日本保守派精英的传统战略风格是塑造其贸易国家身份的主观前提。日本身处海洋环抱的群岛上的地理位置，使其对外部世界的变化极为敏感。明治维新以来掌握国家政治权力的保守派精英，形成了应对外部环境时的传统战略风格——对外部变化的适应能力和对国家利益的现实追求。② 为了适应新的场合，日本人可以进行 180 度的大转弯而不会有任何不适应。③ 日本贸易立国战略的缔造者——吉田茂本人并不是和平主义者，他尊崇皇室，甚至是战后第一位以公职身份参拜靖国神社的日本首相。“吉田路线”是精心构筑、深思熟虑的产物④。1946 年第一次组阁时，吉田茂曾对一位阁员说：“历史告诉我们，战败后也可以获得外交上的胜利。”⑤ 对当时的日本而言，事关国家生存的首要利益不再是安全，而是国民的温饱问题和实现社会稳定。执著于发展本国军事力量不仅难以维护国家利益，反而成为阻碍民族复兴的桎梏。密切日美关系不仅可以为日本同时谋求安全与繁荣两方面的利益，还顺应了国内优先发展经济的诉求和对军国主义复活的担忧。吉田首相认为，

---

① ［美］理查德·J·塞缪尔斯：《日本大战略与东亚的未来》，第 53 页。

② 参见 Kenneth B. Pyle, *Japan Rising: the Resurgence of Japanese Power and Purpose*, New York: Public Affairs, 2007, pp. 220 – 225.

③ ［美］肯尼思·B· 派尔：《日本：一味追求强权的机会主义》，载罗斯特·A·帕斯特编：《世纪之旅——七大国百年外交风云》，第 302 页。

④ Kenneth B. Pyle, *The Japanese Question: Power and Purpose in a New Era*, Washington, D. C.: The AEI Press, 1992, p. 20. 对于“吉田路线”的由来，学界也存在着不同的声音。有学者认为，“吉田路线”是适应（coping）外部环境与变革的结果。任何大战略的缔造都需要对所预期的世界秩序有所构划，日本只是“随波逐流”（go-with-the-flow），顺从了其他国家的大战略，从诸种对外政策选项中选择了风险最小的那个。参见 Michael Blaker, “Evaluating Japan's Diplomatic Performance”, Gerald L. Curtis ed., *Japan's Foreign Policy after the Cold War: Coping with Change*, New York: An East Gate Book, 1993, pp. 2 – 4。

⑤ Kenneth B. Pyle, *Japan Rising-The Resurgence of Japanese Power and Purpose*, p. 227.

与美国合作是自然而然形成的实际关系，从明治维新以后的日本历史来看，与美国合作则国运兴，与美国为敌则国势衰。① 发展对美外交②成为战后日本外交的核心。日本保守派精英利用美国的战略需求，以“做一个好的战败者”的低姿态，赢得了美国的慷慨相助；以彻底“俯首称臣”的代价，换取经济崛起与重返国际舞台的捷径。

2. 战后日本社会思潮的变化为塑造日本贸易国家身份奠定了民意基础。日本民众曾经对本国军事扩张的正确性深信不疑，武装力量在日本现代国家的形成过程中发挥着关键作用，军事大国身份在国家的自我认知中处于中心地位。③ 民众相信日本是不可战胜的，并心甘情愿地为支援战争付出巨大牺牲。二战的惨败无论在物质上还是精神上都给予了这种高度的军国主义政治文化以致命的一击。战争灾难给日本民众带来巨大的精神冲击，也激发了民族主义理想的幻灭和对战前军国主义思想的抵制。④ 另一方面，美国占领当局的“去军国主义化”改造既涉及物质层面，也涉及精神层面。占领军不仅解散和废除了日本的战争机器，还努力让民众相信他们国家的失败不仅是军事上的，更是道义上的。⑤ 在这样的社会背景下，民众中形成对和平主义的集体认同，在冷战时期有力地制约着企图修改宪法和发展军事力量的少数人的追求。⑥ 源自日本民众共同认知的和平意识，为日本放弃领土扩张、成为贸易国家奠定了坚实的民意基础。

---

① 参见［日］吉田茂：《十年回忆》（第4卷），阎静先，王维平译，韩润棠校，世界知识出版社，1965年版，第6—7页。

② 日本战后外交存在三大支柱：联合国中心主义、亚洲外交和密切日美关系，其中密切日美关系居于压倒性的中心地位，并逐渐在日本外交中扮演基轴。透过日美关系这个棱镜，能够更好地把握战后日本外交的演进。

③ Thomas U. Berger，“Norms，Identity，and National Security in Germany and Japan”，p. 330.

④ Ibid. .

⑤ Ibid. ，p. 331.

⑥ 巴殿君：《从文化视角透析日本外交政策的战略选择》，《日本学刊》2010年第4期。

二、日本由“贸易国家”向“普通国家”的转向

“历史证明，在国际强权政治的无政府主义的世界里，商业才干和金融财富有时也不再能发挥作用了。”① 从20世纪70年代开始，日本贸易国家身份所赖以生存的国际、国内战略形势悄然发生了变化，“吉田路线”面临着前所未有的挑战，那些促成“日本奇迹”的因素正在减少，甚至趋于消失。旧有格局日渐崩溃让日本看到了大展拳脚的新机遇。国家成就主要集中于经济领域的日本因此焦急地开启了国家战略转向的进程。“普通国家”身份认同就是在这样的背景下提出的。

“普通国家”一词源自时任自民党干事长小泽一郎的著作《日本改造计划》，但其核心理念却是20世纪80年代中曾根首相提出的“国际国家”目标在新时代的再生和拓展。尽管“普通国家”的论调是小泽为竞选而提出的政策纲领，但却在日本保守政治势力中赢得广泛认同。战后日本出现的“普通国家”这一话语，首先应被视为是一种论调、一种思潮、一种对国家现状不满的观念的表述，然后才是具体的、实践性的政策指向。② 所谓“普通”，是个见仁见智的概念，难以形成共同标准。那么在日本看来何为“普通国家”？何以当今的日本并不“普通”？

（一）“普通国家”的身份定位

小泽一郎心目中的“普通国家”必须具备两个条件：“其一，对于国际社会视为理所当然的事情，就把它作为理所当然的事情来尽自己的责任去实行。”“其二，对为构筑富裕稳定的国民生活而努力的各国，以

① ［美］保罗·肯尼迪：《大国的兴衰》，蒋葆英等译，求是出版社，1988年版，第575页。

② 程文明、周颂伦：《关于战后日本“普通国家”论的观念性思考》，《日本学刊》2007年第4期，第43页。

及对地球环境保护等人类共同课题，尽自己所能进行合作。”[①] 从言辞中不难看出，小泽所指的“普通国家”主要立足于对国际责任的承担和围绕人类共同课题做出全方位的国际贡献。日本在经济援助和文化传播方面已经有了一定的作为，但在政治影响力和安全保障方面似乎还不尽如人意。日美同盟犹如一把双刃剑，在力挺日本重新加入联合国等重要国际组织的同时，也成为束缚日本国际话语权和威望等级提升的绳索。摆脱在日美同盟中的从属地位，几乎是战后日本对外政策中最重要的目标。而为美国占领当局主导制订的“和平宪法”，使日本不能合法地拥有军队和交战权，损害了主权的完整性。和平宪法的延续使日本迟迟无法实现“自主”，也不能担当起应有的国际责任。“普通”这一模糊的话语方式，足以为各类政治决策提供合理化解释。低至拥有军队和宣战权、获得完全意义上的主权和政治独立，高至成为亚洲主导者，都可被解释为“普通国家”的题中之义。

（二）日本国内对“普通国家”化的广泛认同

海湾战争是对日本后冷战时代国家战略取向有着重要影响的国际危机，是日本面对新国际秩序所经受的首次考验。日本拒绝了美国参与联军、向海外派遣自卫队的要求，甚至否决了防卫厅关于派出运输机救助难民的申请[②]，只是承担了约20%的战争费用[③]，即130亿美元的资金支持，并在战争结束后，派遣海上自卫队在海湾地区扫除水雷。这次战争中，日本政府想要表现自己的所有参与行动都只换来了耻辱：国际社会批评其为“支票外交”，[④] 日本未能分享战后的经济利益；当科威特在美国《纽约时报》上刊登巨幅广告感谢所有出兵国，包括派出医护人员的

---

① ［日］小沢一郎：《日本改造計画》，講談社，1993年版，第102—105頁。

② ［美］理查德·J·塞缪尔斯：《日本大战略与东亚的未来》，第87页。

③ Martin E. Weinstein, “Japan's Foreign Policy Options”, Gerald L. Curtis ed., *Japan's Foreign Policy after the Cold War: Coping with Change*, New York: An East Gate Book, 1993, p. 220.

④ Yukio Okamoto, “Japan and the United States: The Essential Alliance”, *Washington Quarterly* 25, NO. 2, (Spring, 2002), p. 63.

捷克和斯洛伐克,[①] 日本榜上无名。海湾战争激起了日本国内对强化日本国际作用的必要性的认知[②], 也推动了国内的修宪思潮。

如上文所说, 日本"不普通"的首要问题是宪法第九条对日本主权的约束。那么实现"普通国家"化的第一要义自然是修改宪法。在此问题上, 日本国会中两大最主要的政党——自民党和民主党——都是持积极态度的。修改宪法一直是自民党的基本政治理念, 只是由于日本国内和平民主势力的强大以及在野党的牵制, 才被迫长期坚持以发展经济为中心的执政路线。[③] 民主党的元老小泽一郎本身就是修宪论者, 时任首相海部俊树拒绝派遣自卫队参与海湾战争正是小泽及其反主流盟友们脱离自民党的直接原因。2003 年 9 月合并自由党后, 民主党的宪法态度更趋"右"转, 其政治公约中明确写道: "宪法并不是'不灭的'大法, 如果国民中产生了对宪法的讨论, 就可以在符合国民意愿的情况下进行修宪。"[④] 两党的主要政策分歧只在于是完全恢复日本的交战权, 还是在联合国的框架下参与集体安全保障活动, 行使"有限的自卫权"。2007 年 5 月 14 日, 日本参议院通过《国民投票法》。该法案是有关修改宪法的程序法, 规定国民投票的对象仅限于修宪。这表明以日本共产党、社民党为代表的护宪势力处于衰落状态, 修改宪法已经成为日本政坛主要政治力量的共识。

不仅如此, 冷战结束后日本国内呈现出政治右倾化趋向。从 1991 年至今, 日本国民在修宪问题上的认知立场发生深刻变化, "修宪"曾一度成为公众舆论的总体取向。无疑, 日本民众对于修改宪法的具体主张是多种多样的, 其关注点大多集中在国民投票权、首相公选制、情报公开等涉及自身权益保障的领域, 认为宪法应"载入新权利与制度", 或

---

① 李秀石:《日本新保守主义战略研究》, 时事出版社, 2010 年版, 第 70 页。

② 1990 年 11 月, 日本《朝日新闻》的民调有 78% 的民众反对向海湾地区部署自卫队, 大众舆论强烈反对日本以提供资金支持之外的其他方式加入战争。到 1991 年 6 月, 日本《每日新闻》的民调显示, 只有 13% 的受调民众反对自卫队参加 1991 年战争结束后的联合国维和行动,《朝日新闻》的民调显示, 64% 的受调民众认为日本有必要在国际争端解决中扮演比以前更为积极的角色。

③ 徐万胜:《冷战后日本政党体制转型研究——1996 年体制论》, 社会科学文献出版社, 2009 年版, 第 183 页。

④ http: //www. yomiuri. co. jp/election/genera12003/feature.

者能够“自主制定宪法”。[①] 尽管对宪法第九条的修改并非关注重点，[②] 但日本民众对于宪法修改的态度转变彰显了他们对日本承担更多国际责任、获得更大自主性的愿望，表明“普通国家”化在民众中也逐渐获得共识。

（三）日本“普通国家”化的主要战略意涵

应该看到，日本的这种大战略的调整与转向，除了地缘政治提供了难得的机遇外，还在于在日本文化的作用下，日本的国家认同发生了根本性的转变。换言之，那种以在国际政治事务中的“低姿态”换取经济领域的“高回报”的想法渐渐被认为与日本的国力极不相称。所以，对当今的日本而言，“普通国家”的思想并不仅仅是对军事大国地位的一种追求，而是作为一种全新的国家形象的设计，要求日本彻底摒弃二战后所形成的“贸易国家路线”，实现“自主性”、“平等化”与“大国化”，并最终成为一个在国际上发挥与自身国力相称的有“国际贡献”的“普通国家”。[③] 可见，日本朝向“普通国家”的转变，实际上意味着是对过去“贸易国家”路线的一种否定与修正，也意味着日本大战略的一种调整与转向。[④]

朝向“普通国家”道路最直接的地缘战略后果就是日本通过强化日美安保同盟，从而明显增强了日本参与东亚大国权势角逐的力度，增加了牵制中俄的因素。美日军事同盟一直是维系两国安全的根本，是美日进行安全合作的纽带。为确保地缘安全，日本除了一面借助美国的安全保障，在日美安全体制中共同对付它所认为的潜在的“假想敌”俄罗斯和中国外，一面与俄、中这两个有岛屿争端的大国进行广泛的交流与合

---

① 徐万胜：《冷战后日本政党体制转型研究——1996 年体制论》，第 178—180 页。

② 根据《每日新闻》2005 年的舆论调查，8% 的受访者主张只修订第九条第 1 款，21% 的受访者主张只修订第九条第 2 款，主张两款同时修改的比例为 20%；《朝日新闻》2008 年的调查结果也极为相似，赞成修订宪法第九条者只占受访者的 23%。

③ 李建民：《冷战后日本的“普通国家化”与中日关系的发展》，第 6—15 页。

④ ［澳］加文·麦考马克：《虚幻的乐园——战后日本综合研究》，郭南燕译，上海人民出版社，1999 年版，第 3 页。

作。就中美俄日四大国而言，时任日本外相的河野洋平于1995年1月在其《日本外交的前进方向》一文中，主张日本应利用中美俄三大国之间的矛盾和对日本的借重，游离于三国之间，从中渔利，① 从而明白无误地表明了日本积极参与大国权势政治的意愿和决心。

其次，朝向“普通国家”道路将不可避免地提升日本亚洲外交的地位。随着全球化和世界经济相互依存的不断拓展和深化，东亚地区已成为世界上最活跃、最有活力的经济区。② 东亚地区不仅成为世界经济最具活力的经济体，而且东亚经济的融合度也达到了较高的水平。东亚区域内贸易占东亚整体贸易的比重由1986年的37%上升到2006年的55%左右，低于欧盟的66%，但高于北美自由贸易协定的44%。可见，要成长为真正意义上的“普通国家”，日本需要以东亚为依托实现经济复苏和大国梦想。不仅如此，朝向“普通国家”决定了日本对“周边事态”的关切急剧上扬，其中特别是东北亚地区、台海地区和南海地区。

再次，就日本的亚洲外交而言，核心环节无疑是中日关系。特别是随着中国的崛起和中美关系不断加强，日本政府日益担心自己在国际政治上处于边缘化的窘境，所以推进对华外交以此凸显日本的国际政治作为，成为日本的必然选择。对此，日本《朝日新闻》曾有过这样的评论：“美中关系的新进展，将对日本的作用提出挑战，日本不应该在美国和中国之间左右摇摆，而必须依靠自身的判断，为促使美中关系保持克制与合作，发挥协调作用。”③ 正是从这个意义上讲，日本作为一个大国不仅能够在东亚发挥重大影响，还能够在一定程度上参与塑造整个世界权势等级结构。正因为如此，日本对于当前的中国具有双重性质的作用。一方面，日本在东亚地区的作用影响着中国的周边安全与稳定；另一方面，日本在世界范围内的作用又会直接影响当今中国的世纪性崛起。

---

① 蒋立峰主编：《中日关系三论》，黑龙江教育出版社，1996年版，第129页。

② “加快东亚经贸合作条件已基本成熟”，http：/www. gx. xinhuanet. com/dm/2010 - 04/24/content_ 19611834. htm。

③ 《朝日新闻》1997年10月26日。

三、对日本国家战略转向的战略分析

尽管保罗·肯尼迪在《大国的兴衰》中曾中肯地提出，“日本虽然具有独特的地理位置、纪律和刚毅精神这类丰富的资源，却不足以弥补其与美国和苏联这类洲际大国在实力上的巨大差距，事实上日本只能在国际权势的等级结构中以一个中等强国的身份出现”，[①] 日本却从不甘于做一个“小却闪闪发光的国家”。[②] 在日本的传统战略观念中，强权及其各种象征（特别是首屈一指的军事实力、世界头等大国地位）是安全和威望的保证，故而与世界强国平起平坐始终是日本整个民族的抱负与追求。[③] 跻身世界大国行列是明治维新后日本孜孜以求的目标。1946 年 4 月，当日本在美国占领当局的主导下制订新宪法时，时任枢密院议长的铃木贯太郎在枢密院宪法审查委员会作了令人注目的发言：“关于放弃战争，这是非常重要的决定，自古以来就有‘柔能克刚’、‘柔弱得生’、‘硬强致死’等话。事实上这是日本的生路，目前这是不得已的！也是恰当的。”[④] “吉田路线”代表的是日本战后保守派政治精英对国家前途的共识，战败的日本要重返国际舞台，必须以让渡部分主权为代价，致力于提振国内经济这一最终目标，以低级政治事务带动日本在高级政治领域话语权和威望等级的提升。贸易国家并不是一种简单的道路选择，而必须在特定的战略环境下辅之以独特的战略思考才能够形成。[⑤] 当日

① 参见［美］保罗·肯尼迪：《大国的兴衰》，第 259—263 页。

② ［日］武村正義：《小さくともピカリと光る国·日本》，光文社，1994 年版，第 183 页。

③ ［美］肯尼思·B·派尔：《日本：一味追求强权的机会主义》，载［美］罗伯特·A·帕斯特编：《世纪之旅——七大国百年外交风云》，胡利平、杨韵琴译，上海人民出版社，2001 年版，第 264 页。

④ ［日］猪木正道：《吉田茂的执政生涯》，江培柱等译，赵安博校，中国对外翻译出版公司，1986 年版，第 158 页。

⑤ 宋德星、殷实：《地缘属性、文化特质与日本的大战略缔造——一项侧重于地理与文化维度的分析》，《世界经济与政治》2007 年第 8 期，第 64 页。

本经过40年的努力，由国民生产总值（GDP）只相当于美国的1/20的依附者，成长为相当于美国经济总量60%、人均GDP高于美国的“经济大国”时[①]，国际战略环境的剧变自然再次激发起日本的大国情怀。

无论是否具备这样的潜质，追求大国地位是国际体系中的国家自主选择发展战略的表现。日本“大国化”的政策目标和“普通国家”化的战略转向，是日本适应新的国内外战略形势的选择，应当给予客观、审慎的考量，而不是简单化地以“镜像思维”将之完全与军国主义复兴画上等号。

从目前日本的战略实践来看，其政策一直处于摇摆状态，既致力于追求“普通国家”化，又没有完全摒弃贸易国家路线。战后全社会教育水准的提升和大众传媒的发达，造成冷战后日本政坛“剧场政治”大行其道，相较于那些善于造势、惯于媚俗的政治家，具有战略眼光的政治家显得有些不得民心。[②]而冷战后日本首相走马灯般的频繁更迭，更加不利于构筑并实施连贯、长远的国家战略。因此与其说“普通国家”是一种追求综合性的大国地位的战略构想，倒不如说是一种执著追求。[③]

日本的“普通国家”化转向在高级政治领域得到了集中体现。从限制军备开支支持经济起飞，到获得经济成功有能力重振军备而不损及经济的进一步增长，日本的防务和国家安全政策冷战后一直在转变，这些变化将随着其为应对国际体系所做的调整而不断拓展和深化。日本通过加快相关立法，以直接与间接相结合的方式架空《和平宪法》的约束，获得了向海外派遣自卫队以及协助美军干预“周边事态”的合法权利；不懈地为成为联合国常任理事国而进行种种外交努力。这一切都表明，日本已经不甘于仅仅以低级政治事务带动本国在高级政治领域的影响力，而是正在致力于摆脱战败遗产的束缚，真正地参与世界高级政治事务，并在其中赢得与之经济实力相称的国际地位。

---

① Joseph S. Nye, Jr.: “Coping with Japan”, Foreign Policy, No. 89 (Winter, 1992－1993), p. 97.

② 参见吴寄南：《新世纪日本对外战略研究》，时事出版社，2010年版，第24—25页。

③ 宋德星、殷实：《地缘属性、文化特质与日本的大战略缔造——一项侧重于地理与文化维度的分析》，第64页。

出口贸易仍是拉动日本经济增长的龙头项目。战后积累起来的雄厚的工业基础、在高新科技产业部门的领先地位和国内的资金人才储备，都是日本经济可能重新迎来振兴的有利因素。正如保罗·肯尼迪所说，一段时间之内总的经济和生产均势发生的变动，同各个强国在国际体系中所占的地位之间有一种因果关系。① 日本“普通国家”目标的实现离不开经济基础的支持。在愈发强调以经济实力为先导的综合国力较量的后冷战时代，真正的世界大国，必然首先是具有足以影响世界经济体系的竞争力和发展潜力的经济大国，而非穷兵黩武，只要大炮而放弃黄油的军事—政治国家。日本没有完全放弃以经贸往来等低级政治事务带动参与高级政治领域国际事务的政策取向。事实上，只有当体系受到重大冲击，国家领导者相信他们既往处理这些国家事务的政策失败时，日本政治、军事文化的核心原则才有可能发生剧变。即便在这样极端的环境下，日本的行动也不可能一夜之间发生翻天覆地的转变。② 日本的战略摇摆将继续下去，其由“贸易国家”向“普通国家”的转向，将是一个适应国内外战略形势变化的逐步试探、渐进的过程。

---

① ［美］保罗·肯尼迪：《大国的兴衰》，第8页。

② Thomas U. Berger, “Norms, Identity, and National Security in Germany and Japan”, Peter J. Katzenstein ed., *The Culture of National Security, Norms and Identity in World Politics*, Peking: Peking University Press, p. 356.

甲午战争：战场之外的胜负因素比较

段廷志　杨晓洋

在19世纪80年代，时任清朝政府总税务司的英国人赫德在与中国近代著名翻译家、洋务派人士严复谈及中法马尾海战时，表示中国的强盛绝不能只求船坚炮利，不能把所有希望寄托在建立强大的海军之上，“然必当于根本（指政治、军队、教育、文化的整体改革）求之，徒苛于海军，未见其益也”。[①] 若干年后，甲午战争再起，不幸印证了赫德之言。这启示我们，甲午之败因，固然首在战场，但战场之外的“败根”也非常值得挖掘和探究，本文的目的和价值即在于此。

一、影响甲午战争中日博弈的政治性因素比较

克劳塞维茨在《战争论》中写道：“战争是政治的继续，战争的母体是政治。”从历史实践看，政治作为孕育战争的“母体”，不仅决定了战争的性质和发生，还深刻影响着战争的结果。甲午战争是中日两国国内政治和相互政治关系交互运动的结果，中日两国政治“母体”的强壮

① 完整表述是：“曾与总税务司赫德谈言，赫告予曰：‘海军之于人国，譬犹树之有花，必其根干支条，坚实繁茂，而与风日水土有相得之宜，而后花见焉；由花而实，树之年寿亦以弥长。今之贵国海军，其不满于吾子之意者众矣。然必当于根本求之，徒苛于海军，未见其益也。’”参见严复《严复集》第二册，中华书局，1986年版，第352—353页。

程度，从决策、指导以及外交博弈等各个环节，都对这场战争的进程及其结果产生了重大影响。

（一）决策机制的先进性和效率

在战争指导方面，清朝政府的战争决策主要依赖慈禧太后、光绪皇帝以及已经存在160多年的军机处；日本则依托明治天皇统领下的内阁、军部以及战时大本营会议。战争中，两国决策层素质的高下、决策的稳健性呈现出鲜明的对比。

1. 清朝政府中枢矛盾丛生，群体决策素质低下，沉溺于争权夺利，仓促做出开战决断。清朝政府在围绕是否开战的奏折和廷议中，几乎是一边倒要求开战，但主战言论中尽管充满了大道理和对开战意义的陈述，却无一对当时中日两国国力、军力的强弱进行过具体的比较分析，所谓开战的论据大都是“区区日本，何足惧哉？”之类的虚言。因此，回顾甲午战争决策，可谓既不知己，也不知彼，严重违背兵法常理，属于典型的盲目决策。而且，面对日本“磨刀霍霍”，清朝政府在危机阶段优柔寡断，一味求和而消极备战，多次错失战机，则是典型的决策滞后。之所以如此，主要原因在于清朝政府决策层整体素质低下，沉溺于政治私欲，而不为国谋。

首先，做出开战决策的中枢成员以及朝中外围主战官员均不具备相应的决策素养或掌握相应的决策信息。在中枢拥有发言权的人员中，慈禧太后作为国家最高实权人物，“才力足以驾驭群下于一时，而学识则远不能相副”，“对于当时中国所处之变局，以及敌强我弱之悬殊，实无根本之如实体认”，在中法战争中“一怒而言战”，在甲午战争时也是如此①。光绪皇帝身居皇宫，见识有限，对日情况不甚了了，又深受师傅翁同龢的影响。翁同龢身为军机大臣兼总理各国事务衙门大臣，虽为官清廉，但对洋务不但鄙视而且一窍不通，对日本国情军情更是懵然无知。

---

① 石泉：《甲午战争前后之晚清政局》，生活·读书·新知三联书店，2003年版，第50页。

李鸿章虽为军机大臣，但实为儒学之士，根本不懂军事。奕劻作为总理海军事务大臣，对军备应有所了解，且又是慈禧太后亲信，如能据实向慈禧太后讲明弱势，局面或可转圜，但因惧于朝局而不敢与主战者立异。

其次，中枢要员深受政治矛盾的影响不能在战和问题上抛弃私念，一心为国决断。当时在朝廷及中枢机构存在三大矛盾：满汉官僚之间的矛盾；李鸿章等洋务派与翁同龢所谓“清流”之间的矛盾；“帝党”与“后党”之间的矛盾。受上述矛盾的制约，汉族官僚在光绪、慈禧明确开战意向后，为自身官位计，不敢出诤言；翁同龢作为“清流”魁首，既讨厌洋务派，更与李鸿章存私怨，作为户部尚书不仅曾在北洋海军经费划拨上处处掣肘，还一味打击李鸿章的外交努力；光绪帝则期望通过开战取胜立威，彻底摆脱“后党”对其执政的牵制。

再次，李鸿章未能直接参与中枢决策，沦为决策的执行者，使朝廷战和之争完全失衡。在决策群体中，唯有李鸿章一人，因久办洋务又统领北洋海军，对当时中日敌强我弱的态势较为掌握，认识到“时至甲午之际，已非复壬午、甲申时之情势。中国兵威实不足以震慑日本，使之就范也”①。但是，李鸿章作为北洋大臣既管外交又抓军事，奔走于一线，无法直接参与中枢决策。其主要失误在于，始终以为日本终不敢悍然不顾国际情势而发动战争，其挑衅不过是为外交讹诈所做的一种姿态，故热心于外交调停而消极于备战，导致对日陆海作战部署全面滞后；李鸿章外交运用的失败，又给主战派提供了口实，位于中枢以外的官员藉此纷纷指责李鸿章避战，使得中枢最终在开战问题上呈现一边倒的局面。

2. 日本中枢锐气十足，群体决策素质较高，能够发挥集体智慧，果断作出决策。与清朝政府战争决策的草率、盲目形成鲜明对比的是，日本在甲午开战问题上，则做到了知己知彼，谋划周到，不仅开战决心果断，在开战时机、战争谋划指导等方面均表现出明显的优势。直接原因在于其决策群体、决策机制在近代化过程有了长足的进步。

首先，以明治天皇为首的决策者是一批谙知世界大事、了解中国、一心打败中国的少壮之士。其中，伊藤博文、山县有朋、陆奥宗光、川

① 李鸿章：《李文忠公电稿》卷16，1921年版，第48—49、5—58页。

上操六等人，无一不曾长期逗留欧美，悉心考察西方列强的经济、政治、军事与外交。他们对当时国际形势的认识，谋划战略、外交、军事的水平，都远远高于清廷慈禧太后以下诸人。其中，甲午战争的政治策划人伊藤博文、重要军事策划者之一川上操六为谋划战争，均亲自到中国刺探虚实。在战前，明治天皇等战争决策者，不断通过外交、谍报等各种途径掌握中国内政、外交和军情情报，在决策上基本做到了知己知彼。

其次，随着明治维新的扩大和深入，日本国内民权运动兴起，促使决策层在以对外战争转移国内矛盾方面达成高度一致。日本在明治维新过程中，由于废藩置县、废除武士制度等政策，导致社会矛盾激化，代表新兴资产阶级的自由党议员势力增加，不断在国会对内阁的经济政策、军部的扩军方针予以牵制。为转移矛盾，控制政权，日本天皇、内阁、军部在对华开战问题上形成了高度共识。他们之间所争论的仅仅是如何打赢战争、控制战局等问题。

再次，决策层成员能够开诚布公、各抒己见，决策讨论比较充分、效率高。作为决策层核心的明治天皇一般不直接干预其他决策成员的讨论，只负责提出问题和裁定最终方案。因此，决策层其他成员在讨论中能够畅所欲言，在争论中寻求良策。在甲午战争前，日本军部内部、参谋本部与内阁首相之间均多次发生过激烈争论，然而这些争论的本质与清廷中枢的吵嚷截然不同，出发点都是为了如何更有效地夺取胜利而不是争权夺利。比如在 1894 年 7 月 17 日的参谋本部会议上，军界元老山县有朋曾在开战时机问题上与参谋次长川上操六发生争论，被其“老头子，不懂兵”一语所激怒，一度踹门而去。川上连忙追上去表示：“今天所议乃军国大事，阁下一去，不能决断”，诚恳道歉邀其返回会场。于是，山县回到会场，做出了开战决策①。

（二）中央集权的有效性

历史反复表明，但凡大战，中央政府能否有效集权，全面、充分地

① ［日］平藤一利「幕末維新の群像第 9 巻山縣有朋」，PHP 研究所，1990 年版，第 157 页。

动员、调用国家资源，对战争胜负影响重大。故《六韬》有言："凡兵之道，莫过于一。一者，能独往独来。"而纵观甲午战争全程，日本做到了"一"，而中国则是以"十八"对"一"。

1. 中国：地方坐大，皇权弱化分割，朝廷军令政令不能一体施行。鸦片战争之后，中国各地方政权在镇压太平天国运动和开展洋务运动过程中，军力、财力空前增强，原本集中于清廷的军权、行政权逐渐散落于地方，导致"中枢之权势太弱，一任督抚之私顾封疆，不能联各军为一队"。[①] 与此同时，慈禧太后为了把持权力，肆意玩弄分而治之手腕，令朝廷各部门相互掣肘，也大大加重了清廷战时一体指挥的难度。

清朝政府中央集权的衰落直接导致中国陆海军被人为地条块分割，难以在甲午战争中一致对敌。在甲午战争前，中国海军分北洋、南洋，总吨位明显优于日军；中国陆军骨干力量有淮军、湘军，总兵员也大大多于日军，如能充分动员、集结，至少不至于惨败。然而，除北洋海军外，其余海、陆军部队分别由地方大员把持，朝廷调动都有难度。在战端开启后，大部分省份对清廷的动员令都不予理睬，"海军衙门能够直接命令的只是北洋海军而已"，而"李鸿章所能直接动员的，也只是他的淮军和北洋海军"[②]；光绪皇帝曾下令南洋海军调 4 艘军舰到北方，加强北洋海军的实力，却遭到刘坤一、张之洞的反对。结果，当北洋海军与日舰队苦战时，南洋海军、福建海军、广东海军就在南方隔岸观火；当淮军在前线作战时，湘军却袖手旁观[③]——"甲午战争实际上成了日本与直隶省的战争"[④]。对于中国的这一弱点，日本在战前即洞若观火，其首相伊藤博文曾表示："中国名为一国，实为十八国也。其为一国，则诚余倍于日本，其为十八国，则无一能及日本之大者，吾何畏焉。[⑤]"

2. 日本：近代化导致中央集权空前强大，军令政令集中统一。在德

---

① 吴汝纶等编：《李文忠公全集奏稿》卷三十九，第 31 页。

② ［日］升味准之辅著：《日本政治史》第二册，董果良译，商务印书馆，1994 年版，第 290—291 页。

③ 同上。

④ ［日］升味准之辅著：《日本政治史》第二册，第 290—291 页。

⑤ ［日］依田熹家：《中日两国近代化比较研究》，卞立强等译，上海远东出版社，2004 年版，第 120 页。

川幕府时期，日本名义上存在以幕府为最高权力中心的中央集权，实际上国内藩国林立，幕府权威式微。但1868年明治维新后，日本完成了国家真正的统一和中央集权，通过自由民权运动，使得“无论统治者还是被统治者，都对近代国家的理念有了较为充分的理解”[①]。在此基础上，日本于1889年基于近代立宪主义颁布了《大日本帝国宪法》，完成了从封建国家向近代国家的体制转型。该宪法模仿德国，建立了近代化的中央集权体制，赋予天皇国家统治大权。

在近代化过程中走向强大的中央集权，使得日本在甲午战争中较好地实现了政治战略的统一。在宣战前，明治天皇就高度重视战时政治战略的协调问题，于1894年6月颁布敕令成立战时统帅机构大本营，并把总理大臣伊藤博文列于首席，山县有朋作为军界元老、枢密院院长也参加大本营会议。此后，又采取了一系列内政外交动作：8月1日，颁布军事、外交舆论管制的紧急敕令（9月废止），2日公布宣战诏书；15日颁布军事公债条例，27日公布日英通商航海条约。如此一来，日本政府、军队、国会在天皇的统帅下配合，最大限度地发挥了国家的整体力量，不仅全面动员国内企业、民众支持战争，积极开展外交攻势为战争张目、筹措战费，而且能在天皇的支持下，及时约束军队盲目扩大战事的企图，实现战争利益的最大化[②]。

尤其值得一提的是，日本在明治维新过程中确立了近代军事体制，核心是“统帅权独立”、“军政军令分离”、“设置总参谋部”。1878年模仿德国军事体制，设立了直属天皇的参谋本部，主要负责制定战争计划、根据天皇的指示下达作战命令。此后出于对华战争的需要，不断改组。1889年，设置参谋本部（主辖陆军）和海军参谋部（1893年改为海军

① ［日］依田熹家：《中日两国近代化比较研究》，卞立强等译，上海远东出版社，2004年版，第112—115页。

② 1894年8月，根据首相伊藤博文上奏，明治天皇敕令山县以下参战将领务必保持军事外交的一致性；12月4日，伊藤博文说服军部放弃在攻陷奉天后，第一军、第二军相互呼应分别进攻北京、天津的主张，　而接受其提出的“进攻威海卫，经略台湾的方略”。［日］前坂俊之日本リーダーパワー史（103）名将川上操六日清戦争の大本営で見事に全軍を指揮する <伊藤博文首相とともに最高のリーダーパワーを発揮> http：//maesaka-toshiyuki. com/top/detail/523。

军令部)，但参谋本部的参谋总长可统管海军军令。1893 年，日本又颁布《战时大本营条例》，规定以天皇为最高统帅，统辖陆海军重大作战行动。上述军事体制的改革，大大增强了战争指导和军事指挥的一元化、正规化、近代化。

(三) 外交博弈的优劣

甲午战争本质上是日本针对朝鲜、中国发动的侵略战争，且日方挑衅在先，中国作为被害者本可在外交上占据主动，但是由于外交观念及外交体制的落后，却被日本混淆视听，导致“得道寡助，失道多助”。“中国外交部门在整个甲午战争期间的表现，大到外交战略、小到外交技巧，均无法与日本同行相比。”①

1. 中国：外交理念落后，官员素质低下，危机公关消极被动。战争中，清朝政府外交既未能有效避免战争，或配合军事牵制日本的侵略行动，也未能赢得有效的外援和普遍声援。主要原因有三个方面：

首先，外交理念滞后，仍固守于封建朝贡外交。19 世纪后期，主权国家理念正逐渐从欧美向世界其他地区扩散，近代化改革成效成为欧美判断其他地区国家先进与否的重要标志。在这场战争中，是否赞成主权国家理念，是否赞成面向近代化的改革，是能否夺取外交道义制高点的关键。然而，清廷始终未能认清并顺应当时国际政治的大趋势，外交上坚持以华夷秩序观而不是当时流行的主权观来解读、解释朝鲜半岛问题。在处理朝鲜内政问题上，清廷采取了与国内一样的立场，镇压东学党起义，在道义上就先失了一着；当英国介入仲裁时，又坚持宗属关系，反对朝鲜内政改革，其结果是仲裁失败的英国很快暗地倒向日本一边。

其次，外交官素质低下，外交攻防意识和能力弱。当时中国上下鄙视洋务之风颇浓，外交官被士林蔑称为“鬼使”。清廷对外交官的选拔也极不重视，仅视为临时派差，导致中国的外交官员素质普遍很弱，驻

---

① 雷儿简思：《“鬼使”“神差”大对决——读史琐谈中日外交战》，《时代教育》2008 年 12 期。

外大使、公使连 ABC 都不懂；在战争临近和爆发时，不懂得通过国家间的利益交换争取同情者，更不懂得开展舆论公关，将外交和国际舆论阵地拱手让于日本。

再次，与军事配合不足，不善利用机遇展开外交公关。在战前危机阶段，包括欧美在内的世界大多数国家均认为朝鲜是中国的属国，中国出兵是应朝鲜国王之邀，并判断中日开战中国会赢，而对日本出兵朝鲜抱以警惕。此时，负责外交的李鸿章如能乘机加强海上军事部署和在朝军事部署，反而可增加外交主和的分量，然而李却担心事态扩大而屡次电令袁世凯克制。1894 年 7 月 25 日，日舰在中日两国还未宣战的情况下悍然击沉了清朝政府租用的英国“高升”号运输船，一时英国舆论大哗，纷纷谴责日本。对于这一争取英国同情的有利机遇，清朝政府也有意利用，由主管外交的总理大臣奕劻亲自主持了与英国公使的会谈。然而，在会谈中当英方询问中国“是否有对敌手施行沉重打击的力量”时，奕劻竟然表现出没有信心的样子。这种非职业的笨拙行为，对英国对这场战争态度和行为的影响可想而知。

2. 日本：敏于国际时势，善于折冲欺瞒，危机公关高明。与中国相比，日本则通过明治维新建立了一支职业素养较高的外交官队伍，其战时外交老辣圆滑，基本达到了孤立中国，防止列强干预，争取国际同情、支持的目标。

首先，顺应国际政治主流，以主权国家理念为其战争行为张目，打着支持“朝鲜独立”、“朝鲜内政改革”的旗号，骗取国际理解和支持。作为甲午战争战时外交的主要决策人，外务大臣陆奥宗光声称：“当日本成为西欧文明的代表者时，其他东亚国家旧俗的保守性就呈现无遗……（甲午战争）的原因必然是西欧新文明与东亚旧文明的冲突。”①这种论调颇为符合当时欧美外交官和舆论的胃口，在很大程度上干扰了国际社会对这场战争本质的认识。

其次，主动开展外交出击，孤立中国并破坏李鸿章争取调停的外交行动。在战前交涉中，日本掩盖真实的侵略企图，声称中国驻军威胁朝

---

① ［日］陸奥宗光：『蹇蹇録—日清戦争外交秘録』，岩波書店，2003 年版，第 59 页。

鲜独立，妨碍朝鲜内政改革，日本出兵是为了朝鲜独立和内政改革，并向英、俄、美等列强保证，“日本没有侵略朝鲜的企图，一旦朝鲜内乱平复，即撤出军队”。[①] 通过一系列外交行动，日本成功制止了俄国的干涉动向，与英国签订了《通商航海条约》，争取到了美国的暗中同情和支持。在黄海海战之后，当英国依清廷之邀提出仲裁案之后，已占据战场主动的日本为不开罪英国，以等待与中国直接谈判为由予以婉拒，从而有效阻绝了清廷依靠英美罢战的意图。

再次，鼓动国际舆论，积极开展危机公关。在战争期间，日本驻外外交官根据政府统一部署，积极开展外交公关，诬蔑中国，为日本的战争行为张目，并利用清朝禁止随军记者采访的弱点，大肆向西方媒体散发不利于中国的战况信息，宣扬日军在战争中遵守国际法的行为。当“高升”号事件发生后，面对英国舆论的指责，日驻英公使迅速将情况报告国内，外相陆奥否决了总理大臣、海军大臣立即撤职当事舰长职务的建议，而是立即召见英国驻日公使，承诺进行充分的调查和赔偿，很快平息了事态。

二、影响甲午战争中日对抗行为及结果的经济与社会文化因素比较

在战争中，经济及财力因素作为后台因素，往往会对战争胜负产生重要影响，而社会文化因素作为深层的主观要素，也会影响到战争双方的对抗行为乃至战争结果。

（一）经济规模与战争财力

中国的洋务运动促进了国家经济发展，却导致财政上的中央集权瓦

① ［日］大久保啓次郎：「陸奥宗光の日清戦争外交」，平成22年1月28日，hsaeki13.sakura. ne. jp/ookubo20110823. pdf。

解；日本的明治维新在推动经济近代化的同时，却大大增强了中央政府的财权。这一截然相反的结果，导致清朝虽然比日本家大业大，却在军备投入上无法与日本抗衡。

1. 中国经济大而虚，财力涣散，不能有效动员、调用。当时，中国的国民生产总值虽然规模庞大，但人均少，结构劣化，近代工业比例小，且严重分散，难以聚合，不能在装备和兵员上有效支持战争。

根据多位专家的测算，1887—1894 年，中国国民生产总值应该为 33—35 亿两白银，约相当于日本的 8 倍，人均国民生产总值相当于日本的 81.4%。可以说总量远超日本，人均值也相差不大。但是，从战争经济学角度看，中国却在三个方面明显弱于日本。一是经济结构水平，尤其是近代工业实力明显不如日本。到 1894 年，中国国民生产总值中，近 70% 为第一产业，第二、三产业仅占 30%，其中在不到 10% 的制造业中，手工业又占了 80% 多；而 1885 年日本第一产业即已降到 45.2%、第二产业 14.7%、第三产业 40.2%，而且第二产业中的制造业为 10.7%，且绝大部分为近代工业[①]。第二产业的比较优势意味着战时日本可动员的军工生产潜力明显要比中国强；第三产业的优势则意味着战时日本动员交通、通信以及智力、人力资源的能力要比中国强。二是中国军事工业虽然规模较大，但对战争的直接支持能力明显弱于日本。在洋务运动期间，清朝政府从军事需要出发，共投资 3000 多万两白银，先后建立了福州机械局、广州机械局、天津机械局、山东机械局、汉阳制铁局等军工企业和相关重工业。然而，这些企业分别由地方大员把持，生产布局被条块分割、不成体系，生产效率和产品质量低下，难以满足军需要求。更致命的是，大量无效投入还占用了从欧美购置新型军舰的经费，使海军在需要及时更新装备时却无钱可用。

在财政方面，清朝政府主要的困难在于“官之下取于民者多，而上输于国者少”[②]。据统计，在甲午战争前 10 年，清廷年财政收入都在

---

① 周志初、吴善中：《甲午战争前清政府财力研究》，《扬州大学学报》2002 年第 9 期；［日］東洋経済新報社「長期経済統計第 1 巻国民所得」，http：//www5.cao.go.jp/j-j/wp/wp-je00/wp-je00bun－2－0－2h.html。

② ［英］赫德：《局外旁观论》，《筹办夷务始末》（同治朝）卷四十，第 14、18 页。

8000万两白银以上，大体仅占当年国民生产总值的2.5%左右。而我国学者在具体考察了当时中国的经济状况后，认为清廷潜在的财政收入应该可以达到3.13亿两[①]。但是，由于清廷已失去对全国财政的控制能力，导致虽大敌当前，却无法有效集中财源。不仅如此，即使是归清廷直接掌握的财政收入，用于海防建设时还受到腐败因素的干扰。从光绪元年到光绪20年，清朝政府海防收入达4100万两，但实际上拨付北洋海防的经费2100万两，拨付南洋海防的经费约800万两，差额的绝大部分被慈禧太后挥霍[②]。1892年，北洋海军应邀访问日本后，丁汝昌等海军将领在交流中就已发现日本新购军舰和舰炮技术性能优越，我国军舰无论是机动性还是舰炮射速都明显落后。基于此，李鸿章曾向清朝政府提出购置新型军舰，但户部却以经费缺乏为由，一直到战争爆发都未能给付。对此，李也只能嗟叹"奈何"[③]。

2. 日本经济小而实，财力便于集中，可实现充分动员。在甲午战争前，日本的国民生产总值规模小，但人均较高，近代工业比重较大，结构较中国合理，且建立了较完善的战争动员机制。财政体制也实现了近代化，中央可以高度集中运用全国财力，致力于对华战争准备。

日本明治维新明确提出了"富国强兵"的总目标，在国家发展上非常注重经济体制改革和对外扩张的需要。到1890年前后，日本已建立了政府主导的、比较完善的资本主义经济体制，一方面对重工业、军工等国营企业发展给予各种支持、特权和保护，一方面积极鼓励民营企业投资并服务于国家。到甲午战争前夕，在日本政府直接投资的企业中，军事性投资始终在55%以上；近代工业生产分工已开始体系化，且发展受到中央政府乃至军部机关的直接指导和控制。比如，在铁路发展上，日本不仅态度积极，而且十分重视其军事运用。

在经济发展过程中，日本还逐步建立了近代化的财政体制，在宪法

① 周志初、吴善中：《甲午战争前清政府财力研究》，《扬州大学学报》2002年第9期。

② 周育民：《塞防海防与清朝财政》，《上海师范大学学报：社科版》2001年第1期。

③ 1891年直隶按察使周馥在随同李鸿章视察北洋海军后，就密告李："北洋用海军费已千余万，只购此数舰，军实不能再添，照外国海军例不成一队也。倘一旦有事，安能与之敌！"李虽然认同周的主张，但哀叹："此大政须朝廷决行，我力止于此，今奏上必交部议，仍不能行，奈何！"参见石泉：《甲午战争前后之晚清政局》，第16—17页。

中明确了法人和国民纳税的法律义务，通过颁布所得税法等法律法规建立了近代财税制度。日本中央政府的财税控制能力大大增强，并得以充分运用这一能力全力扩张军费。日本的国民收入在1887年是2.34亿日元，1895年为3.12亿日元[①]。而且，1887年日本中央政府的财政收入就已达到0.882亿日元（相当于中国同年度财政收入的74%），在国民收入中的比重为16.2%。到1894年，日本的财政收入已占到17%，并在当年通过国会决议临时增加了军费1.5亿日元。而从1887年开始，日本军费占总财政开支的比例始终保持在27%以上，到开战的1894年一度达到69.2%。海军军费增额最高年份，达到中央财政开支总增额的75%[②]。为了确保军舰购造费用，明治天皇甚至带头削减宫廷支出，政府文武官员均减俸1/10。甲午战争前10年，日本海军军费实际支出累计超过1亿日元，约是中国自光绪元年后20年海防总投入的2倍多[③]。

（二）国家观的近代化

在甲午战争中，中国基本上属于"政府抗战"，鲜见有民众奋起支援，而日本则呈举国上下、官民一体之势。之所以如此，非中国国民不爱国，而是在观念上不知"国"为何物。历史地看，日本通过甲午战争完成了近代军国主义国家观念的确立，而中国则由于甲午战争的失败才开启了向近代民族国家的转型过程。

1. 中国：国民尚无近代国家观念，不知也不关心甲午战争之于国家、个人的意义。整个洋务运动期间，中国改革严格局限于部分经济领域，在国家认同上没有任何进步，中国普通民众的眼里只有家族、乡绅，只知皇帝而不知有国家，更不会考虑自己的命运与国家兴衰之间的关系；精英阶层远未实现从君主国家观向近代国家观的转型，心中只有官场而

---

① ［日］山田雄三編著「日本国民所得推計資料」，東洋経済新報社，1951年版，第6页。

② ［日］室山義正：『近代日本の軍事と財政：海軍拡張をめぐる政策形成過程』，東京大学出版会，1984年版，第98页。

③ 日方数据参照［日］大偎重信：《日本开国五十年》，王云五编译，上海社会科学出版社，2007年版，第217—218页。

无国家利益概念，很多人“宁视其国之危亡，不以易其一身一瞬之富贵”，“臣主君民之势散，相爱相保之情薄”①。

国民近代国家观的缺乏从以下三个方面严重制约了中国在甲午战争中战争潜力的发挥：一是阻碍了民众对这场战争的关心和对国家的支持，甚至一些民众在战争中敌我不分。战争期间，大部分中国民众对战争都态度漠然，即使像天津水师学堂这样的“国家军事院校”中的学生，也同样对战争毫无兴趣。在日军登陆我国领土后，一些民众甚至奉侵略军为“王师”，日军出50万元重赏求谍报，于是“奸民遍地皆是”②。二是阻碍了中国军队爱国精神的激发，导致很多官兵乡党意识过浓，而国家观念薄弱。在参与作战的北洋海军中，一些将领沉溺于乡党之争而不考虑全军胜负、国家安危。比如，由于北洋海军管带以下大半为闽人，水师提督、淮人陆将丁汝昌“孤寄群闽人之上，遂为闽党所制，威令不行”；战时甚至“有若干命令，船员全体故意置之不理”，提督空有其名；“管带粤人邓世昌，素忠勇，闽人素忌之”，结果黄海海战时，“致远战酣，闽人相视不救”③。三是阻碍了决策层理性判断战局，不能真正从国家利益角度寻求战争策略。当朝廷大员的思维还被“朕即国家”所笼罩时，他们眼中的国家利益就被局限在王朝兴衰与君主喜怒之间，很难真正从国家的整体和长远利益出发，判断战局，思考对策。

当然，一味指责当时军民近代国家观念的薄弱是没有意义的。因为，“国内统一市场是国民国家、民族及资本主义发展的前提和基础”④，近代国家观念的强弱根本上取决于国家内部经济、社会的融合程度与发展水平。日本已经形成了统一的国内市场、统一的舆论场，整个国家的对外利益与国民个体之间形成了直接的关联。而中国仍然处于相互分割的自然经济状态，不同地域的国民处于彼此间相对封闭和隔绝状态，这使得绝大部分国民个体与国家整体之间的关联明显比日本弱，从而导致他

① 王栻主编：《严复集》第一集，中华书局，1986年版，第4页。

② 王栻主编：《严复集》第五集，中华书局，1986年版，第500页。

③ 罗惇曧：“中日兵事始末”，《清代野史》第一辑，巴蜀书社，1987年版，第164页。

④ ［日］依田憙家：《中日两国近代化比较研究》，卞立强等译，上海远东出版社，2004年版，第130页。

们近代国家观念薄弱，对甲午战争麻木不仁。

2. 日本：近代国家观念开始普及，敌视中国、为国求战的军国主义思想大萌发。在明治维新“四民平等”的旗帜下，普通民众至少在法律上获得了前所未有的平等与自由权利，他们的社会利益关系随着藩主的消失开始直接与国家发生关系，他们的观念日益受到精英层倡导的“一心奉国”舆论的影响。逐渐地，日本社会逐渐普及了带有浓厚军国主义色彩的近代国家观念。自19世纪80年代后期始到90年代初，“国民的国权意识、爱国主义不断高涨，为日清大战在国民精神层面做好了准备”①。

战端开启后，在政府和舆论的鼓动下，日本国民都想显示自己有“爱国心”、“男人气概”，“连人力车夫都整天想着上前线，对自己的工作漫不经心，很让雇主头痛”，还有更多的国民自愿组成“义勇队”支持战争，其氛围甚至到了影响国内经济社会正常运转，以至于天皇不得不下诏制止的地步②。在战前，日本原计划动员兵员220，580人。然而，战端开启后，国民在舆论煽动下掀起了从军热、“军夫”热，实际动员兵力达240，616人，超出计划员额2万多人，且七成以上投入了战场；动员随军保障的“军夫”（民工）也达到了10万人以上。日本国内各地频繁举行“战胜祝贺会”，“帝国万岁”成为流行语，甚至连儿童游戏都变成清一色的战争游戏，儿童杂志也充斥着战争知识信息。

（三）国际观的近代化

如果站在当时的国际社会看待中日甲午战争，中国宛如一个对比赛形势、规则一窍不通但又自我感觉良好的选手，在被裁判、对手反复戏弄后被击败出局。

1. 中国：局限于华夷之论，不了解、不关心世界，轻视日本。甲午

① ［日］岡崎久彦：「日清戦争の序曲国民的支持を得て進む軍備」、『産経新聞』2002年4月11日。

② ［日］佐谷眞木人：『日清戦争「国民」の誕生』，講談社，2009年版，第144—148页。

战争前，95%以上的中国人处于文盲状态，更无论所谓国际观[①]。而在余下不足5%的识字阶层中，中华四夷的旧观念依旧流行，绝大部分人都没有现代地理概念，对外部世界漠不关心。魏源的《海国图志》、徐继畬的《瀛环志略》虽然在19世纪40年代就已出版，但国内数十年无人问津。在当时大部分中国精英阶层的头脑中，世界还是以中国为中心，四夷都偏远渺小。诸多饱学名士对世界形势的认识在后人看来极为粗陋甚至荒唐、可笑，军机处大员都曾闹过误把西班牙当成日本的笑话，甚至像梁启超这样博学，具有开放、变革意识的读书人，也是到1890年"始知有五大洲各国"。

国民国际观的普遍滞后对甲午战争的影响主要表现在以下两个方面：一是导致中国不能对战前、战时的国际形势作出正确的判断和决策。当甲午战争爆发逼近时，中国朝野上下对这场战争的国际背景、战略意义、相关国家的立场及其影响都懵懂无知[②]，更无论寻求正确的外交和战略对策了。二是导致中国举国弥漫着盲目乐观的气氛，过于轻视实际上已很强大的战争对手。在战端开启后，国民轻视日本之心膨胀到极点，"中国除了千分之一的极少数人以外，其余九百九十九人都相信大中国可以打败小日本"，国内报刊认为日本不堪一击的论调铺天盖地[③]，使得社会上缺乏战争动员所需要的危机氛围。

2. 日本：了解国际政治实质，洞察国际形势，了解对手。在幕府末年，日本国民的识字率已经达到了40%，并逐渐形成了睁眼看世界的社会风气，不顾幕府锁国禁令，偷渡出洋求学、经商者络绎不绝，在中国备受冷落的《海国图志》却成为日本争相购读的畅销书。明治维新之后，日本维新开放之风稳居社会主流，政界、学界和舆论界关于国际形势、国家方略的研究、讨论此起彼伏。以福泽渝吉为代表的社会精英阶

---

① 关晓红：《清末中央教育会述论》，《近代史研究》2000年第4期。

② 周宁：《天下辨夷狄：晚清中国的西方形象》，《书屋》2004年第6期。

③ 1894年7月，在中国城市颇有影响的上海《申报》评论道："日人本短小若侏儒，从无高至四尺以上者，不似华人之身体高大体态昂藏。一经开仗，我华兵以大压小，其不致糜烂者几希，日人其奈之何哉？"；"以我堂堂天朝，幅顺之广大，人民之多，财赋之厚，兵卒之精，十倍于尔，尔乃不自量力，轻启兵端是不明乎大小之势矣。"参见周秀梅："甲午战争前清政府的日本观——从决策者的知觉与错误知觉角度分析中国甲午战败的成因"，《佳木斯教育学院学报》2012年第3期。

层对国际形势的认识已比较客观全面，对当时国际权力政治本质的认识相当深刻；而在普通民众中，连乡间小儿都在传唱："北有俄罗斯，西有英吉利，虽有国际法，遇事靠腕力。"

在上述背景下，战前日本社会对国际形势的判断、对中国的认识、对中日战争意义的认识，都远比中国社会要全面、客观、准确、深入得多，掌握战略主动的认知基础自然也比中国扎实得多。到19世纪80年代末期，日本社会在媒体煽动下已经形成了敌视中国、研究中国、打败中国的社会心理，报纸、杂志各种有关中国国情、政情、军情的分析屡见不鲜。甲午战争前夕以及开战之初，日本很多报纸在高唱"开战论"的同时，还对战争的意义和中国国情、军情做出了比较透彻的分析，指出："如赢得战争，东洋的力量平衡将被打破，日本将成为东洋的新主人"；"清国（中国）陆军虽有百万之众，但要守护西北及整个大陆"，"一旦开战，能调用者不过李鸿章麾下之一部"，"顶多不过5万人"；作为主要敌人的北洋海军"因为因循守旧，难以进行兵制改革，多数舰船仅用于平时充门面，实战效果甚微"等①。

（四）军事文化与重海文化的发展

1、中国：尚武风气不足，重海之风难成。中国在汉唐时期本是一个尚武的民族，然自宋代之后，社会风气在朝廷的引导下走向偃武修文，最终形成了重文轻武的社会风气。到了清代，清廷满族贵族虽然鼓励本族娴习骑射，但却不许汉族尚武。到了晚清时，满族尚武之风殆尽，也融入了重文轻武的社会主流。不仅如此，中国作为一个大陆国家，重陆轻海之风沿袭久远，每当海上遇到安全问题，第一反应往往是缩回去——禁海。上述社会文化习惯虽与甲午战争无直接关联，但从以下三个方面看，却不能不说是甲午之败的文化祸根之一。也正因为此，梁启超才在甲午战争之后，痛说"中国以文弱闻於天下，柔懦之病，深入膏

① 『九州日日新聞』，1894年6月14日。

肓”，专门写就《论尚武》一文，鼓吹国民重振尚武之风[①]。

首先，重文轻武风气使得晚清海防建设在社会人才的招纳竞争中处于不利地位。在这一风气下，“好铁不打钉，好男不当兵”成为社会取向，很多优秀人才要出人头地，在职业选择上往往把当兵作为靠后的选项。其结果，李鸿章的淮军也就“使儒生领农民，各自成营”[②]，北洋海军在招募水兵时也只能把标准放低，仅规定能“自书姓名，略能识字”而已。当如此素质的官兵投入到近代化的甲午战场时，其战斗力可想而知。

其次，重陆轻海风气使得当时扩大海防经营缺乏必要的决策氛围和社会支持。晚清统治阶层创建海军的首要动机，重在卫戍京畿、大陆沿岸，并非经略海洋。因此在北洋舰队组建成军之后，当清政府认为海军已经发展到“用之自守则有余”的时候，就失去了增加投入的欲望，决定不再扩大军备。而对于清廷中枢的这一短视行为，除李鸿章及海军将领有所异议外，大部分朝廷官员乃至主流社会舆论都表现得麻木不仁、听之任之。

再次，重文轻武和重陆轻海风气，使得中国在对外战争中缺乏进攻精神。在上述风气下，主政者在解决国际矛盾时，往往容易被“兵者不祥之器”的观念所左右，过于依赖政治手段，而对军事手段运用采取消极姿态；在筹划海防时，则不肯入大洋，行攻势防御。李鸿章作为北洋大臣、北洋海军首领，常说“外交之道与自固之谋相表里”，“百战百胜，未若不战而胜”，“我之造船本无驰骋域外之意，不过守疆土，保和局而已”。这些观点道义上可嘉，逻辑上也说得通，但实践上却违背了海军的用兵规律，很容易走向消极防御。

2. 日本：尚武传统深厚，重海之风天成。日本在历史上是一个多战国家，有着根深蒂固的尚武传统。明治维新后，日本以行军国主义的方式，巧妙地把日本的尚武传统继承发扬下来，为其发动对外侵略战争所用。作为一个四面环海的岛国，日本还具有悠久的海洋文化和海洋贸易及扩张传统，并在明治天皇“开拓万里波涛”的雄心下得以光大。在甲午战争前20年间，日本社会逐渐形成了崇尚对外战争，支持海外扩张的

---

① 梁启超：《论尚武》，《饮冰室合集》专集1—21之《新民说》，中华书局，1989年影印版，第108页。

② 王闿运：《湘军志·营制篇第十五》，岳麓书社，1984年版，第158页。

社会风气，对日本走向并赢得甲午战争的影响是很深的。

首先，统治者的侵略主张和行为很容易得到多数国民的理解和支持。早在19世纪70年代，“征台论”、“征韩论”就开始充斥社会舆论；进入80年代后，“征韩论”又逐渐扩大为“征伐清国论”，并很快成为社会主流认识，变为现实的战略和政策。而等到甲午开战尝到胜利的甜头后，甚至以德富苏峰为代表的、曾经高呼和平的社会公知也忍不住诱惑，转而为战争和扩张欢呼了。

其次，日本军队尤其是海军在人才和资源吸纳方面容易在国内占据有利地位。由于尚武传统的存在，在明治维新过程中，日本社会很轻易地就把对武士阶层的崇拜转向新出现的军人阶层，“军人在日本社会的分量非常大”，以至于“一个男人如果从军体检不合格，就不被视为可立于人前的男人”[①]。所以，明治新政府在扩军方面几乎毫不费力，就可把很多高素质的社会人才笼入军队。

再次，日本在军事上更容易理解欧美海军战略战术精髓并采取攻势战略。与大陆国家相比，重海民族更倾向于开放、冒险和进攻；日本的武士道和传统兵法又一向崇尚进攻，鄙视怯战。所以，日本海军在近代化过程中，很容易与英、美海军的战略、战术思想产生共鸣，往往更善于理解并接受其攻势战略战术思想。比如在1893年，马汉的《海上权力史论》就已被日本海军将领广泛研习，其“制海权”理论结束了日本海军界此前一直存在的“舰队决战论”与“沿岸防御论”之间的对立，并在黄海海战中付诸实践[②]。

三、甲午史鉴下的若干启示与思考

要高度警惕日本右翼甲午情结的复燃。在当代日本，即使秉持和平

---

① ［日］西川吉光：「日本の戦略文化と戦争」，『国際地域学研究』第13号，2010年3月。

② ［日］伊原吉之助：「東アジア史の分水嶺————日清戦争」，『日本学と台湾学』第5号，2006年9月。

主义的国民，对近代侵略战争的反省也多止于第二次世界大战，很少论及甲午战争之非。近年来，面对中日国力对比的逆转，越来越多的日本人为汲取历史自信，反而更加珍视这段胜利史，把甲午战争定位在“东亚历史分水岭”、“日本近代民族国家起点”的高度，予以积极评价；部分已渗透到日本权力中枢的极右分子甚至以今日比当年，企图重温旧梦。面对中国对日本近代侵略罪行的揭批，他们声称当前东亚形势与甲午战争前“极其相似”，叫嚷要“牢记日清战争珍贵经验”，“对中国的反日宣传加倍还击”①。安倍政府的安全智囊、日本著名右翼学者渡边利夫②，效法甲午战争的鼓吹者福泽渝吉，撰写出版《新脱亚论》，诬蔑中国是“崛起的怪物”，并极力称赞陆奥宗光的“智慧与豪气”，声称“所谓外交不是善邻友好，确保国家利益才是正途”。而日本自卫队则公然视此战为历史典范，称：“日清战争是明治维新后近代日本的首次大规模对外战争体验，通过这一体验，日本变成了近代国民国家，很多国民由此获得了与列强比肩的自信。”③ 诸如此类的动向，反映出日本右翼史观的社会与政治影响具有空前的广泛性和深刻性，如果我们仍不记甲午、不知警觉，怀揣侥幸之念而无患无备，不仅十分危险，而且极为不智。

要基于历史唯物主义强化对日战略自信。对甲午战争的历史反思，必须超越对“狼来了”的恐惧，必须超越类似输棋后复盘的机械总结，必须从历史唯物主义出发，从更宏大的历史视野、以综合视角审视甲午之败。如果从公元以来的历史宏局中看待甲午战争，就会很容易发现，在中国统一后长达2000年的发展史中，近代的100年只不过是历史长河中的短暂曲折，这场战争也不过是这段曲折中的诸多坎坷之一。人口、国土、经济力均远不如中国的日本之所以获胜，正是利用了中国这个人

---

① 八木秀次：「反日プロパガンダには“倍返し”日清戦争時の貴重な教訓」，夕刊フジ，2013 年 9 月 27 日，http：//www. zakzak. co. jp/society/domestic/news/20130927/dms1309270727003 – n1. htm。

② 渡边利夫与现首相安倍晋三的关系非常深厚，是安倍内阁安全政策的主要策划人之一，现任日本政府安 全智囊机构日本安全保障与危机管理学会的会长；而该学会以安倍晋三为名誉会长，成员包括：日本右翼立场的知名安全事务学者、政界高官、前自卫队高官。

③ ［日］西部航空方面隊ホーム「歴史の散歩道」，2011 年 12 月 2 日，http：//www. mod. go. jp/asdf/wadf/rocky。

口超大型国家在这段短暂曲折中面临的发展困境。然而，历史潮流浩浩荡荡，1949 年之后，中国早已远离那段曲折，国家现代化渐呈大河奔流之势，并以在反侵略战争中的屡战屡胜多次证明世界人口最多的国家所蕴含的巨大威力。因此，当今国人如因当年之败而无今日对日之自信，与当今日本右翼以今日时局类比 120 年前的甲午一样，于大历史下看都属于一叶障目。今日中国中央开明、领导有力，13 亿国民开放奋进之风蔚然，科技经济蒸蒸日上，已拥有击破日本任何复活军国主义企图的实力，理当从容、理性、坚决地击败日本右翼势力的任何挑衅。

清醒认识国际形势是夺取对日博弈主动的前提。甲午战争前后中国对局势的无知、误判，足以为后世之训，也警醒我们在今天的对日斗争中，应以理性判断形势，既不能妄自菲薄而怯敌，更不能盲目自满而轻敌。当前，我们既要看到本国国力的空前强大，更要看到日本背后的美国，看到美国在亚太的联盟体系；既要看到中国经济规模超越日本的现实和中日国力此长彼消的基本趋势，更要意识到我们的经济竞争力和科技发展水平仍落后于日本，尤其是信息化的深度和广度上还存在较大的差距；既要看到日本财政捉襟见肘、军扩受制的一面，更要看到日本长期积累的民间财富所蕴含的巨大军备潜能；既要看到我军对日的整体优势，更要客观分析日本海上军事力量的实力和优势。

确保中央集权是赢取对日博弈的关键政治要素。甲午不幸有清廷，今日万幸有中共。当今中国要掌握对日博弈主动，必须坚持中国共产党的领导，必须坚持党对军队的绝对领导，必须坚持维护党中央和中央政府的权威。只有坚持维护党中央和中央军委的权威，才能在对日斗争中上下一心、全国一盘棋，充分发挥国家的战略潜力。从这个角度讲，确保党中央和中央军委的权威，完善国家战略指导机制，具有非常重要的历史和现实意义。今后，在经济改革领域尤其要注意，任何战略性改革措施都不能以牺牲中央战时绝对权威为代价。

坚持改革是夺取对日战略优势的不二法门。近代中日甲午战争可以说是对 19 世纪后期中日两国近代化改革成绩的一次毕业会考。考场虽然在战场，试卷虽以军事为主，但也包括了政治、经济、文化等诸多基础题，其结果中国看似输在战场，根子则输在基础不牢，诸多改革答卷得了低分甚至零分。在 21 世纪的今天，日本右翼势力再度挑起的中日对抗，表面上是军力、国力的竞赛，本质上还是一场改革竞赛。谁的改革方向正确、谁的改革能有效推动国家各领域全面进步，谁就能取得下一场战争的胜利。从这个角度讲，坚决在党中央和中央军委的领导下，把政治、经济、军事等各领域的改革都深入到底，比日本更早收到实效，具有极为重要的历史和现实意义。

先进的外交与战略理念对得道多助之势至为重要。在近代阴谋侵略的日本却利用清廷国际观及外交理念的陈腐，窃居道义制高点。这一教训至为深刻，非常值得在当前及今后的对日斗争中汲取。在斗争中，我们要清醒意识到安倍等极右翼势力的阴险狡诈，要在外交与宣传上认真贯彻习主席在周边外交工作座谈会上的讲话和关于外交工作的一系列重要论述和指示，抓住当前国际政治安全的主流价值，努力彰显新安全观，积极赢得国际舆论支持；要像这次历史问题的斗争那样，善于抓住日本的政治破绽，但同时还要避免一味在嘴上斗狠而落入日本极右势力的政治圈套。

社会文化进步是夺取对日战略优势的基础工程。虽然古话说“文无第一，武无第二”，但社会文化毕竟有先进和落后之分。甲午战争的历史表明，作为主观要素，国家观、国际观、军事文化、海洋文化等要素的发展进步，对一个国家国防建设尤其是海防建设的作用犹如水泥凝聚砂石。如果我们要在未来日本可能挑起的海上战争中决战决胜，就不能不问：我们的社会各阶层是否会放弃争论，一致支持加强海防建设？我们的社会是否会团结一致、同仇敌忾，而不会再出现被日元所诱惑的“奸民”？我们的人民是否会踊跃投效军旅，奔向大海，而不是对事关国家兴衰生死的战争冷漠以对？要回答好这些问题，我们就必须重视文化二字。

日本安全防卫政策动向评析

——以安倍内阁三份安全政策文件[①]为中心

储召锋

近年来，随着国际和地区安全局势的演变以及美国推行“亚太再平衡”的战略调整，日本在日美同盟框架内的地位作用不断提高，展开了新一轮的整军经武进程。奉行右倾政治路线的安倍政府，极力突破“和平宪法”的束缚，加速引领日本跃向“国防正常化”和“军事大国化”，其安全政策的选择越来越引起世人关注。2013 年 12 月 17 日，日本政府举行国家安全保障会议和内阁会议，审议通过了指导未来 10 年防卫力建设方针的《防卫计划大纲》，指导未来 5 年装备建设的《中期防卫力量整备计划》（2014～2018），以及作为外交与安全政策首个综合方针的《国家安全保障战略》，三份防卫文件内容涉及政治、军事、外交等多个领域，预示着日本安全政策、防卫战略和防卫力量建设目标将出现巨大转变。

一、解读安倍政府新推出的三份安全政策文件

以三份防卫文件为代表的日本安全防卫政策调整，其提出的背景是

---

① 这三份防卫文件是指 2013 年 12 月 17 日，日本内阁会议审议通过的《防卫计划大纲》、《中期防卫力量整备计划》（2014～2018）和《国家安全保障战略》。

强调全球权势中心转移、技术革新加快，渲染地区安全环境严峻；其安全逻辑是作为世界经济大国与海洋国家的日本理应发挥“主要角色”、推进“积极和平主义”、实施多元化战略路径、构建综合机动防卫力量等等。

（一）新版《防卫计划大纲》，渲染日本安全环境恶化，绘制军力扩充路线图，提出“综合机动防卫力量”建设构想

2013 年新版《防卫计划大纲》制定了未来 10 年日本安保政策方针，主要包括 5 个方面的内容，分别是：渲染日本安全环境恶化；推出新“防卫基本方针”；提出“综合机动防卫力量”建设构想；提出防卫力量建设的“质”与“量”并重原则；计划全面提升自卫队能力。①

（二）《中期防卫力量整备计划》（2014—2018），计划添置大批信息化武器，重点提升防卫力量的机动性能和夺岛控礁行动能力

“新中期防”规定，未来 5 年日本防卫预算总额为 24.67 万亿日元，约合 2395 亿美元，将添置大批信息化武器用以提升机动性能和夺岛控礁作战能力。陆上自卫队将采购 99 辆日本自主研发的新型 155 毫米轮式自行榴弹炮；采购 52 辆美式 AAV－7 型两栖战车。海上自卫队继续建造大型驱逐舰，包括新造 2 艘“宙斯盾”驱逐舰。航空自卫队继续采购 28 架 F－35A 型战斗机；采购 4 架预警指挥机和 3 架空中加油运输机，3 架美式“全球鹰”无人机等等。②

---

① 参见防衛省・自衛隊：平成 26 年度以降に係る防衛計画の大綱についてhttp：//www. mod. go. jp/j/approach/agenda/guideline/2014/pdf/20131217. pdf。

② 参见防衛省・自衛隊：中期防衛力整備計画（平成 26 年度～平成 30 年度）について」第 3—10 页。http：//www. mod. go. jp/j/approach/agenda/guideline/2014/pdf/chuki_seibi26－30. pdf。

（三）作为日本政府战后制定的首份《国家安全保障战略》，全面界定了日本安全政策的基本原则、安全环境、议题领域、战略取向以及实现路径

该战略主要包含三大部分内容：一是对全球和地区安全环境及日本所面临的安全议题进行总体研判。二是提出了日本国家安全的基本理念、国家利益和安全目标。三是指明了日本实现国家安全目标的战略路径。认为日本实现安全的手段应是综合性的，涵盖经济、科技、外交与防务等多个方面，具体包含自主努力、同盟关系、地区协调和全球合作。①

二、日本对国际社会及亚太地区战略环境特点的总体判断

日本安全政策首先源自其对当前国际社会与亚太地区的战略环境特点的认识。这集中体现于《国家安全保障战略》报告中。该“战略”阐释了正在发生的全球权势转移态势及当前亚太地区的战略环境特点，刻意放大日本遭受的安全威胁。主要内容如下：

（一）全球权势转移与技术革新的急剧发展

《国家安全保障战略》认为，人类踏入21世纪后，国际社会中的力量对比正以史无前例的规模发生改变，并深深地影响着国际政治态势。造成全球权势平衡改变的推力来自新兴国家，例如中国和印度。虽然美国对国际社会的影响力相对减弱，但仍然是当今世界最强大的国家。美国公开表明将把其安全和经济政策的重心移至亚太地区。全球权势均衡

---

① 这四个层次，参见国家安全保障戦略について第12—33页。http：//www. mod. go. jp/j/approach/agenda/guideline/security_ strategy. html。

状况的改变，使得世界政治与经济的重心已由大西洋地区转向亚太地区，这也是导致全球治理能力逐渐衰减的一大主因，比如世贸组织（WTO）谈判和《联合国气候变化框架公约》（UNFCCC）的停滞不前。[①] 伴随着全球化与技术革新的持续快速推进，国家与非国家行为体之间的关系也发生了改变，给全球安全环境增添更为错综复杂的影响。

（二）当前亚太地区的战略环境特点

日本认为全球权势转移提升了亚太地区在国际社会中的地位。这种权势转移既为亚太地区国家提供了安全合作的机遇，同时也带了诸多问题。特别是东北亚地区成为热点问题的多发地：这里有始终保持大规模军事力量的国家，有拥有核武器的国家，还有正在试图发展核武器的国家。与之相对应的是，安全领域的地区合作框架尚未实现制度化。除了权势转移所致的地区问题和紧张态势以外，日本认为，亚太地区日益演变成为一种安全上的“灰色情势”，它既非纯粹的和平状态，也非全然遍布着领土主权和国家利益的争斗，而是介于“和平时期与紧急事态之间”的一种安全形态。[②]

（三）朝鲜核/导弹问题与“朝鲜威胁论”

“朝鲜半岛的和平与稳定对日本及东北亚地区的和平与稳定至关重要”。[③] 朝鲜和韩国长期处于大规模的军事对峙状态，朝鲜继续面临严重的经济困难，却将国家的主要资源用于发展军力。朝鲜提升了其大规模杀伤性武器的水平，包括核武器和弹道导弹。在弹道导弹建设方面，朝鲜正在谋求核武器小型化，以将其安置在弹道导弹上，这将直接威胁到包括日本在内的地区安全，严重挑战了国际社会为防止大规模杀伤性武器扩散而进行的努力。此外，朝鲜绑架日本人质事件严重损害了日本的主权及日本国

---

① 国家安全保障戦略について，第 5 页。

② 国家安全保障戦略について，第 10 页。

③ 参见 1992 年日文版《防卫白皮书》。http：//jda-clearing. Jda. go. jp/hakusho_ data//1992/w1992_ 01. html。

民的人身安全，日本呼吁要与国际社会一道解决这一严重违反基本人权的国际性议题。

（四）中国综合国力的快速提升与“中国威胁论”

在最近几年的防卫文件中，日本宣扬“中国威胁论”的调门日益高涨，成为其渲染亚太地区安全环境严峻的组成要素。“10大纲”第一次毫不隐晦地指出中国的军事活动“是令地区和国际社会忧虑的事项”，认为中国国防费用增加，空海军战斗力急剧现代化，并在建造航母，在南海和东海强调自己的主张，引起了国际社会担心。[①] 日本2013年度的《防卫白皮书》，大肆炒作“中国军事威胁论”，在谈及日本所处安全环境时，开篇便指责中国进行频繁的海空军事行动，经常侵犯日本领海与领空。[②]《国家安全保障战略》也用相当篇幅渲染“中国威胁”。认为中国正依凭“缺乏透明度”的国防预算使其军事能力经历全方位的快速增长；中国试图以实力单方面改变其周边的空中和海洋现状，这与现行国际法不相符；中国单方面划设“东海防空识别区”，“妨碍公海地区的空中飞行自由”。[③] 显然，日本是在别有用心地借炒中国“军力威胁”，作为支撑其军事扩张政策的“合法性”依据。冷战结束以来，特别是安倍晋三内阁执政以来，面对坚持走和平发展道路的中国，日本当局不是进一步发展对华友好合作关系，而是将中国视为威胁，试图从多方面加以防范、牵制甚至围堵中国。

三、日本安全政策的维度考量

日本“13大纲”，将防卫战略明确规定为借助四种手段实现三大安

① 储召锋：《从新防卫计划大纲看日本安全战略的调整方向》，《外国问题研究》2011年第1期，第43—45页。

② 平成25年版防衛白書，第1页。http：//www. mod. go. jp/j/publication/wp/index. html

③ 国家安全保障戦略について，第11页。

全战略目标。这四种手段是：日本自身的努力；与盟国的合作；亚太地区合作；全球层面合作。三大目标是：确保日本和平与安全；营造更加稳定的亚太安全环境和改善国际安全环境；宣扬日本为世界和平、稳定及人类安全做出贡献。

（一）日本国家利益和国家安全目标

《国家安全保障战略》宣称，日本的国家利益是维护日本主权完整和国家独立；保卫领土完整；确保日本公民的人身安全、生活安全以及财产安全；确保国家生存的延续；维护基于自由、民主基础上的国家和平与安全，保护其丰富多样的文化与传统。为此，作为海洋国家的日本，尤其需要巩固（特别在亚太地区）那种通过自由贸易与公平竞争促进经济发展的自由贸易体制，[①] 营造稳定、透明、可预知的国际环境。与此同时，日本还宣称追求实现下列国家安全目标[②]：一是保卫日本本土安全；二是改善亚太地区安全环境，防止和减少针对日本的紧急态势和直接威胁；三是改善全球安全环境，积极构建一个和平、安定、繁荣的国际社会。

（二）日本安全政策的基本原则

日本宣称其安全政策的基本原则，是依据《国家安全保障战略》以及建立在国际合作基础上的推进“积极和平主义”的政策，坚持“专守防卫”原则；强化日美同盟关系；建设能够胜任防卫需求的必要的力量基础；遵守文官控制军队以及“无核三原则”；维持由美国提供的延伸威慑，建立弹道导弹防御系统；在国际军备控制、核裁军和防扩散的努

① 日本要维护和加强的自由贸易体制，主要指建立和维护跨太平洋伙伴关系（TPP），日本—欧盟经济合作伙伴协议（EPA），日中韩自由贸易协定（FTA），区域全面经济伙伴关系（RCEP）等为标志的自由贸易协议。请见国家安全保障戦略について，第29页。

② 关于这些安全目标，参见国家安全保障戦略について，第4—5页。

力中扮演积极有力的角色。[①]“战略”还宣称，日本“将在世界政治、经济舞台上扮演主要角色；积极主动地维护国际社会的和平、安定与繁荣，在国际社会中争做“和平的积极贡献者”。[②] 然而，不难看出，日本政府一方面大肆兜售所谓的“积极和平主义”政策，宣称自己是爱好和平的国家，坚持专守防卫政策，不做军事大国，另一方面，却在现实中，大力扩充军力，升级武器装备。安倍政府是以“和平主义”为表，以“军事扩张”为里，追求安全政策的主动性与外向性。

（三）日本安全政策的战略取向与实现路径

日本国家安全战略日益强调手段的综合性、方式的多样性、能力的快反性与先进性，以此作为实现和维护日本国家安全的路径。

1. 加强全方位外交努力，努力营造一个和平稳定的国际战略环境。日本认为，其国家安全的关键在于创造一个和平、稳定与可预知的国际战略环境，从而及时预防各种紧急事态威胁。这首先要求具备一种能够跟踪辨识不断变化的安全环境以及国际社会发展趋势的能力。在此基础上，日本还应具备引领并设置国际议程的能力，积极主动地实现国家利益。要提升日本外交活力和谈判协商能力，争取国际社会对日本在国际社会所处重要位置的理解与支持。[③] 日本宣称自己作为“和平的积极贡献者”，有责任在联合国这样的国际组织中发挥更积极重要的作用，比如增加在国际机构供职人员中日本人的数量，特别是增加在关键职位上的日本人员的数量。

2. 努力强化自主安全，构建一种综合性的安全防卫体系。为在严峻的周边安全环境下维护和平与安全，日本将着力发展一种高效能的“综合机动防卫力量”，它既充分考虑到日本的国力以及政治、经济、社会环境，又能适应不断变化的战略环境，实现灵活迅捷的联合军事行动。“综合机动防卫力量”的含义是：发展先进的技术与信息，指挥与通信；

---

① 平成26年度以降に係る防衛計画の大綱について，第5页。

② 国家安全保障戦略について，第3页。

③ 同上书，第12页。

借助各种有形或无形资源使防卫力量具备适应性、机动性、灵活性、可持续性、稳固性以及通联性；建立一个具有广泛领域的后勤保障基础。[①]为实现“综合机动防卫力量”，日本政府要求自卫队做好长期应对重大突发事态的准备，贯彻施行警戒监视及军事演习等；确保防卫力量与相关组织机构开展经常的、紧密有序的合作，实现与地方部门和私人机构的无缝对接。另外，关于如何应对核武器威胁，“战略”认为坚持由美国核威慑提供延伸威慑的核心地位不可动摇。[②]

3. 保护日本领土完整，加强海上安全。日本将加强执法机构的能力建设，增加领土巡逻活动，增强海上监视能力。此外，日本将积极主动地加强对领土边界附近离岛的保护、管理和开发。在加强海上安全方面，日本宣称作为海洋国家，将通过与其他国家的紧密合作，维护“开放和稳定的海洋”。日本将帮助处于重要国际运输通道上的那些沿海国家提高海上执法能力，加强与日本拥有共同海上通道战略利益国家间的合作。[③] 自中日钓鱼岛撞船事件以来，日本自卫队一直强调“岛屿作战”能力建设。自卫队将发展全方位的两栖作战能力，在与那国岛部署海岸监视部队、雷达部队，并增加在西南海域巡逻的驱逐舰和潜艇的数量。

4. 提升情报保障能力。自卫队将通过持续的 ISR（情报、监视、侦查）行动建立起的情报优势，确保在日本周边的广大区域里及早发现任何威胁性的军事动向。通过上述行动，日本将清晰地对外表达出不能容忍任何企图以实力改变现状的尝试。[④] 显然，新大纲这句咄咄逼人的表述是针对中国而言的。日本将从根本上加强广泛领域里的情报信息搜集能力，包括人力情报、公开源情报、信号情报和图像情报。[⑤] 此外，日本还将提升地理空间情报与上述情报类型联合使用的效率。在政策配套

① 平成26年度以降に係る防衛計画の大綱について，第7页。
② 国家安全保障戦略について，第13页。
③ 同上书，第14页。
④ National Defense Program Guidelines-for FY 2014 and beyond P. 6.
⑤ 国家安全保障戦略について，第16页。

方面，日本出台《特定秘密保护法》[1]，以增强情报体系保护能力建设。日本国会还通过了“国家安全保障会议”法案，准许日本政府成立类似美国国家安全局的单位，赋予首相在处理危机时拥有更大的控制权。

5. 增强网络攻防能力。自卫队将加强对网络空间的整体性经常性监视及提升应对能力，不断增添最新的技术设备，招募具备专业知识和技能的人员。采取综合交叉性措施，保卫网络安全，增强遭受网络攻击后的应急响应能力，维护网络空间的自由与安全，保卫日本关键性基础设施免遭网络攻击。为此，在网络系统的设计、研发和运行方面，要加强“公私”合作关系，做好风险评估，及时发现威胁，降低损失并防止灾害蔓延。[2] 另外，加强网络安全领域的国际合作，主要包括网络技术层面和网络操作层面，与相关国家一起增强信息分享和提升网络防护方面的合作。

6. 加大太空军事投入。日本将夯实并继续改进那些用以支持外层空间发展与利用的科技和产业的基础，侧重于安全视角来提升外层空间的利用率。特别是，日本将增强其卫星的信息搜集功能和其他利用效能，这些效能包括：自卫队行动所需的军用功能、信息搜集与分析、海域感知、通信、定位、导航和测时。此外，日本还将增进太空态势感知系统建设，增强卫星生存能力；规划外层空间利用的中长期计划，加快卫星生产技术的发展等等。[3]

7. 扩大防卫设备研发合作，引领技术创新力。日本认为，随着防卫设备价格成本的快速攀升，同时亦为进一步提升防卫设备的实战表现，参与国际联合研发和生产项目日渐成为一种主流趋势。在此背景下，日本需要在国际和平与合作领域展现出更加积极的姿态，比如有效利用防卫设备于各种态势，参与武器装备及相关防卫设备的联合研发与生产等等。[4] 在引领技术创新能力方面，日本将继续鼓励技术进步，包括军民

---

① 日本《特定秘密保护法》于2013年11月26日获得众议院强行表决通过。根据法案，防卫、外交、反恐和反间谍等安保方面有关的重大信息，均可列入“特定秘密”。任何公务人员泄露、教唆或套取国家“特定秘密”，将被处以最长10年的有期徒刑。

② 国家安全保障戦略について，第15页。

③ 同上书，第17页。

④ 同上书，第16页。

两用技术；不断加大工业部门、学术界和政府三者之间的合作联系。此外，日本将积极地把技术优势运用于外交领域[①]。

除上述方面，面对北朝鲜弹道导弹能力的快速发展，日本要继续完善反导防空体系。日本将坚持一贯的打击国际恐怖主义的立场，采取一系列应对措施，包括：确保日本国内核设施的安全；通过加强与私营部门合作，保证日本海外公民的生命与财产安全；加强对国际恐怖主义发展态势的研判和海外信息搜集能力的建设。[②]

（四）因应美国“亚太再平衡”战略，强化日美同盟关系

日美军事同盟是日本安全防卫政策的基石。日本一直依托日美军事同盟，慑止朝鲜，遏制中国，防范俄罗斯，维护日美两国在亚太地区的“共同利益”。关于新时期如何增强日美同盟关系，“13 大纲”指出应从以下三个方面做出努力：

一是提升日美同盟的慑止性和应对能力。主要通过修改“日美防卫合作指针”，增强日本和美国军事力量在西太平洋地区的存在，实现日美军队从和平时期到包括“灰色事态”在内的各种环境下的无缝对接，加强两军的联合训演，共享基地和军事设施。

二是扩大日美同盟合作的领域。基于日美同盟实现维护世界和平与稳定的范围不仅限于共同打击海盗行动、各种能力建设支援、人道主义援助、灾难救助、国际维和以及反恐行动，还应拓展到海上行动、外层空间、网络安全、信息安全、情报合作以及防卫装备和技术研发方面的合作。

三是稳步推进驻日美军基地调整。日本将为驻日美军基地提供持续稳定可靠的支持，以保证其顺利有效地发挥功用；日本将持续助推驻日美军基地调整，在不降低驻日美军威慑力的前提下，通过转移、调整、减少驻日美军基地的设备和范围，包括搬迁普天间美国海军陆战队基地，

---

① 国家安全保障戦略について，第 17 页。

② 同上书，第 15—16 页。

减小美军基地对冲绳居民生活的负面影响。①

（五）积极推动防务合作与交流

1. 强化亚太地区的防务合作与交流。在亚太地区的双边安全网络层面，日本把美国及其主要盟友或伙伴——澳大利亚、韩国、菲律宾、越南、印度等列为重点合作对象。在多边层面，日本以日美同盟为桥梁，加强日美韩、日美澳、日美印等三边军事合作关系。

一是进一步强化日美军事同盟关系，与美国的“军事合作”日益热络。在 2013 年 10 月 3 日举行的日美安全磋商委员会上，双方表示将于 2014 年底前制订新版《日美防卫合作指针》，这为 17 年来首次修订该协议。过去的日本防卫合作仅限于“紧急事态”，新修订的指针将非紧急事态的所谓“灰色事态”写入其中，包括武装渔民占领日本离岛，外国潜艇在日本领海潜行等。此外，美国将向西太平洋地区配备其先进的 F－35隐形战斗机，在冲绳嘉手纳基地部署 P8 反潜侦察机，派驻“全球鹰”无人侦察机，日本自卫队和美军还将强化包括人员培训、联合演练在内的合作。2014 年 2 月，日本陆上自卫队与美国海军陆战队在加利福尼亚州的彭德尔顿海军陆战队基地举行了为期一个月的夺岛联合训练。

二是分头强化与澳大利亚和韩国的“民主国家联盟”的防务合作。继 2010 年日澳签订《相互提供物资与劳务协定》② 后，2012 年两国又签署了《军事情报保护协定》。2014 年 6 月 11 日，日澳两国同意建立一个防务装备联合开发框架，并增加日本自卫队和澳大利亚部队的联合训练。自 2010 年，日本就开始与韩国就缔结《相互提供物资与劳务协定》和《军事情报保护协定》进行谈判。2012 年 5 月，日韩曾几近达成这一目标（但在最后一刻由于韩国放弃而流产）。

---

① 平成 26 年度以降に係る防衛計画の大綱について，第 7—9 页。

② 2010 年 5 月 19 日，日本与澳大利亚签署一项双边防务后勤协议，即《相互提供物资与劳务协定》。协定规定日本自卫队与澳大利亚军队在行动中可分享食物、水、燃料、住所、交通工具、保养维护和医疗卫生服务以及其他供应。澳大利亚由此成为继美国之后第二个与日本签署类似协议的国家。

三是加强与菲、越等东南亚国家的安全合作和伙伴关系。2010年以来，菲律宾和越南等国在南海与中国出现摩擦，日本看到了可以通过加强与这些国家的关系来介入本地区安全事务、提高政治影响力的机会。日本首相安倍晋三在上任不到一年的时间内完成了对东盟10国的访问。在这些访问中，日本首相都着重与东盟国家提到了海上安全合作事宜。2013年12月13—15日，日本与东盟特别首脑会议在东京举行，双方发表了旨在加强日本与东盟各国经济、政治和安全关系等领域合作的《东京宣言》和《行动计划》。日本将向越南和菲律宾提供巡逻船，加强海上警备能力。[①] 日本还将继续推进“能力构筑支援事业”，增加对东盟国家类似ODA样式的援助项目，扩大受援国范围以及受援领域。[②] 日本防卫省已经开始向中国周边的6个国家（印度尼西亚、越南、东帝汶、柬埔寨、蒙古以及汤加）军方提供扫雷、医疗等“非战斗领域”的技术支援。2014年5月28日，日本防卫省统合幕僚长岩崎茂与缅甸总统吴登盛会谈，双方再次确认了将扩大两国间的防务交流。

此外，日本还积极在地区多边安全磋商和对话机制中，通过主导议题、设置议程和抢夺话语权来扩大在地区安全事务中影响力。在东盟地区论坛、东亚峰会、东盟防长扩大会议以及“二轨对话机制”的亚洲安全会议等重要的国际场合，日本就海洋安全议题、中国国防建设等问题，频频配合美国并声援东盟有关国家。在2014年6月初结束的新加坡香格里拉亚洲安全对话会议上，安倍晋三不仅伙同美国国防部长哈格尔攻击中国，还公开表明日本对越南及菲律宾的支持，强调在有关南中国海主权争议上，日本将就海上和航空安全方面给予东南亚国家“最强力的支持”，包括向菲律宾和印度尼西亚提供巡逻艇，也正在为向越南提供军备及相关技术支援而进行调查。

2. 加强与国际社会的防务合作与交流。日本认识到在面临全球安全挑战面前，任何单一国家都很难以做到有效应对。为此，日本将在定期展开与国际社会合作的基础上推动各种倡议的落实，以改善全球安全环

① 张蕾：《拟就“美好愿景”，日本欲借特别首脑会议拉拢东盟》，《中国青年报》2013年11月21日。

② 平成26年度以降に係る防衛計画の大綱について，第10页。

境。日本将继续推动国际社会关于军备控制、裁军、防扩散、“能力构筑支援事业”等倡议和行动。为此，日本要不断加强同欧盟、北约、欧安会、英国、法国及其他欧洲国家的合作，积极推进多层领域内的“国际和平合作活动”，特别是继续扩大自卫队参与维和行动的能力。[①]

日本与北约签署军事安保合作政治宣言。2013 年 4 月，日本首相安倍晋三与北约秘书长拉斯姆森会晤，并签署了一份旨在加强双方军事安保合作的“共同政治宣言”。双方就加强军事情报交流、共同打击国际海盗组织、应对朝鲜半岛局势、维护海洋权益等领域，达成了共识。这是日本首次与一个次区域军事组织单独签署军事合作宣言，显示出日本期望借助北约力量，加强自己在亚洲乃至世界军事舞台的存在感。日本与英国在安保领域合作规模不断扩大。2013 年 7 月，日本与英国签署了《防卫装备合作框架》和《信息安全协议》，两国将联合生产“化生放核”设备。日本与法国协商联合研制生产武器装备，希望与拥有高性能战斗机尖端技术的法国展开合作。2013 年 9 月，日本与加拿大原则上达成《加拿大和日本采购互助协定》，规定加拿大军队与日本自卫队在全球任何地方执行常规训练、维和及人道主义救援任务时，可以共享后勤支持。2014 年 7 月，日本与澳大利亚正式签署防卫合作协定，将共同研发并出口潜艇。日本积极推动“2 +2”外交和防务部长会议以及其他形式的高层防务交流。目前，日本已经与美、澳、俄、法四国建立起“2 +2”防务交流合作平台。

日本加大对非洲的安全关注。拥有丰厚战略自然资源和蓬勃经济发展势头的非洲正引起日本的全方位重视[②]。在安全领域，日本在非洲的动作不断。2012 年日本首次派遣陆上自卫队工程部队前往南苏丹开展维和行动。日本计划扩大自卫队在东非吉布提的活动据点，欲将其扩建为海外第一个军事基地，以扼守欧、亚、非三大洲的交通要冲。另据英国《简氏防务》2014 年 8 月 12 日报道，日本正意图与南非加强军事采购与研发方面的合作，两国高级防务官员 8 月在比勒陀利亚展开了有关武器

① 平成 26 年度以降に係る防衛計画の大綱について，第 11 页。

② National Security Strategy December 17，2013，p. 27.

合作的磋商。

结束语

综上所述，日本安全政策的目标和手段得到更大拓展。众所周知，囿于战后体制，虽不能以军队名义自称，但日本自卫队的总体实力居亚洲前列，然而“右倾化”的安倍政权仍不满足于现状，重新走向修宪扩军的道路。在国家安全战略上，大肆渲染日本身处的安全环境形势严峻，千方百计要突破“和平宪法”限制。在军事力量发展方向上，提出“综合机动防卫力量”构想，并配合美国“亚太再平衡”战略，推动日美“动态防卫合作”。在对外安全合作上，继续强调以日美同盟为基轴，并强调要更为主动地参与地区和国际安全事务。在对华政策方面，加大了对华牵制和防范的力度，特别是在钓鱼岛问题上采取强硬姿态、强化军事应对措施，同时积极插手涉华的南海问题。日本一方面在《国家安全保障战略》等安保文件中口口声声宣称要加强国际协调，努力维护亚太地区和国际社会的和平、稳定与繁荣，另一方面却在实际行动上固守冷战思维，增强自卫队在攻防两端的威慑力与应对力，强化与有关国家的军事同盟，拉拢其他国家制造地区对抗。安倍政府日趋强硬的外交政策和不断膨胀的民族主义情绪，将会给地区安全带来新的不确定性，须引起所有国家的高度警惕。

日俄战争前后的日本军事外交

汤文峤

日俄战争是20世纪初日本和沙俄为争夺中国东北和朝鲜半岛特殊利益而爆发的帝国主义战争，从宣战到双方签订《朴茨茅斯和约》，历时18个月，日本惨胜。① 值得研究的是，与战场相结合，日本在不同时期采取的军事外交行为，使这场双方综合实力势均力敌，甚至日本更弱的帝国主义战争，天平逐渐向有利于日本战胜一方倾斜。近代以来，日本在多次决定国运的关键时刻，其军事外交的选择往往具有相似性，呈现出一定的规律。分析日俄战争前后的日本军事外交行为，既是从军事外交这一特殊视角研究战争史，也是对日本战时军事外交具体形态的例证和归纳。

一、缔结日英同盟

19世纪50年代克里米亚战争后，俄国被迫承认奥斯曼帝国对巴尔

---

① 查攸吟：《日俄战争——开战背景及海战始末》，武汉大学出版社，2012年11月，第110页：对于日本的战争能力，日本公使林董曾对英国外交大臣兰斯多恩说过："日本政府的储备可维持一年，通过提高税率和增发纸币能再维持六个月。"18个月是日本政府所能承受的战争期限，之后日本将破产。维基百科，http：//ja. wikipedia. org/wiki/日露戦争．战争统计，日俄战争中，日本战死88492人，伤153584人，俄国战死31458人，伤146032人。战后日本虽收获了海外特权，却没有获得赔款，国内通货膨胀严重，人民对战争结果不满，爆发了"日比谷烧打事件"。

干和小亚细亚的控制，并承诺不在黑海布置舰队。其控制君士坦丁堡进而夺取达达尼尔海峡、博斯普鲁斯海峡控制权的努力遭到彻底扼杀。为了追求“不冻港”，留给俄国扩张的方向只剩下东方，俄国开始奉行激进的远东政策。甲午战争后，俄国认为日本过分的扩张已严重威胁到其远东利益，组织“三国干涉还辽”①，此为日俄矛盾的开端。随后，俄国借此与清政府签署“中俄密约”，开始兴建东清铁路及南满支线，并强租旅顺及大连港，建造太平洋舰队基地。这一系列动作使得已将中国东北视为禁脔的日本如芒刺在背。1900 年扶清灭洋的“义和团事件”导致八国联军侵华，俄国直接派军进入东北，占领满洲全境，尤其展现出对日本控制的朝鲜半岛的野心，② 令日本朝野震动，开始着手讨论对俄策略。

日本对可能与俄国爆发冲突的预计有着相当的顾虑，其中之一便是俄法同盟。因为一旦日本和俄国进入战争状态，根据这一盟约的要求，法国将对日宣战。由此，日本军事外交的头号任务就是构建军事同盟，以抵消俄法同盟的战略威慑。在此背景下，英国成为日本积极开展结盟外交的对象。③ 故 1901 年 4 月，日本驻英公使林董在得到外相加藤高明的许可后，开始试探与英国达成共识甚至是结为同盟的可能性，收到了积极回应。同年 9 月，日本首相桂太郎启用小村寿太郎为外相，积极推进日英结盟，准备对俄摊牌。有关日英同盟，时任日本首相这么评论：“日清战争后，日本有人提出亲俄论，有人提出亲英论，各执一词莫衷一是。亲俄论者以暂时和平为依据，但就我所见，俄政策并非以独占满洲为终点，满洲到手后必然向朝鲜伸手，故我不能同意。英国与其相反，它从利益的观点出发想与我亲善，根本无领土野心，唯有帮助我抵抗俄

---

① 甲午战争后，清政府与日本明治政府在 1895 年 4 月签署《马关条约》，割让辽东半岛给日本。6 日后，俄罗斯、德国与法国以提供“友善劝告”为借口，使日本把辽东半岛交还给中国。

② 1901 年 1 月，俄国公使照会日本政府，提出了使朝鲜“中立化”的要求。

③ 在同一时期，英俄之间正展开愈演愈烈的国际角逐，双方矛盾已经从君士坦丁堡、博斯普鲁斯海峡地区的矛盾，拓展到了在波斯、阿富汗地区甚至是远东的矛盾。英国外交部远东事务处也曾就设法和日本结成反俄同盟提出过建议。

国入侵远东，才是它的政策的首位。"①

1902年1月30日，日英两国在伦敦缔结盟约，内容主要包括：日本在中韩两国，英国在中国拥有特殊的利益，各自的利益在受到侵害时，将采取必要的措施；日英双方为了保护以上利益和第三国开战的时候，另一国将保持中立，并阻止自身其他盟国加入战争；在上述情况下，如果交战中的第三国和其他一国或数国结成同盟并参战，日英将协同作战，媾和也将根据相互间协议进行；日英两国不缔结有害于上述利益的其他条约；在危及两国利益时，要相互通报；同盟有效期为5年。② 此外，根据同时交换的公文，日英两国海军平时要加强协作，在入坞修船、补给煤炭等方面相互提供方便，并明确在远东水域日英两国要努力保持优于第三国的海军力量。

缔结日英同盟是日俄战争前日本军事外交的重大胜利，在日英结盟的形势下，法国当然不会为了俄国的利益而与英国交战，德俄之间本来就存在复杂的矛盾，同样不会为俄作战；美国在"门户开放"的口号下，要求中国东北对各国开放，自然不愿意看到俄国独占满洲的局面。这样，在即将爆发的战争面前，俄国陷入了孤立的境地。如此有利的国际形势奠定了日本之后与俄交涉并最终决定开战的信心基础。衡量起来，日本似乎从同盟中得益较多。这一军事同盟对当时一直努力脱亚入欧的日本而言是一种莫大的激励，是日本在国际事务中享有正式平等地位的象征，也大大提高了其在国际事务中的影响。日英同盟可以说是日本新的出发点，在20世纪前半期，日本在远东事务中逐渐成为主导性力量之一。

日英同盟对俄国也起到了立竿见影的威慑作用。同盟条约签订后两个月，俄国同清政府达成了分三个阶段从满洲撤军的协定——《交收东三省条约》。俄国允诺，如果中国不再发生变乱，俄国当在一年半内分三批撤退其在东三省的驻军。③ 但是，随着东清铁路及南满支线接近完

---

① ［日］司马辽太郎著：《坂の上の雲》，文藝春秋，1969年版，第63页。

② 日本外务省外交史料馆：《第一回日英同盟协约》，日本外交文书第三十五卷，http：//www.mofa.go.jp/mofaj/annai/honsho/shiryo/archives/35.html。

③ 张忠绂：《英日同盟》，新月书店，1931年版，第87页。

工，俄国扩张野心再次膨胀，在第二批撤军期限将至之时，俄国提出“新七条”的撤军条件，试图独占中国东北，驱逐在该地的他国既得利益。美英两国发出了最强烈的外交抗议，日本更是表示要进入动员状态。日本意识到，虽然自身的国力日益增强，但无论从何种角度来看都无法正面抗衡俄国，而其在远东地区的局部优势正随着俄国西伯利亚铁路的延伸而削弱，仅靠日英同盟维持远东均势与和平似乎已变得越来越难，由此对俄或讲和或宣战，日本必须立即决定对俄国和中国东北应采取的措施和态度。

二、直接对俄交涉

谈判和交涉是军事外交的主要形式之一，指的是与目标国家就宣战、停战以及为协调武装冲突各方关系，限制军备发展、武装力量部署及活动，处理军事领域某些具体问题而进行的谈判和交涉。[①] 战争发生前，军事谈判与交涉有多种情况，有的是为了结盟，增强己方军事实力，协调友邦之间的军事战略方针；有的是为了阻止战争发生而进行的斡旋活动；有的则是为了正式宣战。日本在与英国达成盟约后，开始着手对俄交涉，希望能协调双方在中国东北以及朝鲜半岛的利益，做避免战争的最后尝试。当然，日俄两个帝国主义国家奉行的扩张政策注定是不可调和的，此时的谈判只不过是战前的心理建设及争取备战时间的军事外交手段而已，自然不会得出双方满意的结果。

1903 年 4 月 21 日晚，在维新元老山县有朋位于京都的私邸“无邻庵”中，山县有朋和政友会总裁伊藤博文、首相桂太郎、外交大臣小村寿太郎等 4 名当时日本政界最有分量的人物，召开了一场决定之后对俄态度的密会。在这次史称“无邻庵会议”的私人聚会上，日本政府的核心要员们确定了以下 4 点方针：1. 俄国若不履行满洲归还条约从满撤

① 郭新宁：《论军事外交与当代中国实践》，国防大学出版社，2011 年 6 月版，第 105 页。

军，则日本应向俄抗议；2. 以满洲问题为机会，开始对俄交涉，解决朝鲜问题；3. 须使俄承认朝鲜问题上日方之优越权，一步不可让；4. 对满洲问题，则可承认俄国根本之优越权利地位，以彻底解决朝鲜问题。[①]这份提案在当年6月23日提交到御前会议进行讨论并获得了批准。正式提出的对俄谈判方针包含6点，除了例行的“尊重中、韩领土完整”外，核心内容为承认日本在朝鲜的优先利益和俄国在满洲的铁路权益，并声明日本有权帮助朝鲜改革内政制度、对其提供军事援助。此外，作为谈判余地之保留，日本在最后一条中宣称要求俄国承认其拥有将朝鲜铁路延伸，穿越南满一直修筑到牛庄和山海关的特权，以供俄国讨价还价。1903年7月28日，日俄新一轮围绕“六点方针”的外交谈判启动。对于日本的“六点方针”，俄国采取拖延策略直至3个月后才提出了反建议，即以日本不将朝鲜领土用于军事目的为条件，承认日本在朝鲜的特殊地位；满洲以及其海岸完全在日本利益之外；在北纬39度线至鸭绿江设立安全区，日俄两国不得派兵进入。[②] 俄国意为，俄势力可以插手朝鲜事务，而日本不能染指满洲分毫。小村寿太郎将日方的答复发给俄国，共3条：不干涉日本在满洲的贸易自由；日本承认俄国在满洲的特殊利益，而不仅限于承认俄国对东清铁路和筑路权的特殊利益；互不阻碍东清铁路和朝鲜铁路在鸭绿江一线的连接。俄国拖延到12月12日才答复日本，只是将上一份反提案的最后一条删除了事。至此，日本已认定俄国所谓“外交努力”只不过是敷衍和拖延时间，随后的交涉已没有意义，日本军事外交重点开始转向断交与宣战。

1904年2月4日，日本召开御前会议并作出重大的战略决定，必须在日本还能按照自己的节奏把握一切的时候对俄开战。这次会议达成共识，认为日本能够期待获得对俄战争的胜利，原因是日本实际上不是在和整个俄国交战，而是在同它位于远东的军事力量战斗。这个决定由外相小村寿太郎于次日命日本驻俄公使栗野慎一郎传达给俄国政府，小村

---

① 查攸吟：《日俄战争——开战背景及海战始末》，武汉大学出版社，2012年11月，第92页。

② 日本外务省政务局：《日露交涉史（上卷）》，“第九章満韓ニ関スル日露間交涉”，文件编号 B02130339000。

外相同时召见俄国驻日公使通告断交。[①] 随后，天皇向海军大臣和陆军大臣下发敕令，战争一触即发。需要指出的是，作为断交这一军事外交行为的一部分，日本在一两天内从俄国撤离了公使馆、领事馆，关闭了位于战场范围的满洲牛庄领事馆，并且要求俄国驻东京公使馆撤离。[②] 将对滞留俄国和满洲地区日本公民的保护委托给美国，日本政府也承诺保护对日利益没有损害的在日俄国居民的安全。[③] 1904 年 2 月 8 日，日本海军偷袭旅顺港，2 月 10 日天皇发布宣战诏书，日俄战争正式爆发。

三、谋求清政府“局外中立”

战时军事外交的主要作用就是争取相关国家加入同盟，至少谋求中立，阻止其加入敌国阵营。克劳塞维茨在《战争论》中高度评价了军事外交对战争的作用，他认为军事外交是“一种特殊的手段，可以影响成功的几率而又无需毁灭敌军，是直接运用政治的权术。假使有某种手段可以破坏敌人的同盟或使其无效，又或替我方争取新的同盟关系，以及产生对我方有利的政治形势等等，则那也就会变成一种比击败敌军还更易于达到我方目的的捷径”。[④] 日本与英国缔结同盟，获得了英国在军事、经济上的巨大支持。[⑤] 英国方面曾明确表示“为了以防万一，我们当然不能容许俄国黑海舰队哪怕一艘军舰参加军事行动”，因为这“对英国和俄国都是极其危险的”。美国公使的态度也很明确，他希望能让

① 日本外务省外交史料馆：“国交断絶の通告公文と、公使館引き揚げの記録”，《日本外交文书》第 37 卷、第 38 卷别册日俄战争，文件编号 B07090546900。

② 1904 年 2 月 12 日日本官方报纸：“二月六日在露京帝国公使館、在オデッサ及牛荘帝国領事館並に在浦潮斯徳帝国貿易事務館を撤退し在哥爾薩港帝国領事館は交通の途なきを以て閉館す”，文件编号 B07090194400。

③ 1904 年 7 月に外務省臨時報告委員によりまとめられた資料：“日露事件要報”，文件编号 B10070160300。

④ 克劳塞维茨：《战争论》，上海人民出版社 2005 年版，第 236 页。

⑤ “国倫敦及北米合衆国紐育ノ両市場ニ於テ公債募集事務完結ヲ告ケ顛末報告ノ件”，文件编号 A03023073500。

日本放手一搏，“我们如果阻拦日本，使日本失去它显然决定加以利用的良机，那么必将遭致它永世的仇恨”。[①] 与之不同的是，与俄国结盟的法国以及与俄皇有亲戚关系的德国对俄国却没有具体的行动支持。

开战后日本谋求各国局外中立的军事外交举措，保障着战局朝有利于日本方向发展。从国际法角度，不仅日俄双方的同盟国英国和法国没有直接参战，作为战争“当事国”的中国和朝鲜，以及美、德、意等国家也保持了“局外中立”。[②] 其中，谋求清政府“局外中立”尤为关键。清政府与俄国之间本有密约，约定日本侵略朝鲜半岛和中国东北时清政府有协助俄作战的义务。然而，日本希望清政府保持中立的考虑是：首先，日本的目标就是夺取俄国在中国东北的权益并实现独享，而要实现独享，一是将战争局部化而不影响列强的既得利益，从而避免列强进行干预，二是保证中国中立，避免战胜后东北权益被中国以战胜国的姿态合理收回；其次，保证中国中立，可以避免列强尤其是德、法两国趁机参战来瓜分中国。日本外相小村寿太郎对中国驻日公使所言“日俄万一决裂，日不愿他国卷入并愿贵国中立以免他国藉口横生枝节。惟贵国内地须自固守勿使变乱，否则他国趁隙启衅大局更坏”。[③] 此外，保证中国的中立，可以避免俄国利用中国北方漫长的边境线来扩大战争的后方基地。日本还鼓动列强向清政府施压，美国向中国及包括日俄在内的列强发出照会，提出“希望交战双方在战争过程中尊重中国中立，双方采取一切措施保证中国的行政完整并尽可能使战争局部化”。对此，日本政府迅速回应：一是中立范围以俄战区为限；二是俄国接受并履行同样的义务。法国政府在复照中表示，法国政府尊重中国中立，但作为战场的满洲排除在外，中国给外国的让与地同样包括在中国的中立之内。德国在也复照中表示尊重中国的中立。至此，清政府发出日俄“失信用兵”，“非中国开衅”，“不允许中国民众为两国充当兵员及从事其他服务；两

① 查攸吟：《日俄战争——开战背景及海战始末》，武汉大学出版社，2012 年版，第 106 页。

② 日本外务省外交史料馆：《日露战争别册》，“第 2 章局外中立”，http：//www. mofa. go. jp/mofaj/annai/honsho/shiryo/archives/b2 - 2. html。

③ 王彦威、王亮：《清季外交史料》，转引自周厚清：《日俄战争中清政府的局外中立与列强态度》，《惠州大学学报》2000 年第 20 卷，第 44 页。

国兵船不得在中国沿海属地并口岸停泊、采运及作战；不出售军火、粮食、煤炭给交战国；对两国商船一律加以保护等”的局外中立照会。[①]

日本谋求局外中立的过程中，还产生了一系列军事外交交涉，主要体现在与清政府围绕海上中立权的交涉。在日俄海战中，日本占据优势，战争前期封锁并攻占了旅顺港，使俄国丧失了重要的海军基地；战争后期击败从欧洲赶来的俄国波罗的海舰队，确立了胜利的局面。战败的俄国军舰有一些就近逃入中国港口，对这些进入中国港口的俄国船只如何处理，是中日两国交涉的主要问题。其中影响较大的处理中立诸港逃入舰船的军事外交事件包括“满洲”号事件（上海港），“列西特罗涅”号事件（烟台港）以及“列斯顿洛朴涅”号事件（烟台港）。[②] 其共同点可以概括为，日本虽然声明尊重中国中立，但在具体事件的处理上则是我行我素，肆意侵犯中国的中立权，即使在交涉过程中，也时常以武力相威胁。[③]

四、战时新闻管制

军事外宣是军事外交工作的重要内容，是国家间进行政治斗争、军事斗争和文化渗透的一种重要工具。战时军事外宣既强调树立形象，及时、有效报道战争进程，也必须结合新闻管制，从而封锁军事机密、屏蔽不利于己的消息。日俄战争期间，日本政府通过对传媒机构，特别是对外国记者的管制，使战时军事外宣达到为己所用，争取世界舆论的目的。

首先，日本在对俄宣战后不久即发布政府规定，限制外国记者采访。1904 年 2 月，日本军部与外务省联系，就立即将事先准备好的陆、海军

① 关国磊：《日俄战争期间清政府的局外中立政策》，《大连近代史研究》2010 年第 8 卷。

② 日本外务省外交史料馆：《日露战争别册》，“第 2 章局外中立”，http：//www. mofa. go. jp/mofaj/annai/honsho/shiryo/archives/b2 －2. html。

③ 王刚：《日俄战争期间中日两国围绕海上中立权的交涉》。

内部戒严令做了内部通报。[①] 该戒严令规定在各种场合下发生的所有事项，由警察、宪兵、军队共同分工负责审查、查封、搜证、审问及其他强制处理。且具有多端性质，包括了对外国记者采访事宜的限制。为在一定程度上减少和消除外国记者对日本新闻采访管制的不满，日本驻英国大使馆特意借英国《泰晤士报》总编辑莫巴里·贝尔的感谢信来表示该报记者对日本新闻稿审查制度的理解，表示该报赞同审查是对于保护军事机密的必要性。在朝鲜战场，由于日本当局发现外国记者或其他人士通过邮局和电信局发送关于战争采访或战争进展消息，于是决定禁止一般居留民与其他地方的通信。[②] 除上述措施以外，日本当局下令把朝鲜港口停留的所有商船的出港日期统统改为延迟。甚至对兼任美国《哈弗斯·周报》以及《世界报》新闻通讯员丁怀德（W. W. Dindwiddie）的私人雇佣船从新义州前往仁川的通行（事先得到许可）也予以禁止。日本军部内部通报中强调，按照日本国内大本营指令，在日本第二军集结完成以前，特别注意限制外国通讯员和各种外国人的来往行动，其中一种限制方法就是切断其交通工具。日本表面上签发随军外国记者采访证，但实际上却很少允许外国记者前往战场采访。

其次，当日俄战争的陆战开始后，日本为了获得世界舆论的同情，开始利用日本的官报等新闻报道对外大力宣传曾经被各国新闻报道机构广泛转载俄国残杀日本士兵的报道，借以渲染俄军在本溪摩天岭、大连得利寺等地实施残虐的行为。[③] 如1904年8月24日，日本公开报道了日本预备陆军步兵一等兵两人在一场战斗中遭敌弹毙命，被覆盖在小树丛中。战斗结束后，清扫战场时，依据日军医师检查，俄国兵对其头部犹用钝刀或用斧头割断，自前额至后头部，脑质脱出甚多。这些公开报道呈现以下特点：一是接连不断地对外宣传俄军在战场上实施了战争犯罪行为；二是由各个军团或各地日本军司令部负责宣传对外提供信息，并

① 日本外务省外交史料馆：《日露战争别册》，“第3章陆战关系”，第8号文件，http：//www. mofa. go. jp/mofaj/annai/honsho/shiryo/archives/b2 –3. html。

② 日本外务省外交史料馆：《日露战争别册》，“第3章陆战关系”，第103号文件，http：//www. mofa. go. jp/mofaj/annai/honsho/shiryo/archives/b2 –3. html。

③ 日本外务省外交史料馆：《日露战争别册》，“第3章陆战关系”，第105号文件，http：//www. mofa. go. jp/mofaj/annai/honsho/shiryo/archives/b2 –3. html。

且十分强调重视各地专业军医进行实施尸体解剖检查以及附加其他日军士兵证词。目的就是对外报道宣传日军是无辜的、受害的，唤起世界的同情和关注，同时也为战后清算俄军的战争罪行提供事实根据。

另外，日本还大肆抓捕，重判与外国报道有关“俄探”。[①] “俄探”一词在当时日本国内，主要指被指控与新闻报道有关的新闻间谍，既有日本人，也有不少外国人士。日本政府从日俄战争开始后不久，就在新闻报道以及外国有关联的部门、人士中大抓“俄探”。1904 年 2 月，就曾以违反日本《军机保护法》为罪名，将日人高桥门三九判刑 8 年。1904 年 11 月，日本逮捕了来自旅顺，受俄军派遣到横滨的葡萄牙籍英国人、日本某外文报记者科里琳斯，不久判刑 11 年，对外国报界人士施加警示。1905 年 7 月，日本判处前法国驻日本大使馆武官布克昂 9 年徒刑，列举其罪状包括将日本某某师团出征的情报，以及其他日军编制、换防、装备等情报以密电告给上海法国报纸《小巴黎人报》。[②] 另一面，日本极力为亲近日本的战地武官和记者采访提供方便。战争爆发后的 4 月，日本第一军就曾给英国汉密尔顿中校、德国赫夫曼大尉等人签发了外国武官从军许可证，同时为其提供可用电报及有线电讯设施等。

五、主导停战议和

战争结束前后的军事外交主要围绕磋商停战条件，协调冲突各方关系，缓和冲突烈度，确定各方为正式停战而负有的责任、权力和义务而进行。同为战后议和，相关时机选择、谈判策略以及调停方的选择均考验一国军事外交水平。在日俄战争后期的停战及议和过程中，日本军事外交招招领先。正因为其在军事外交层面策划在前、实施得力，适度取

① 奥武则：《俄探——日俄战争时期的媒体和国民意识》，中央共论新社出版，2007 年版，第 1—25 页。

② 石若一、桂明宇、杨红：《日俄战争中日本对外国的报道管制与策略研究》，《大连近代史研究》2009 年第 6 卷。

舍，牢牢掌握了主动，最终通过《朴茨茅斯和约》的签订基本达到了将战场优势转化为战后国家利益的效果。

不可否认的是，无论是局部战争还是全面战争，其对国力的消耗都十分惊人，任何国家都经不起无休止的漫长战争。在日俄战场上处于劣势的俄国如此，屡屡获胜的日本亦然。随着战局的发展，通过军事外交渠道议和是日俄双方都在考虑的选项。日本政府早在开战后的早期阶段就进行过有关媾和条件的讨论。1904 年 7 月，外相小村寿太郎向桂太郎首相提交过一份意见书，列举了诸如索取俄国军费赔偿之类的讲和条件。① 1905 年初奉天会战日本虽然取胜，但后续兵力不足等军事困境逐渐显现。于是在政府和军部，均展开了下一步军事与外交并举，以求尽早结束战争的讨论。1905 年 4 月 21 日，日本召开内阁会议，确定《媾和条约大纲》。与之前的意见稿相比，对于战后赔偿的获得虽有提及，但重要性已被降低。而对日本帝国在东北亚及世界影响力扩张的追求则排在第一位次；其次强调满韩俄国原有权利之获得，这本是此次战争的起因，也必须是战胜红利获得应有之意；而对于满韩铁路的利权，辽东半岛的租借亦是借机确定势力范围，侵占中国主权的帝国主义行径。②

《媾和条约大纲》确定后，小村外相即命驻美公使高平小五郎斡旋美国总统罗斯福担任调停角色。之所以选择美国作为调停方，在于美国对日本的明显偏向态度符合日本军事外交需要。美国总统罗斯福在开战前就警告过俄国，“日本在某种意义上是在为美国而战”。美国全美犹太人协会、铁路大亨也多次以购买日本国债的形式支持日本作战。③ 同时，美国“门户开放”政策与俄国企图独霸满洲、蒙古、西伯利亚、朝鲜的意图也相悖。站在美国全球利益的立场上，罗斯福总统乐于担任调停角色，借此扩大美国影响力。而最有可能反对美国调停的“中立力量”来

---

① 亚洲历史资料中心：“露講和条件ニ関スル小村外務大臣意見（明治三十七年七月首相へ提出）（未定稿）”，文件编号 B04120029000。

② 亚洲历史资料中心：“露講和条件予定ノ件（明治三十八年四月二十一日閣議決定）”，文件编号 B04120029300。

③ 维基百科：词条“ポーツマス条約”，http：//ja. wikipedia. org/wiki/ポーツマス条約。

自于德、法两国，但由于俄国发生革命[①]，德法担心会像法国大革命时一样，威胁到周边安全，也希望日俄战争早日结束，遂并未提出异议。

经过妥协，日俄决定在调停国美国的朴茨茅斯市议和。此次谈判日本由外相小村寿太郎亲自挂帅，驻美公使高平小五郎辅之。事先确定三点不可让步之谈判要点：1. 对于朝鲜，日本具有自由行事之权利；2. 俄国从满洲撤军；3. 俄国从清政府获得的辽东半岛租借权以及哈尔滨至旅顺的铁路权益需让渡给日本。此外有四点次等必要的条件：1. 军费赔偿；2. 引渡逃入中立港之俄国军舰；3. 割让库页岛及附属岛屿；4. 渔业权获得。[②] 双方共进行了10轮会谈，经过前6轮的讨论，日本提出的讲和条件基本为俄国所接受，其军事外交取得了初步成功。但围绕有关库页岛割让、赔偿金支付、俄军舰引渡、限制俄在远东地区海军军力这4点双方分歧很大。由于日本国内对俄强硬派声势巨大，不允许日本在谈判桌上让步，一时间双方面临谈判破裂的风险。

然而，外交谈判是妥协的艺术，战争议和尤其讲究利益取舍。日本的决策层深知是时日本拥有战场优势，是结束战争收取红利的最好时机。一旦谈判破裂双方继续开战，以日本的国力将难以为继，胜负难料且国家利益必将受损。此时的军事外交必须有所妥协。1905 年 10 月 4 日，日本枢密院召开会议，议长伊藤博文亲自向日本决策层汇报日俄战争的意义，日本的战争消耗以及朴茨茅斯会议谈判过程中日本的考虑，坦言“18 个月的战争日本伤亡数十万，花费十几亿，现俄国虽然在满洲战场失利，但仍有再战之实力，谈判、交涉向来不可能取得全胜，若一味强

---

① 又称“血腥星期日”：1905 年 1 月 22 日清早，东正教神职人员盖庞神父，带领一个为数约 3 万人的工人组织到冬宫外广场和平示威，目的是向沙皇递交请愿书，以表达劳工阶层与社会底层人民的困苦，与遭受到的欺压，请求沙皇进行社会改革与终止日俄战争，并期望不要有超时的工作与合理的待遇。尼古拉二世从 1 月 8 日起已移居在皇村，和平示威当天不在冬宫，当时负责守护宫庭的武装士兵，列阵与示威群众对峙，而聚集的民众已渐渐增加到 20 万人，大家手拿着圣像、沙皇图像，唱着圣诗与爱国歌曲，士兵后来对空鸣枪示警，不久之后便向群众射击，民众在惊慌中逃亡而争相推挤，盖庞神父也在混乱中身亡。官方宣称伤亡人数为 96 人死，333 人受伤，反对势力宣称死亡人数超过 4000 人，保守估计约 1，000 人伤亡。此一血腥镇压事件，引起公众的愤怒，俄国人民不再寄望沙皇，一连串大规模的罢工在各地发生。

② 亚洲历史资料中心：“露講和談判全権委員ニ対スル訓令案（明治三十八年六月三十日閣議決定）”，文件编号 B04120029400。

硬致使交涉破裂，下一场战争损失将难以预料。”[①] 最终，决策层顶住国内强硬派的压力，谋求国家利益最大化，放弃赔款要求，对库页岛领土要求也让步一半，力促《朴茨茅斯和约》的顺利签订。[②]

结 语

除上述严格意义上的军事外交行为，日俄战争时期的日本政府还采取了一些具有特殊军事外交意义的举措：

其一，开战前及战争中多次发行公债为作战筹措资金。日本为筹备战资，必须完成从海外筹集 1.5 亿日元的任务，日本政府遂以关税为担保发行国债。然而，因世界各国均不看好日本的战争前景，西方财团一致看低日本国债的收益。面对不利局势，日本积极对友好国家英、美等国展开外交游说，日本央行总裁高桥是清亲自前往伦敦贩卖战争、兜售国债，且一度不惜成本地大幅提高国债预期收益率。在利益驱使下，伦敦金融机构和纽约金融街的“大鳄”先后开始买入行动。筹措的资金迅速用于对俄开战，而战场的胜利又反过来促进了日本国债的热销，之前的损失被迅速抹平。据统计，1904—1906 年，日本共对外发行 6 次国债，总额 13 亿日元，对战争提供了巨大的后勤保障支持。[③]

其二，暗中资助俄国革命。20 世纪初，俄国沙皇的专制以及暴政引起民众不满，革命思想随即在俄国底层阶级中酝酿。这种不满终于在 1905 年前后爆发，民众有组织地走向街头，要求废除专制，制定宪法，改善劳动条件，最终导致“血腥星期日”事件的爆发。[④] 战后俄国新闻

① 日露战争特别展：“日露講和条約批准に関する枢密院会議筆記録”，http：//www. jacar. go. jp/nichiro/sumitsuin. htm。

② 日本防卫省防卫研究所：“露講和談判筆記附両国全権委員非正式会見要録参謀本部副官管”，文件编号 C06041240100。

③ 维基百科：词条“日露戦争”，http：//ja. wikipedia. org/wiki/日露戦争。

④ 日本外务省外交史料馆：“露国内政改革運動其他内情ニ関スル件 1”，文件编号 B03050935500。

报道，时任日本驻俄武官明石元二郎大校在日俄战争期间向俄国革命党提供了活动资金。[①] 而日本防务研究所相关资料也证明了这一点，1904年8月末，明石元二郎大校确实从参谋本部机密费中支取了10万日元资金，并将这些资金提供给了俄国的反政府组织。[②]

军事实力相对弱小的日本，正是通过一系列纵横捭阖的军事外交动作，确立了战略上的胜势并最终赢得了日俄战争。从军事外交的视角考察日俄战争史，充分展现了军事外交在这场战争前后保障国家利益、谋局布势、遏制对手、纾解困境的功能作用。战争中日本所展现的军事外交具体形态，既包含与敌国、盟国、中立国的谈判、交涉，也不乏广泛的军事合作与军工军贸，更不缺少战时军事外交特有的军事情报、谍报和军事外宣。纵观日俄战争全程，无论是战前、战时还是战后，日本的军事外交活动贯穿始终，始终主导着战局走向，成效显著。可以说，日俄战争的结局不仅是双方军事较量的结果，也是军事外交角逐的结果。

---

① 日本外务省外交史料馆："国新聞「ノボエウレミヤ」紙上ニ明石大佐ト露国革命等トノ関係掲載一件"，文件编号B03040812100。

② 日本防卫研究所："機密費払戻の件"，文件编号C03020210900。

大国竞逐与朝鲜半岛政局走势

葛腾飞

结合历史和地缘政治的视角对朝鲜半岛的政治走势予以解释，国内外研究早前得出的代表性结论便是，朝鲜的地位要么受制于一国强权的优势，要么由强权之间的均势决定。① 然而这种结论是否适用于冷战后的现实呢？总的来说，大国在朝鲜半岛的历史和现实进程中的作用是公认的。但是，有关朝鲜半岛自身力量的能动性作用，往往很少得到特别的关注。本文从历史分析和地缘政治分析的角度，试图对有关大国以及朝鲜半岛自主性力量在半岛局势和朝核问题上的角色和作用作一分析，由此展现出朝核问题未来走向的可能框架。

一、远东内部力量变动是朝鲜半岛局势动荡的主要原因

历史上的朝鲜半岛在10世纪时便建立起统一的民族国家，并因偏居一隅而独享宁静，被称为“隐士王国”。自古以来，朝鲜与中国保持着密切的关系，直到清朝时期两国政府仍旧维持着传统的宗藩关系，而且

① 汉斯·摩根索：《国际纵横策论——争强权，求和平》，上海译文出版社，1995年版，第233—234页。

这种宗藩关系被认为是当时远东力量格局中强弱力量联合的一种恰当反映，朝鲜也并没有丧失自己的相对独立地位，中国中央王朝也向来不干涉朝鲜国家内政，双方关系呈现出一种“不黏不脱”的特征。[①] 在19世纪中期西方列强相继以炮舰外交打开中国和日本大门的时候，朝鲜也侥幸没有立即得到西方列强的特别关注[②]，应该说晚清中国作为宗主国还是在很大程度上起到了对朝鲜的遮掩和屏障作用。而在朝鲜最终被迫“开国”的过程中，有两个条约是非常关键的。一是1876年日本逼迫朝鲜签订的《江华岛条约》。此时虽然日本自身还没能摆脱西方列强不平等条约的羁绊，然而却已经套用西方列强对付日本的办法去对付朝鲜了；二是1882年5月的《美朝修好条约》，条约签订后朝鲜从此“被置于险谋诡计的惊涛骇浪之中，随波逐流，不由自主”。[③] 但必须指出地是，美国与朝鲜签订该条约，很大程度上是在日本的协助之下，是在晚清政府日暮途穷之际试图联合美日共同对抗沙俄的政策背景下，美国才得以最终完成对朝鲜“开国”的。应该说，此时美国对朝鲜半岛的野心是有限的，并且逐渐成为日本侵略朝鲜活动的支持者。[④] 19世纪后期美国对日本在朝鲜活动的支持，从更广范围可以认为是美国为其此时期在西太平洋一系列侵略扩张活动，包括兼并夏威夷和殖民菲律宾，而谋取日本支持的一种辅助手段。[⑤] 由此可以说，朝鲜半岛在19世纪晚期开始的剧烈动荡并不是在西方外来力量主导下策动的，而是主要缘自于远东内部力量的变动。

日本在19世纪后期的崛起是造成朝鲜半岛局势动荡的最主要原因。虽然实际上日本对朝鲜的野心远远可以往前追溯到16世纪，甚至可到14世纪。当然日本野心得以实现的条件却是日本自身力量的崛起、晚清中国的衰败、包括美英等西方列强的支持。朝鲜这时逐渐被日本认为是其国家的“生命线”，成了日本有效实施向外扩张、图谋远东霸权的第

---

① 曹中屏：《东亚与太平洋国际关系》，天津大学出版社，1992年版，第172页。另见马士、宓亨利：《远东国际关系史》，上海书店出版社，1998年版，第367页。

② 见马士、宓亨利：前引书，第366页。

③ ［美］泰勒·丹涅特：《美国人在东亚》，中译本，商务印书馆，1959年版，第462页。

④ 王传剑、陈锋君：《亚太大国与朝鲜半岛》，北京大学出版社，2000年版，第46—48页。

⑤ 同上书，第50页。

一步。此后的远东便是一系列的战争与动荡，经过中日甲午战争和日俄战争，朝鲜最终完全被纳入日本的殖民地，丧权辱国达35年之久。而进一步的局势演变，正如马士、宓亨利所指出：“朝鲜毕竟是整个远东局势的关键部分。日本向西伯利亚、满洲和中国进行经济渗透的整个计划，是以日本对朝鲜的控制为转移的。”[①] 由此逐渐形成的，是日本第二次世界大战中在远东地区的全面侵略战争。当然第二次世界大战的结果彻底击败了日本的扩张野心，但代价却是引来了新的强权控制。美国与苏联共享了东北亚的控制权。朝鲜半岛也自然最明显地反映了这种力量共处的格局，一分为二，由此今天朝鲜半岛的分裂局面得以形成。

长期的外部对抗也僵化了半岛内部的分裂局面。冷战后，虽然朝鲜半岛内部力量也试图自主地创造半岛统一的可能性，摆脱分裂的痛苦，但长期的南北政治军事对峙使得南北双方并未能建立起有效的沟通渠道和协调框架。20世纪70年代后期以来，韩国经济上的成功使其在半岛南北力量对比中越来越处于较明显的优势地位，朝鲜的冷战时期盟友苏联的瓦解，其继任者俄罗斯在20世纪90年代初又奉行一种对韩一边倒的政策，中国也在1992年与韩国建交，在这种局势下朝鲜备感孤立无援和势单力薄，自然对安全问题的担忧尤甚，于是它寻求以一种战略威慑性力量来化解自己在半岛力量对比中的不利处境，并希望通过一种“通美封南”的政策，即绕过韩国、直接与美国打交道的方式来确立自身高出一筹的地位。在这种情况下，核问题其实只是朝鲜发力的一种手段。而美国无论是从维持其在亚太地区同盟关系出发，还是从维持东北亚大国关系的稳定来考虑，都必欲压制朝鲜的抱负。核问题也正好成了美国压制朝鲜的合理工具。双方各有所图，朝鲜核问题在这种背景下自然愈演愈烈。

二、围绕朝鲜半岛的地缘政治角逐

有关朝鲜半岛的地缘政治竞争清晰而自然。朝鲜半岛一端背靠大陆，

---

① 马士、宓亨利：前引书，第601页。

另一端伸向海洋，地处大陆与海洋之间，构成一个背陆面海的“丁”字形状。所以自古以来，大陆和海洋两大势力都力图在此扩大影响、图谋领土、或觊觎政治经济特权。

历史上，朝鲜半岛在长期的政治进程中客观上呈现出这样几种情况，或受陆权国家主导，或受海权国家控制，或呈现出陆海权国家间的竞争局面。受陆权主导的时期实际上主要反映在19世纪中后期以前中国在远东地区主导的“华夷体制”之中，其间虽然日本也欲建立与“华夷体制”针锋相对的以日本为主导的“大君外交体系”，但终遭失败。[①] 受海权控制的时期，一是1910—1945年，朝鲜被日本兼并，沦为日本殖民地；二是冷战结束之初即20世纪90年代前期，朝鲜半岛受美国影响较重。余下大部分时间则表现为东北亚陆权和海权大国在朝鲜半岛上的政治军事竞逐的局面。19世纪末年的中日甲午战争，20世纪初年的日俄战争，第二次世界大战中的远东战火，1950—1953年的朝鲜战争，以及朝鲜战争之后半岛上出现的世界上最为密集的军力对峙，所有这些战争和战争的阴影都与大国在朝鲜半岛上的政治军事竞逐密切相关。随着历史的不断演进，这种体现在朝鲜半岛态势上的海陆大国竞逐关系大体上呈现出这样一种历史的沿革，即由19世纪后期的中国与日本→19世纪末20世纪初的日本与俄国→冷战时期的美国与苏联（间或表现为美国与中国）→20世纪90年代后期到21世纪初的美国与中国。

这一历史过程还伴随着陆权或海权各自内部的角逐。这种角逐在时间上出现在海权与陆权国家的大规模竞逐之前或之后。譬如20世纪上半叶美日之争，虽然是在一个更广的亚太背景中展开的，但表现在朝鲜半岛的主导性力量嬗变上，却是以日本对朝鲜半岛的控制权最终被剥夺、美国力量进入朝鲜半岛作为角逐结果的。陆权与陆权的角逐，则可通过冷战时期中国与苏联在60年代后竞相与朝鲜“拉关系”上表现出来，1965年以前中国与朝鲜关系更密切，到60年代中后期苏联与朝鲜关系

---

① 吴木生主编：《东亚国际关系格局1894—1945》，天津社会科学院出版社，2001年版，第5页。

明显好转，70年代初以后朝鲜采取了更明显的中立和平衡政策。[①] 这种陆权或海权各自内部的竞争其实也呈现出一种结构性的画面。在与朝鲜半岛紧密相关的东北亚大国中，中俄两个是陆权大国，美日两个是海权大国，而之所以总是在很大程度上出现一个陆权大国与一个海权大国在朝鲜半岛竞逐的场景，便是这种陆权或海权内部争夺的必然结果。因为在地缘关系上，相对于朝鲜半岛这一特定地理位置来说，陆权与陆权之间、海权与海权之间都还分别存在着一种相互阻隔性的问题，即总是只有一个陆权国家和一个海权国家的力量能最后获得进入朝鲜半岛的“通道”。只有在特定的情况下，这种“通道”可以资源共享，譬如在冷战开始到50年代中后期的苏联与中国，还如在冷战后的美国与日本，以及在20世纪90年代中后期以来的中国与俄罗斯之间。但是，即使是这种“通道”共享的情况，在“通道”的共同使用中总是一方主导，另一方辅从，这种关系最明显是体现于冷战开始以来日本对美国的辅从关系上。即使是在这种看似紧密的陆权与陆权、海权与海权关系当中，由于辅从方总是不可避免地必须服从主导方制定的“通道规则”，所以矛盾和斗争也总是会在陆权或海权的内部展开，而且居于辅从方的陆权或海权国家也总是会尽力使自己上升到主导地位。

总之，无论是海权与陆权之间的大规模对抗或竞争，还是陆权或海权各自内部的角逐，大国的作用结果总会趋向于形成一种大国在朝鲜半岛的力量对抗、竞争或共处的局面，一个大国要单独主导朝鲜半岛进程的可能性已经越来越小，这不但因为一个国家要单独控制朝鲜半岛将要面临其他大国的抵制和反对，而且也是因为伴随着朝鲜半岛两大自主性力量的日益兴起，朝鲜半岛上的海陆权力竞逐过程也越来越体现出半岛自主性力量的能动性作用。无疑，未来的朝鲜半岛局势走向也将是这一过程的延续，但不同的是，半岛内部的自主性力量作用将日渐上升，由此将最终形成一种实质上的三方架构，即“陆权国家+海权国家+朝鲜半岛自主性力量”的框架。

---

① 王传剑、陈锋君：前引书，第303—307页。

三、美国对朝鲜半岛的政策

由于冷战后所处的世界主导地位，美国的对外战略也是全球性或全局性的，有关东北亚及朝鲜半岛的战略决策自然服务于或隶属于最优先的全球性对外战略安排。就目前时期来说，美国全球战略的重点放在西太平洋以至印度洋的亚太弧形地区。就地区战略层面来说，美国对朝鲜半岛的政策是隶属其亚太战略的。而美国亚太战略的主要目标不外乎两个方面、一是维持亚太地区的同盟关系，以美日同盟为核心；二是保持亚太大国关系的均势，即防止出现一个主导性的亚太大国。至于美国政府在冷战后一贯强调并提到战略层面的反核扩散问题，实际上正是因为在美国看来，朝鲜的核武追求及其远程导弹相关活动已经构成了地区不稳定的根源，所以要维护朝鲜半岛的安全与和平，就必须要朝鲜停止核武及远程导弹相关活动。“控制大规模毁伤性武器是达到该地区极其需要的更广泛安全的一个必不可少的要素。”①

由于这里正处于美国在西太平洋主导范围的边缘地带，所以有关朝鲜半岛的政策又跟传统的地缘政治考虑相结合了。美国并不想因为过分激化这样一个边缘地带之敏感问题而危及自身在亚太的战略地位；就现实来说，美国在朝鲜半岛的积极战略也未必得到多大的战略预期收益，其与美国战略的其他主要方面，如对华战略的联系，也容易使美国的战略陷入相当危险的境地。正如美国学者指出，二次大战以来美国的一个教训就是，别在亚洲打地面战，“不希望出现第二个朝鲜战争或越南战争”。②“东亚的和平稳定并不能依靠美国在该地区的永久性军事存在来

① Unclassified Report by William J. Perry, “Review of United States Policy Toward North Korea: Findings and Recommendations,” http://www.state.gov/www/regions/eap/991012_northkorea_rpt.html.

② 陈舟编著：《美国的安全战略与东亚：美国著名国际战略专家访谈录》，世界知识出版社，2002年版，第170—171页。

维持，而且必须通过渐次形成的均势来达到。”① 由此可说美国在朝鲜半岛投入的精力将是有限的。

正是因为有着这样一种政策基调，所以美国有关朝鲜半岛的战略之地位就显得比较微妙。一方面关于朝鲜半岛的局部政策始终无法上升到美国全球战略乃至亚洲战略的最高层面，另一方面又绝不可被长期忽略或轻视。因此，美国就必定需要经常性地被动应对朝鲜半岛内部力量的挑战性政策。冷战初期的1950年1月，当时的美国国务卿迪安·艾奇逊还宣布韩国位于美国在亚太地区的防御圈之外。朝鲜战争之后，韩国在美国遏制苏联的战略中地位上升。但是，有关朝鲜半岛以及南韩的战略地位问题依然没有得到最终的确认。一直到1990年，美国不曾有一份文件涉及到对朝鲜的危机管理。美国在冷战时期屡屡试用以作为加强对共产主义阵营国家之政治影响力的经济手段和经济外交，也从来没有对朝鲜施行过。② 冷战结束后，朝鲜半岛一度获得了美国较为突出的战略注意，美国1993年的《全面防务评估报告》把朝鲜半岛确定为美国将要应付主要地区性危机的两个地区之一。但是，正如美国国家安全委员会前亚洲太平洋地区政策中心主任道格·帕尔博士所言，美国在亚洲主要的精力将仍旧是放在维持联盟和建立大国间的稳定关系上，而不是放在小国的纷争上，由于“冷战结束使美国与盟国失去了遏制苏联这一共同的目标，所以美国必须要寻找小一点的目标以作为共同行动，至少是协调行动的目标，比如使朝鲜半岛无核化，实现朝鲜半岛的稳定等”。③

驻韩美军的去留和调整问题也因此经常成为美国国内讨论的话题。即使在冷战时期，美国国内也经常泛起有关从韩国撤军的争论，如冷战初期的1949—1950年、尼克松上台伊始的1969—1971年、卡特时期等等。驻韩美军的数量也逐渐减少。冷战结束初期的布什政府也为从韩国撤军形成定案。冷战后更是经常会出现这种从朝鲜半岛撤军的言论。2008年，美军将部署在“三八线”附近的美军基地后撤到汉江以南的乌

① Chalmers A. Johnson, “Korea and our Asia Policy,” *National Interest*, No 41 (Fall 1995).

② Paul. Bracken, How to Think about Korea Unification, *Orbis*, Vol. 42, No. 3 (Summer 1998).

③ 陈舟编著：前引书，第56—59页。

山、平泽基地。至2011年，驻韩美军基地从41个减少到23个。针对朝鲜半岛的局势变化和朝鲜接二连三的核试验，美韩双方表示要针对朝鲜的核武和其他大规模杀伤性武器威胁采取一种“量身打造的威慑战略”，强调发展全面的反导弹战略，以侦测、防卫、摧毁和破坏导弹威胁，并致力于发展进一步的威慑能力。① 可见，美国对朝战略仍然重在“威慑”，即致力于以美国的武器技术优势和美韩联合反导能力来吓阻朝鲜可能的军事冒险。事实上，在美国有关朝鲜核问题的考虑中，主张对朝进行先发制人式军事打击的观点并不占主要地位。考虑到当前美国面临财政制约的基本背景，如何选择一种最节省而有效的战略而维系韩国的安全，同时尽量谋求压制朝鲜的核武发展抱负，这是奥巴马政府对朝政策考虑的主要内涵。

可以看出，美国在朝鲜半岛的地位、作用和意图都存在着极大矛盾性。一方面，由于朝鲜半岛的态势在事实上存在着危及美国亚洲战略的两大首要考虑——美日同盟与亚洲大国关系稳定的可能性，所以美国必须坚定地消弥朝鲜半岛上出现的危机，特别是朝核问题引发的危机局势。但另一方面，由于朝鲜半岛在美国的地缘战略视野中属于边缘地带，在美国全球或亚洲战略中并不处于首要层面，因而在其对外战略中的位置一直难有共识，这就决定了在战略运作中必然会出现矛盾。这种矛盾必然影响到行政部门处理朝核问题的决心和信心，造成连续性的中断。在实际的政策运作中，这种稳定性和连续性又被认为是成功处理朝核问题的一个重要因素。因此，这种稳定性和连续性的缺失正是美国政府屡屡陷入困境的一个重要原因。

四、中国在朝鲜半岛的作用和影响力

中国在朝核问题上的地位和作为既是历史和地理因素所决定的，也

① Joint Communique, The 45th ROK-U. S. Security Consultative Meeting, October 2, 2013, Seoul, www. defense. gov/pubs/.

缘自于中国自身的新兴外交姿态。虽然朝核问题的引发本身并没有中国因素的参与，但中国与朝鲜半岛紧密相邻的地理关系决定了朝核问题和半岛局势的恶化必然涉及到中国关键的国家安全利益。

从美国方面来说，由于美国在朝鲜半岛政策投入的有限性，中国作为东北亚大国展现出来的和平外交努力也成为美国欲维护朝鲜半岛局势稳定所借助的对象。更何况，美国也越来越认识到中国在朝鲜半岛的影响力。有美国学者指出，中国是朝鲜半岛最大的常量性因素，而美国和日本则是重要的变量因素。“基于地理和历史的原因，对于朝鲜半岛来说，中国是最为重要的外部大国。”① 正因为中国在朝鲜半岛的地位和作用是不可抹杀的，由此在很大程度上，美国自然希望把中国在朝鲜半岛问题上的建设性作用纳入到美国的战略框架之中。

尽管如此，中国对朝鲜半岛态势的关注却必然是按照自己的国家利益，有着自己的战略筹划的。中国希望以一个负责任的东亚大国和与朝鲜半岛唇齿相依的邻邦的身份来促成半岛的和平与安宁。为此，在实际的运作中肯定需要最大可能地获得相近立场国家的支持。可以看出，东北亚的主要力量中，俄罗斯、韩国的立场与中国呈大致相近的方向。而另一方面，日本则是更强烈地怀有本身意图的参与者，但它也同样具有要求半岛无核化，避免半岛军事危机的发生等等客观上相同的愿望，对此自然可以适当加以利用。

中国在朝核问题上的地位和作用的进一步体现，还有赖于对东北亚地区的总体力量格局保持一个清醒的认识，即积极进取，顺势而为。冷战后东北亚格局日益朝着一种多极化的方向前进。这是与东北亚各种力量的纷起、大国关系的互动紧密相连的。在这一过程中，中国作为不断崛起的一支强大力量，当然会得到其他各方的重视或尊重，但并不意味着中国将成为东北亚地区的主导者。主导权的争夺总是激烈的。尤其当各大力量在该区域的实力分布上并没有太大的悬殊差别的时候，对领导地位的觊觎更是显而易见的。俄罗斯虽然暂时处在弱势地位，但它对东北亚地区从来就不曾从心理上退缩过；日本对东北亚地区的抱负更是由

① Chalmers A. Johnson, “Korea and our Asia Policy,” *National Interest*, No 41 (Fall 1995).

来已久且非常强烈；韩国作为一个新兴的地区性势力，将以顽强的姿态展示出其洗刷朝鲜民族长期被漠视和被压迫的历史，以赢得朝鲜民族的认同；朝鲜也历来持有一种主体性的革命精神；美国的霸权需求和维系同盟团结的愿望也使其需要在东北亚地区维持一种强势作风。所有这些力量的竞争造成的后果，如果中国悄然地站在一旁，很明显会以中国在东北亚的地位丧失作为代价。历史的事实是，20 世纪前半叶日本对朝鲜的殖民乃至随后对东北亚地区的控制，便是建立在剥夺中国对朝鲜的宗主权的基础之上的。因应这种历史的启示，中国对朝核问题的态度，除了要积极展开多边和双边磋商以外，也必须要抓住一切稍纵即逝的微妙机会来未雨绸缪，确立对半岛的影响力，特别是加强对半岛内部稳定、包容、自觉、自主力量的影响，充分展示中国在东北亚地区的作用，获得对半岛自主力量前景走向的影响力。

五、朝鲜半岛自主力量的能动性

朝鲜半岛自主性力量的能动性其实并非是在冷战结束后才开始显现出来。朝鲜民族在历史上向来具有较为强烈的民族主义精神，具有不屈不挠的追求独立的顽强性格。其实在我们今天关注朝鲜核问题的时候，或许一个相当类似的历史现象便是，韩国的国防预算在 20 世纪 60 年代也曾经高达其 GDP 的 15%，当韩国 20 世纪 70 年代由于尼克松访华、中美关系改善而面临着极大的安全担忧时，也曾经有过一个秘密发展核威慑力量的计划。1974 年韩国总统朴正熙还计划买入一套法国的再处理设施，以提炼足够生产两枚核弹的武器级的钚。当然最后在美国的压力下这一计划被取消。到卡特政府时期，由于面临着美国政府从亚洲收缩的政策，韩国政府的国防预算在 1975—1979 年时翻了 4 番，并再次秘密启动了核计划，将全国置于一种战时状态。[①] 应该说，在冷战期间，半岛南北双方的力量大致相当，甚至朝鲜相比较韩国而言还拥有更有利的国内外形势，然而冷战后岛内外形势发生了巨大的变化，优势不可避免地转移到韩国一边。北方反而陷入了政权生存这一最起码的安全担忧之中，面临着非常明显的安全缺失状态。于是，朝鲜以相类似的方式追求国家安全，从历史角度来看也可算是朝鲜半岛内部力量能动性的一种惯有性反应。

无论是冷战期间韩国的军事化统治，还是冷战后朝鲜对核武的追求，都是极其明显地由于国际因素和岛内因素的恶性结合而作用于岛内的负面结果。今日朝鲜核问题的解决，无疑首先须跳出这样一种恶性循环，建立起半岛南北双方力量之间的和缓与互信，这构成半岛局势得以平稳的基本条件。也只有尊重岛内力量的自主性和能动性，着眼于岛内力量的客观发展阶段，才能够建立起岛内外因素相互作用的良性框架基础。当然，其他大国的安全保证，以及各国间良性互动和积极协调的气氛，也是使这一相互作用框架发挥效用的重要因素。

目前这种半岛内部力量的能动性作用大体呈现出这样几个方面：第一，表现在韩国和朝鲜作为两个主权国家以新的姿态出现在东北亚权力格局中，都有振兴朝鲜民族的抱负和愿望。第二，表现为民族主义情绪在半岛内部的生长及其对周边大国的态度变化，这在朝鲜体现为反日和反美的民族主义情绪自冷战时期以来长期盛行，在韩国体现为20世纪90年代中期以来反美主义的兴起。还需要看到的是，无论是半岛北部还是南部，也存在着某种程度对中国不满的民族主义情绪。第三，表现为朝鲜、韩国对中、美等大国决策的能动性影响。例如中国和俄罗斯对朝核问题的态度和政策不仅仅受到朝鲜的影响，还很大程度上受到韩国影响。[②] 而美国对朝核问题的策略则以得到韩国的同意作为施行的基本条件。

---

① See Victor D. Cha, "Abandonment, Entrapment, and Neoclassical Realism in Asia: The United States, Japan, and Korea," *International Studies Quarterly*, June 2000, Vol. 44, Issue. 2.

② Michael Armacost, Daniel L. Okimoto, Gi-Wook Shin, "Addressing The North Korea Nuclear Challenge."

但是，也应该认识到，半岛内部力量的积极能动性作用在很大程度上因为南北双方的相互竞争性而大打折扣。这种竞争性能否真正转化到共同促进半岛和平稳定的大框架之中，还需要很长时间的探索过程。对于国际因素来说，如何在半岛内部力量这一不可避免的竞争过程中，以公正客观的态度，促进某种追求稳定和平、包容开放的自觉力量上升到半岛政治的主导层面，是一个具有重要意义的任务。

综上所述可见，历史和地缘政治给朝核问题的解决提供了某种暗示或线索。换言之，朝鲜半岛的紧张局势既然很大程度上缘于远东内部力量的急剧变动，也肯定只有在今日东北亚地区内大国关系的互动中才能有望消解。特别是随着美俄的介入和半岛内部的力量增长，东北亚国际关系的主体数量大大增加，在力量格局上也自然演变为今天的多国互动。东北亚这一基本面貌，实际上也蕴含着巨大变机：虽然海陆大国在朝鲜半岛将一如既往地发挥作用，但大国角色之间仍然会发生可以想见得到的地位嬗变。同时，朝鲜半岛的自主性力量实际上正越来越成为半岛本身发展的关键性因素，而尽力在朝鲜半岛谋取影响力的海、陆权大国也将不得不通过尽力影响半岛自主性力量的发展趋向，并且与其进行有效合作来提升自己的地位。

东南亚南亚研究

中越海上对峙与越美战略互动*

成汉平

随着美国“亚太再平衡”战略的提出，越美双方的战略互动日益频繁，这既有政治外交层面，也有军事层面。值得注意的是，双方针对中国的意图越来越明显，2014 年 5 月中越海上对峙事件更使双方互动达到了新的高度。

一、中越海上对峙与越美战略互动

2014 年 5 月 3 日，中国海事局公布了中国海洋石油总公司“海洋石油 981”（HD－981）钻井平台的位置，并提请过往船只注意避让。随后，越南政府迅速作出了反应，派出了多艘舰船急驶 150 多海里来到我西沙海域进行骚扰破坏。在越南官方的默许下，越南国内还爆发了针对中资企业的大规模打砸抢等反华排华事件，导致 4 名华人死亡，300 多人受伤。而越南与美国的战略互动在这一期间突然间变得非常密集，并且完全公开化。

---

* 本文为 2012 年国家社科基金（军事类）课题“美国军事战略调整背景下越南、菲律宾与其战略互动、对我影响及对策思考”（项目号：12GJ003—006）部分成果。

（一）美国公开选边站力挺越南

针对我“981”海上石油平台的正常作业，美国官方一开始便连连发声，挺越制华，公开选边站。2014年5月6日，美国国务院发言人普萨基称，“鉴于近期南海局势紧张，中国让其钻井平台在争议水域作业的决定系挑衅行为，不利于维护该地区的和平与稳定。”

紧接着，5月8日，美国国会众议院外交事务委员会亚太小组成员埃尼·法利奥马维加（Eni Faleomavaega）强烈谴责中国侵犯越南主权，并建议奥巴马政府对中国的行为作出进一步的明确和强烈反应①。

5月27日，当美国国务院发言人普萨基在被问及美方对当前中越紧张关系的看法时，她不假思索地回答：“挑衅性行为主要来自中方。”

5月30日，美国国防部长哈格尔在新加坡香格里拉安全会议的演讲中用了较长篇幅公开指责中国在南海实施“破坏稳定的单边行动”，并提到了黄岩岛、仁爱礁和“981”钻井平台。

历来声称不“选边站”的美国，这一次开始公开指责中国了，从而彻底打破了以往的惯例。而指责中国实际上就是“选边站”，就是给那些非法侵占南海岛屿的越南、菲律宾等国家“打气、撑腰”，并向中国施压。中国外交部发言人华春莹说：“必须指出的是，正是美方近来在有关海上问题上的一系列罔顾事实、不负责任的错误言论，助长了一些国家的危险和挑衅的行为。”②

值得一提的是，在越南国内，越南官方特别是其媒体，肆意放大或有选择性地刊登美方的上述观点与做法，以形成这样的印象：在与中国的海权之争中，美国坚定地站在我们一边。

---

① 《国际社会继续支持越南》，越南之声广播电台网站：http：//www. vovworld. vn/zh－CN//236608. vov。

② 《外交部发言人就中国“981”钻井平台作业问题答问》，中华人民共和国国务院新闻办公室网站：http：//www. scio. gov. cn/xwfbh/gbwxwfbh/fbh/Document/1372983/1372983. htm。

（二）美国政界军界密集前往越南

就在中越海上对峙持续之际，美国政界、军界高层人物纷纷踏足越南，以安抚和力挺的做法给越南撑腰打气。

5 月 8 日，美国助理国务卿拉塞尔访问越南。他被视为美国政界"鹰派"中的著名人物。在越南访问期间，他公开就我"981"石油平台发表评论称，美国对中越间的紧张局势升级感到非常担忧，反对中国"改变现状、影响航行自由与安全及诉诸武力和以武力相威胁的行为"。

5 月 27 日，美国参议院外交关系委员会东亚和太平洋事务小组组长卡丁率美国议员团访越时表示，美国参议院反对中国在南湾"非法部署钻井平台"的行为。

5 月 31 日，美国防长哈格尔利用出席香格里拉安全对话会的机会，在新加坡会晤了越南防长冯光青。美国国防部声明称，双方讨论了地区安全挑战，"包括对近期中国在南海挑衅行为的共同关切"。

6 月 1 日，美国商务部长本尼·普利茨克到访越南。普里茨克表示，美国强烈反对中国"在越南专属经济区和大陆架"设置石油钻井平台致使局势紧张加剧的单方面"挑衅行为"。2 日，越南总理阮晋勇与其会面。越南《人民报》称，在 6 月 2 日的新闻发布会上回答有关"中国部署石油钻井平台致使紧张局势不断升级"的问题时，普里茨克认为，这是中国的挑衅行为，美国的任务是维持地区和平、稳定、安全和航行自由。阮晋勇特别表示感谢美国批评中国的错误行为，给予越南重要的声援。[①] 阮晋勇还高度肯定了美国为越南的主要的贸易伙伴和投资方。希望尽早承认越南的市场经济地位。作为美国商务部的第一号人物，本尼·普利茨克在这个敏感的时刻到来，显然与经贸方面有关。外界普遍推测，当因中越关系恶化而导致中国在越企业停工时，她不失时机地上门来推销美国主导的"跨太平洋战略经济伙伴协议"（TPP）了。这恰恰是身处困境之中的越南所最需要的。阮晋勇在会晤中表示，希望美国承

---

① 《阮晋勇会见美国商务部长》，［越南］《新河内报》2014 年 6 月 3 日，第 1 版。

认越南是一个发展滞后的国家，在 TPP 谈判中给予越南一定的灵活性，以便早日完成谈判。

6 月 4 日，美国国防部负责亚洲太平洋事务的代理助理凯莉·马格斯曼到访越南，越南国防部副部长阮志咏上将会见了她一行。凯莉·马格斯曼抨击了中国在南海的“挑衅行为”。双方还就 2014 年 9 月开幕的越美国防政策对话会议的筹备工作交换了意见。

在中越海上围绕“981”石油钻井平台对峙的期间，美国军方、政界以及商务部门的官员们如此密集地到访越南实属罕见。而越方无一例外地给予高规格接待，并以联合记者会的方式凸显美国对中国的批评以及对越南的支持。

中越海上对峙之际越美官员会晤一览表（截至 2014 年 6 月中旬）

职务、姓名	时 间	地 点	接见者
助理国务卿/拉塞尔	2014 年 5 月 8 日	河 内	越南总理阮晋勇等
国会外交关系委员会亚太事务组长/卡丁	2014 年 5 月 27 日	河 内	越南国会主席阮生雄等
国防部长哈格尔	2014 年 5 月 30 日	新加坡	越南国防部长冯光青
美国商务部长/本尼·普利茨克	2014 年 6 月 1 日	河 内	越南总理阮晋勇等
美国国防部负责亚洲太平洋事务的代理助理/凯莉·马格斯曼	2014 年 6 月 4 日	河 内	越南国防部副部长阮志咏等

二、越美战略互动回顾

越南与美国 1995 年恢复邦交以后，一直到美国调整其亚洲战略之前，由于南海问题尚未形成热点，加之反恐战争美国的战略重点并不在亚太，而且由于越南对美国战略意图的怀疑，越美双方在政治、外交上的互动并无实质性的进展。然而，在 2010 年两国庆祝建交 15 周年之后，双方的外交互动进展神速，而这段时间恰是美国开始调整其亚太战略之际。

（一）越美外交互动

2010年越南总理阮晋勇应美国总统奥巴马邀请访问美国，参加首届核安全峰会。同年7月，美国务卿希拉里·克里顿应邀出席了在越南河内举行的东盟系列外长会议。当年10月，美国国防部长罗伯特·盖茨应邀出席东盟防长扩大会议。同年11月22日，美国陆军参谋长乔治·凯西访问越南。一时间，双方在政治、外交（包括军事外交）上的互动达到了高潮。

1. 越美外长高调会晤。时任美国国务卿的希拉里·克林顿无疑是美国“亚太再平衡”战略的重要推手。早在外界猜测美国亚太战略调整的核心内容之前，希拉里就已经针对美国的亚太政策发表了5次影响较大的演说。[①] 她本人还亲力亲为，极力推进美国的“亚太再平衡”战略。2010年在越南担任东盟轮值主席国期间，希拉里曾两次访问河内。当时她曾表示，奥巴马政府希望将美越关系提升一个层次，并称这是美国在亚太特别是东南亚地区战略的重要组成部分。[②] 2010年7月在河内举行的东盟地区安全论坛中，希拉里提出了促进“南海行为准则”出台的建议，此举被认为完全站在越南一边，企图忽略中国对南海的主权。

在越南国会高调通过了《越南海洋法》之后不久，即2012年7月10日，希拉里再度抵达越南访问。她选择在此时访问越南，被外界解读为“意味深长”。越南外交部长范平明与希拉里举行会谈，在会谈中双方一致同意将加强两国的各级代表团互访、推动双方在各个领域的合作，并强调经济和贸易将继续作为两国关系的重心和动力。双方重申将继续增进包括和平利用核能、应对气候变化和海水上涨等科技、教育、医疗、环保等领域上的合作关系。无疑，越美两国外长会晤的针对性便十分明显。

---

① 孙茹：《美国：“太平洋世纪”，加大对华施压》，《世界知识》2011年第23期。

② 《希拉里密集访问越南、柬埔寨、老挝》，凤凰网，http://news.ifeng.com/world/detail_2012_07/11/15925917_0.shtml。

越南第十三届国会第三次会议于 2012 年 6 月 21 日才通过《越南海洋法》，将整个南海以立法的形式纳入其版图之中。其实《越南海洋法》早在多年前便已酝酿，2009 年形成了草案，但此后几年因顾及到中越关系而一直没发表①，在美国加大对南海争端的介入力度之后，越南突然高调通过了这份法案，显然是区域外因素使然。

尽管在奥巴马政府第二任期中，美国国务卿希拉里由约翰·克里取代，但两人对越南在美国“亚太再平衡”战略中所扮演作用与地位的看法“完全一致”。② 克里本人于 2013 年 12 月中旬访问了越南，这是他就任国务卿之后首次访越。在河内举行的记者会上，约翰·克里一方面以尖锐的言辞批评中国，另一方面声称要向东南亚国家提供海上安全援助，以支持这些国家对抗实力日益上升的中国。克里这次访越，可看作是奥巴马政府对中国在南海地区维权行动做出的回应，也是奥巴马第二任期内推行重返亚洲政策的重大步骤之一。

2. 越美元首会晤。除了外长级会晤，越美两国元首近年来也开始频繁互访。2013 年 7 月 24—26 日，应美国总统奥巴马的邀请，越南国家主席张晋创率团对美国进行正式访问。访问期间，双方发表了关于两国关系的联合声明，并宣布将两国关系提升至“全面伙伴关系”的水平。这标志着越美关系进入了一个新阶段。

双方在联合声明中强调，在越美全面伙伴关系框架内，双方一致同意加强高层互访和各级别的接触，同时支持加强各项对话与合作机制。在提及南海问题时，两国领导人再次强调，支持在遵守 1982 年《联合国海洋法公约》等国际法的基础上以和平方式解决争端，共同强调支持不使用武力或以武力相威胁来解决海上和领土争端的原则。同意继续加强两国国防安全合作，推进越美国防政策对话和双边政治—安全—国防对话，旨在评价两国国防安全合作关系以及就未来的合作方向展开讨论。

---

① 于向东：《关于〈越南海洋法〉的若干评析》，《和平与发展》2012 年第 5 期。

② 《美国新任国务卿允诺提升对越关系》，《东盟参考》2013 年第 1 期。

（二）越美军事互动

军事合作是和平时期处理大国之间安全挑战的重要方式，不仅发生于盟友之间，也会发生于竞争对手甚至潜在对手之间。[①] 越美两国自从1995年建交以来，虽然双方都希望拓展两国间的军事合作关系，但由于当时美国对越南的战略重要性认识不足，以及越南对美国怀有强烈的戒心，加之越南战争后遗症的影响，双方在军事领域的合作只有形式没有内容。随着南海局势的日益复杂，在美国重返东南亚，尤其是开始推行“亚太再平衡”战略之后，双方在军事领域的合作出现了一系列的突破，其中最主要的标志是2010年在两国建交15周年之际，双方的军事合作开始深入并有了质的变化。

1. 以纪念双边关系正常化为契机深化军事合作。2009年12月，越南国防部长冯光青访问美国，与美国军方签署了一系列的军事合作协议。2010年越美关系正常化15周年之际，越美军事关系发生了战略性的转变，由构建战略互信阶段开始进入广泛的军事合作与能力建设阶段。[②]

2010—2012年间越美军事合作在机制化建设和合作方式、合作领域上都有了较大的突破。2010年3月，美军“理查德·E·伯德”号补给舰在越南金兰湾军事基地进行了半个多月的维修。当年8月，越南与美国在南海举行了两国史上首次联合军演。美军第七舰队的核动力航空母舰“华盛顿”号参加了这次为期一周的海上演习。此外，美国海军还带着3艘驱逐舰组成的舰队来到南海与越方互动。[③] 显然，双方在渲染“中国威胁论”方面找到了共同点。8月，越美副部长级政策对话会也首次在越南河内举行，双方就中国的军事现代化交换了意见。[④]

2011年9月，越美双方在华盛顿举行了第二次国防政策对话，签署

① 付瑞红：《美国和越南军事合作的新变化与未来走向评析》，《东南亚研究》2013年第1期。

② 同上。

③ 胡向春：《美越军事关系升温及未来走向分析》，《现代军事》2010年10月号。

④ 参加这次会议的美国国防部部长副助理罗伯特·谢尔在会谈结束后举行的联合记者会上表示，“在会上的确分享了我们对中国军事现代化的看法”。《美越首次副部长会议，谈中国军事现代化》，环球网，http：//mil. huanqiu. com/world/2010 -08/1024660. html。

了共同推动国防合作的备忘录。双方一致同意发展越美两国国防关系，并优先致力于推动两国国防部的高级对话机制、海上安全、搜寻救难、联合国维和行动研究与经验分享、人道协助与自然灾害救助等5个领域的合作。[①]

2. 美国国防部长访问越南金兰湾。2012年6月初，在中菲黄岩岛之争持续之际，美国国防部长帕内塔高调访问越南。在此次访问行程中，他特别来到了金兰湾驻足眺望，成为越战之后第一位到访金兰湾的美南国防部长。1975年以前，美国在金兰湾建设了东南亚地区规模最大的军港，后在越战结束之后被迫撤离。帕内塔此行被舆论视为美越两国军事关系日益密切的象征。[②] 2013年12月16日，到访越南的美国国务卿约翰·克里在记者会上宣布，将向东南亚国家提供3250万美元的援助，其中向越南提供包括供海岸防卫使用的5艘巡逻艇在内的共1800万美元的援助，以提升越南和其他东南亚国家的海事安全。很明显，这次对越援助占对东南亚援助总额的一半以上。克里说，加上这一援助，美国向这一地区提供的海事安全援助在未来两年内将超过1.56亿美元。[③]

值得指出的是，越美军事合作的日趋紧密与两国政治外交关系的推进一直是同步的。随着美国“亚太再平衡”战略的推进，越南在美国地区战略中的重要性已经变得越来越突出，而中越海上之争则成为美国加强与越南军事合作关系的一个契机。

三、越美战略互动的基本特点及其促进与制约因素

越南与美国的战略互动之所以在美国亚太战略调整后变得日益频繁、

① ［越］郑春朗：《越美军事合作的面临的困难与挑战》，［越］《军事杂志》2013年第2期。

② ［越］阮春江：《越美军事合作的新篇章》，［越］《越南与世界军事》2012年第6期。

③ 《越美开启海上安全合作》，［越］《劳动报》2013年12月17日，第1版。

逐步深入，必然存在着促进因素。然而，与菲律宾和美国战略互动有所不同的是，越美互动中有着不可逾越的“硬伤”。这又反过来对越美战略互动形成不小的制约，这种制约要远甚于菲美互动中的制约因素。

（一）越美战略互动的基本特点

1. 越美各自加速向对方靠拢。在美国实施亚太“再平衡”战略的背景下，随着中国的快速发展与崛起以及南海局势的不断复杂化，越美双方均充分意识到了对方的重要性，于是频繁通过政治外交互动、军事互动以及经贸合作等加速向对方靠拢，朝向两国领导人所宣称的“全面提升伙伴关系”的方向迈进。2014 年 5 月发生的中越海上对峙更是其加快与对方互动步伐的理由。

2. 相互利用的性质难以改变。和菲律宾与美国的战略互动不同，越南与美国并非盟国，双方仅仅是一种相互借力、互相利用的关系。即便是越美两国的最高层也深知这一点。其中，越南需要借助美国来遏制中国的强大，确保自己的既得利益不受损；而美国则需要越南这样的新跳板，通过提升与越南的全方位关系，甚至谋求在越南的军事存在，以达到遏制、围堵中国的目的。

而在美国战略东移的大背景下，奥巴马政府采取了一系列的措施与步骤，以重构、强化美国的亚太联盟体系，确保美国在这一地区的存在。第一，不断巩固与日本、韩国、菲律宾、澳大利亚等传统盟友的关系；其次，拓展潜在盟友，积极拉拢对美国有着战略需求的东南亚国家，其中对越南、缅甸等中国周边国家的拉拢及与其的战略互动尤为明显。

鉴于越美战略互动是一种相互利用的关系，这就注定了双方战略互动的形式往往大于实质。除了经贸合作关系给两国带来切实利益之外，在其他方面的实质性进展低于预期。

3. 互动中存在“硬伤”。越美战略互动之所以与菲美战略互动不同，一个根本性的因素便是“硬伤”的存在，意识形态是越美双方始终跨不过去的一道坎。越南执政阶层时刻在提防着是否会遭到美国的和平演变，继而发生一场“颜色革命”而失去政权。而美国私下也不断与越南的政治反对派进行互动，这一两面做法则令越南政府甚为忌惮。其中，越南国内的政治反对派屡屡拿越南与中国的关系攻击越南政府，指责其卖国，以期在越南国内反对派势力中引起共鸣并得到美国官方或明或暗的支持。此外，美国政府总是屡屡拿越南国内的人权、言论与宗教自由等问题干涉越南内政，导致越南政府在与美国的战略互动中也保持着相当的警惕心理。以此次越南大规模反华事件为例，越南官方认为是企图推翻政府的“越新组织”从中煽动组织，而该组织的总部就在美国。

4. 互动从隐晦到完全公开。与对菲律宾的做法所不同的是，越南与美国的战略互动虽然日益频繁，但却一直避免直接刺激中国，这在越南一方体现得更为明显。这几年中，无论越南与美国展开何种形式的合作，均不提及中国的名字，不希望外界认为这些举措就是直接针对中国的。2012 年 9 月，出席亚太经合组织峰会时越南国家主席张晋创表示，越南和中国因南海问题出现争议，但双方不会让南海问题影响到未来关系的发展，也不会让第三方影响到双方关系。张晋创在俄罗斯海参崴与中国国家主席胡锦涛会晤时表示，双方应坚持通过谈判和对话，采取以和平办法妥善解决南海问题。然而，2014 年 5 月中越海上对峙事件则是一个重要的分水岭，越美之间的合作已经由过去的那种隐晦方式变成了公开化，而且越南一方还刻意对此进行渲染，希望以此来威吓中国。

（二）越美战略互动的促进因素

从上述特点中，不难看出越南与美国频繁战略互动的促进与制约因素。

第一，遏制中国是越美战略互动的共同出发点。对美国来说，将越南纳入其围堵中国的战略之中，使其在遏制中国的过程中发挥更大的作用，是美国如此看重越南，并与越南频繁进行战略互动的主要原因之一。

而对越南来说，借助美国的“亚太再平衡”战略及其对越南的重视，可以遏制中国在南海行使主权，从而保住越南攫取的海上既得利益。总之，应对中国对美越双方来说，是一个共同的出发点，也变成了它们互动的切入点。

第二，双方领导人达成共识，努力推动全面伙伴合作关系。2013 年 7 月越南国家主席张晋创对美国访问时，两国领导人都表达了欲推动双方关系上升至全面伙伴关系水平的迫切意愿，这一指导性意见有利于双方对相互关系发展目标和意义的认知，促进和引领了双方关系的发展。

第三，经贸关系的快速发展成为双方战略互动的基础。近年来，越美两国在经贸领域的往来得到了迅猛的发展，这将从另一个层面来推进两国的战略互动。美国目前已成为越南最大的商品出口市场，两国双边贸易额已从 2001 年的 20 亿美元提升至 2012 年的 260 亿美元。[①] 特别是，美国官方还在向越南推销 TPP。该协议若得以谈判成功并顺利展开，将会对越美两国贸易关系带来较大的影响，同时，该协定将为美国企业进军越南市场，以及越南进一步进入其他缔约国市场创造条件。成为两国经济发展的助推器，两国出口和投资均将得到大力发展。越南官方高度关注这一协议，认为还拥有逐步减少对中国经济依赖的战略意义。

（三）越美战略互动的制约因素

与菲律宾与美国的战略互动所不同的是，越南与美国的战略互动也受到很大的制约，其中最大的问题便是因意识形态不同、价值观不同而产生的猜忌。其二便是美国对越南内政问题（人权状况）的干预。其三是越战后遗症仍未完全消除，导致双方在互信方面无法迈开更大的步伐。

越南一直高度防范以美国为首的西方国家对其进行和平演变的阴谋。长期以来，是否实行多党制一直是越南社会热议及争论的话题之一，以美国为首的西方国家借机推波助澜，以关注人权问题为借口变相支持越南国内的政治异己，企图借多党制之名煽动越南放弃共产党的领导，并不惜铤而走险进行偿试。越南媒体报道称，有证据表明，越南国内“持不同政见者”和从越南流窜到美国的敌对势力有染，其背后正是美国的大力扶持与资助。在 2014 年 5 月越南国内发生大规模排华事件之后，越南官

① 越南共产党电子报网站，http：//www. cpv. org. vn/cpv/Modules/News_ China/News_ Detail_ C. aspx？CN_ ID = 598576&CO_ ID =25754194。

方的定性为“企图推翻越南政府的反动组织——‘越新组织’是幕后的推手”。因此，对越南来说，利用美国遏制中国变成了一把“双刃剑”。

其次，随着“推特”、“脸谱”等社交网站的广泛使用，为防止有人利用网络煽动反政府，近年来越南收紧了对国内“持不同政见者”的管理与控制，而美国则多次予以干预，引发双方的不快，甚至是抗议。近几年来，美国在发表的年度人权报告中总不免要对越南人权状况说三道四。2012 年 7 月访问越南时，美国国务卿希拉里毫不客气地批评了越南的人权状况。希拉里称：“如果越南想进一步发展，向创新、创业型经济转型……就得创造更多自由交流思想的空间，加强法治，尊重所有工人的普遍权利，其中也包括工会的权利。”① 2013 年越南政府发布了第 72 号政府令，严禁在互联网上发表“对越南有害”以及“对国家安全有害”的任何信息。该法令于当年 9 月正式实施。美国方面立即对此予以谴责。美国大使馆在一份声明中说，法令的条款限制个人在网络空间可以分享的信息类型，然而人的“基本自由在网络外和网络内应同样适用。”② 美国如此公然干涉越南内政的做法一直遭到越南政府的抵制。显然，这在双方的互动中形成了不小的制约。

第三，美军在越战期间在越南抛洒的化学落叶剂（橙剂）在越南部分民众中留下了深刻的负面形象，由此带来的悲剧迄今依然存在于越南社会，而美国司法部门在处理这类问题时的傲慢态度则令受害者感到失望和愤怒，就连一些美国民间团体也在努力帮助这些受害者。2013 年 8 月，美国律师协会发起了一次大规模的请愿，要求美国政府向越南橙剂受害者提供住房、医疗及其他保健服务，同时清理越南橙剂污染区。③ 这样的行动在美国的越南侨民中以及越南国内都有着不小的影响，迫使越南政府在与美国战略互动时不得不三思而行。

第四，越南与中国的传统友谊以及双方领导层达成的共识也是一种

---

① 《希拉里短暂访问越南，批评该国人权问题》，路透社，http：//cn. reuters. com/article/CNTopGenNews/idCNCNE86A01320120711。

② 《美国批评越南控制网络新法令》，英国广播公司（BBC），http：//www. bbc. co. uk/zhongwen/simp/world/2013/08/130806_ vietnam_ us_ internet. shtml。

③ 《美国律师支持越南橙剂受害者》，越南共产党电子中文网，http：//www. cpv. org. vn/cpv/Modules/News_ China/News_ Detail_ C. aspx？CN_ ID = 601758&CO_ ID = 7338497。

制约因素。中越领导人在不同场合均强调南海争端问题并非中越关系的全部。[①] 2011 年，中越双方达成了《关于指导解决中国和越南海上问题基本原则协议》，尊重包括 1982 年《联合国海洋法公约》在内的各项国际法律和《南海各方行为宣言》精神。2013 年 8 月，在会见到访的中国外长王毅时，越南总理阮晋勇称，越南党和政府永远铭记并感恩中国对越南民族独立、解放和建设事业提供的巨大支持和帮助。双方还同意推动两国关系继续深入发展，包括维持和加强两国领导人互访、促进互惠互利实质合作等方面。[②] 在两国的共同努力下，中越经贸关系持续稳定发展。可见，中越间源远流长的传统友谊、良好的经贸合作关系以及共同的意识形态，这使越南在与美国积极互动时不得不有所收敛，即使在引发了海上对峙之后，也会有所保留，这与菲律宾完全不同。

总之，鉴于意识形态因素以及美国发动的侵越战争给越南民众留下的长期负面影响，这将对双方的战略互动形成某种制约，弱化某些层面的互动效果；最重要的是，越南不太可能朝向与美国军事结盟的方向发展。

四、越美战略互动的未来走向与趋势

在全面分析了越美战略互动的特点及其促进与制约因素之后，对其未来的发展趋势与走向便可从中管窥一二。

（一）越美战略互动会日益活跃、频繁

2012 年，美国发表新版《国家军事战略报告》，强调将加强与菲律宾、泰国、越南、马来西亚等亚太地区国家的军事关系，其中尤其提到

① 楼冕、成汉平：《越南海洋法之后对中越关系的新定位》，《唯实》2014 年第 2 期。

② 《越南总理阮晋勇会见王毅》，新华网，http://news.xinhuanet.com/2013-08/06/c_116820317.htm。

了要将越南塑造成为一个新的战略伙伴，为其战略调整服务，越南在美国的“亚太再平衡”战略中的重要性可见一斑。鉴于南海局势日益复杂，越南与美国将会根据各自的战略需要进行频繁的战略互动，朝向双方所设定的“全面战略伙伴关系”的方向迈进。它主要体现于下面几个方面：

第一，针对中国的政治外交互动将强化。如前所述，越美双方将出于遏制中国的共同出发点，在海上安全、区域合作与安全、TPP 等问题上频繁互动，以期形成双方所期待的“全面战略伙伴关系”。其中，香格里拉安全对话会议、美国—东盟峰会等机制都将会成为它们互动的重要平台。2014 年的香格里拉安全对话会议已经体现出了这样的趋势。

第二，军购上的互动将会迈出大步。美国希望增强越南的军事能力，使其成为一支建设性的地区力量。为此，美国政界一直在呼吁奥巴马政府在向越南等国出口武器方面取消一些禁令。在有关越南应对中国的海上军事现代化方面，越美有着极强的共同语言。越南一直在向美国施加压力，希望其取消针对越南的武器销售禁令。2013 年 12 月中旬，美国国务卿约翰·克里在越南河内高调宣布向越方出售快速巡逻艇，实际上已经向外界发出了新的信号。总之，美国在对越军售问题上迈出比以往更大的步伐将是迟早的事。

第三，军事互信将会得到增强。随着双方“全面战略伙伴关系”的逐步形成，在相对单一的军事领域，越美之间的互信将会得到一定的增强，两国在应对危机时军事合作的能力也会因此而得到提升。目前，美军对越军的主要做法就是提供培训，通过项目实施培养越南军事人员的军事技能，使他们了解美国的相关政策，借以增加互信，最终影响越南军队民主化改革，继而培养出一批亲美的军事人员。近年来，美国对越南的军事培训费用呈现出逐年增长的态势，2004 年时只有 33 万美元，2008 年达到 60 万美元，2010 年进一步增加到 74 万美元，2010 年的培训费用比 2004 年实际增长了 124%，而且未来还会进一步大幅增长①。

---

① U. S. Department of State, Bureau of Political-Military Affairs, “*Foreign Military Training and DoD Engagement Activities of Interest*”, http://www.state.gov/t/pm/rls/rpt/fmtrpt/.

（二）意识形态障碍使两国政治关系难有实质性改变

尽管越南与美国双方都在努力打造“全面战略伙伴关系”，双方都在努力加速向彼此靠拢，但由于两国的体制、价值观、意识形态的巨大分歧以及美国对越南国内所谓人权、自由的干预，这些“硬伤”注定双方无法根本性地改变两国关系的性质，即无法变成真正的军事盟国。

值得一提的是，越南国内有一股势力明确要求修改宪法，推翻一党制，实行多党制。他们还提议先从更改国名开始，恢复 1945 年 9 月 2 日胡志明宣布越南独立时的国名，即“越南民主共和国”（现在的国名为“越南社会主义共和国”），最终目的便是放弃社会主义。如果越南的社会主义国家的性质被改变，那么其与美国的国家关系便有可能产生质的改变。但就目前而言这样的可能性非常小。

（三）越南将继续在中美间扮演“平衡木”角色

尽管越美关系因中越两国目前激烈的南海权益之争而出现了日益紧密的互动与深化，但在未来的事关中美分歧和矛盾上，越南仍会保持一种中立的形式（至少表面上会如此），以“走钢丝”的方式从双方得益，这一点又与菲律宾向美国“一边倒”的做法完全不同。越南将继续奉行某种大国平衡战略。[①] 即便如此，越南从中扮演的角色依旧不可忽略。越南所希望的就是借助区域外大国如美国、日本、印度等国的影响力来逼迫中国在南海问题上作出让步，打破中方历来主张的“一对一”解决框架，并与菲律宾、日本等方形成合力使中国面临比以往更大的周边安全困境；或者使中方根本无暇顾及南海争端，从而默认一些国家继续占据我南沙群岛、攫取大量油气资源的事实。但在意识形态、经济贸易以及其他文化交流方面，越南又需要与山水相连的中国发展关系。

① 李松寒、王森：《与大国共舞—东盟的大国平衡战略》，《东南亚纵横》2012 年第 9 期。

(四) 越美经贸关系将会出现新的突破

虽然在越美两国的战略互动中，因意识形态等因素的影响会导致两国政治、外交及军事上的互动效果受到一定的限制，但并不影响两国经贸关系的发展。目前，美国已经成为越南在全球的第二大贸易伙伴，仅次于中国。自1997年以来，越南对美国的贸易顺差逐渐扩大，根据越南官方的统计显示，2012年越南的贸易顺差达到了创记录的148亿美元，而美国方面的统计则更高，达到156亿美元。未来越美双边贸易额将继续上升。预计到2015年，越美双边贸易数额将增至330亿美元。美国驻越南商务处预测，到2020年越美双边贸易额将增至500亿美元。[①] 在越美两国双边贸易关系良好发展的同时，美国也逐渐成为越南的最大投资国之一。而在2014年5月的中越海上对峙之后，越美经贸领域的合作步伐有可能会加快，特别是在有关TPP的谈判上。目前美国对越南的直接投资总额已达105亿美元。[②]

结　语

越南与美国的战略互动既基于双方的共同利益和各自的战略考量，又包含着共同遏制中国的需要，然而与菲律宾和美国的战略互动有所不同的是，越美双方各有盘算，相互猜忌，这影响着双方互动的效果。在2014年5月中越海上对峙之际，美国政府和军方高层纷纷踏足越南，为其撑腰打气。但其中也蕴藏着极大的风险，因为它会导致越南高层产生危险的误判：认为一旦越南与中国对抗甚至局部冲突，美国必定会出手相助，从而更加放肆地挑衅中国，这一点值得我们高度关注和重视。

---

① 李松寒、王森：《与大国共舞—东盟的大国平衡战略》，《东南亚纵横》2012年第9期。
② ［越］阮进鸿：《越南与美国贸易的现状与原因》，［越］《对外贸易》2013年1月刊。

他信改革与泰国新旧政治结构模式对比分析

钱　坤

2014 年 5 月 7 日，泰国宪法法院裁定看守政府总理英拉·西那瓦在 2011 年的一项职务调动[①]中滥用职权，违反宪法罪名成立，下令解除其总理职务。英拉成为自他信后第三位因司法审判而被迫下台的他信集团总理。5 月 22 日，泰国陆军司令巴育·占奥查上将发表电视讲话，宣布成立由军队和警察部队联合组成的“维持和平秩序委员会”（以下简称“维和会”），接管看守政府。这是继 2006 年 9 月发动军事政变推翻他信政府后，泰国军方再次出面干预政治。近期泰国政局的一系列重大变故再次引发了国际社会的广泛关注。

在当今泰国政治中，他信是无法绕开的话题。尽管他信下台后被迫长期流亡海外，但他在泰国的影响力始终存在。他信执政时期在泰国政治、经济、社会等领域实施的一系列改革触及了泰国传统政治体制固有的结构性矛盾，对泰国政治产生了巨大的影响。他信改革的主要受益者是新兴产业集团和以农民为主体的草根阶层，但沉重的改革成本则主要由城市中产阶级、军人集团、官僚集团、传统产业集团等军人威权时期

---

① 2011 年 9 月英拉就任总理后不久，将时任国家安全委员会秘书长他汶调任国务院事务部顾问，其职位由原国家警察总长威迁接替，而警察总长职务则由朴攀接任，朴攀是他信前妻朴乍曼的哥哥。泰国宪法法院裁定，英拉的这一调动有“隐藏目的”，是违反宪法的行为。

的既得利益集团来承担。[①] 这必然导致后者的不满与反抗。2006 年 1 月的“西那瓦集团售股丑闻”[②] 成为了大规模反他信运动的导火索，从此泰国便陷入了旷日持久的政治漩涡之中，一直持续至今。在此期间，“挺他信”阵营帮助他信集团赢得了自 2006 年军事政变后的全部两次众议院选举，[③] 推选出三任总理[④]；而反他信阵营则先后发动了两次军事政变[⑤]、三次司法政变[⑥]，迫使他信集团组建的两个政党先后被解散，多达 145 名高层领导被判 5 年内不得从政。[⑦]

本文试以他信改革为切入点，深入分析他信改革的动因、内容及对泰国政治产生的影响，并在此基础上对泰国新旧政治结构模式进行对比分析。

---

① 周方冶：《泰国政治持续动荡的结构性原因与发展前景》，《亚非纵横》2014 年第 1 期。

② 2006 年 1 月 20 日，泰国议会通过关于放宽外国资本在泰国电信领域控股限制的《泰国电信法》，将控股比例由原先的 25% 提高至 50%。3 天之后，他信家族企业西那瓦集团即宣布将其旗下电信公司 49.6% 的股份以 18.8 亿美元的价格出售给新加坡政府控股的淡马锡公司，并利用股票交易收入免纳所得税的政策优惠，进行了巨额避税。

③ 2007 年 12 月 23 日众议院选举与 2011 年 7 月 3 日众议院选举。此外，泰国还于 2014 年 2 月 2 日举行了一次众议院选举，后因反对派的阻挠与破坏，最终被法院判令无效。

④ 分别是第 33 任总理沙马·顺通卫、第 34 任总理颂猜·翁沙瓦、第 36 任总理英拉·西那瓦。

⑤ 2006 年 9 月 19 日，泰国军方发动政变推翻了他信政府；2014 年 5 月 22 日，泰国军方再次发动政变推翻了他信集团的看守政府。

⑥ 2008 年 9 月 9 日，泰国宪法法院判决沙马总理主持烹饪电视节目违反宪法，下令解除其总理职务；同年 12 月 2 日，泰国宪法法院判决执政党人民力量党选举舞弊，该党被勒令解散，颂猜被解除总理职务；2014 年 5 月 7 日，泰国宪法法院裁决英拉滥用职权罪名成立，解除其总理职务。

⑦ 2007 年 5 月，泰国宪法法院判决泰爱泰党在 2006 年 4 月的众议院选举中存在贿选行为，依法应予解散。泰国《2007 年宪法》第 68 条中增补规定：“凡宪法法院裁定解散的政党，其党主席及执行委员会委员都应被禁止从政 5 年”。因此包括他信在内的 111 名前泰爱泰党高层被隔离在泰国政坛之外。2008 年 12 月，人民力量党被勒令解散，包括颂猜在内的人民力量党 34 名执委被禁止从政 5 年。

一、他信改革的动因及其内容

（一）他信改革的动因

1. 低度发展的政治结构同急剧变动的社会结构之间的矛盾是他信改革的客观动因。

泰国自1932年政变后效仿西方建立了君主立宪制政体，但在披汶·颂堪执政时期（1938—1957年），威权主义政治结构得以在泰国确立。在这个政治结构中，军队是政治决策者，处于核心地位；文人官僚是决策实施者，是整个结构的基础；随着威权政治的发展，王室逐渐成长为一支重要的政治力量，对泰国政治施加着越来越重要的影响；地方政客通过为农民提供庇护而获得他们的支持，从而在议会政治中谋取利益；议会、政党等代议制机构受到压制，发展不充分。尽管泰国政治变动频繁，但政治结构始终维持在一定的框架之内，并没有发生根本的转变。[①]造成泰国政治结构低度发展的原因是多方面的：一是军队对泰国政治的长期直接干预；二是官僚阶层有效维持了威权主义政治体制的存在；[②]三是泰国王室力求政治稳定，支持威权政体；四是文人政府的低效和短命。

与泰国政治结构缓慢发展形成鲜明对比的是，自20世纪70年代以来，由于经济持续发展、教育水平不断提高，泰国的经济社会结构正处在急剧的变动之中。在世界第三波民主化浪潮的推动下，泰国的社会民主力量迅速发展壮大，并提出了至少以下两方面的要求：（1）新兴集团对扩大政治话语权的要求；（2）由于受教育程度提高，广大民众对于建

---

① 陈晓律，李国民：《高速增长中的低度政治发展——泰国模式分析》，《南京大学学报》（哲学·人文·社会科学）1999年第1期，第160页。

② 任一雄：《东亚模式中的威权政治：泰国个案研究》，北京大学出版社，2002年版，第164页。

立民主体制的要求。这些显然是威权主义政治结构所无法满足的。

政治结构调整滞后于社会结构变化的问题日益突出，两者之间的矛盾也日益尖锐，并导致了不断的政治冲突。1973年“十月民主运动”和1992年“五月事件”是泰国民主力量同威权势力之间爆发的两次最大规模的正面冲突，都迫使军事独裁政权下台，并引领泰国进入民主发展的新时期，成为泰国现代史上意义最为重大的两次民主运动。泰国低度发展的政治结构同急剧变动的社会结构之间的矛盾越来越难以调和。为适应社会结构的变化，政治结构的调整和改革势在必行，他信的改革便应运而生。

2. 新兴产业集团利益拓展的需求是他信改革的主观动因。从20世纪70年代起，泰国开始推行“出口导向”经济政策，从而有力地推动了经济的增长。80年代中后期，泰国适时把握住东亚地区“雁行模式”产业转移的契机，促成国内产业结构的部分升级，从而为资本和技术密集型产业的发展开辟了道路。包括信息产业、金融产业在内的新兴产业集团正式形成。90年代初的金融资本市场开放，更是助力泰国成功跻身中等收入国家行列。

随着国内城市消费市场的逐渐饱和，新兴产业集团对于拓展海外市场和启动农村市场的需求越来越迫切。然而，由于缺乏政府的有效监管和引导，泰国经济在表面繁荣的同时，却未能把握时机完成产业结构的调整与升级，致使经济泡沫不断累积，最终在全球化外部风险的冲击下爆发金融危机。1997年的金融危机重创泰国经济，导致泰国贫困率迅速回升，从1996—1999年，泰国贫困率从11.4%上升到15.9%，其中农村贫困率从14.9%上升到21.5%。2000年占泰国人口68%的农村的贫困人口占全国贫困人口的93%，而占泰国人口34%的东北地区贫困人口占全国贫困人口比重达到63%。[①] 金融危机后上台的民主党川·立派政府所推动的经济改革措施饱受争议，并没有将泰国带出危机的泥淖。新兴产业集团逐渐意识到，泰国传统政治结构模式下的弱势政府无力完成

---

① Peter Warr, “Globalization, Growth, and Poverty Reduction in Thailand”, *ASEAN Economic Bulletin*, 2004, (1): pp. 1 - 18

国家经济结构调整的重任，其对海外市场和农村市场的拓展需求更是无法得到满足，于是转而寻求政治“代言人”，以期主动调整国家产业机构。在此背景下，泰国“电信大亨”他信及其改革被推到了历史的前台。

（二）他信改革的内容

他信改革的内容涉及多个领域，本文主要探讨对当今泰国政治产生重大影响的两方面内容：一是“草根政策”；二是政治体制改革。

1. “草根政策”的实施

他信在组建泰爱泰党之初即认识到农村地区蕴含着能量巨大的潜在政治资源。为此，他信政府在执政伊始即推出了一系列“草根政策”，以解决城乡利益分配不均、贫富差距日益拉大等问题。其中，最主要的四项举措是：（1）2001 年7 月启动的“乡村基金”计划。该计划在全国各个乡村和社区成立基金，由政府拨款向每个基金提供100 万铢，以信贷方式支持农业技术改造、特产品加工等项目。截至2003 年7 月，该计划目标达成率近99%。[①]（2）2001 年3 月推出的“三年缓债”计划。计划允许贷款额在10 万泰铢以内的农村债务人延缓三年还债，并免除三年内的利息。截至2004 年4 月，泰国共有约230 万农村债务人从该计划中受益。[②]（3）“一乡一产品”战略。该战略旨在发展农村地区的农产品深加工产业和有地方优势的非农产业，离土不离乡，就地安置农村富余劳动力，并通过特色产品的销售带动农村经济发展，提高农民收入。（4）2001 年开始实施的“30 铢治百病”计划。该计划由政府委托卫生部直接负责。计划的对象是除了政府公务员、购买社会保险者、国企员工以外的4 660 万中下层，他们在就诊时只需交纳30 铢，有的甚至不必交纳

---

① ［泰］《他信总理下令国行研究村基金升格为乡村基金》，［泰］《星暹日报》2003 年8 月1 日。

② Pasuk Phongpaichit, Chris Baker. *Thaksin: The Business of Politics in Thailand*. Bangkok: Silkworm Books 2004. p. 93

任何费用。①

2. 政治体制改革

（1）合并政党，整合政治资源

由于长期处于军人威权主义统治之下，泰国的政党发展不成熟，形成了“小党林立、派系纷争”的局面。这不利于政党政治的发展，更不利于建立稳定的文人政府。他信及其泰爱泰党主要采取“开源节流”的方式不断扩充实力，促成并巩固了泰爱泰党“一党独大”的政治地位。“开源”方面，极力争取政治资源。泰爱泰党代表新兴产业集团的利益，在创立之初就得到盘古银行、正大集团等垄断财团的支持，拥有雄厚的经济实力，在“新思维、新作风”的口号下对泰国政客发起“银弹攻势”，并在2001年选举前吸收了大量在任议员。② 2001年他信上台后又相继吞并了泰国的许多小型政党和派系。③ 通过一连串的合并举措，泰爱泰党完成了政治资本的积累过程，形成了一党独大的政治局面。“节流”方面，依据宪法威慑控制党员。泰国《1997年宪法》第107条第4款规定：“任何人报名成为众议员候选人之前，都必须隶属于任一政党至少90天。”这成为他信防止党内政客派系集体转党威胁的“杀手锏”，从而对党内各政客派系起到了威慑作用。2006年泰国社会兴起反他信浪潮后，众议员沙努·天通趁机以退党要挟他信下台。而他信则宣布提前解散议会，在接下来的选举中，沙努集团囿于宪法规定没有获得参选资格，成为“杀手锏”的第一例牺牲品。

（2）改革官僚制度，强化行政控制力

他信上台执政后，一方面大力支持国家反贪委员会展开针对官僚的舞

---

① 有权接受全面健康保险卡的人分为两大类：第一类是针对社区的负责人和个人月收入不足2000铢（约合400元人民币）或全家月收入不足2800铢（约合580元人民币）的低收入者，这部分人就医不必缴付任何费用；第二类人就诊时须交纳30铢（约合6元人民币），针对第一类以外的其他人。

② 其中包括：沙努·天通率领60多名新希望党的在任议员转投泰爱泰党，致使曾经领导组阁的议会第一大党——新希望党瞬时退化为小型政党；社会行动党主席素威·昆吉滴率领多名党内议员转投泰爱泰党；统一党秘书长奈温·奇超率领一组议员转投泰爱泰党。见乍·潘储派：《泰国政治与统治：从素克泰王朝至他信时代》，曼谷：玛依出版社，2008年版，第274页。

③ 其中包括：2001年2月并入的自由正义党派系；2002年2月并入的新希望党派系；2004年7月并入的泰国党的一些派系；2004年9月并入的国家发展党派系；以及民主党和其它小型政党的部分政客。

弊调查；另一方面颁布《国家公务员管理条例（草案）》和《政府机构改革草案》，通过行政体制改革从制度层面削弱官僚集团的政治影响力。他信政府的具体措施有：1. 将泰国的政府部门由原来的14个扩编至20个，各部门的职责权限也都进行了相应的调整。素有“小内阁”之称的内政部受到全面压制。2. 以提高政府工作效率为由，将企业的首席执行官（CEO）制度引入政府管理，试图以政务官员的个人决策负责制，取代长期以来官僚集团奉行的常务官员集体决策负责制，从而强化政务官即民选政府对于常务官即官僚集团的领导与控制。3. 在中央和地方政府机构实行电子政府管理，对现有的200多万名公务员名额进行大幅削减。2002—2005年期间有24.3万名公务员提前退休，实际上是变相下岗。

他信倡导的行政体制改革削弱了官僚集团的政治势力，增强了政府的行政控制力，但同时也招致整个官僚集团的怨恨，使之成为后来反他信运动中的主力之一。

（3）改革军队，将其纳入国家管理体系

在泰国军队是一支重要的政治力量，是政治体制改革利益攸关的制约因素。从政治制度层面看，泰国军队独立于政府体系之外，政府缺乏对军队的有效控制力。因此，军队干政的威胁并没有消除。他信上台后，为巩固统治，着手对军队进行改革。一是安插亲信，加强对军队的控制。他信的堂兄猜亚瑟·西那瓦在2001年初还只是地方军区的一名普通少将，而一年后即擢升为陆军司令助理，并于2003年顺利接任陆军司令一职。此外，他信还陆续将百余名军校同期同学安插进军方的要害部门担任中高层要职，[①] 以加强对军队的控制。二是推行军队职业化，以警察取代军队的安全职能。由于军队长期干政并执政，其势力和职能范围已延伸至军事以外的许多领域。他信上台后大力推行军队的职业化建设，一方面提高军队的国防能力，另一方面以警察取代军队在国内安全事务中的部分职能。如：2002年初，他信宣布裁撤军队的南疆各府（军事）管理中心和南疆治安前沿指挥部，委任警察部队接管历来由第四军区负

---

① 他信曾就学于泰国军官预备学校（Armed Forces Academies Preparatory School），为第10期学员。

责的泰国南部地区的治安监管权。

二、他信改革对当今泰国政治的影响

（一）政党政治得以强化

泰国的政党发展不成熟是学术界一致认同的观点。泰国政治学家乍·潘储派博士认为："由于频繁的军事政变和长期的军人独裁统治，泰国的政党发展受到很大的限制，并没有形成维持稳定政治所需的足够力量。"① 诚然，泰国小型政党林立，其中不乏为参加选举而临时组建的政党；大多数政党组织松散，没有长远规划和固定的党纲；泰国政党具有明显的地方性，各党派都拥有自己固定的势力范围，这尽管有助于保证自身生存安全，但却不利于发展成为全国性的大型政党；政党与政客往往形成相互依附关系，政党通过拉拢有发展潜力的政客扩大政治影响，政客则通过投靠有组阁潜力的政党谋求政治权力，一旦没有达到预期目的，则一拍两散。总之，政党的不成熟限制了泰国政党政治的发展，在过去的文人执政时期，泰国均实行多党联合执政，从而不可避免地造成历届政府的低效性与不稳定性，最终逃脱不了短命的结局。

表1　　泰国文人政府执政情况表（1988—2001年）

起止时间	总理	联合执政的党派
1988.08—1991.02	差猜·春哈旺	泰国党、社会行动党、民主党、人民党、群众党、民主联合党
1992.10—1995.05	川·立派	民主党、新希望党、正义力量党、统一党、社会行动党

① ［泰］乍·潘储派：《泰国政治与统治：从素可泰王朝到他信时期》，迈德出版社，2008年版，第465页。

续表

起止时间	总理	联合执政的党派
1995. 07—1996. 09	班汉·西巴阿猜	泰国党、新希望党、正义力量党、纳泰党、社会行动党、泰人党和群众党
1996. 11—1997. 11	差瓦立·永猜裕	新希望党、国家发展党、泰国民党、群众党、自由正义党
1997. 11—2001. 01	川·立派	民主党、泰国党、社会行动党、泰党、统一党

鉴于泰国传统政党的种种弊端，他信倡导组建了新型政党（泰爱泰党），并将其打造成为泰国政治结构中的一个常量，而不再是传统意义上的变量。他信下台后，尽管反他信阵营通过颁布新宪法、解散他信集团的政党（泰爱泰党、人民力量党）、禁止其重要成员参政等举措，重挫了他信集团的政治实力，但他信集团的政党组织并没有被打乱，其与基层选民的联系并没有被割断。事实上，他信集团通过不断地借壳参选多次实现了执政目的。泰爱泰党被解散后，他信集团的政要纷纷转投人民力量党，赢得了 2008 年众议院选举；人民力量党被解散后，又转投为泰党，赢得了 2011 年众议院选举。这一成就的实现主要归功于他信对新型政党的构建。泰爱泰党在建立之初即制定了明确的行动纲领和长远发展规划，并在全国建立了广泛的基层组织，不断推进基层民主政治建设，强化选民对政党的认可。反他信阵营中的民主党也意识到了政党建设在现代民主政治中的重要性和必要性，在 2011 年选举失败后进行了党内整改，提高了政党的凝聚力和执行力。通过他信对新型政党的构建，泰国政党同选民之间的联系结构发生了变化（见图 1 和图 2）。在新的模式下，政党在全国范围内建立了基层组织以强化选民对政党的认同感，并引导选民基于对政党的认识来选择候选人。因此，民意支持率成为政党生存的关键。为了赢得大选，政党必须广泛开展调查，提出切合实际且符合人民利益的施政纲领。在执政过程中，执政党的政绩直接决定民意的取向，从而对其执政地位乃至下次大选产生影响。这一模式能够催生出真正意义上的成熟政党，进而强化了泰国的政党政治。

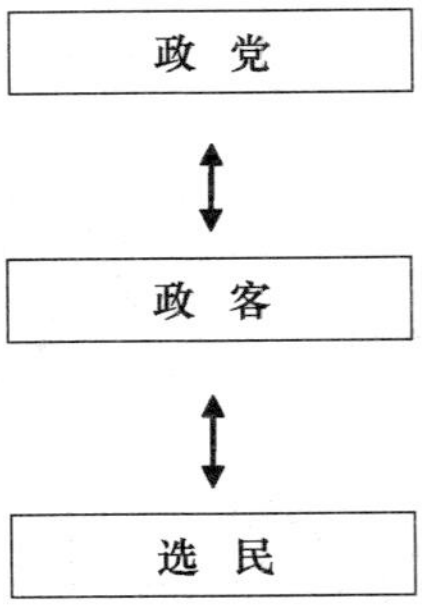

图 1　他信改革前政党同选民的联系图

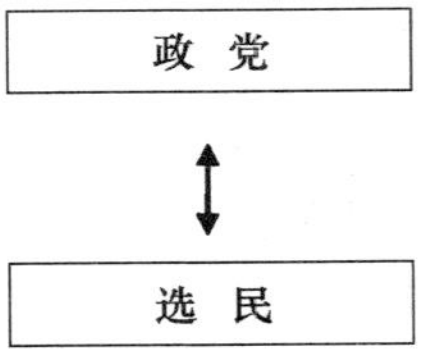

图 2　他信改革后政党同选民的联系图

（二）草根阶层登上政治舞台

他信改革中“草根政策”的颁布和实施极大地改变了泰国的政治生态，直接唤醒了草根阶层的政治参与意识。在他信改革的刺激和促进下，草根阶层作为一支重要的政治力量参与到了泰国的政治博弈之中。

尽管草根阶层在泰国选民中占据压倒性的人数优势，但长期以来在泰国政治中却听不到他们的声音。究其原因，主要在于草根阶层缺乏有效的政治动员和组织渠道，如一盘散沙般难以形成合力并成为一支独立的政治力量。随着他信的上台，这一情况得到了改观。草根政策的实施为农村地区经济发展注入了活力，极大地改善了农民的经济条件，同时也为处于社会底层的民众提供了生活保障，从而赢得了草根阶层的坚定支持。与此同时，泰爱泰党在全国构建了广泛的基层组织网络，从而为草根阶层的政治动员和组织提供了有效渠道。就草根阶层而言，他们意识到在以选举为基础的民主体制内，自己手中的选票是极其宝贵的政治资源，有效地利用这一资源既能争取到更多的发展机会，也能在国家政治中享有一定的话语权。可以说在他信集团的广泛政治动员下，草根阶层正式登上了泰国的政治舞台。主要表现在两个方面：一是草根阶层利用手中选票帮助他信集团赢得自2001年以来的所有众议院选举；二是“反独裁民主联盟”[①]（“红衫军”）的成立及其为支持他信而举行的一系列政治集会活动。

（三）军队趁机干预政治

1932年以来，军队在泰国“始终扮演着重要的干预变量角色”[②]，只是随着世界民主化浪潮的兴起和发展，泰国国内要求恢复民主秩序、建立民主体制的呼声越来越高，军队才暂时避其锋芒，退居幕后。然而，一国民主体制的建立和维持不能仅靠军队的自觉退出和主观克制来保证，这注定是经不起历史考验的。他信在确立了空前稳定的文人政府后，有意识地、谨慎地推动军队改革，试图从体制层面消除军队干政的潜在威胁。通过军队的职业化和国家化，他信试图将军队管理纳入国家管理体系，努力培养一支忠实于国家、听命于政府的军队。

然而，与政党、官僚及草根阶层不同的是，军队和王室是泰国政治中的极端保守势力，对于改革有着天然的抵触，绝不甘心因改革而使自身利益受损。他信政府的军队改革不仅没有成功，反而遭到了极端保守势力的联合反扑。泰国军队先后于2006年和2014年两次发动军事政变，以强力干预泰国政治。在此期间，泰国军队始终保持着对政治的高度干预态势。

2014年军事政变后，泰国军方宣布废止《2007年宪法》，并于7月23日颁布《2014年临时宪法》（以下简称“临时宪法”）。“临时宪法”

---

① 反独裁民主联盟（National United Front of Democracy Against Dictatorship），简称“反独联”或UDD，成立于2007年，是泰国支持他信的一个主要政治团体，因其成员均着红色上衣而被称为“红衫军”。

② 喻常森：《转型时期泰国政治力量的结构分析》，《东南亚研究》2007年第5期，第18页。

的主要内容有两部分：一是保留军方在政变后成立的“维和会”以监督临时政府，并负责国家安全事务；二是宣布成立过渡时期的政治机构并明确了职权。这些机构包括国家立法议会（代行议会职能）、过渡政府、国家改革委员会（拟制国家改革方案）、宪法起草委员会。除过渡政府外，其它机构的成员均由军方直接任命。而过渡政府总理则由国家立法议会选举产生，相当于由军方间接任命。

7 月 31 日，在泰国军队主导下，国家立法议会成立。就其成员组成而言，有两大特点：一是军方占据绝对主导地位，在全部 200 名成员中，军方 105 人，警方 10 人，军警所占比例高达 58%；[①] 二是反他信意图明显，在剩余的 85 名成员中，大多来自反他信阵营，都曾在反对英拉政府的示威活动中扮演过积极角色，如法政大学校长颂奇、朱拉隆功大学校长披隆等。经国家立法议会选举，政变领导人巴育于 8 月 25 日正式就任总理，成为自 1992 年以来第一位出任总理的现役军人，集陆军司令（9 月 30 日已退休）、政府总理、维和会主席三要职于一身。可以说，临时宪法赋予了军方绝对的权力，而军方试图在政治重构中彻底将他信势力排除在体系之外。

（四）王室影响受到挑战

上文提及军队和王室是泰国的极端保守势力，两者都在泰国政治结构中占据重要地位。军队依靠的是国家的武装力量和长期干政的传统。王室影响力则主要来自于普密蓬国王的政治威望，这体现在两方面：一是国王能在各派政治势力的相互对立中起到制衡作用，二是国王在农村地区有着深厚的政治根基。尽管他信摄于国王崇高的政治威望并没有针对王室的直接改革举措，但泰爱泰党在改革过程中却间接触及了王室的利益，无形中削弱了王权。一方面，他信通过改革促成泰爱泰党一党独大，政治局势稳定，各派政治势力都必须听命于政府，从而削弱了王室

① 国家立法议会 200 名成员名单公布后，有 3 名非军警成员提交辞呈，因此国家立法议会实际成员为 197 人。

作为政治力量平衡者的作用；另一方面，他信在农村地区的个人威望与日俱增，动摇了普密蓬国王在农村地区的政治根基，对其政治和社会影响力形成冲击。[①]

王室的影响力根源于普密蓬国王的人格魅力，具有很强的个人属性，难以通过王位继承的方式加以延续。[②] 尽管泰国何时步入“后普密蓬时代”是泰国政治发展的重大变数，但几乎可以肯定的是：普密蓬国王退出泰国政治舞台后，王室影响力将不可避免地遭受沉重打击。由此带来的政治权力空间必将引发各派政治力量的竞相争夺。

三、泰国新旧政治结构模式的对比分析

他信改革后，泰国的政治结构模式发生了巨大的变化，基于传统政治结构的政治平衡被打破，新型政治结构模式的重构进程被 2006 年军事政变所打断。长达 8 年的政治乱局是泰国各政治力量在新型政治结构模式构建过程中相互较量、互不妥协的体现。

（一）传统政治结构维持了脆弱的政治平衡

国内许多学者曾对泰国传统政治结构进行分析，以不同的评价参照总结出不同的结构模式。在此，以喻常森博士的分析为例说明泰国的传统政治结构模式（见图 3）。

① 周方冶：《泰国他信政治集团的兴衰及其原因》，《亚洲的发展与改革》，世界知识出版社，2007 年版，第 134 页。

② 周方冶：《泰国政治持续动荡的结构性原因与发展前景》，《亚非纵横》2014 年第 1 期，第 54 页。

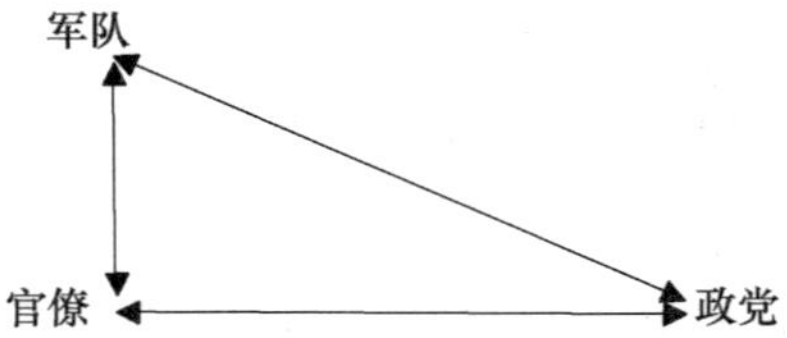

图 3　泰国传统政治结构示意简图

“在泰国传统政治结构中，官僚阶层是基本的和不变的常量，政党是一种集合性变量，而军队始终扮演着重要的干预变量角色。在泰国三大政治力量结构中，官僚阶层始终处于核心地位，军队和政党是两个基本变量……三种力量之间的互动逐渐形成一种次稳定的‘浪漫三角’关系模式。在这个三角关系中，官僚阶层是相对稳定的主轴；军队与政党是三角形的两翼；官僚与军队、官僚与政党的关系比较和睦因而也相对比较稳定，而军队与政党的关系则比较复杂，属于不稳定的一边。”① 喻常森博士肯定了王室以及城市中产阶级对泰国政治的影响力，认为王室的作用是充当政治力量的平衡者，中产阶级则日益觉醒和政治化，并成为反对军人干政的主要力量。

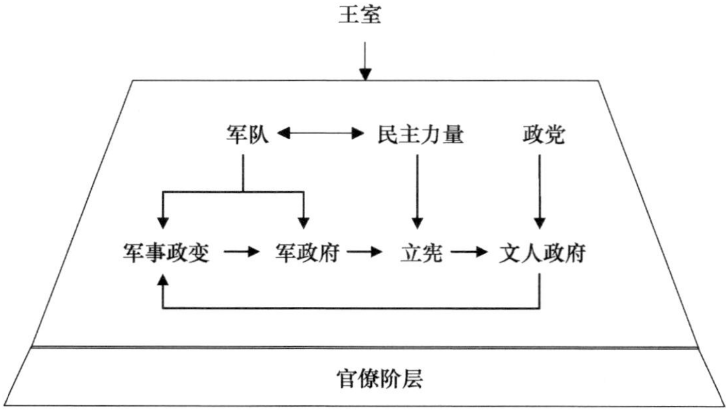

图 4　传统政治发展循环模式及政治结构示意图

① 喻常森：《转型时期泰国政治力量的结构分析》，《东南亚研究》2007 年第 5 期，第 20 页。

通过图4我们可以更加直观地了解泰国传统政治发展循环模式及各政治力量在不同阶段中所发挥的作用。

军人通过军事政变建立军政府，或实行军人极权统治（如披汶·颂堪执政时期）、或实行军人主导的“泰式民主”（沙立·他纳叻执政时期）。在军人统治的大部分时间里，政党处于非法状态，立法机构形同虚设，民主体制遭到极大破坏。与此同时，长期受到压制的民主力量也在不断积聚能量，最终通过民主运动的方式迫使军政府“还政于民”。通过选举产生的文人政府并不能有效地控制政局，往往陷入因多党联合执政带来的利益纷争之中，执政效率低下、政治危机频发、难以完成任期。文人执政时期动荡的政治形势给军人干政以口实，新的循环再次上演。自1932年军事政变以来，该政治发展循环模式已进入第六个周期。①

在泰国传统政治发展循环的各个阶段，各政治力量分别扮演着不同的角色。军队是绝对的主角，从1932—1992年，泰国共发生了19次政变，所有推翻文人政府的军事政变都轻而易举地取得成功；在这60年中，真正由文人执政的时间总共只有不到10年②，而军人控制政权的时间则长达50年。

民主力量主要包括学生、工人、中产阶级、非政府组织等，是反对军人独裁统治、推动民主宪政发展的主要力量，是泰国历史上两大民主运动③的主要参与者。在这两次民主运动中，学生和城市中产阶级先后担当了主力军。在他信改革前，城市中产阶级是反对军队干政的最坚定力量。

政党的发展向来是不充分的，长期处于非法状态，大多数政党是为

---

① 张锡镇：《泰国民主政治的怪圈》，《东南亚研究》2009年第3期，第4页。

② 1932—1933年，1944—1947年，1973—1976年，1988—1991年。

③ 1973年10月，以学生为主力军的示威人群在曼谷民主纪念碑前集会反对他侬军人独裁政府，示威人群同警察发生激烈冲突，造成大量伤亡。最终，在普密蓬国王的干预下，他侬等人流亡国外，政治危机才得以解除。这一事件史称1973年“十月民主运动”。1992年5月，以“争取民主委员会”和“泰国学生联盟”两大组织为领导核心的反对素金达军人独裁政府的示威运动大规模开展，城市中产阶级是此次民主运动的主力军。示威活动遭到军队镇压，共造成40多人死亡，600多人失踪，600多人受伤，3000多人被捕。最终，普密蓬国王再度出面调解，素金达流亡国外，政治困局始得化解，史称“五月事件”。

参加选举而临时组建的，没有有效的基层组织和长远的党建规划[①]。只有在军人被迫让权后，政党才得以在组建文人政府过程中发挥有限的政治作用。

王室既超脱于政治架构之外，又对泰国政治有着实际影响力。这一影响力的形成不是一蹴而就的，而是经历了王室的真空期、被动政治参与到主动政治干预的循序渐进过程。普密蓬国王的个人因素是促成这一转变的主要原因。

官僚是泰国政治统治的基础，是维持泰国政治变而不乱、乱而不崩的重要稳定因素。军人专政时期，官僚阶层能够使其政府机构保持正常运行。因此任何军事政变都没有损害官僚阶层的既得利益。文人执政时期，泰国政党政治的不成熟性为官僚阶层更深入地卷入国家政治提供了可能。所以，不论在威权统治时期还是民主转型时期，官僚成为国家政治结构的重要组成部分。

随着历史的发展，虽然各政治力量内部组成及其影响力在不断变化，但总体上维持着一种脆弱的平衡关系，构成了传统的泰国政治结构与发展循环模式。

（二）新型政治结构模式的重构引发了持续政治动荡

随着泰国经济社会的发展，新兴产业集团和草根阶层逐渐成长为两支重要的政治力量，前者拥有雄厚的经济实力，后者拥有压倒性的选票优势。两者均要求在政治结构中占有一席之地，从而为确保自身的经济利益谋求更多的政治话语权。他信改革促成了两者的政治联姻，并对其他政治力量进行了调整。从结构层面来讲，他信的改革力图对各政治力量及其相互关系进行重组，实现泰国政治结构模式的重构。军事政变推翻了他信的统治，也打乱了重构的进程。从他信下台至今，泰国政局持续动荡不安，究其根本原因，在于各政治力量未能就新型政治结构模式

---

① 任一雄：《政党的素质与民主政治的发展——从泰国政党的历史与现状看其民主政治的前景》，《东南亚研究》2001 年第 5 期，第 15—18 页。

达成一致。王室、军队、官僚等传统政治力量试图恢复原有结构模式下的“利益均沾”局面，而新兴产业集团、草根阶层等新兴政治力量则努力巩固他信执政时期的改革成果。

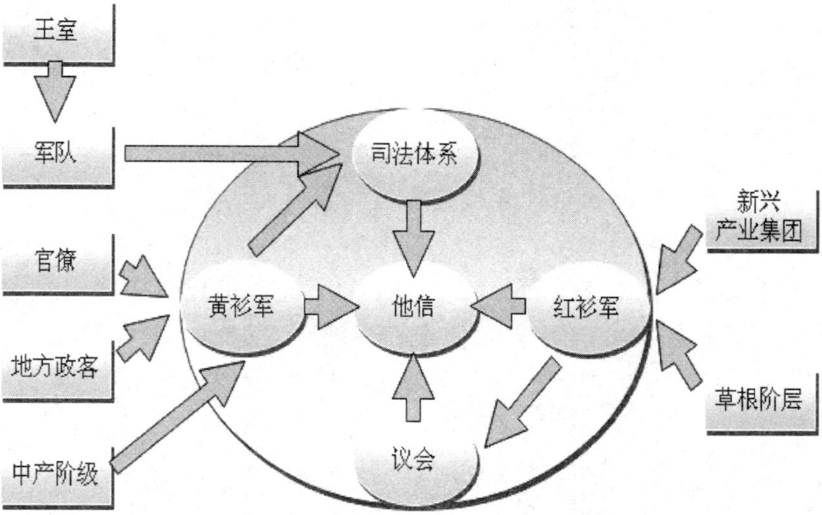

图 5 “后他信时代”泰国政治斗争示意图

透过他信下台后的泰国政治走向不难看出，“后他信时代”的泰国政治依然沿袭着“军事政变—军政府—立宪—文人政府”的循环模式。最新一轮的循环始于 2014 年 5 月 22 日的军事政变，目前，军人主导的国家立法议会和政变领导人巴育分别控制着国家的立法权和行政权。在为期一年的过渡政府时期，由军方任命的国家改革委员会和立宪委员会分别负责国家改革方案的拟制和新宪法的起草工作。文人政府的建立也将在预期之内。尽管传统的政治发展循环模式没有改变，但各政治力量的组合关系及政治斗争形势都发生了巨大的变化（见图 5），主要有以下特征：

1. 他信势力的存废成为当今泰国政治斗争的焦点。对于他信集团而言，他信继任者的身份和他信改革政策的延续是其多次成功组阁执政的关键所在。沙马直截了当地打出“选沙马、得他信”的选举口号，他上台后，一方面延续“草根政策”，另一方面力主修宪，为他信回国铺平道路；颂猜是他信的妹夫，其他信集团代言人的身份不言自明；英拉是他信最小的妹妹，她的竞选口号是“他信思考、为泰党执行”，她上台后推行了广受争议的稻米典押政策，被认为是“草根政策”的进一步发展；“红衫军”在民主党执政期间发动了多次大规模示威活动，并向王室递交了一份100万人签名的请愿书，请求特赦他信，直接向政府和王室施压。反他信阵营的斗争形势更为多样：王室默许军队发动军事政变，直接推翻他信统治；每当他信集团推动修宪，“黄衫军”即发动声势浩大的示威活动，目的都是清除他信势力，消除他信影响。在议会中，由泰爱泰党演变而来的人民力量党及后来的为泰党，与民主党等反他信的政党展开激烈的议席争夺战。司法体系的争夺则呈现出一边倒的态势，反他信的军方在2007年大选前完成对司法体系的改组，以使其听命于己，此后的历次审判都将矛头指向了他信集团，导致泰爱泰党被勒令解散、沙马被解职、人民力量党被勒令解散、他信获刑、英拉被解职等等。

尽管他信下台流亡国外并获刑2年，但他并没有真正离开过泰国政局，始终是泰国各派政治力量斗争的焦点。

2. “红”、“黄”对立是政治斗争的主要表现形式。首先，“红衫军”和“黄衫军”都组织了大规模的示威集会，持续时间长、波及面广、政治影响力大。其中，“黄衫军”占据素万纳普国际机场和“红衫军”冲击东盟峰会是最具国际影响力的事件，都严重损害了泰国的国际形象和声誉。

其次，“红”、“黄”对立直接影响着议会斗争的形势。“红衫军”凭借手中掌握的选举资源表达对他信的坚定支持，这也是他信集团在反对派的围攻下依然占有议会多数席位的根本原因；“黄衫军”尽管得到包括王室、军队、官僚等政治力量的支持，但苦于人数不如“红衫军”，因此通过议会斗争始终无法置他信势力于死地。

再次，“黄衫军”挑起司法体系的斗争来弥补自己人数上的不足。“黄衫军”尽管在选举上无力同“红衫军”抗衡，但它有足够的力量挑起司法体系的斗争，而司法体系控制在反对他信的军人集团手中。最终，他信集团在司法体系的一次次审判中渐渐丧失了自己的政治优势。因此，我们可以说，“红”、“黄”对立是“后他信时代”泰国政治斗争的主要表现形式。

3. 新旧政治力量的利益之争是当今泰国政局动荡的深层次原因。尽管他信改革为新兴政治力量和草根阶层赢了得政治话语权，带来经济实利，却严重损害了传统政治势力的政治、经济利益。他信的个人威望对王室的影响力构成挑战；军队国家化的改革削减了军队在人事调动、职能任务乃至金融产业领域的自主权；他信集团政党（泰爱泰党、人民力量党、为泰党）一党独大的政治局面极大地压缩了地方政客的政治谋利空间；“草根政策”的维持占用了过多的财政开支，影响了政府对于城市建设和中产阶级条件改善的投入。利益受损集团暂时联合起来组成了反他信阵营，在议会斗争、街头抗议、抵制选举等手段接连失败后，最终通过军事政变推翻了他信政府。然而，他信时代激化的新、旧政治力量之间的矛盾并没有随他信的下台而得到解决。在“后他信时代”，泰国政治力量结构面临一场大调整，而新兴政治力量和传统政治力量都想在新一轮的政治结构调整中占据有利地位。因此，为了争夺政治权力、保障集团利益，双方都在或明或暗地支持各自的利益代言人。“红衫军”和“黄衫军”便成为新、旧政治力量斗争的工具。

结　语

根据本文对他信改革以及泰国新旧政治结构模式的对比分析，我们可以得出以下几点结论：第一，他信主导的政治体制改革是泰国民主体制发展的历史必然；第二，草根阶层的政治觉醒历史性地改变了泰国的政治生态；第三，当今以“红”、“黄”对抗为代表的社会分裂是泰国民主发展的“阵痛期”；第四，泰国长期的政治动荡是各派政治力量在新型政治结构模式重建过程中未能达成一致的结果。2014 年 5 月的军事政变，使泰国军方获得了绝对权力，这是对他信改革的“反动”。但是，我们必须注意 2006 年军事政变后反他信阵营的政治改革图谋的失败，是新兴产业集团“资金”与草根阶层“选票”的政治联合的结果。因此，我们不能认为泰国的改革势力彻底失败，泰国政治前景仍将充满不确定性。未来泰国政治局势取决于各派政治力量在新型政治结构模式下的博弈，而泰国政局的稳定需要各派政治力量达成妥协。

当前东盟海上安全合作现状及其困境

虞　群

2014 年 3 月 8 日凌晨，马来西亚航空公司一架航班号为 MH370 的波音 777—200 客机从吉隆坡飞往北京，计划 6：30 抵达，却在凌晨 1：20 失去联系。其后，中国、马来西亚、越南、菲律宾、印度尼西亚、新加坡、美国、泰国、澳大利亚、英国等国家相继派出飞机和舰船在可疑海域进行搜救。3 月 24 日，马来西亚总理纳吉布在吉隆坡召开新闻发布会，宣布马航失联班机 MH370 在南印度洋澳大利亚珀斯以西海域坠毁，机上人员全部遇难。回顾此次“国际搜救大动员”，国际社会尤其是很多东南亚国家都以实际行动贡献出了自己的力量，但是，我们也听到不少主流媒体发出质疑之声，尤其是对于东南亚地区最重要的区域组织东南亚国家联盟（简称“东盟”）未能在海上搜救过程中发挥应有的积极作用颇有微词。

事实上，自 1967 年成立以来，东盟组织便致力于在海上安全领域开展区域合作，并取得了一定的成绩。冷战时期，东盟国家普遍面临着在海上边界区域等政府统治薄弱环节的安全威胁，如反政府武装、海盗、海上跨国犯罪等。为联手应对威胁，东盟国家通过建立边境合作委员会、举行双边海上联合军演以及联合海上巡逻等方式开展双边海上安全合作。冷战结束后，地区海上安全形势愈加严峻复杂。持续发酵、危机频发的区域内外海洋权益争端以及大国在东南亚地区海洋战略利益博弈而引发的传统安全威胁，与以海上恐怖主义、海盗、海洋自然灾害等为代表的非传统安全威胁相互交织，相互影响。基于此种环境，东盟在继续深化成员国间双边海上安全合作的基础上，积极构筑东盟区域内乃至亚太地区多边海上安全合作机制，并逐步探索务实性多边海上安全合作。总体而言，东盟海上安全合作对于纾解区域内“海上安全困境”及维护地区海上安全（尤其是马六甲海峡的航行安全）发挥了重要作用。然而，囿于东盟内部的历史纠葛、文化传统、行为偏好及安全能力，其海上安全合作不可避免地面临着重重困境，这也是导致东盟在此次 MH－370 航班搜救过程中备受诟病的根源。

一、当前东盟海上安全合作现状

（一）不断深化东盟区域内海上安全合作

东盟区域内海上安全合作可分为双边合作与多边合作两个层次，合作形式囊括了从海军人员、舰船互访等信任建立型合作到海上联合演习、联合巡逻等务实型合作。

第一，东盟区域内双边海上安全合作愈趋深入。东盟国家间双边海上安全合作始于冷战时期，其主要目的是共同“戡乱”。冷战后，随着地区安全形势的演变，东盟国家间双边海上安全合作得到了进一步的加强。除了各国海军舰艇频繁互访、海军官兵密切往来以外，东盟国家间加强了双边海上安全事务磋商、海上情报共享、海上联合军事演习、海上联合巡逻等领域的合作。以海上联合军演为例，东盟国家间开展的较为成熟的双边海上联合军演主要有：新泰海军举行的“新暹”（Singsiam）海上联演、新马海军之间的“马拉普拉”（Malapura）联演、印（尼）马海军之间的“马林都爪哇”（Malindo Jaya）联演以及印（尼）泰海军之间的“海上金翅鸟”（Sea Garuda）联演等。

第二，东盟国家间小多边海上安全合作日益勃兴。在双边合作不断深入的基础上，东盟国家间也开始尝试三国、四国间的小多边海上安全合作。2004 年 7 月，印尼、马来西亚和新加坡三国在马六甲海峡开展了代号为 MALSINDO 的三边全天候协作巡航行动，在各自的领海内打击海盗及海上恐怖主义等非法行为。2005 年 8 月 2 日，新加坡、马来西亚、印尼和泰国四国开始对马六甲海峡进行代号为“空中之眼”的联合空中巡逻。2008 年 9 月，四国军方代表共同签署马六甲海峡“海上和空中巡逻合作协议”。菲律宾、印尼和马来西亚三国于 2005 年发起的“南方海岸监视线”行动也是东盟国家间小多边海上安全合作的另一重要举措。

第三，东盟多边海上安全合作机制越臻成熟。冷战结束后，东盟国家在继续加强双边及小多边海上安全合作的基础上，开始尝试东盟整体多边海上安全机制的构建。1992 年 7 月，东盟第 25 届外长会议通过的《东盟关于南中国海问题的宣言》，标志着东盟多边海上安全合作的发轫。成立于 1996 年的东盟特别高官会议（ASEAN Special SOM）是东盟国家尝试多边安全合作（海上安全是重要内容）的首个机制。其后，东盟各国在东盟框架外先后建立了东盟国家武装部队首脑非正式会议（ACDFIM）、东盟国家海军司令会议（ACNM）、东盟国家军事情报首长非正式会议（AMIIM）等多边海上安全合作机制。2006 年，东盟国防部长会议（ADMM）召开，标志着东盟框架内多边海上安全合作机制的正式确立。鉴于海上安全形势的日益严峻，东盟专门成立“东盟海事论坛”（AMF），以便于成员国间就海上安全问题进行对话与合作。

（二）与区域外大国保持适度海上安全合作

冷战结束后，出于维护国家安全的考量，东盟国家在加强区域内部海上安全合作的同时，与区域外大国之间也保持着适度海上安全合作。

第一，与美国的合作。随着冷战的结束，美军于 1992 年撤出了在东南亚地区的所有驻军。但是，美国影响的衰退引发了东盟国家对于地区“权力真空”的担忧，促使有着大国平衡传统的东盟国家重新视美国为地区安全的“平衡手”，纷纷试图“拉住”美国。同时，20 世纪 90 年代中期以来，美国全球战略重心东移。特别是“9.11”事件以来，美国“重返亚太”步伐加快，东盟国家在美国全球战略中的地位也日益重要。在此背景下，东盟国家与美国的双边安全关系快速升温。由于亚太地区海上安全形势日渐复杂，海上安全合作成为了东盟国家与美国的重点合作领域。

在2002年8月召开的东盟与对话国会议上，东盟与美国就合作打击国际恐怖主义签署联合宣言。宣言指出，双方强调将建立合作机制，通过信息和情报交流，防止和打击国际恐怖主义。[①] 2005年11月，美国与东盟共同发表《美国与东盟加强伙伴关系联合前景声明》（Joint Vision Statement on the ASEAN-US Enhanced Partnership），指出“要促进在打击跨国犯罪，尤其包括恐怖主义、大规模杀伤性武器扩散、非法药物交易、人口贸易等行为，并且提高海上安全及边境安全”。[②] 2011年东盟与美国共同签署的《实施加强东盟—美国伙伴关系行动计划（2011—2015）》宣布，要加强双方在海事领域的合作，包括海上安全合作、海洋搜救和地区航行安全方面的合作、信息共享、通过东盟海事论坛等平台加强合作等；要通过召开研讨会等方式探讨防止海盗和海上劫掠、跨国犯罪以及海上非法物资贸易等方面的最佳实践方法，以加强海上执法合作。[③] 2011年11月召开的第三届东盟—美国峰会发表的联合声明，对东盟国防部长扩大会议设立的海上安全等5个专家工作小组表示欢迎，并重申了海上安全对于地区和平安全的重要性，提出要促进双方在海上安全、海上搜救、航行自由等方面的合作。[④]

第二，与中国的合作。冷战后，由于南海问题不断升温以及“中国威胁论”甚嚣尘上，加之中国海军力量的迅速发展，东盟国家对于中国的崛起怀有一定的疑惧心理。随着中国与东盟国家之间交流与合作的不断深入，尤其是“10+1”、“10+3”和“中国—东盟海事磋商机制会议”等机制的建立，促使双方在海上安全领域的合作取得了令人瞩目的成就。自20世纪90年代以来，中国与东盟国家海军舰船及人员互访频

① 《东盟与美国签署联合宣言》，新华社，2002年8月1日。

② “Joint Vision Statement on the ASEAN-US Enhanced Partnership”, http://www.aseansec.org/17871.htm.

③ “Plan of Action to Implement the ASEAN-United States Enhanced Partnership 2011－2015”, http://www.aseansec.org/22684.htm.

④ “Joint Statement of the 3rd ASEAN-U.S. Leaders'Meeting”, http://www.aseansec.org/26742.htm.

繁，与泰国、印尼等国海军的联合演训逐步常态化。2002 年中国与东盟签署了《中国与东盟关于非传统安全领域合作联合宣言》和《南海各方行为宣言》，标志着双方在海上安全合作方面迈出了重要的步伐。2004 年中国与东盟联合制订了《落实中国—东盟面向和平与繁荣的战略伙伴关系联合宣言的行动计划》，明确指出：双方在诸如海洋环保、海上航行和交通安全、海上搜救、海上遇险人员的人道主义待遇、打击海上跨国犯罪等领域加强对话与合作。2006 年，中国和东盟举办海上执法研讨会，决定加强海上执法合作联手打击海上跨国犯罪。2011 年 7 月 21 日，中国—东盟外长会议通过了《南海各方行为宣言》后续行动指针，使双方海上安全合作达到了新的高度。

第三，与日本的合作。1999 年，在东盟—日本首脑峰会上，日本首次提出合作打击海盗活动的建议，并提议召开打击海盗事务的国际研讨会。2000 年 4 月，在日本的倡议下，日本、东盟 10 国、中国、印度、韩国等 17 个国家在日本东京召开“海盗对策国际会议”。此次会议的一个重要成果是通过了《亚洲海盗对策挑战 2000》。2004 年 11 月，包括东盟 10 国在内的亚洲 16 国共同缔结《亚洲打击海盗与武装抢劫船只区域合作协定》。依据此协定，“亚洲反海盗信息共享中心”于 2006 年 11 月在新加坡建立。2004 年，东盟与日本在第 8 次东盟—日本峰会上共同签署了《合作反恐联合宣言》，并建立了东盟—日本反恐对话机制。在其后的历届日本—东盟反恐对话会议中，海上安全合作多次被列为双方反恐合作的优先领域。2013 年 12 月召开的东盟—日本首脑特别峰会上，地区海上安全形势也是日本与东盟国家所关注的重要议题。

第四，与印度的合作。1991 年，印度正式提出“东向”政策，以谋求印度在东南亚及太平洋地区的经济合作与存在，实现其大国梦想。出于共同的海上安全利益及制衡美国、中国等大国的目的，东盟国家与印度开展了较为密切的海上安全合作。进入 21 世纪后，东盟积极与印度开展合作。2000 年 3 月，东盟—印度合作委员会在新德里举行会议，双方商定建立“东盟—印度 2020 年远景规划”框架，并以此作为双方发展未来关系的基础。2002 年 11 月 5 日，第一次东盟—印度首脑会议召开。同年，双方启动了“10 +1”进程。在 2003 年 11 月巴厘岛的东盟—印度第二次首脑会议上，印度与东盟签署了《反恐合作宣言》。在2004年的第三次东盟—印度首脑会议上，双方正式签署了《和平、进步与共同繁荣伙伴关系协定》，由此既开启了印度与东盟合作的新阶段，也表明印度长期的“东向”政策终于取得显著成果。在这份历史性文件中，双方承诺将携手打击恐怖主义及人口贩卖、海盗、洗钱、贩毒等跨国性犯罪问题，并努力拟定和建立相关情报与法律合作制度。[①] 2007年11月，第六次东盟—印度首脑会议在新加坡召开，会议发表主席声明称：“东盟与印度在应对诸如海上安全、反恐以及减灾救灾等跨国界议题上拥有共同利益。我们承诺在东盟—印度对话机制以及其他论坛，比如东盟地区论坛框架下在上述领域展开务实性合作。”[②] 在这些机制框架下，东盟与印度在海上安全领域进行了较为深入的合作。

（三）建立东盟主导的地区多边海上安全合作机制

冷战结束后，面对新的安全形势，东盟在继续深化成员国间双边及多边军事安全合作的同时，通过构建多边安全合作机制，与世界主要大国、东亚国家、区域组织、区域集团等东盟的“外部合作者”进行安全对话与合作，使其融入到东盟主导的多边安全机制之中。通过这些多边合作机制，东盟得以与这些“外部合作者”开展海上安全合作。

1992年初，第四届东盟首脑会议就加强地区政治、安全对话达成共识，决定在每年的东盟部长级会议上，成员国之间以及同东盟的对话伙伴国、协商伙伴国和观察员国之间，就政治和安全问题展开对话。1994年7月25日，东盟地区论坛（ARF）首次会议在曼谷召开，共有18个成员参加，论坛正式启动。经过近20年的发展，东盟地区论坛目前成员数量已增加至27个，包括了亚太地区所有的主要国家，甚至还包括了欧盟。自成立以来，东盟地区论坛讨论的议题不断扩大。但是，自始至终，

① ［中国台湾］蔡东杰：《印度东进政策下的东南亚角色分析》，《台湾东南亚学刊》2007年，第4卷，第2期。

② “Chairman's Statement of the 6th ASEAN-India Summit,” http://www.aseansec.org/21133.htm.

海上安全领域的对话与合作一直是东盟地区论坛的关注重点和合作领域。东盟地区论坛框架下的海上安全合作主要体现在以下方面：

第一，将海上安全列为重点合作领域，并发表有关海上安全的声明。在东盟地区论坛历届会议发表的声明中，经常涉及有关海上安全领域的合作。1994 年首届外长会议便确定论坛今后在建立信任措施、核不扩散、维和、交换非机密军事情报、海上安全和预防性外交六大领域开展合作，并同意论坛沿正式与非正式两条轨道进行。自 2001 年起，几乎每届外长会议的“主席声明”都涉及海上安全合作。2003 年，第十届东盟地区论坛外长会议就地区和国际总体安全形势、反恐和打击跨国犯罪以及论坛未来发展方向等问题进行了广泛的讨论，充分地交换了意见。打击恐怖主义和跨国问题是会议的重点议题。各方认为，本地区仍面临恐怖主义威胁，跨国问题也日益突出，应在海上安全、边界安全以及打击海盗、贩卖人口、洗钱等方面加强国际和地区合作。会议还通过了“关于 ARF 在边境安全方面开展联合反恐行动的主席声明”和“关于 ARF 开展反海盗和其他威胁海上安全行为的合作声明”。在后一份声明中，东盟地区论坛成员国表达了通过进行情报合作、联合巡逻、人员培训合作、联合演习等方式开展务实性海上安全合作的愿望与决心。

第二，频繁召开海上安全领域的第一轨道研讨会和会间专题会。自 1996 年起，东盟地区论坛先后召开了近百次研讨会和会间会，就不同的议题进行第一轨道讨论、对话和磋商。其中，有近两成会议的主题与海上安全合作密切关联。而海上安全则是东盟地区论坛各会间会中专门关注的会议。2009 年 3 月，首次会议在印尼泗水召开，至今已经召开 3 次会议。论坛各成员国通过此会议对地区海上安全形势进行交流，并探讨海上安全合作的必要性和重点领域。2010 年 3 月召开的第二次会议通过的《东盟地区论坛海上安全工作计划草案（讨论文本）》，为论坛成员国进行海上安全合作提供了具体指导。

第三，举行海上联合演习。2007 年 1 月，来自东盟地区论坛 22 个成员的 102 位官员参加了为期两天的东盟地区论坛海上安全岸上演习。在演习中，军方、执法部门、港口和政策部门的海事安全人员进行了一系列演练，其中包括跨部门研讨、桌面模拟以及在新加坡樟宜海军基地战术训练中心进行搜索海上失踪船只等演练。演习目的在于增强相关海事安全部门之间的相互协作和熟悉程度。这次演习的开展，表明东盟地区论坛在从对话走向实际合作方面迈出了重要一步。

2009 年 5 月，东盟地区论坛在菲律宾举行联合救灾演习。演习持续 8 天，日本、美国、韩国和欧盟等 13 个国家和组织共约 570 多人参加了此次多国实战演习。演习假定菲律宾的吕宋岛遭遇特大台风袭击，东盟地区论坛成员国对灾区实施救援，在马尼拉等吕宋岛三处进行医疗救助、供水、建筑重建的相关演习，不少国家海军部队也参加了演习。据报导，日本海上自卫队的救难飞艇参加了在马尼拉湾海上进行的搜索遇难者并实施救援的演习。2011 年 5 月，东盟地区论坛在印尼北苏拉威西省省会万鸦老举行了第二次救灾演习。

除东盟地区论坛外，东盟国防部长扩大会议（ADMM +）是东盟主导的另一多边海上安全合作机制。2010 年 10 月 12 日，东盟国防部长扩大会议正式在越南首都河内召开。该会议的成员是在东盟 10 国国防部长的基础上，加上澳大利亚、中国、印度、日本、韩国、美国、新西兰和俄罗斯的国防部长。首届东盟国防部长扩大会议决定选择海上安全等 5 个领域作为首先合作的重点。会议还决定成立专家工作组，负责推进这 5 个领域的合作。马来西亚与澳大利亚负责海上安全工作组的协调。2013 年 9 月，中国、美国、澳大利亚、新西兰、印度、日本、新加坡、泰国、马来西亚、印度尼西亚、文莱 11 国的军舰组成三个特混舰队在澳大利亚东部海域正式举行了东盟防长扩大会议首次海上安全实兵演习，拉开了东盟防长扩大会议务实性海上安全合作的大幕。

二、东盟海上安全合作面临的困境

（一）“东盟方式”的局限性

东盟在长期的实践中经过反复摸索，逐步形成了一套特有的行为偏好和决策模式即“东盟方式”。[①] 基于此，东盟组织构建了一套以东盟为主导的多层次、立体式的地区海上安全合作机制，极大地促进了东盟乃至亚太地区国家之间的相互信任和理解，较好地改善了地区海上安全环境，有力地维护了地区海上安全和稳定。但是，“东盟方式”本身在制度上的先天不足，导致东盟主导的各层次海上安全合作难以深入开展，不时为国际社会所诟病。

首先，在“东盟方式”各原则中，处于基础性地位的是一系列强调尊重国家主权、互不干涉内政、以和平方式解决国家争端等处理国家间关系的准则。对于国家“主权至上”原则的强调，使主权问题成为东盟海上安全合作的最大禁忌。如果让东盟国家在捍卫本国主权与更为有效地维护地区海上安全两者之间进行选择时，绝大部分国家会毫不犹豫地选择前者。例如，当作为外来强权的美国试图以打击海盗的理由进入马六甲海峡时，印尼和马来西亚立刻声色俱厉地进行谴责与抗议。不仅如此，在东盟内部合作过程中，每当涉及到主权及内政问题时，东盟国家也俨然如楚河汉界，不越雷池一步。自冷战时期起，东盟国家便开始进行双边海上联合巡逻。冷战结束后，随着海上安全形势的日益严峻复杂，海盗、海上恐怖主义等非传统安全威胁急遽凸显，东盟国家不断加强海上联合巡逻的力度。但是，出于对国家主权的重视，无论参与合作国是哪些国家，也无论在何水域，主权国家赋予其他国家巡逻艇进入本国领海追捕犯罪分子的“紧急追捕权”（the right of hot pursuit）都极为有限，有时甚至没有。如果仅从合作实效性的角度来看待这个问题，“东盟方式”确实在很大程度上制约着海上安全合作的实效。2014 年 3 月 19 日，英国广播公司报道，由于印尼方面拒绝执行搜索马航失联航班 MH370 任务的飞机进入其领空，妨碍了当天对于 MH370 的空中搜索。[②]

其次，“东盟方式”的“重协商、非正式性、非强制性”特点制约着东盟主导的区域多边海上安全合作进一步开展。

“东盟方式”的一大原则是偏好于通过非正式协商的方式达成一定

① 有关“东盟方式”的发展演变，参见徐立波、虞群：《“东盟方式”的发展演变》，《东南亚之窗》2005 年第 1 期。

② 参见《印尼拒绝搜索马航失联航班的飞机入境》，凤凰网，2014 年 3 月 19 日。

共识，但不具备强制性。虽然这样的方式可以照顾到各方的舒适度，营造一个宽松友好的对话氛围。但是，这种方式在很多实际问题的处理上显得消极乏力。因而，无论是东盟10国间的多边安全合作机制，还是以东盟地区论坛为代表的由东盟主导的多边安全合作机制，都更像是一个清谈式的茶馆，所通过的声明也仅是宣示立场，毫无强制性措施。以多边安全合作机制的代表东盟地区论坛为例，尽管第一轨道和第二轨道每年分别举行各层次的会晤，召开各种形式的研讨会，以及形形色色的工作小组会议或会间会，然而，泛泛而谈者居多，切中肯綮者寥寥。纵然在会上提出不少加强地区务实性合作的倡议，但很少被付诸实践，无怪乎诸如东盟地区论坛之类的多边合作机制经常被国际社会冠之以“NATO”（No Action Talk Only）的“美誉”。[①] 有学者对此评论道，“从东协区域论坛的议程和对话形式可以看出，它主要是一个信心建立措施的工具，东协希望藉由该论坛作为达到预防外交的效果，但是该论坛对区域安全问题的实质性贡献，目前仍停留在初步的信心建立措施层次上。”[②]

即使是东盟地区论坛所提倡的建立信任措施，由于毫无强制性，就连作为其主导力量的东盟国家自身也未能积极响应，展现出团结有力的一面。例如，东盟地区论坛提倡成员每年就本国对国际安全形势的判断以及本国国防政策发表报告。但是，东盟国家的表现令人大跌眼镜。仅新加坡和泰国每年都提交相关报告，其余国家则是偶尔为之。

近年来，东盟开始逐步由“纸上谈兵”迈向“实地演兵”。自2007年以来，东盟防长会议、东盟地区论坛、东盟防长扩大会议等多边机制先后开展了以灾难救援为主题的多边海上联合演习。但是，这还远远不够。正如俄罗斯学者所指出的：“在东南亚国家联盟的活动中，积极的军事政治色彩表现得比较弱。联盟的主要工作重心放到了经济的相互合作方面。这远远不是一个军事联盟。它的成员国之间没有相互援助的义务。这个联盟在同国际恐怖主义和各国国内武装冲突的斗争，以及在防

① Peter Ho, “Rise of a Militarised Asia-Global Implications”, *9th Annual IISS Global Strategic Review*, Plenary Session 4, 11 September 2011.

② ［中国台湾］陈欣之：《东南亚安全》，生智文化事业有限公司，1999年版，第142页。

止大规模毁伤性武器的扩散中的协调作用，远处在相当低的水平。”①

（二）东盟国家间战略互信脆弱

另一个制约东盟海上安全合作深入发展的重要因素，是东盟成员国之间战略互信相对脆弱。东盟组织成立至今已逾40年，经过长期的互动交流，东盟国家间的互信水平已大幅提升。然而，这并不代表真正的互信已经达成。就目前情况来看，东盟成员国间的战略互信水平还有较大的提升空间。东盟成员国间战略互信的不足，主要表现在以下几个方面：

第一，东盟国家之间龃龉不断，甚至爆发战争。自冷战时期起，领土领海争端和民族矛盾构成了东南亚错综复杂的国际关系中至为敏感的议题。正如新加坡一位前外长所指出的：“东南亚地区冲突的主要原因不是外部超级大国的干涉，而是地区国家间长期以来的历史仇恨、民族和宗教的差异和冲突，以及资源的争夺。”② 在领土、领海争端方面，近年来最为严重的双边武装冲突莫过于泰国和柬埔寨围绕柏威夏寺领土争端而导致的两国军事冲突。自2007年柬埔寨单方宣布柏威夏寺“申遗”以来，两国为争夺该地的主权而大打出手，多次发生武装冲突。2011年2月，两国的冲突到达顶点，双方各有数十人在冲突中身亡，以至于柬埔寨首相洪森表示，泰柬之间发生的不是“军事冲突”，而是“真正的战争”。③ 此外，印尼和马来西亚在2005年由于安巴拉特油田主权归属问题引发的军事对峙，也是东盟内部由于领土和海洋权益争端引发武装冲突的重要例证。而东盟国家之间普遍存在的领土和海洋权益争端，如同定时炸弹，随时可能引爆，进而影响东盟貌似和谐安宁的政治氛围。

至于民族矛盾问题，新加坡与马来西亚之间的矛盾最具代表性。以华人族群为主的新加坡被喻为“马来海洋中的华人岛屿”，20世纪60年

---

① ［俄］B. M. 库拉金著：《国际安全》，纽菊生、雷晓菊译，武汉大学出版社，2009年版，第249页。

② Andrew T H. Tan, *Southeast Asia: Threats in the Security Envionment*, Singapore: Marshall Cavendish Academic Press, 2006, p. 32.

③ 凤凰网，2011年2月10日。

代，马来西亚由于忌惮新加坡华人与马来人争夺政治权利，而将新加坡“踢出”马来西亚。因此，自新加坡独立开始，新马两国便龃龉不断。冷战时期，戒备和猜疑成为两国关系中的主基调，而对马关系也被新加坡视为外交上的“雷区”。80年代，以色列总统访问新加坡导致马来西亚国内穆斯林出现反对新加坡的浪潮，甚至有人焚烧新加坡总理李光耀的肖像和新加坡国旗，并公开要求断绝与新加坡的外交关系和切断对其供水。[①] 新马民族矛盾深重的另一个例证是李显龙关于新加坡空军不征召马来族士兵的言论。1987年2月，时任国防部第二部长的李显龙在一个公众场合回答马来人的提问：为什么新加坡空军不征召马来士兵？李显龙的回答是：“我们不想让任何一位战士在战场上陷入爱国情感与宗教信仰之间的矛盾之中。”这番言论引发了马来西亚国内的强烈不满，认为新加坡将马来西亚视为假想敌。[②] 东盟成员国间复杂的民族矛盾和领土领海争端，使猜忌甚至敌视的气氛不时笼罩着东南亚地区，极大地影响着多个双边关系的深入发展。

第二，冷战后东盟各国展开军备竞赛。冷战结束后，两极格局瓦解，国际局势相对缓和，为国际军控与裁军提供了良好的环境。然而与国际裁军大潮相悖的是，东盟国家竞相采购以海空军进攻性武器为主的军事装备。伦敦国际战略研究所发布的《军事平衡2011》中指出：“泰国和其他东南亚国家，尤其是印尼、马来西亚、新加坡和越南继续增加它们的国防开支，并且都有大宗军事采购项目。”[③]

东盟国家大多是岛国或濒海而居，防范来自海上和空中的威胁是其防卫的重点。加之海洋自然资源及专属经济区对于国民经济有极大的重要性，以及东盟国家高度的对外经济依存度，海上安全的维护自然需要大力发展海空军事力量。但不可否认的是，东盟国家在竞相发展军事装备的背后，还有一深层次原因，即互相防范。

以东盟国家竞相采购的潜艇为例。当新加坡在1995年采购了第一

① *The Straits Times*, 29 November 1986.

② *The Straits Times*, 23 February 1987.

③ The International Institute for Strategic Studies, *The Military Balance 2011* (Executive Summary), http://www.iiss.org/publications/military-balance/the-military-balance-2011/press-statement/

批潜艇后，其两大近邻印尼和马来西亚立刻作出反应，也希望能够配备潜艇。而泰国军方2007年提出购买潜艇计划时，“为了让泰国的防卫水平接近邻国”是其向公众解释的最主要原因。我国著名军事学者尹卓少将在分析东盟国家购买潜艇的动机时指出“要说发展潜艇，就是互相防范，它现在没有面临一些重大威胁。周边一些大国，比如美国，虽然在这里活动，……但是没有把它们作为作战对象，大部分都是盟国，中国完全是和平独立自主的外交政策，在南海地区我们提出建立‘和谐海洋’的口号，他们都非常清楚，根本就不对其构成威胁。唯一的解释就是互相之间的防范，……比如越南主张南海基本都是它的，它和菲律宾、马来西亚、新加坡和印尼都有矛盾，特别是和菲律宾和马来西亚，矛盾非常尖锐。因此你加强海军建设对周边的国家就是一个威胁。”①

此外，新加坡从2005—2007年购买了24架F－15SG，也可以说是对马来西亚于2003年订购18架苏—30MKM的一种战略回应。而仅有维持治安军备水准的缅甸于2003年突然采购10架米格—29，此举令东盟国家普遍震惊，而实际上，这是为了应对泰国这个夙敌采购F—16的战略举动。2005年，印尼和马来西亚海军潜艇对峙之时，印尼国内普遍认为，“这是由于我国比马来西亚军事实力要弱，致使其乘虚而入”，并呼吁国家增强军备。② 2008年，印尼海军提出购买2艘潜艇，但由于预算不足，最终取消。③ 2012年2月，印尼向韩国大宇造船厂订购价值11亿美元的3艘1400吨柴电潜艇。④ 而印尼海军参谋长苏巴尔诺上将指出，印尼至少需要6艘潜艇。⑤ 可见，东盟国家军备竞赛背后，隐藏的是对同为东盟成员国的邻国的戒备与防范，东盟国家间战略互信的相对不足

---

① 《海军少将：东盟国家互相攀比发展潜艇非好势头》，中国网，2010年2月26日。

② 孟旭、肖亦林：《东盟主要国家军事合作与海空军建设情况》，《外国军事学术》2009年第12期。

③ Rosihan Arsyad, “Indonesia's Maritime Interests and Maritime Capacity Building Requirements”, in Andrew Forbes (ed.), *Maritime Capacity Building in the Asia-Pacific Region*, Australia: Sea Power Centre, 2010, p. 219.

④ 《韩国船厂获得印尼3艘潜艇，合同价值11亿美元》，新浪网，2012年2月24日。

⑤ 《印尼海军需要至少6艘潜水艇》，［印尼］《星洲日报》2012年2月9日。

仍是一道难以逾越的鸿沟。

（三）东盟国家海上安全力量总体不强

国家能力是国家进行国际参与的物质基础，也是国际合作的基本出发点和实现国家安全战略目标的最基本依靠。因此，一定的国家海上实力是其参与国际海上安全合作的基础。

东盟国家除老挝是内陆国外，其余国家都有海军部队。如同东盟组织在其他各方面显示出的多样性特征，东盟国家海上实力也呈现出强弱不均、参差不齐的特征。而且，客观地说，东盟国家的海上实力总体处于较弱的水平。

东盟第一大国印尼拥有大小舰艇约 130 艘，但是，印尼海域广阔，岛屿众多，按照其军方的评估，若想有效捍卫印尼的海洋权益，至少需要 302 艘大小舰艇。从数量上看，目前的舰艇数量与需要数量相差甚多。不仅如此，印尼的海军舰艇大多较为陈旧，很大一部分是 20 世纪 80 年代以前建成服役的，舰龄超过 30 年的有 39 艘，超过 20 年的有 42 艘。舰船的老化不堪，加上零配件严重依赖外国供应，导致现有军舰据说仅有 30% 可出海执行任务。而且，这些舰艇尺寸和排水量小，技术性能相对滞后，缺乏包括电子战装备、超视距海上情报和武器导航等现代海上作战装备。因此，如今印尼海军的整体作战实力不仅在亚洲排不上名次，而且在东南亚地区也不占优势。这主要是因为 1997 年亚洲金融风暴使印尼遭受严重打击，国民经济几近崩溃，国防投入大幅削减四成，其军队现代化进程受到严重挫折。尽管目前经济逐渐复苏，但受国内政局动荡及经济发展不稳定等多方面因素的影响，海军建设速度非常缓慢，一些装备采购项目迟迟无法落实。除了海军装备欠佳以外，印尼海军还缺乏训练，战备能力不足。同时，印尼海军情报搜集能力也比较薄弱，不具备制定长期评估的战略情报搜集能力。印尼海军能力不足还表现在无法对其群岛海域以及周边海域进行勘察并绘制海图，以便向那些遇险船只提供搜救服务，以及为它们进行导航和预警等。[①]

拥有东南亚地区唯一一艘航空母舰的泰国海军在20世纪曾雄心勃勃地提出“蓝水海军”计划。但是，由于1997年7月亚洲金融危机的爆发，泰铢大幅贬值，泰国无力延续巨额军购，该计划也被迫搁浅，泰国海军只能将老旧舰只维修翻新以及购买小型舰只，以替代原本的大宗采购项目。一个不争的事实是，自20世纪90年代中期以来，其大部分舰只都已不能执行任务。资金不足仍将是海军未来的采购计划及维修或现代化改造计划的主要制约因素。由于海军军费有限，未来泰国海军装备采购计划实施速度将会非常慢。[②]

与泰国面临同样困境的国家还有菲律宾。由于亚洲金融危机的打击，菲律宾经济一蹶不振，宏伟的海军现代化建设计划无法实现。[③] 菲律宾海上实力处于较低层次，舰艇老化、数量少、吨位小、使用率低；只能担负沿岸海域的巡逻警戒和防御任务。2006年，菲律宾国家安全顾问诺伯托·贡扎雷斯（Noberto Gonzales）指出：“我们没有能力监视和检查在印尼和棉兰老岛之间水域来往的所有船只。……政府资源贫乏，对每艘船进行监视是不可能的事情。你们怎么能在我们缺乏必要装备和舰艇在我们和印尼边境地区开展巡逻的情况下，指望政府密切关注所有水域呢?”[④] 进入21世纪以来，随着经济的复苏，菲律宾政府努力提升海上力量。自2011年起，菲律宾计划投入9.7亿美元进行海军建设。但数量有限的经费决定着菲律宾只能从购买二手装备和翻修旧装备入手，提升海上实

① The International Institute for Strategic Studies, *The Military Balance 2008*, p. 382.；杜朝平编译：《印度尼西亚海军加速前进》，《海军译文》2007年第1期；Rosihan Arsyad, “Indonesia's Maritime Interests and Maritime Capacity Building Requirements”, in Andrew Forbes (ed.), *Maritime Capacity Building in the Asia-Pacific Region*, Australia: Sea Power Centre, 2010, pp. 218 – 219；“Indonesian Navy Plans Fleet Expansion”, ABC News online, 12 February 2005, www. abc. net. au/news/newsitems/200502/s1301509. htm；Asian Defence Journal, BPA worldwide, Oct, 2004； “Navy Launches Two New Vessels, Needs Another 128”, *The Jakarta Globe*, 9 January 2009.

② ［英］贾森·沃伦：《泰国海军发展的基本情况)，盛爱中、吴建兵译，原载［德］《海军》2005年第5期，后载《海军译文》2005年第5期。

③ 杨全喜、钟智翔：《东盟国家军事概览》，军事谊文出版社，2003年版，第249—251页。

④ Edith Regalado, “PR Can't Police Sea Lanes between Mindanao, Indonesia”, *Philippine Star*, 16 October 2006.

力。2011 年，菲律宾从美国购得一艘原属于海岸警卫队的“汉密尔顿”级大型巡逻舰。尽管经济有所回暖，相对于其他东盟国家，菲律宾政府财政依然捉襟见肘，其海上实力的真正提升也还有一段很长的路要走。

从东盟重要国家印尼、泰国、菲律宾三国海上安全力量的分析不难看出，东盟海上安全总体实力依然处于较弱的层次。海上安全力量水平的薄弱显著地制约着东盟在区域海上安全合作中发挥影响与作用。

三、结　语

鉴于冷战后东南亚地区面临的外部安全压力和内部安全隐忧，东盟于 2003 年 10 月召开的第九届首脑会议上，首次正式提出在 2020 年全面建成以“东盟安全共同体”、“东盟经济共同体”、“东盟社会与文化共同体”为三大支柱的“东盟共同体”。其后，东盟先后发布《东盟安全共同体行动计划》和《东盟政治安全共同体蓝图》，不断推进东盟安全共同体建设。在 2007 年召开的第二届东盟国防部长会议上，东盟将安全共同体建设的期限提前至 2015 年。尽管此目标遭到国际各方质疑，但在此后召开的历次重要会议上，东盟都坚持该目标不动摇。东盟在海上安全领域开展的对话与合作，为东盟提出的安全共同体愿景奠定了坚实的基础，起到了很好的推动与催化作用。而东盟安全共同体目标的正式提出，又促进了东盟海上安全合作的深入开展，二者相辅相成，相互促进。可以说，东盟海上安全合作是其安全合作领域中的典范。

然而，由于东盟所秉持的“东盟方式”存在的固有缺陷，以及东盟内部在领土领海纠纷、民族恩怨等方面存在着不可调和的矛盾，加之大部分东盟国家的海上安全力量总体较为薄弱，东盟务实性海上安全合作在深入推进过程中不可避免地受到以上诸因素的困扰和制约。作为一个在东南亚地区具有主导作用的区域组织，东盟在地区安全事务中真正可以发挥的影响还非常有限。尽管东盟“安全共同体”的建成期限不断临近，但东盟海上安全合作仍有很长的路要走。

印度大国外交的“三维一体”

宋德星

主要基于巨大的权势基值、宏大的民族抱负，特别是考底利耶现实主义思想传统和一种“婆罗门”等级世界观，印度把追求“有声有色的大国”地位作为对外政策的根本目标，并为此在南亚、亚洲和全球这三个层面上推行着均有明显二元特征的战略，即基于“地区核心国家”的身份定位，在南亚地区反对印巴间的均势政治；基于多中心国际体系构想，在亚洲着力推行对华均势政策；在全球体系上，对于作为体系领导者的美国而言，印度一方面大力鼓吹印美“天然盟友”关系，另一方面又强调战略自主性和平等性，以彰显自己作为一个新兴的崛起中大国的身份定位。目前，印度正努力在南亚、亚洲和全球三个维度上，全面开启新一轮大国外交。

一、反对南亚均势政治——印度地区霸权外交的本质

一国的地形和位置是决定一国决策者的战略思维方式的关键要素。就印度来说，地理上，它既是陆海复合型国家，同时还是地区核心国家，其所在的南亚又是相对较为独立的单一战略区域。正因为如此，印度一方面既执迷于严重的地理上的不安全感，同时又有着作为单一地缘政治

区域——特别是印度在其中具有无可争议的主导地位——所带来的地缘优势和战略抱负。也就是兰德公司一位著名的印度问题专家所说的“二元思想”——基于地理上的安全感和自豪感，同时又怀有强烈的不安全感和危机意识。① 印度的战略地位、领土规模和巨大的人口，有助于印度领导人相信其伟大前程、在印度洋地区首屈一指的地位以及它的全球重要性。②

打开地图，南亚地区一个最直观也最重要的特征就是印度的中心特性。这首先意指南亚地区在地理上以印度为中心，即南亚 5 个国家——巴基斯坦、孟加拉国、尼泊尔、不丹和斯里兰卡相互之间没有直接的领土边界，而它们又无一不与印度接壤；其次也指历史与政治发展方面印度所占据的核心地位，即南亚的政治历史基本上围绕印度展开，其他南亚国家与印度的历史文化联系久远且难以隔绝。

南亚地缘上的这种印度中心特性，产生了广泛深远的国际关系影响：首先，它决定了地区问题的双边性质，且唯有印度与所有这些双边问题都有染。其次，“地区核心国家”的定位，使得印度理所当然地宣扬其所谓的“地区核心国家”地位是其“自然权利”，尽管这一主张有着明显的殖民主义阴影和浓厚的帝国思想。所谓“自然权利”，不过是印度政府在南亚地区推行的所谓“印度主义”（India Doctrine）外交政策的代名词，即一种南亚版的“门罗主义”。这一理论宣称，整个南亚地区是一个单一的战略实体，印度、且只能是印度才是这一战略实体安全与稳定的保证人，在地区安全决策上拥有最大限度的独断权，因而在必要时它有权对四邻小国采取干涉主义的政策。③ 所以，自尼赫鲁以来，尽管各时期的理由各不相同，印度却始终反对南亚出现“均势”政治，即坚决反对任何其他南亚国家（主要是巴基斯坦）与印度平起平坐。

---

① George K. Tanham, “Indian Strategic Thought: An Interpretive,” in George K. Tanham, et al., eds., *Securing India: Strategic Thought and Practice in an Emerging Power*, New Delhi: Manohar Publishing & Distrubutors, 1996, p. 32.

② George K. Tanham, “Indian Strategic Thought: An Interpretive,” p. 30.

③ Iftekharuzzaman, “India Doctrine: Relevance for Bangladesh,” in M. G. Kabir and Shaukat Hassan, eds., *Issues and Challenges Facing Bangladesh Foreign Policy*, Dhaka: Bangladesh Society of International Studies, 1989.

总之，印度战略文化传统与“地区核心国家”的历史定位，很大程度上决定了印度的地区战略目标，它们包括：第一，确保印度的地区霸权领导地位；第二，使地区其他的国家、特别是巴基斯坦接受印度的这一地位，使之合法化；第三，“说服”区外主要大国对印度这一地位的认可。可见，印度的地区战略作为其对外战略的一个重要组成部分，其成败的关键不仅取决于它与主要大国的关系，还取决于印度的地区作为。

冷战后，在印度外交决策圈中，一个广泛的共识是：在追求世界一流大国地位的过程中，印度外交政策的首要目标是致力于使南亚地区国家和区外国家、特别是大国接受印度的南亚霸权地位。所以，印度坚持其他南亚国家的外交政策必须考虑到印度的利益和地位，或至少是在那些对印度来说十分重要的问题上，不要与印度发生冲突。为此，印度希望南亚其他国家在地区问题上必须自我限制，不寻求或依附于任何外部势力。用塞缪尔·亨廷顿的话说，印度是一个有着全球大国野心的“地区利维坦”。[①]

在追求这一目标的过程中，对印度来说，双边主义战略手段赋予它相对的优势地位，这不仅有助于避免南亚问题的国际化，也排除了南亚其他国家联合起来反对它的可能性。当然，印度的这种绝对双边主义遭到了南亚其他国家的广泛质疑，称之是“霸权外交的隐含声明”。[②] 根本上，印度的优势——它的规模、经济、工业、科技、军事和核力量优势——仍然是南亚大多数国家威胁观念的主要根源。有鉴于此，印度一些有战略远见的人士和领袖指出：“我们外交政策的真正挑战在于我们在伊斯兰堡、加德满都、科伦坡和达卡的成功外交，而不是在大国首都的成功外交。”[③] “因为世界对印度的评判主要是基于印度邻国的视角，与邻国的敌对关系注定会妨碍印度追求其在世界上的应有地位。例如，

---

① Aditi D. Juvekar, *Partners in Conflict—Perceptions and Realities of Indo-US Relations*, Mumbai: Himalaya Publishing House, 1997, p. 31.

② Babhani Sen Gupta, *Regional Cooperaton and Development in South Asia*, Vol. 1, New Delhi: South Asia Pub., 1986, p. 22.

③ Jagat S. Mehta, "Revitalising India's Foreign Policy," *Monthly Commentary on Indian Economic Conditions*, Vol. XXVI, No. 5, December 1984, p. 305. 转引自 Madhusudan Mishra, *Bharatiya Janata Party and India's Foreign Policy*, New Delhi: Uppal Publishing House, 1997, pp. 96 - 97.

印度与巴基斯坦之间的敌对关系成为妨碍印度追求安理会常任理事国目标的一个重要因素。此外，与邻国的关系直接影响着印度的安全，包括军事和非军事安全。”① 可见，为实现世纪性崛起，印度必须首先稳定南亚，稳定自己在南亚的霸权领导地位。

二、追求中印间均势——印度亚洲外交的根本着力点

总体上，在“曼荼罗”传统思想熏陶下的印度战略家和国务活动家们，充分认识到印度有几条排序不同的防线。用印度人民党重要领导人、曾出任印度政府外交部长的贾斯万特·辛格的话说，就是要根据地缘政治来思考：（1）如何定位印度与巴基斯坦的双边关系；（2）如何处理印度与亚洲新兴大国中国当前和长远的关系；（3）如何处理印度与北部大国俄罗斯的关系；（4）如何定位印度与美国的关系。② 那么，在亚洲体系层次上，印度又是如何看待和谋划冷战后的中印关系的呢？无疑，这首先取决于冷战后印度关于世界的新构想，以及对印度在其中的前程的基本判断。

尽管早在冷战结束前夕就有美国学者认为“单极时刻”已经来临，③ 但印度对此却不以为然。1992—1993 年度印度外交部的报告就指出：“尽管冷战后世界被认为是单极世界，美国成为最有影响力的政治、军事大国，但印度认为，国际形势不能用一维概念来界定。过去有、现在也正在出现多个力量中心，它们对国际关系有着长期的影响和作用。”④ 印度认为，随着冷战的结束，两极世界也正式终结，但国际秩序的演变

---

① M. Dubey, “India's Foreign Policy: Arms and Strategy”, in Nancy Jetly, ed., *India's Foreign Policy: Challenges and Prospects*, New Delhi: Vikas Publishing House, 1999, p. 23.

② Jaswant Singh, *Defending India*, Chennai: Macmillan India LTD, 1999. 特别见 chapter 1.

③ Charles Krauthammer, “The Unipolar Moment,” in Graham Allison and Gregory Treverton, eds., *Rethinking America's Security*, New York and London: W. W. Norton and Company, 1992.

④ Annual Report, 1992 - 1993, *Ministry of External Affairs*, Government of India, New Delhi: Government of India, 1993, p. 2.

既不是单极，也不是多极。因为“前者假定唯一的‘一极’（即美国）拥有必不可少的实力，并愿意对世界上其余的183个国家施加控制和影响力。但世界早已证明，世界权势的分化已超过20多年了。多极化概念假设实力大体相当的三个或更多的‘主导性国家’作为其中的‘一极’，对其他国家施加控制和影响。实际上，世界上头等国家的实力明显的不对等。世界秩序正发展演变为一个多中心体系（polycentric system）。这种趋势在未来20年还将继续下去。”①

在多中心国际体系下，国际社会的现实仍然是“国家中心论”占主导地位，首要的根本关切仍然是主权国家利益和国际影响力，这是无法回避的现实。② 实际上，在今天的印度，普遍主张“印度对主要的全球性大国的政策必须与自身关于其作为一个全球性角色——不管目前的困难和障碍有多大——的观点相一致。同时，鉴于全球秩序的复杂性和区外大国对其在南亚扩展地区影响力所怀有的持久兴趣，印度将不得不最优先地与这些国家就双边问题和全球战略、政治和经济问题进行对话，以期达成一种共识。这不仅需要其战略政策选择更加多样性，而且也需要有一种更加主动的战略，以便与直接邻国建立新的合作纽带”。③

那么，在这个多中心国际体系中，印度的世纪性前景如何呢？对此，最典型的当数印度前政府副总理、印度人民党创始人之一的阿德瓦尼的下述论述：“把印度建设成为一个发达国家和一个超级大国的思想是一个非常振奋人心的思想，它能够激发每一位印度人——不分种姓、信仰、宗教、性别和阶层——的爱国情怀，它将释放出10亿人民建设国家的巨大能量，以实现这一伟大思想。”他表示深信作为“超级大国”的印度不仅会赢得世界的尊重，而且标志着人类发展进入崭新的时代。

在这样一个时代，可供一国选择的根本战略有哪些呢？印度前外交

---

① Jasjit Singh，“India's Strategic and Security Interests，” *Discussion Paper for the Sixth IDSA-INSS Strategic Symposium*，New Delhi：January 24－25，1996. 转引自 Chintamani Mahapatra，*Indo-US Relations into the 21st Century*，New Delhi：Knowledge World，1998，p. 146.

② Jaswant Singh，*National Security*：*An Outline of Our Concerns*，New Delhi：Lancers Publishers & Distributors，1996，p. 30.

③ Nancy Jetly，ed.，India's Foreign Poliey-Chauenye and Prospects，New Delhi：Uikas Publishing House，1999，p. xxiv.

秘书拉斯戈特拉（M. K. Rasgotra）认为，主要有三种学说指导着一国的外交政策和战略选择：其一是帝国征服理论，在印度则表现为考底利耶的“曼荼罗”理论；其二是非暴力外交政策，在印度表现为阿育王放弃战争和进行文化扩张；第三是源于欧洲的国家利益至高无上思想和均势。① 显然，在冷战后的今天，前两种战略形态明显不适用于印度。实际上，在亚洲，至少有三个理由说明了印度外交政策的长远趋势是寻求均势：第一，如果能与那些拥有强大军事和经济实力的国家构建起稳定的合作关系，与它们联手便能确保印度沉着应对超级大国美国的颐指气使；第二，寻求均势是一项保险的政策，因为当世界走向多极结构时，印度将在已出现的三或四个力量中心结构中确保自身占据一个有利地位；第三，对国内来说，均势也是必须的，因为印度的公众舆论清晰且一贯地反对印度与任何大国结盟。②

可见，在亚洲体系中，印度首要的根本关切是中印之间的均势。对此，出任过瓦杰帕伊总理防务与外交事务高级顾问、政府外长的贾斯万特·辛格曾强调指出，冷战的结束明显地造就了美国的单极，但同时也导致其他权势中心的崛起。国际均势的支点已从欧洲转向了亚洲，亚洲的均势伴随着新的同盟和新的安全真空正在形成。他誓言，印度将为缔造一个稳定的亚洲均势努力做出自己的贡献。③ 而在论及中印关系时，印度著名国务家迪克西特曾告诫说：“我们必须记住，最大的现实是中印之间的不对称。相对于印度来说，中国更大的经济实力和军事实力使印度警觉到，中印关系完全不是基于相互尊重。（印度对华关系的）目的应是营造一种稳定的氛围，以便改变上述不平衡，以及减轻中国政策中的这部分内容，这就是印度政策和战略的关注点。”④ 印度著名的防务

---

① M. K. Rasgotra, “India's Foreign Policy: Some Perspectives,” In Jetly, ed., *India's Foreign Policy*, pp. 26 – 27.

② Kanti Bajpai, “India's Security and the Future of the South Asia,” in Jetly, ed., *India's Foreign Policy*, pp. 83 – 84.

③ Jaswant Singh, “Against Nuclear Apartheid,” *Foreign Affairs*, Vol. 77, No. 5, Sept. / Oct. 1998.

④ J. N. Dixit, *India's Foreign Policy and Its Neighbours* (New Delhi: Gyan Publishing House, 2001), p. 248.

问题分析家苏布拉马尼亚姆也露骨地说：“如果你（印度）拥有能够威慑中国的核武器和导弹，并且能够加强经济实力和扩大同美国、欧盟和日本的贸易，这就是同越来越强大的中国抗衡的一个途径。”①

所以，与中国进行不言自明的实力竞赛，从而确保中印之间的力量均势，便成为一项重大战略任务，一种面向未来的历史使命。其中，在印度看来，1998 年的核试验至少是改变了与中国之间的力量不对称，恢复了亚太地区的力量平衡，特别是因苏联从亚洲抽身而导致的有利于中国的亚洲力量对比局面得到了修正。所以，印度相信，在 21 世纪的亚太新安全秩序中，印度将能得到美国和其他国家更多的尊重，就像今天的中国一样。对此，尼赫鲁大学的一位学者就指出：“如果说 1962 年的战争是中印关系中的一个分水岭，意味着两国关系从一个极端走向另一个极端，以及改变了次大陆的权势结构，那么，1998 年印度的核爆炸则是第二个巨大的转折点，产生了几乎同样的效果。”② 正因为如此，曾出任印度人民党政府外交部长的亚西万特·辛哈才会有下述自信：印度的对华政策不是基于畏惧中国的强大，也不是基于对中国经济发展的妒忌。③换言之，它基于新的势力均衡这一现实。④

三、“有限的挑战者”——印度对美制衡与搭车战略

印度认为，冷战后的世界是一个更加不稳定的世界。在两极格局中，

① 路透社新德里 1997 年 7 月 6 日电。

② Alka Acharya, “India-China Relations: An Overview,” in Surjit Mansingh, *Indian and Chinese Foreign Policies in Comparative Perspective*, New Delhi: Radiant Publishers, 1998, p. 190.

③ Inaugural Address by Mr. Yashwant Sinha, *India's External Affairs Minister*, *at the Fifth Asian Security Conference*, orgnised by the Institute for Defence Studies and Analysis, New Delhi, 4 February 2003.

④ 这方面的论述见宋德星：《21 世纪的中印关系：印度的根本战略关切及其逻辑起点》，《南亚研究》2007 年第 2 期。

印度选择了不结盟；在正向多极世界过渡的单极世界里（且经济领域已近乎多极世界），均势加搭车（bandwagoning-with-balance）成为印度的根本战略选择。印度认为，由于美国是最强大的国家，搭美国的车显然是一种理性的反应。所以，毫不奇怪，在有关海湾战争、核扩散和经济问题等各种议题上，新德里总是站在华盛顿一边，或者是软化其立场。尽管搭车无可厚非，但缔造均势则是根本之举。①

实际上，印度对美战略与印度关于美国的思想认识密不可分。按照史蒂文·霍夫曼的归纳，印度的美国观主要有以下三种不同的流派：其一是实用主义，主张承认这样一种现实：要在亚洲建立一个健全的均势结构或大国协调结构不应该排斥美国，而应包括美国，以取代某种“俄印中反美三角”模式。最好是有一个美国能在其中做出贡献的亚洲均势体系，但这种均势不能重复欧洲军事竞赛模式或导致均势战争。更为关键的是，实用主义者认为，多中心或多极化将自然出现。据此，印度不应成为一个不满现状的国家，而应该是一个“抵抗”型国家（resistant state），抵制美国强加的霸权。实际上，印度像美国一样，接受当今国际秩序的许多规则和规范，如民主、市场、法治、联合国宪章，以及通过真正的国际共识建立普遍遵从的、有关国际法和国际实践的国际机制或网络。但同时，印度也寻求在国际体系内变革那些歧视印度、违背印度国家利益以及危及印度基本安全的、导致权势不对称的国际机制及其规范。

第二种观点称为“最高纲领主义”，主要反映印度军方和核科学界的观点。他们认为，美国领导的反扩散体制有严重的问题，不能容忍对印度核能力的任何限制。其思想观点主要是：美国所理解的语言是力量和权力，为此印度需要军事上特别强大，然后才是经济这类领域；② 印度将、也愿意以一种无须道歉的傲慢姿态与美国就不扩散进行谈判，以一个强国的身份参加到国际政治体系之中。

---

① Kanti Bajpai, “India’s Security and the Future of the South Asia,” in Jetly, ed., *India’s Foreign Policy*, pp. 83 - 84.

② Darshan Khullar, *Security*, *Peace and Honour*, New Delhi: Manas Publications, 2000, p. 32.

第三是尼赫鲁主义者（Nehruvians），他们显然坚持的是传统的美国观。他们仍然迷恋印度作为南方国家的领袖这一辉煌的过去，希望印度仍是不结盟国家。对他们来说，美国领导的世界是“新帝国主义”，因而是国际关系中的最大问题。国家主权平等、国际法、多边主义、多边国际组织是遏制世界强国所必须的要素。

毫无疑问，冷战结束后，特别是公开走向核武化之后，印度的外交政策已经经历了不可逆转的概念变化和政策重新定位，其中印度政府对美政策的基调基于实用主义和最高纲领主义之间的互动，因此现实主义成为其基本的价值取向，而战略手段则主要包括了制衡与搭车两手①，并主要反映在核问题的较量上。

冷战后，尽管印度对世界秩序没进行任何暴力挑战，但它对现有大国推行的几个国际规范严重地不认可。印度的挑战限制在外交手段上，最典型地反映在破坏不扩散体制而获得核和导弹能力上。② 印度和美国之间围绕不扩散条约的冲突不仅仅反映了双方在核问题上的不一致，而且也凸显了双方在有关全球权势结构的性质这一根本问题上的分歧。“印度的目标是避免在世界事务中处于二等地位，并获得与其作为世界上最古老的文明国家之一、拥有近1/5世界人口的大国相称的地位。因为核武器仍将是权势的主要构成要素，对这种平等地位的追求促使印度改善其制造和发射核武器的能力，除非有核国家在实现一个无核世界方面取得可信的进展。”③ 正是基于这种理念，1998年5月，印度政府公开走向核武化，严重挑战了美国的核不扩散政策，因而也遭致美国的严厉制裁。

尽管在核武化问题上存在着明显的国家利益冲突，但20世纪90年代以来日益加强的美印经济合作在印度激起了一种希望：经济上的合作将“外溢”到其他领域，能对美国采取的那些使印度感到有可能损害其

---

① Steven Hoffman, “Indo-US Strategic Worldview,” in Sahok Kapur, et al., eds., *India and the United States in a Changing World*, New Delhi: Sage Publications, 2002.

② Baldev Raj Nayar and T. V. Paul, *India in the World Order—Searching for Major-Power Status*, Cambridge: Cambridge University Press, 2003, p. 10.

③ Nayar and Paul, India in the World Order, p. 77.

国家安全利益的行动施加某种制约。然而，当美国在经济和战略（至少是印度关心部分）之间划出一条明显的界线后，印度感到极大的失落。尽管如此，印度还是认为，在21世纪，鉴于对美关系的至关重要性，以及两国关系中不可忽视的特有困难，印度应以经济为基点，促进双边关系，发挥经济的“外溢”功能。①

所以，印度一直存有这种期望，认为美国会对印度采取一种包容战略。在哈佛大学的演讲中，时任印度人民党政府外长的亚西万特·辛哈就指出：“冷战时期，决定印美战略关系的向度是约翰·福斯特·杜勒斯的格言：如果不站在我们一边，就是反对我们。印度拒绝加入反共产主义军事同盟体系，并致力于不结盟运动，而这限制了我们在那个时期的关系。这或许可以解释，与美国在亚洲其他地区的利益相比，为什么在印度的美国利益如此有限。值得高兴的是，现在所有的这一切都已经改变了。世界上最大的民主国家和最强大的民主国家已经走到了一起，而这在以前从未有过。”②

实际上，很多印度学者相信，“对美国和西方国家来说，不阻挠印度逐步实现其大国抱负将是有利的。这不仅仅是因为它们大体上不可避免，而且因为很大程度上多数印度人的基本价值观和利益与西方相一致。印度深厚的民主传统、它的市场经济、它开放的文化和英语语言，以及它作为一个崛起的、强大的、但本质上满足于现状的大国角色，为增进印度与西方之间的关系打下了基础。”③ 显然，这绝非仅仅是理论上的推断。实际上，随着冷战后美国和印度战略关注点的南移，即南向移动到印度洋地区，两国在确保海湾地区到马六甲海上航道安全方面有了某种战略一致性。结果，在印度洋地区，在战略和经济安排上，美印外交中

---

① 有关这方面的观点见 S. S. Mehta, Launching India into the 21st Century, New Delhi: Minerva Press, 1999, p. 112.

② Speech by External Affairs Minister Shri Yashwant Sinha at Harvard University. Http://meaindia. nic. in/speech/2003/29ss09. htm.

③ Ross Babbage, "India's Strategic Development: Issues for the West Power," in Ross Babbage and Sandy Gordon, eds., *India's Strategic Future: Regional State or Global Power?*, New YorK: St Maetin's Press, 1992, pp. 166 - 167.

开始出现了某种一致。[①] 这就是有学者所说的，印度通过接受美国在印度洋北部有其安全利益，来换取美国更加温和的对印态度，鼓励印度在该地区发挥更加重要的作用。[②] 正是在这种思想的作用下，在敏感的核问题上，2005 年 7 月，印度与美国最终达成了民用核能合作协议，不仅借此进一步提升了印美战略合作伙伴关系，而且为印度取得合法的核武器国家地位铺平了道路。

总之，在全球体系层面上，印度的外交政策行为被其对大国地位的追求所推动着，这也就决定了印度和国际体系领导者美国之间的冲突，最根本的是体系性质的。因为历史地看，尽管印度是一个规模巨大、历史悠久、实有和潜在的经济实力强大的国家，但它却很少融入到世界秩序之中。国际体系中的大国、特别是美国也确曾有过遏制印度的战略举措，一种印度学者所称的“地区遏制”对印政策，如与印度的地区对手巴基斯坦结盟，或向其提供军事支持，以便在南亚内部制衡印度，或抵消其优势地位；它也包括持续的经济和技术制裁；制定和维护国际机制以限制印度军事力量的发展，特别是在核和弹道导弹领域。[③] 尽管如此，至少是从目前来讲，印度采取的仍然是一种温和的姿态，因为国内和国际两方面限制了其行动自由。

四、弹性均势——美中印新的三角游戏

冷战后，在亚洲国际体系中，中国、印度和美国都对彼此间的发展动向保持着高度的国际警觉[④]。首先，美国关于中国将来最有可能、最有能力、也最有意愿成为美国世界领导者地位的强有力挑战者的认识一

---

① 有关这方面的观点见 Ashok Kapur, *Regional Security Structures in Asia*, London and New York: Routledge Curzon, 2003, pp. 132 – 134。

② K. K. Katyal, “New Fields of Cooperation,” *The Hindu*, 23 October 1987.

③ Nayar and Paul, India in the World Order, p. 2.

④ 宋德星：《地缘政治、弹性均势与美中印三角关系》，《世界经济与政治论坛》2004 年第 2 期。

直没有消退，尽管这种认识有其部分理性成分，但它足以影响美国的对华政策，并不可避免地将损害中国的国家利益。不仅如此，在亚太地缘政治中，在某种意义上可以说，印度是美国遏制、甚或反对中国的最理想的伙伴，而印度的一些精英舆论也清楚地表明自己在亚洲大陆上作为战略平衡者的重要地位。主要由于中国无法轻易掌控和防范来自美国的潜在和实有威胁——如国家导弹防御系统、美日同盟，因此对美印关系中的中国因素给予应有的关注和重视是必不可少的。其次，印度也一直对中美接近感到不安。用印度学者的话说，这种国际警觉主要来自于历史的经验教训。其中，1971 年的第三次印巴战争对印度的刺疼最深，因为印度认为这场战争是强加于印度的，而美国和中国却合谋帮助巴基斯坦对付印度。① 1998 年 5 月美国和中国就南亚核试验这一严重事态发表联合声明，以表明两国的原则立场和共同关切，也被认为是阴谋遏制印度。同样地，美国发现有关中印战略竞争的看法过于简单化，它需要重新审视中印关系，因为美国认识到，印度和中国都是崛起中的大国，每个国家拥有的权势基值和显著的地缘战略地位足以对地区甚至全球事务产生广泛的影响。为谋求在将来成为亚洲甚至世界的一极，中国和印度都自发地与美国拉开距离，自主制定自己的外交政策。

可见，在亚洲，只要其行为被其他大国解读为是企图控制亚洲的前兆，美国、中国和印度各自就将面临被另外两国联合制衡的可能，而这是每一方都不愿看到的。其中，美国作为一个本土远在美洲的亚太大国，同时作为拥有绝对优势的超级大国，在这场地缘政治大棋局中占有主动，其政策取向将直接影响中国和印度的安全环境。尽管如此，由于中国和印度在国际社会中的意义太过重大，以至于美国也不能从某个特定时期或特定问题出发来衡量中印两国的地位、制定对华和对印政策。特别是鉴于中印两国谁都不能真正在军事上制衡美国，而同时几乎可以肯定，美国也无法阻止中印两国发展成为国力强大、甚至各自在亚洲和印度洋区域占据主导地位的国家，这种态势使得声称要承担世界领导者责任的

---

① 有关第三次印巴战争中美中合作的论述见 William Burr, ed., *The Kissinger Transcripts*, New York: The New Press, 1998, pp. 46 - 57. 另外见 Venu Rajamony, *India-China-U. S. Triangle: A 'soft' Balance of Power System in the Making*。

美国相信同前两者的合作是最有效的维护美国国家利益的现实选择。几乎同样是因为地理因素的作用，即印度所处的南亚次大陆作为一个相对边缘化的、地理上被阻隔于东亚之外的独特单元，使得印度未来发展的战略空间首先是印度洋区域。尽管印度宣称其长期战略目标是在21世纪亚太地区可能出现的新的安全秩序中赢得像美国和中国今天所享有的这种地位，但中印间真正意义上的亚洲竞争只有当印度走出了南亚纠葛之后才会到来。中印在各自战略区域面临着的亟待解决的、且事关其未来世界一流大国前程的紧迫问题，连同经济优先的发展战略，足以使两国消弭相互关系中的敏感问题而进行有效的合作。

显然，在这场大国游戏中，最佳的战略选择就是高度的战略灵活和高度的战略警觉，而不是将自己束缚在某个三角关系的模式之中。而保持这种自主权的先决条件，除了克制自己的谋霸野心外，还需要与其他大国发展和建立起足够广泛、足够牢固的双边关系基础，以及切实加强自身的各项权势，以应对可能的最坏情况。应当说，印度的基本战略，很大程度上决定和保证了印度在这场大国权力游戏中不至于被边缘化，同时也不至于成为斗争的焦点。

自1947年分治以来，印度外交政策的根本目标就是追求"有声有色的大国"地位。[①] 正是基于印度悠久而又独具特色的战略文化传统，渴望扮演大国角色的印度，首先基于"地区核心国家"的身份定位，在南亚极力反对印巴之间的均势政治；其次，基于多中心国际体系构想，在亚洲体系主要推行对华均势政策；在全球体系层面上，印度对作为世界领导者的美国则采取制衡与搭车的战略，因而被视为是美国的一个"有限的挑战者"。正是这种在地区和全球层面上看似截然相反但却有机一体的战略追求，使得冷战后印度的战略行为与过去相比迥然不同，即完全以印度为中心，强调国家利益至上，以现实主义为根本出发点，由此开启了新的一轮印度特质的世界大国地位追求。

---

① 贾瓦哈拉尔·尼赫鲁著：《印度的发现》，齐文译，世界知识出版社，1956年版，第57页。

中亚中东研究

撤军之后：美国对阿富汗战略走向分析

邓钰亭　葛腾飞

奥巴马政府执政后，迅速将美国反恐战略的实施重点从伊拉克转移至阿富汗。但财政制约日趋严重的美国越来越不堪承受反恐战争的重负。2011 年 5 月 1 日，奥萨马·本·拉登被击毙，奥巴马政府得以找到一个宣布结束阿富汗战争的重要时机。6 月 22 日晚，奥巴马在全国电视讲话中公布了美军在阿富汗的撤军计划：2011 年 7 月，美军撤离 1 万人；2012 年夏季之前，美军撤离 3.3 万人；2014 年年底完成撤军任务并向阿富汗安全部队移交防务。然而，撤军并非意味着美国势力从阿富汗的退出。美国当然希望能够长期在阿富汗确保其利益。因此，随着美国撤军期限的即将到来，美国在阿富汗也面临着更为紧迫的重建任务。

一、奥巴马政府在阿富汗的重建战略

实际上在阿富汗重建问题上，奥巴马政府早在 2009 年便提出一个兼及民事、军事层面的“反叛乱”战略。这一战略的主要内涵包括强化阿富汗安全部队的行动能力，提高阿富汗政府的执政能力，推动阿富汗政治和解进程以及社会经济发展等多方面。尽管美国明确了撤出阿富汗的时间表，但美国对阿战略的主导思想并未发生实质性变化。

（一）强化阿富汗安全部队行动能力

美军在撤军前要在阿富汗完成的最基本的任务是，要发展和训练一支有能力的阿富汗安全部队，并将该国的安全责任从北约领导的国际安全援助部队交到阿富汗国家安全部队手中。也就是说，按照美军撤出的时间表，阿富汗安全部队要在2014年底之前承担起全境全部的安全责任。这一目标是在2010年北约里斯本峰会确立的，并在2012年美国芝加哥峰会再次得到确认。为达到这一目标，美军及国际安全援助部队在资金、人员、训练、管理、后勤、装备等各方面给阿富汗安全部队提供大力援助。相应的，阿富汗安全部队的人数从2011年的28.4952万人迅速增长到2012年第一季度的34.4108万人，到2013年春，阿富汗安全部队人数增加到35.2万人。阿富汗安全部队的兵员数量已经基本能够满足维持社会安全稳定的需要。同时，美军还加强与阿富汗安全部队在12个训导学校的合作，努力提高官兵的识字率，强化部队的后勤能力和执行任务水平。2012年，阿富汗安全部队与国际援助部队承担了90%的联合作战任务，其中40%是由阿富汗安全部队主导的，阿富汗国民军大部分部队已经达到能够独立承担任务的水平。①

但是，阿富汗国民军和警察部队在维护阿富汗安全稳定的任务过程中仍暴露出很多问题：一是人员素质低下成为影响安全部队战斗力提升的关键因素。阿富汗军警的受教育程度普遍偏低，其中很多人甚至是文盲，难以操作使用先进的武器装备，对训练和战斗任务中基本的信记号都识别不清。由于阿富汗还是世界上最大的罂粟种植国家，一些军警人员由于吸毒导致精神萎靡，战斗力低下。二是塔利班秘密向阿富汗安全部队渗透。由于阿富汗国民军和警察部队的扩编规模较大，在人员审查方面难免出现疏漏，塔利班趁机利用其在普什图部族中的影响力，将亲塔利班分子送入阿富汗军警队伍，伺机发布命令指示。2011年4月，1

① “Report on Progress Toward Security and Stability in Afghanistan 2012”, Report for DoD, April 12, 2012, p. 12.

名阿富汗国民军士兵在拉格曼省国民军军营前引爆身上炸弹，造成5名北约士兵和4名阿富汗国民军士兵死亡，塔利班组织声称对事件负责。

（二）着力提高阿富汗政府的执政能力

阿富汗卡尔扎伊政府从执政之初就饱受阿富汗各部族的诟病，官员的贪污、受贿，政府的合法性、公信力不足等问题，也受到美国政府和国际社会的广泛关注。美国奥巴马政府对阿富汗的新战略开始实施后，强化阿富汗政府的执政能力成为该战略的一个关键环节，因为“反叛乱”战略迫切需要一个强有力的当地政府给该行动提供情报、道义等方面的支持。此外，由于塔利班“影子政府”在阿富汗东南部地区的存在，卡尔扎伊政府曾一度被戏称为“喀布尔政府”，即卡尔扎伊政府的政令只能在首都喀布尔得到执行，而在阿富汗的乡村、山区和边远地区只是一纸空文。为贯彻实施新的“反叛乱”战略，美国从军事、民事以及国际社会多方面向阿富汗政府提供援助。在军事层面，美军协助阿富汗安全部队深入乡村、山区和边远地区，保持在危险地区的军事存在，维护卡尔扎伊中央政府政令的畅通，提高其在阿富汗普通群众中的权威性。在民事层面，一方面给阿富汗政府提供所需的财政支持，另一方面开展部门间合作，协助阿富汗政府完善机构建设和专业人才培训，开通渠道使美阿两国政府首脑可以直接对话，提出意见建议。在国际社会方面，2010年召开的喀布尔会议和2012年在东京召开的阿富汗重建问题会议，都给予阿富汗政府多方面的帮助。根据喀布尔会议精神，国际社会承诺协助阿富汗政府实施22项国家优先项目（NPP），而在东京会议上，国际社会承诺在2012—2015年间，向阿富汗政府提供约160亿美元的发展援助资金。

（三）推进阿富汗政治和解进程

在提高卡尔扎伊政府执政能力的同时，美国还需着力提高它的合法性问题。阿富汗未来的和平与稳定，需要得到该国各民族、各党派共同协商决定，以推动阿富汗的和平重建进程。因此，美国需要通过阿富汗各族各界的政治和解确保卡尔扎伊政府的合法性，并推动阿富汗的和平重建进程。2010 年 1 月，阿富汗国际问题会议在伦敦举行，发表了名为《阿富汗领导、地区合作和国际参与》的公报[①]，其中明确指出要帮助阿富汗重建和实现民族和解，卡尔扎伊在会议上提出了“和平、和解与重新融合倡议”，其中将与塔利班的和解作为首要任务。伦敦会议之后，美国开始公开支持卡尔扎伊政府的政治和解计划。6 月，卡尔扎伊政府召开和平支尔格大会，呼吁阿富汗各族各界停止各种冲突，为实现阿富汗的持久和平而展开对话，并成立了高级和平委员会，专门负责与塔利班展开和平谈判。奥巴马在 2010 年年底的阿富汗战争评估报告中指出，美国将支持卡尔扎伊政府与“符合条件”的塔利班进行谈判和解。国务卿希拉里·克林顿在 2011 年 2 月就阿巴问题发表讲话时指出：“和解是保证阿富汗长期和平稳定的唯一途径。”[②] 事实上，阿富汗政治和解进程，有助于对美军所定位的“反叛势力”进行分化和瓦解。

（四）大力开展阿富汗经济建设

提升阿富汗人的生活水平，大力发展经济，是保证社会稳定、人民安居乐业的重要基础，但经济基础薄弱、就业率低下、政府赤字居高不下等问题也一直困扰着阿富汗政府，针对这些问题，美国对阿富汗实施了针对性的经济扶助计划。

奥巴马政府在 2009 年 8 月开始实施为期 5 年、价值 9300 万美元的“经济增长与管理倡议”（The Economic Growth and Governance Initiative），该倡议将用于制定和颁布阿富汗财政与管理规定、强化征收国税行动、推进国际货币基金组织项目效绩评定工作、创建优良经济环境、构建经

① “Communiqué-Afghan Leadership, Regional Cooperation, International Partnership”, Permanent Mission of Afghanistan to the United Nations in New York, http://www.afghanistan-un.org/2010/01/afghan-leadership-regional-cooperation-international-partnership.

② “Clinton to Taliban: Dump al-Qaeda or ‘Face Consequence’”, Asia Society, http://asiasociety.org/policy-politics/strategic-challenges/us-asia/clinton-taliban-dump-al-qaeda-or-face-consequerces.

济法规框架，规范商业许可证登记程序，完善矿产、电信、保险和能源业规定，强化对银行业的监管力度，将税收与非税收预算报告纳入中央财政计划。

同期美国还开展了为期5年、价值6300万美元的“阿富汗贸易准入与贸易便利计划”（The Trade Access and Facilitation in Afghanistan Project），该计划主要是为规范及简化阿富汗关税清算程序，减少边境贸易的时间和花费，同时减少经济腐败问题的发生。美国国际开发总署（U. S. Agency for International Development）还支持建设了阿富汗商业登记的“一站式服务”，免除了申请者跑多个机构的需要，改善了阿富汗商业气候和投资环境。

奥巴马政府还组织了阿富汗“商业稳定工作组行动”（Task Force Business Stability Operations，简称TFBSO），该计划主要是观察分析如何在因暴力发生经济困难的村庄重新恢复正常商业生活，寻求使经济条件稳定化的路径，对政府和非政府组织发展阿富汗经济的努力给予鼓励。根据该计划，50余人在12周的时间内对阿富汗60多个独立经济观测点进行了评估，结论认为阿富汗经济存在四大问题：缺少经济主权，缺乏对农村经济的重视，缺少国际收益以及缺少国内商业。阿富汗经济要发展，必须发展自给自足的税收资源；矿产是阿富汗经济发展的关键领域，容易吸引外资并提高政府税收。该计划为阿富汗商业重建提供了参考。①

此外，美军及国际安全援助部队在阿富汗的重建行动也解决了不少人的就业问题，如“战略省级公路计划”（The Strategic Provincial Roads Program）雇佣了5500名阿富汗人修筑近1000公里道路；美军及国际安全援助部队还将设计与建造合同交予地方企业，并指导协助他们将工程质量提升至国际水平，这些企业近70%的用工来源于当地；美国国际开发总署的能源计划也雇佣了大约1000名阿富汗人在喀布尔修建105兆瓦电站；在农业领域，美国国际开发总署雇佣了约1661名阿富汗人执行其

① Department of Defense, *Report on Progress Toward Security and Stability in Afghanistan 2010*, Report to Congress in accordance with Section 1230 of the National Defense Authorization Act for Fiscal Year 2008 (Public Law 110 - 181), April 28, 2010, p. 64.

农业援助计划，占用工人数的94%。[1]

（五）全面推进阿富汗社会建设

奥巴马政府的有限“反叛乱”战略需要阿富汗人民支持其政府的执政、支持美军在阿富汗的反恐行动，同时还要防止恐怖组织、恐怖分子对普通民众的影响，因此必须全面推进阿富汗的科教文卫事业发展，改善生活条件，提升阿富汗人民对美军和现政府的满意度。

在医疗方面，2009年阿富汗只有2/3的地区可以享受到基础医疗照顾，医院医疗条件较为恶劣，小儿麻痹是影响阿富汗民众健康的主要疾病。根据这一情况，美军和国际安全援助部队与阿富汗公共医疗部合作，加强阿富汗的医疗体系建设，承诺在2010年达到世界卫生组织消灭小儿麻痹症的目标。此外，美国国际开发总署也向8个“社区接生员项目”和2个“接生员教育计划”提供资金和技术支持，以改善阿富汗的生育卫生条件。

在教育方面，阿富汗约2/3的学龄儿童在上小学，但是能够接受中学教育的儿童极少，且教育质量还停留在较低的水平上。阿富汗教育系统需要向普通民众传授发展经济生产的基础技能。2010年，美国民事援助人员开始协助阿富汗政府进行教育改革，阿富汗高等教育部制定了新的教育战略，旨在通过行政政策和计划推进教育系统现代化，并建立全国性的职业训练体系。

在提升女性权利方面，美国政府将其融入到对阿总体战略和所有关键项目之中，包括教育、医疗、安全、法制、政治参与和经济发展等，美国使馆与国际安全援助部队负责推进阿富汗女性权利。2009财年，美国政府花费约1.53亿美元用于帮助阿富汗女性，而在2010年，该数字上升到1.75亿美元。这些投入主要包括对阿富汗女性健康的关注、培训其养殖和参与经济活动的技能、提高女童入学率、保护女性领导人安全、

---

① Department of Defense, *Report on Progress Toward Security and Stability in Afghanistan 2010*, p. 66.

增大阿富汗安全部队女兵女警比例等。①

在公民社会与媒体方面，美国国际开发总署的“促进阿富汗公民社会计划”（Initiative to Promote Afghan Civil Society）在阿富汗全境为非政府组织和社区团体设立了信息中心，并提供相关训练和设备。“英特新闻项目”（Internews Project）则用于训练记者，并建立40个独立的社区无线电站，用于商业用途和信息分发。此外，美国政府还开展了“阿富汗媒体发展与授权计划”（Afghanistan Media Development and Empowerment Project），每年花费约3100万美元，使阿富汗民众能通过移动通信设备获取可信赖的、高质量的新闻。②

二、美国对阿富汗战略实施的阻碍因素

尽管奥巴马政府的对阿富汗战略在战术层面上取得了一定成绩和效果，但与全面实现美国在阿富汗的战略目标还存在一定差距。尽管阿富汗总体安全局势有所好转，但仍存在不可忽视的现实困境。

（一）“反叛思想”难以根除

美军将阿富汗战争称为“持久自由行动”，自称要给阿富汗人民带去自由与稳定，但现实情况是美军在部分阿富汗群众眼中仍然是给他们带来战争和伤害的“入侵者”，这给美军的“反叛乱”战略带来的问题是，当地人对美军军事行动的支持极为有限，甚至持敌视态度。随着美军逐步撤出和阿富汗民众政治意识的觉醒，这种态度表现得也越来也明显，西方军队在阿富汗的地位和角色开始变得更加尴尬。

这种对美军持敌视态度的“反叛思想”来源于传统、文化、宗教等

① Department of Defense, *Report on Progress Toward Security and Stability in Afghanistan 2010*, p. 71.

② Ibid., p. 72.

各方面的冲突和对抗。从部族传统来说，美军作为外来者宣扬的民主自由言论对部族领袖的权力形成了威胁，让这些部族领袖、宗教领袖将手中的权力转移给美国人支持的阿富汗中央政府是他们无法平静接受的，这是对阿富汗传统政治结构的巨大挑战，由此引发了一些部族领袖对美军的不友好态度。从文化传统上来讲，阿富汗人主要信奉的是逊尼派伊斯兰教义，在对女性问题和宗教问题的看法上偏于保守，而美国在阿富汗重建行动中对穆斯林女性的解放行动以及他们的生活方式，对传统的穆斯林家庭是一种挑战，在受塔利班影响较深的地区，甚至将美国人妖魔化，并将参与阿富汗重建工作的“新女性”施以伊斯兰法典的“石刑”。此外，多起“蓝绿对抗”（Green-on-Blue）事件的发生也是这种文化、宗教冲突的最好例子：接受联军训练的阿富汗军警成员调转枪口向他们的教官、向他们的联军伙伴开火。虽然有少数情况是阿富汗士兵受到了塔利班的招募，但大多数情况是由于联军士兵在训练和执行任务中，对阿富汗士兵态度傲慢无礼、侮辱伊斯兰教、欺辱阿富汗平民，造成了蓝绿盔士兵之间冲突上升。

这些矛盾是存在于两国对文化、宗教不同认知之上的，随着阿富汗安全局势的逐渐好转，共同安全利益的实现使这种认知上的矛盾逐渐凸显出来，一旦矛盾激化，将不仅发生在民众的思想层面，甚至可能造成美国与阿富汗政府间的不睦。

（二）建立友好高效政府遇多重挑战

奥巴马政府对阿富汗执政当局的建设要求是，在2014年底美军撤离前可以完全承担境内的安全及行政管理。当然，为维护美国在阿富汗的安全利益，还需要阿富汗执政当局保持对美国的友好态度。从目前来看，美国政府的这种期望还存在相当的不确定性。

一是阿富汗财政与经济存在极大的不稳定性。阿富汗当前的GDP总值大约为200亿美元，而美军在阿富汗一年的开支就为1000亿美元左右，阿富汗经济很大程度上依靠联军在阿富汗驻扎对当地的经济拉动和国际社会的各项援助，一旦美军在2014年底实现撤军，这种畸形的经济增长模式将会萎缩甚至坍塌，经济失败容易形成恐怖分子滋生的新环境，对阿富汗安全稳定形势带来新的不稳定因素。二是阿富汗政治形势仍然存在不确定性。卡尔扎伊政府的腐败问题一直影响到阿富汗执政当局在人民中的公信力，加之民族和解进程并不顺利，塔吉克族、哈扎拉族对普什图族长期当政存在不满，各部族在政治、军事、经济等方面问题容易产生矛盾冲突，一些阿富汗安全部队官兵在思想上效忠部族胜于效忠中央政府，这极易导致政局动荡。2014 年的总统大选意味着阿富汗开启新一轮的政治权力变换进程。而新政权如何实现卡尔扎伊之后的政治过渡，如何克服卡尔扎伊政权的政治积弊，如何处理其他各派政治力量之间的关系，如何提升政府的施政效率，都面临很大挑战。三是随着政治和解进程的推进，"温和派"塔利班回归阿富汗政治生态的可能性极大，伊斯兰原教旨主义者在阿富汗政坛中的比例将会增大，塔利班甚至可以合法利用政府宣传机器宣扬原教旨主义思想，一方面对美军在阿富汗民众中已经取得的支持是一种威胁，另一方面是塔利班可能利用在普什图部族的支持赢得未来阿富汗大选的胜利，通过合法途径重新掌握政权，尽管不能明确说明塔利班如果取得政权会重新资助恐怖分子，但在某种程度上将表明美军"持久自由行动"目标的失败，这是奥巴马政府所不愿看到的。

（三）毒品问题与国家重建的深刻冲突

阿富汗是目前世界上罂粟种植最多的国家，由于阿富汗多山少地，属高原干旱地区，农民在不宜种植粮食的山地地区将罂粟作为经济作物种植。早在苏联入侵时期，美国中情局就曾暗中通过资助阿富汗的毒品贸易向阿富汗反抗武装输送资金和武器弹药，在"持久自由行动"开始后，为赢得各地军阀的支持，美军对军阀势力鼓励农民种植罂粟获取金钱利益的行为视若无睹。2007 年，阿富汗罂粟种植达到历史最高值，罂粟种植面积从 2006 年的 16.5 万英亩增长到 2007 年的 19.3 万英亩，年增幅 59%，鸦片产量从 2006 年的 6500 吨上升到 2007 年的 8200 吨，占世界鸦片产量的93%；[①] 海洛因产量占世界海洛因产量的83%。[②] 此后虽有所下降，但2011年仍然高达5800吨。

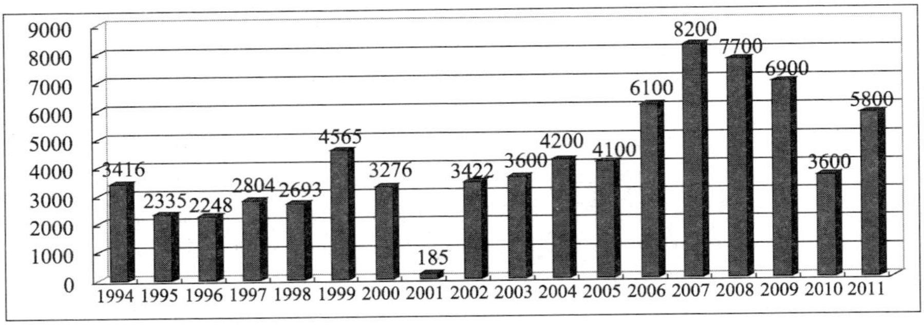

1994—2011年阿富汗鸦片产量（吨）

这种曾被美国政府所默许的畸形农业正一步步蚕食美国在阿富汗的利益。由于大面积种植罂粟，不少平民染有毒瘾，严重影响阿富汗的平均劳动力水平；阿富汗安全部队军警中也有不少瘾君子，严重制约阿富汗安全部队的战斗力生成；政府工作人员中的吸毒行为则损害了政府形象，并在很大程度上将制约阿富汗整体的社会进步和经济发展。其次，阿富汗的罂粟贸易并不只是美军支持者的资金来源，同时也是“基地”组织、哈卡尼网络、保守派塔利班资金的主要来源之一，他们将毒品贸易与军火贸易挂钩，使恐怖分子获取了源源不断的财政收入和武器装备。最后，阿富汗毒品贸易的盛行抹黑了美国政府在国际社会负责任大国的形象。阿富汗毒品流入周边国家造成了很多复杂的社会问题，这种愈演愈烈的毒品贸易正是以美军阿富汗反恐战争为背景的，美军对毒品的放任自流、缺乏管控使周边国家饱受其害，也损害了美国在国际社会的形象。

---

① UNODC, *Afghanistan Opium Survey 2010*, Dec. 2010, p. 59.

② UNODC. *The Global Afghan Opium Trade: A Threat Assessment 2011*, July 2011, pp. 15 - 16.

三、美国对阿富汗战略的实施前景

奥巴马政府对阿富汗战略的一个突出变化，是开始着重思考美军撤离阿富汗后的利益维持问题。美国政府试图通过引入国际社会资源对阿富汗重建予以支持，从而弥补美国援阿力量的不足、将阿富汗整合到地区经济发展框架之中，促进中—南亚地区的整体稳定、协调美国国内在阿富汗问题上的意愿，以确保稳定的阿富汗政策等多种手段来确保美国在阿富汗长期利益的维系。但是阿富汗自身的发展水平、中—南亚地区关系上的传统张力、美国国内的资源制约和不同政治力量之间的政见分歧，都会影响到奥巴马政府对阿富汗战略本身的稳定性及实施前景。

一是美国致力于将阿富汗纳入地区发展和合作框架，同时在美国领导框架下引入国际社会的援助资源。

奥巴马政府在其“巧实力”总体对外战略的指导下，制定了针对该地区的一系列外交、经济政策，期望以最小的代价，整合美国在南亚地区、中亚地区的总体利益。2011 年 9 月 12 日，时任美国国务卿希拉里·克林顿在演讲中提出“新丝绸之路”计划，期望通过该计划，建立以阿富汗、巴基斯坦为核心的中亚、南亚经济通道。她认为，如果该计划得以实施，则中亚地区的油气资源可以满足巴基斯坦、印度日益增长的能源需求，同时可以为阿富汗和巴基斯坦带来丰厚的过境收入，此外，中亚地区和南亚地区的农副产品贸易也可以通过该通道成为各国经济新的增长点。[①] 前美国南亚中亚事务助理国务卿小罗伯特·布雷克表示，该计划能够帮助阿富汗步入地区经济一体化进程，为阿富汗过渡政府吸

---

① MacKenzie C. Babb，“Clinton Says Building New Silk Road Is Critical for Afghanistan”，http：//translations. state. gov/st/english/article/2011/09/20110923170112eiznekcam0. 5790216. html # axzz2Y5zh4m2R.

引投资，并帮助解决其面临的经济困境。① 为推动和实现该计划，2011年10月，希拉里访问了阿富汗、巴基斯坦、乌兹别克斯坦和塔吉克斯坦，并在与各国领导人会谈中提出，美国希望建立以阿富汗为核心，推进中亚、南亚地区的经济一体化和跨地区贸易。

此外，在美国支持下，围绕阿富汗问题还形成了一系列国际性机制。除了美国参与的机制以外，还如巴基斯坦—阿富汗联合工商会、土耳其—阿富汗—巴基斯坦三边峰会（伊斯坦布尔）机制、阿富汗—巴基斯坦—英国三边峰会机制等。巴基斯坦—阿富汗联合工商会成立于2012年初，旨在增强巴基斯坦和阿富汗两国经贸合作和促进地区安全。土耳其——阿富汗——巴基斯坦三边峰会自2007年以来，每年召开一次年会，讨论三方之间的经济合作、地区安全问题。阿富汗—巴基斯坦—英国三边峰会主要关注阿富汗的和平与重建进程，以及巴基斯坦与阿富汗之间的安全合作。美国支持以上诸多国际性机制的目的，显然旨在引入更多更广泛的国际社会援助，以化解美国自身资助力度不够的困境，同时将阿富汗问题纳入地区发展和安全的整体框架，更好地实现美国在阿富汗以及在中亚、南亚地区的战略利益。但是，鉴于阿富汗自身存在的不稳定因素，国际社会愿意提供多大程度的实质性帮助，目前还存在不确定性。

二是美军虽然撤出，但仍然在阿富汗存在相当程度的后续性机制。

2010年的北约里斯本峰会签署了北约—阿富汗持久伙伴关系（NATO-Afghanistan Enduring Partnership）协定。根据该协定，2014年底美军撤出后，北约还会继续承担给阿富汗安全部队提供训练、顾问和辅助的后续任务，以支持阿富汗安全部队与安全体制的发展和维系。2012年5月的芝加哥峰会上，美国及其盟国领导人再次确认了这一基本框架。根据美阿两国政府签订的《美阿战略伙伴关系协定》，美国可以在2014年完成撤军后继续使用阿富汗的相关设施，同时美军会继续帮助阿富汗建设安全部队。根据该协定，美军可以“训导部队”的名义继续在阿富

① “Assistant Secretary Blake on U.S. Policy in Central Asia”, IIP DIGITAL, January 27, 2012. http://iipdigital.Usembassy.gov/st/English/texttrans/2012/01/20120127112101su0.5138775.html#axzz1sLwB20yz.

汗驻军，同时可以使用美军在阿富汗建设的 9 个军事基地。

目前阿富汗总体安全局势相对平稳，炸弹袭击事件和联军伤亡情况得到有效控制并呈下降趋势，阿富汗安全部队正逐渐接替联军执行维护安全稳定的任务，解决阿富汗问题的关键正逐渐从安全层面转移到阿富汗自身的安全建设、政治建设、经济建设、社会建设等方面上来，美国及其盟友对阿富汗民事层面援助力度开始超越军事层面援助。以民事援助为主导的“反叛乱”战略确实有其发展的条件和土壤，但是一旦阿富汗安全局势发生变化，缺乏军事力量支持的民事“反叛乱”战略则很容易被武装“叛乱”分子所推翻，因此奥巴马政府在考虑军事“脱身”战略时势必还要在阿富汗保留一部分驻军和军事基地。布鲁金斯学会 2013 年 5 月发表的研究报告认为，阿富汗的安全局势虽然大体可控，但局部地区仍然出现自制炸弹、小规模的袭击、刺杀事件，极端势力的影响并没有完全消除；另一方面，阿富汗安全部队建设还没有达到预定目标，综合承担任务能力只在 70%—80% 之间。此外 2014 年大选也使阿富汗各政治派别之间的矛盾有所激化，降低了其国内共识。在这种情况下，美军甚至可能需要增兵 3000—5000 人，用以帮助阿富汗安全部队的空军组建、特种部队组建、医疗部队组建、拆弹训练、情报搜集等工作。[①]因此，美军在阿富汗尚不能做到完全“脱身”，更大的可能性是以“训导部队”名义协助阿富汗安全部队完成全面建设。美军在阿富汗的 9 个军事基地可能会继续保留较少数量的驻军，主要由特种作战部队、无人机打击力量构成，以应对可能发生的恐怖主义威胁。

三是美国从阿富汗脱身的政治意愿大致确定，但对阿外交路线走向尚面临着不确定性。

奥巴马政府对阿富汗战略的实施需要美国国内，特别是国会的支持。由于该项战略所耗费的资源极为庞大，而当下美国经济仍处在恢复期、国内社会矛盾较为突出，国会在对奥巴马当局的阿富汗政策上常常出现不同意见。

2011 年 5 月本·拉登被击毙后，国会在很大程度上开始缩减对国防

---

① John R. Allen, *Toward a Successful Outcome in Afghanistan*, Brookings Institution, pp. 9 - 13.

部的财政支持，这直接影响到美国对阿富汗战略的实施。国会议员杰姬·斯蓓尔（Jackie Speier）在其文章“撤军阿富汗的十条理由”中表示，纳税人在阿富汗花费了超过4540亿美元，这些钱已足以支付总统的就业计划；过去十年美国在战场上平均每年花费1300亿美元，这些钱本应该能创造93.6万个教育岗位、78万个医疗岗位、36.4万个建筑岗位。根据美联社2011年6月所做民调显示，高达80%的美国人支持从阿富汗撤军；CNN同年6月的民调也显示有62%受访者反对阿富汗战争。

财政问题上的掣肘，迫使奥巴马政府必须在阿富汗战略的军事部分予以相应的缩减，包括反恐行动规模、武器装备更新、人员部署等方面。从这点来看，美军从阿富汗撤军已经是一种必然趋势。

在撤军背景下，美国国内到底希望美国政府采取什么样的对阿富汗战略路线呢？实际上，国会对奥巴马政府阿富汗战略的关注，更多的集中在其政策可行性、外交及民事部分，即美国对阿富汗人员和资金的投入需要得到回报，需要看到效果，而对军事部分的关注则相对有限。国会在阿富汗战略实施情况的听证方面，更多的集中在阿富汗政府的重建、选举的公正、经济的恢复、毒品的控制等方面。国会关心的问题：一是阿富汗政府能否提高执政能力，使美国在阿富汗的利益得到维护和延续；二是美国民事援助的规模和开展样式；三是在阿富汗还要投入多少人员和资金以保证美国在该地区的总体利益。因此，国会在衡量对阿富汗战略的成效以及在未来对阿富汗外交路线上的衡量标准，与行政机构所思考的有所不同。从目前来看，阿富汗政府的执政能力尚未得到根本性提高，其政府部门腐败仍然严重，选举的公正性得不到保证，阿富汗安全部队的战斗力依然低下，政治和解进程陷入僵局，从这些方面看，国会对美国在阿富汗战略实施的效果并不满意，如果未来这些问题得不到解决，美国从阿富汗脱身战略的执行以及脱身后对阿富汗外交路线的选择上，还有许多不确定性。

中东乱局下的 ISIS 组织

丁艳凤　王　一

全球化是伊斯兰恐怖主义兴起的大背景。在伊斯兰世界，这也是当代伊斯兰主义与伊斯兰政治化相互联系的纽带。[①] 在全球化背景下，伊斯兰传统与变革时时刻刻都受到现代化的影响。ISIS 恐怖组织的横空出世，是当前伊斯兰恐怖主义发展的新阶段，对中东地区和国际社会造成了极大的震荡与伤害。而 ISIS 恐怖组织的由来与发展，不但有着深厚的历史文化与宗教背景，还与中东地区的极端主义走向有关。中东国家内部本身存在的宗教纠纷、民族矛盾以及教派冲突日益凸显，这种复杂的互动使得 ISIS 恐怖组织能够在短时间内走强，并对中东局势和中东恐怖主义的发展产生深刻的影响。

一、ISIS 组织的由来及现状

ISIS 全称“伊拉克和沙姆伊斯兰国”（Islamic State in Iraq and al-Sham），也称为“伊拉克和黎凡特伊斯兰国”（Islamic State in Iraq and the Levant，简称 ISIL）。ISIS 的前身是“伊拉克伊斯兰国”（ISI），是

① Frank J. Lechner and John Bali, *The Globalization Reader*, Oxford: Blackwell, 2008, pp. 358 - 363.

"基地"组织的一个分支。2011 年 5 月 9 日"基地"组织头目本·拉丹在巴基斯坦被美军击毙后，ISI 组织还在一家宗教论坛网站上发表声明，公开悼念本·拉丹。2011 年叙利亚内战爆发后，该组织武装分子开始进入叙利亚与叙政府军作战。在战争锻炼下，特别是在 2013 年 4 月 9 日宣布与叙反对派武装组织"胜利阵线"合并后，该组织势力急剧膨胀，成为当前中东地区不可忽视的一支政治军事力量。

在 ISIS 组织的名称当中，"沙姆"或"黎凡特"意为"东方日出之地"，是指地中海东部的沿岸地区，就是历史上著名的"肥沃新月地带"区域，包括今天的叙利亚、黎巴嫩、以色列、巴勒斯坦和约旦五国。从 ISIS 组织的名称中可以看出，该组织的目标就是在"黎凡特"加上伊拉克这个广阔区域内，建立一个政教合一的、实行严格伊斯兰教法的极端主义国家。如果该组织的目标得以实现，二战结束以来中东地区的国际疆界和国际政治格局无疑将被彻底地颠覆。

2014 年 1 月以来，ISIS 势力的快速扩张态势引发了国际社会的广泛关注。1 月 4 日，该组织武装分子从叙利亚攻入伊拉克，占领伊拉克安巴尔省省会拉马迪及该省重镇费卢杰。6 月 10 日，攻占伊拉克北部尼尼微省全境及首府摩苏尔，甚至一度攻至巴格达郊外，控制范围绵延叙利亚西北及伊拉克东北，面积近 20 万平方公里。该组织目前自称拥有数万武装人员。而一项来自美国的调查也承认，该组织武装分子在叙利亚境内可能有 6000—7000 人，在伊拉克境内就有 5000—6000 人，其中还包括 3000 多名来自西方国家的"志愿者"。该组织目前拥有相当精良的装备，包括 M16 突击步枪、M60 通用机枪、RPG 火箭筒甚至 T－55 主战坦克、UH－60"黑鹰"直升机等大量现代化装备。

2014 年 6 月 29 日，该组织宣布在其所控制的叙利亚北部和伊拉克境内建立"伊斯兰哈里发"制度，推选其首领阿布·贝克尔·巴格达迪担任首任哈里发，实行严格的伊斯兰教法。该组织还公布了其五年扩张计划，宣称将一统西亚、非洲北部和中部（南至喀麦隆与肯尼亚）、中亚等穆斯林地区，甚至还将欧洲的西班牙、葡萄牙、巴尔干半岛、克里米亚以及巴基斯坦、印度和中国新疆、西藏统统列入其征服的目标，勃勃野心令世人瞠目。

二、ISIS 组织的四大特点

与之前一度活跃的塔利班、“基地”组织及其他极端组织相比，ISIS 具有自己独特的政治路线，手段更为极端，实力更为强大，管理更为严格，成员更加多元化，危险系数更高。

（一）宗教方面更加保守和激进

ISIS 恐怖组织和其他伊斯兰极端组织一样，着重强调政教合一，把伊斯兰教解释成为一种政治化宗教，规定国家的“神圣秩序”应该由伊斯兰政府来缔造。假设世界上所有的穆斯林形成一个整体的乌玛社会，这一想象中的社团反映出整个穆斯林世界共享同样的文化，并且彰显了共同的伊斯兰文化诉求。基于这样的理解，乌玛社团最终变成了一种民族身份认同，一个统一的封闭团体。尽管如此，在伊斯兰观念中还是希望乌玛社团能够扩展到全球。但另一方面，ISIS 不接受文化的多样性，否认宗教的多元化，不仅仅是对待整个世界，在伊斯兰内部也是如此。ISIS 把吉哈德[①]这一传统的伊斯兰观念（像“沙里亚法”一样，它已经超出了原来《古兰经》的传统含义）变成了圣战主义，使得非法战争合法化，把恐怖主义理解成不对称战争。

（二）将建立“伊斯兰国”作为政治目标

和其他主要以制造恐怖袭击为目标的恐怖组织不同，ISIS 致力于推翻伊拉克和叙利亚的现政权并取而代之，进而控制整个阿拉伯世界，最

① Bassam Tibi, “War and Peace in Islam,” in Terry Nardin ed., *The Ethics of War and Peace: Religious and Secular Perspectives*, Princeton: Princeton University Press, 1998, pp. 128 – 145.

终目标就是建立一个一切以伊斯兰原教旨理念为指导、取代现代国家疆界的“大伊斯兰国”。在该组织的政治理念当中，其统辖范围之内一切与伊斯兰教法相悖的事实必须得到纠正，所有社会生活按先知穆罕默德时代照方抓药即可。以此为指导，该组织在其占领范围内成立临时管理机构，建立新的司法系统和教育系统，开办医院邮局，修建道路，维护电力、用水等公共设施，提供公共交通服务，甚至启动小型商业计划，拉动地方经济发展。该组织还通过采取向难民提供面包，向民众分发足球，为孩子提供《可兰经》课程等做法争取民众支持。目前其统辖范围内的城镇中，公共秩序大体正常，普通民众的食品和生活用品基本上有保障，但诸如西方音乐、服饰以及饮酒等不符合伊斯兰教法的行为被严格禁止，甚至不允许民众观看世界杯足球赛。至 2015 年初，“伊斯兰国”甚至已初具架构。

（三）极端主义色彩更加突出

在扩张领地的过程中，“伊斯兰国”以伊斯兰原教旨主义为号召，对其控制的民众、特别是信仰其他教派的民众，采取了残酷的暴力统治。该组织武装分子在占领区大肆屠杀异教徒，拆除基督教教堂的十字架和烧毁《圣经》，还向伊拉克北部占领区内的基督教徒颁布命令，要求他们改信伊斯兰教，或在限期前离开伊斯兰国土地，否则就要被处死。通过上述行动，该组织实际上已经摧毁了当地拥有悠久历史传统的其他宗教社群。例如，在 2014 年 8 月该组织出兵对伊拉克境内的雅兹迪派教徒的攻击当中，有 500 名雅兹迪教徒被杀，大多数人被乱枪射死，少数人被军刀斩首，甚至被斩断手脚钉在十字架上或以绳索缢死，还有许多人被活埋。该组织还征召大量儿童加入组织，训练他们成为童兵、查探敌情或充当“人肉炸弹”发动自杀攻击。该极端组织已经搅得伊拉克北部混乱一片，据统计已经造成至少 80 万难民逃离家园，数千名伊拉克人被屠杀。该组织还多次在网上发布美国、英国等国人员被斩首过程的视频，联合国也不断收到该组织针对伊拉克少数民族妇女和幼童性暴力的报告。

(四) 对国际社会的危险系数更高

ISIS 绝大部分头目和指挥人员来自伊拉克、利比亚、沙特和突尼斯，参加实际战斗的人员大部分来自利比亚和伊拉克。近年来，陆续有媒体爆出，许多来自美英法等西方国家的宗教极端主义者远赴中东参战。美国智库专家巴雷特所撰写的一份分析报告显示，ISIS 的士兵来自车臣、阿拉伯国家、欧美国家等。该组织甚至还为来自不同国家的志愿者专门组建了“车臣部队”、“法国部队”、“德国部队”、“比利时部队”等，很多人跟随 ISIS 从叙利亚打到伊拉克。在此情况下，这些经过战争洗礼的“圣战”志愿者随时都可能回国参与恐怖主义活动。据英国军情六处前反恐负责人理查德说，仅在 2014 年 6 月的最后一个周末，估计就有 300 名“圣战”分子通过“伪造死亡偷偷溜回”英国。对情报部门来说，详细追查他们是“一件不可能的任务”，西方国家遭受恐怖袭击的威胁比以往任何时候都要大。而德国反恐专家诺伊曼更是将 ISIS 评价为危险程度“远高于塔利班”的恐怖主义组织，“其影响已经突破区域局限，成为全球性威胁”。ISIS 组织也不断宣称，其目标是要把叙利亚和伊拉克变成吸引全球恐怖主义分子的“枢纽”，将其发展成为对全球发动恐怖袭击的“震中”。

这样，我们就看到了 ISIS 恐怖组织具有所有宗教原教旨主义的相似之处，即把“伊斯兰之境”作为一个世界实体，并把伊斯兰的世界观延伸到整个人类。它们强调“宇宙的圣战”来创建伊斯兰秩序，强调伊斯兰秩序、建立伊斯兰国家只是该构想的第一步，但并不能只是局限于想象中的“伊斯兰之境”，而是要在全世界付诸行动。

三、ISIS 组织迅速坐大的原因

作为一个早先人员不足千人的“基地”组织分支，ISIS 能够在短短数年内从叙利亚一路打到伊拉克，占据大片土地并宣布建国，这个组织发展如此迅速的原因何在呢？

（一）中东伊斯兰原教旨主义大背景

从世界范围来看，ISIS 也是在伊斯兰原教旨主义的背景下发展起来的。和其他的宗教原教旨主义一样，其也有两个共同的目标：第一，去世俗化；第二，在新的“向西方造反”的框架下社会去西方化，特别是针对具有文化现代性的西方价值观，因为这些价值观总是让人联想到西方霸权。此外，更为重要的是这两个目标紧紧地相互交织在一起，并在新的形势下发生着复杂而深刻的互动。ISIS 也企图颠覆世俗政权，这是他们追求世界新秩序的一个步骤。穆斯林兄弟会的创建者、理论家哈桑·班纳认为，西方世俗主义和物质主义是伊斯兰社会全面衰落的主要原因，因此需要“回到伊斯兰教中去”，以《古兰经》和“圣训”作为重建伊斯兰政府体制的主要源泉，以此来解决伊斯兰社会的各种问题。[①] 伊斯兰主义作为宗教原教旨主义的一个变种，并不包括恐怖主义，而是追求世界和国家的秩序。这个过程的发生也可以说是思想的战争。这个比起“基地”恐怖主义本身来说显得更重要。

（二）美国的错误政策种下的恶果

包括伊拉克、叙利亚局势动荡在内的中东乱局，究其根源几乎都离不开美国的手笔。从宏观上讲，2003 年美国入侵伊拉克推翻萨达姆政权后，严重低估了占领与重建伊拉克面临的困难，强推美式西方民主的后果，是伊拉克民心溃散，政党、民族与宗派之间的矛盾频发，为 ISIS 之类极端势力的兴起提供了良机。从微观上讲，ISIS 等极端组织，最初正是受益于美国的训练和武装成长起来的。在叙利亚局势动荡过程当中，

---

① John L. Exposito, *Islam and Politics*, New York: Syracuse University Press, Fourth Edition, 1998, pp. 137 - 138.

美国通过大量支持叙利亚叛军武装，企图达到推翻巴沙尔政权的目标。但叙利亚局势的几经起伏不仅使得美国的梦想落空，反而使诸如 ISIS 这样的极端组织得以乘虚而入，迅速坐大。在美国早先支持叙反对派的武装物资的支持下，该组织进入伊拉克境内后，屡次击败伊拉克政府军，美国支援伊拉克政府军的武器装备和资金也因此大量流入到了 ISIS 组织手上，更是大幅加强了该组织的实力。

（三）部分国家或明或暗的支持

部分国家为了自身利益，对 ISIS 组织的发展起到了推波助澜的作用。例如，土耳其力图借助极端组织力量打击叙、伊境内的库尔德人，从而对外国志愿者大量涌入其领土再进入叙利亚和伊拉克境内大开绿灯。一些海湾国家政府及富有的阿拉伯人也从同属逊尼派的立场出发，为极端组织筹募、提供资金。据称，在 ISIS 资产收入的三个主要渠道[①]当中，来自卡塔尔、沙特等海湾国家的资助占有非常大的比例，ISIS 也因此被称为“世界上最有钱的恐怖组织”。

（四）该组织利用各种方式增强自身吸引力

从 ISIS 自身来看，该组织能够充分利用当前伊斯兰世界对西方现代世俗文化的不满情绪，以及中东地区部分国家缺乏良好治理、政权贪污腐败严重、贫富差距扩大、青年大量失业等一系列不稳定因素，对自身进行宣传。据英国《每日邮报》网站报道说，ISIS 的支持者在伦敦大量散发传单，宣称“一个新纪元的开端到来了”，号召穆斯林民众加入新成立的“伊斯兰国”。宣布“建国”不久，ISIS 组织在几大全球社交网络上宣称新建立的“伊斯兰国”是真主应许之地，呼唤全世界穆斯林尤其是工程师、商人、律师等当前“急需人才”“汇集”到哈里发国。

---

① 其他两个渠道分别是石油以及勒索抢劫其控制区的民众。

（五）欧洲部分国家在种族、文化政策上的失败为欧洲穆斯林积极加入极端组织提供土壤

自20世纪六七十年代开始，大量穆斯林移民到西方“前宗主国”谋生，全欧洲穆斯林人口目前已超过2500万。尽管很多欧洲国家出台了多种措施，但是不少穆斯林青年仍感到难以真正融入欧洲主流社会。这种文化和身份上的尴尬处境，使得欧洲不少穆斯林青年更青睐伊斯兰极端主义思想，来寻求自己新的身份认同。据“今日俄罗斯”新闻网2014年8月18日报道，法国有15%的民众对伊拉克极端武装组织“伊斯兰国”持支持态度，而其年轻人中更是有27%支持该极端组织。这一数字在英国和德国分别为7%和2%。

四、国际社会的对策

鉴于阿富汗、伊拉克两场战争对美国全球战略的拖累，奥巴马当政后在中东地区大致采取了收缩政策，对动用美国自身兵力解决中东问题持异常谨慎的态度。因此，面对ISIS势力的急剧扩张，美国对运用自身兵力直接打击ISIS的决策，一直犹豫不定。但是，随着ISIS在伊拉克境内攻城略地、势头迅猛，美国开始认定，如果ISIS最终得势，美国无疑将失去对整个中东地区的影响力和主导能力。因此，美国从确保其在中东地区的根本利益出发，于2014年8月8日开始对ISIS在伊拉克境内的军事目标发动空袭，以支持伊拉克政府军、遏制ISIS的攻势。至9月下旬，美国已发动150多次空袭，成功阻止了ISIS在伊拉克境内的攻势。此后，美总统奥巴马又于9月10日授权对叙利亚的ISIS武装势力发动空袭，加大了打击力度。奥巴马表示：“我们的目标很明确。我们将通过长期、广泛的反恐战略，来削弱‘伊斯兰国’的力量，并最终把它摧毁。”

国际社会在打击ISIS组织问题上，存在一定程度的共识。联合国通

过第 2170 号决议，决定采取措施切断伊拉克和叙利亚极端组织的资金和外来武装分子的来源，并制裁有关人员。北约方面表示已经做好援助伊拉克的准备，将帮助伊拉克政府训练军队以增强其防御能力。北约还宣称，将愿意在国际社会打击 ISIS 问题上承担情报、监控和侦查等任务，并将密切关注那些从 ISIS 返回欧美的极端分子的动态，以防止他们回到本国发动恐怖袭击。与此同时，包括埃及、伊拉克、约旦、黎巴嫩、巴林、科威特、阿曼、卡塔尔、沙特和阿联酋等国在内的 10 个阿拉伯国家，也宣称将加入打击 ISIS 的国际合作。

尽管如此，国际社会应对 ISIS 组织的行动仍存在不足。虽然宣称支持打击 ISIS 组织的国家数量不断增加，但很多国家对是否真正参加打击行动却持观望态度。例如，虽然澳大利亚、法国承诺将为打击 ISIS 提供情报、监控和侦查等方面的支援，但迄今都没有承诺直接参与对 ISIS 的打击行动。此外，土耳其、沙特、卡塔尔等海湾国家或是出于防范伊朗及什叶派势力扩张的目的，或者出于确保本国利益的关系，对真正出兵打击 ISIS 也存在明显的分歧。在打击 ISIS 组织问题上，伊朗是该地区唯一态度坚定的国家。伊朗一方面强力支持叙利亚巴沙尔政权与反对派的战斗；另一方面坚定反对 ISIS 组织在伊拉克境内的扩张。但是到目前为止，美国等西方国家在打击 ISIS 组织问题上仍然拒绝与伊朗或叙利亚巴沙尔政权展开合作。这无疑严重削弱了打击 ISIS 组织的力度。

五、ISIS 之乱对中国的影响

（一）扰乱全球石油市场，威胁中国能源安全

伊拉克目前已成为我国第五大原油进口国。2013 年 5 月，中国从伊拉克日进口石油量为 150 万桶，已经占伊拉克石油出口的 30%。尽管中国企业控股的石油公司大多在伊拉克南部地区，目前并未受太大影响，但伊拉克战事绵延不息，导致中国从伊拉克进口原油数量急剧下降。

2014年中国计划从伊拉克日进口石油量为88.2万桶，而2014年6月份实际日进口量仅44.5万桶，占其出口量的6.9%。另外，中国企业在伊拉克各种基础设施项目中都有大量资金投入，总投资规模达数十亿美元，在伊拉克工作的中方员工也达到了1.5万人。伊拉克的长期战乱必然将影响伊投资前景，影响我国利益。

（二）与中国境内极端主义势力相勾结，危及中国和平发展环境

根据ISIS描绘的发展蓝图，西亚、北非、西班牙、中亚、印度次大陆全境乃至中国新疆均在其“大伊斯兰国”的设想当中，其野心膨胀可见一斑。特别是在所谓的中国新疆问题上，ISIS头目巴格达迪在其宣布“建国”的讲话中，多次指责中国政府在新疆的政策，要求中国穆斯林和全世界穆斯林一样向其效忠。在日本发现的一张ISIS组织招募“圣战者”的广告中，明确将中国的新疆维吾尔自治区标明为其未来遂行破坏活动的工作重点，明显加大了对中国的渗透破坏力度。该极端组织实力的进一步增强，必然会与中国新疆境内极端恐怖主义势力和民族分裂势力相勾结，制造恐怖袭击或采取军事行动，破坏中国和平发展大局。

（三）将影响美国全球战略考量，客观上分散其对中国和平发展的关注度

尽管奥巴马一再强调不会出动地面部队打击ISIS极端组织，对ISIS实施空袭仅为美国中东政策的适当微调，然而面对“伊斯兰国”势力大涨的客观事实，美国显然无法完全置身事外。在ISIS严重恶化中东地区形势、极大助长全球恐怖主义的情况下，奥巴马政府势必不得不重新审视其中东战略、加大对中东地区的战略投入，这将多少会影响到美国对中国经略周边政策的牵制力度，在客观上为中国争取更多有利时机进而实现和平发展提供了机遇。

浅析以色列因素对奥巴马政府伊朗政策的影响

季　慧

美国总统奥巴马上任初期，一改前任小布什政府的伊朗政策，力主对伊缓和。主政6年来，回溯美伊政策的走向，奥巴马政府的伊朗政策虽不同于小布什时期的以强硬、遏制为主导的政策，但与其初始目标也已渐行渐远，这其中的调整回归与再调整是多方因素综合博弈的结果。而以色列作为美国的特殊伙伴、伊朗的地区竞争者，成为美伊关系中难以逾越的第三方因素。本文拟以此为视角，分析奥巴马政府在伊朗政策的制定及推行进程中，以色列因素的影响路径与牵制手段。

一、历史遗产：美国—伊朗—以色列三边关系

美国的中东战略、伊朗的地缘属性以及以色列的特殊历史造就了美、伊、以三国简约而又复杂的三边关系。其简约在于美以特殊关系自以色列建国至今未曾改变；美国对伊朗的遏制自1979年来不曾停止；伊朗与以色列的较量也从未真正缓解。说其复杂在于，在这三组双边关系中，总是渗透着第三国因素，使得美伊交恶、伊以敌对成为后冷战时代中东问题的难解之结。

（一）美伊从盟友到仇敌

美伊正式关系肇始于19世纪50年代，以1979年为分水岭历经了截然不同的两个阶段。从1856年两国签订《友好与贸易条约》起至1979年伊朗“伊斯兰革命”前，美伊关系经历了从无到有、从经贸到政治的逐渐深化过程。特别是二战结束后，美苏在伊朗展开争夺，伊朗在美国中东地缘战略中的地位显著提升。1959年《美伊合作条约》的签署，标志着伊朗成为美国在中东地区的坚定盟友，更是美国在该地区的一个重要支柱。

1979年伊朗伊斯兰共和国的成立，标志着美伊友好关系的终结。特别是同年11月4日德黑兰“人质危机事件”的突发，使得美国上下反伊情绪陡增。1980年4月7日美国宣布与伊朗断交，而这场危机的解决一直延宕至1981年1月20日，即里根总统就职当日。人质事件给美国民众留下了难以忘却的伤痛，美伊交恶由此拉开序幕。

20世纪90年代冷战终结和海湾战争的爆发，为美国提供了独霸中东的战略机遇，克林顿政府上台后推出了针对伊朗和伊拉克的“双重遏制”政策。1996年8月，美国众参两院又通过了《伊朗—利比亚法案》，即“达马托法”，进一步加大对伊朗的制裁。

美伊关系再次转圜的契机是1997年5月伊朗哈塔米总统的当选，他不仅在中东地区奉行睦邻政策，而且主动寻求同欧美交往与合作。1998年1月，哈塔米在接受美国CNN采访时，呼吁与美国进行“建设性对话”和“文化交流”；主张双方采取措施打破两国的“猜疑之墙”。[①] 对于伊朗主动伸出的橄榄枝，美国表示了积极的回应，克林顿政府呼吁与伊朗就共同关心的双边问题开展正式对话。

正值美伊关系缓和之势缓慢发展之时，2001年“9·11”事件的突发使得两国关系再次全面逆转。美国民众的反恐意识陡然高涨，美国政

---

① Philip D. Zelikow and Robert B. Zoellich, *America and the Muslim Middle East: Memos to a President*, The Aspen Institute, 1998, p. 137. 转引自高祖贵：《美国与伊朗关系的演变》，《和平与发展》2013年第5期，第19页。

府迅速向恐怖主义宣战，在推翻萨达姆政权后，伊朗的威胁就首当其冲。2006 年 3 月，小布什政府在其第二份《国家安全战略报告》中，正式把伊朗确定为“单个对美国威胁最大的国家”。[①] 据此，他们主张采取更为强硬的政策，把“改变伊朗现政权”作为不二的战略选择和战略目标，他们认为这将有利于改变中东的地缘政治格局，确保以色列安全和伊拉克重建成功，促使叙利亚和沙特等他国发生积极变化，带动中东地区民主的发展，进而推进美国在这个地区和全球范围内的利益，“保持美国的霸权，使单极体系制度化”。[②] 小布什政府时期，美国对伊朗的政策日趋强硬，制裁力度不断加大，美伊关系僵硬，对抗性空前强烈。

（二）美以特殊关系

美以关系常被冠以“特殊”之名，美国对以色列的认同、以色列在美国中东战略中的重要地位及以色列游说集团的强力推动，是美以特殊关系形成和发展的基础。首先，两国宗教同源、民主制度相似以及美国民众对犹太民族的同情共同形成了两国关系发展的基础。其次，长久以来，以色列被视为美国的战略资产，冷战时期帮助美国在中东地区遏制苏联。20 世纪 90 年代冷战的终结，短暂地降低了以色列的战略价值，但“9·11”事件后，以色列旋即成为美国的反恐伙伴，战略价值再次凸显。第三，占美国国内总人口 3% 的犹太人，拥有至少 75 个不同组织所组成的团体，积极支持以色列政府的大部分行动和政策立场。此外，犹太人巨额的政治捐款及犹太裔选民在美国总统选举中至关重要的作用，使得他们对美国的中东政策产生了重要影响。

此种特殊，俨然已超越了单纯的国家利益，以色列是在美国的支持下建国的，美国更是世界上第一个承认以色列的国家，美以之间长久以来一直是有实无名的盟友，美国对其提供的无偿援助远多于其他正式盟

---

① http：//georgewbush-whitehouse. archives. gov/nsc/nss/2006/

② Thomas Donnelly，“What Next? Preserving American Primacy，Institutionalizing Unipolarity”，American Enterprise Institute National Security Outlook Online，April 22，2003. 转引自高祖贵：《美国与伊朗关系的演变》，《和平与发展》2013 年第 5 期，第 23 页。

国，“在以色列建国的最初 50 年中，没有哪个国家像美国一样对其提供了如此多的经济和军事援助，没有哪个国家人均所获来自美国的援助有如此之高”。[①] 自肯尼迪政府以来，支持和保护以色列已经成为美国历届政府中东政策不变的内核，“美国在许多场合都强调对以色列的生存与安全承担责任，还常常利用其超级大国地位及其对一些重要国际机构的主导和影响力，在各种多边和双边外交场合通过施压、否决决议等手段维护以色列的利益。”[②]

（三）伊以从联盟到对抗

伊朗是中东地区的文明古国，自波斯帝国算起至今已有 2500 多年的历史，而以色列的建国历程直至二战后才告结束。力争维持中东现状的以色列与试图挑战现状的伊朗在 60 多年的双边关系历程中，经历了从接触到较量、从联盟到对抗的起伏变化。有学者对此总结道：“60 年来，两国关系跌宕起伏，大体经历了战略联盟期（1979 年以前）、激烈对抗期（1979—1981 年）、心照不宣合作期（1981—1988 年）、冷和平期（1988—2005 年）与战略对抗期（2005 年至今）5 个阶段。”[③] 以此为时间界点，1979 年是伊以关系的一个重要分水岭。在此之前，伊朗处于巴列维时期（1941—1979 年），以色列的国家地位虽未在外交上获得正式承认，但实际上伊朗承认了以色列，并视其为外围盟友。“在巴列维看来，中东地区的政治地图由内环和外围构成，内环就是阿拉伯国家，而外围则由包括伊朗、以色列、土耳其等非阿拉伯国家组成。由于阿拉伯民族主义的兴起，对以波斯民族为主体的伊朗形成较大的压力，巴列维希望通过构建‘外围联盟’（peripheral pact）牵制激进的阿拉伯国家。”[④] 这一思想也得到了以色列建国之父本·古里安的认可。在此共识的基础

① William B. Quandt, "American and the Middle East: A Fifty-Year Overview", in L. Carl Brown, *Diplomacy in the Middle East*, I. B. Tauris, London. New York, 2003, p. 61.

② 李伟建等著：《以色列与美国关系研究》，时事出版社，2006 年版，第 1—2 页。

③ 孙德刚：《以色列与伊朗关系评析》，《现代国际关系》2009 年第 5 期，第 25 页。

④ 何志龙：《20 世纪伊朗与以色列关系评析》，《世界历史》2007 年第 4 期，第 93 页。

上，伊朗与以色列在政治、军事、经贸领域展开了一系列合作。两国关系经历了历史上最友好的时期。

1979年伊朗经历“伊斯兰革命”，由此进入政教合一的宗教神权统治时期，宗教领袖霍梅尼奉行“不要西方，不要东方，只要伊斯兰”的对外政策，视以色列为地区敌手，此后30多年间，伊以关系虽偶有缓和，但整体处于对峙状态，这种敌对一直延续至今。在20世纪80年代，特别是两伊战争爆发后，伊朗为了自身安全与发展，与以色列开始进行频繁的秘密武器交易，1981年7月，以色列与伊朗达成一笔价值1.35亿美元的武器交易。[①] 以色列还通过荷兰和阿根廷向伊朗提供了价值2亿美元的武器装备。[②] 在其后的5年多时间里，伊以又达成2.5亿美元的武器交易。[③] 但伊以之间的交易只是双方为了各自利益妥协的权宜之计，反对以色列依然是伊斯兰共和国公开的和基本的对外政策。两伊战争结束后，随着伊朗对外国武器需求减小、霍梅尼离世、冷战结束等一系列国际事件的发生，伊以之间进入了全面对抗时期。2003年伊朗核问题浮出水面，伊以对峙有增无减。

二、从调整到回归：以色列因素的影响路径

伊朗问题事关美国处理全球事务的能力，鉴于小布什政府执政后期美国中东政策僵化、美伊关系敌对，奥巴马本人及其中东智囊力主调整美国的伊朗政策，改“遏制”为“接触”。以此为战略导向，上任伊始奥巴马总统及其外交团队在各种场合表现出对伊友好的态势及开展美伊对话的愿望。就在世人对新总统的新中东政策还满怀期待之时，美伊接

---

① 转引自何志龙：《20世纪伊朗与以色列关系评析》，《世界历史》2007年第4期，第96页。

② “Iran and Israel”, *Foreign Affaires*, 1982年10月29日。转引自何志龙：《20世纪伊朗与以色列关系评析》，《世界历史》2007年第4期，第96页。

③ Jack Andson, “Supply Weapons To Iran Again”, *Washington Post*, April 30, 1986.

触的意向及努力已渐趋式微。从 2009 年年末开始，美国众参两院先后通过制裁伊朗的法案。“2012 年 6 月，44 名参议员联名致信，反对奥巴马向伊朗递出‘橄榄枝’，认为只有持续、有力的制裁才能推动外交进展。”① 7 月 2 日，奥巴马签署了《伊朗制裁、问责、撤资综合法》，以此为分水岭，美国的伊朗政策重新回到“遏制 + 制裁”的框架中。

美伊政策急速转向，是多方因素综合博弈的结果，而以色列因素成为致变合力中的重要一支，其对美伊政策的影响主要通过以下三个路径实现。

（一）美以特殊的战略文化

犹太民族悲惨的历史及特殊的建国方式，塑造了以色列独特的战略文化。安全至上，军事优先，成为以色列战略文化的核心内涵，“以色列所倚重的权力，主要就是军事力量。维持以色列在中东的军事优势，在以色列安全战略中处于核心位置。此种高度倚重军事力量的倾向，在争取以色列建国时期就已经形成。”② 政治孤立性及地缘脆弱性的现状，使得以色列时刻缺乏地区安全感。后冷战时期，作为中东地区唯一的拥核国家，以及常规军事力量优势大国，中东地区任何单一一国均难以对以色列构成实质性安全威胁。而自 2003 年以来，伊核问题的出现更加挑动了以色列本就敏感的安全神经。伊以关系已如前述，一旦伊朗拥核，以色列的地区安全形势将会发生逆转：“伊以交恶已久，内贾德总统多次发出极端反以言论；以色列的核威慑能力将大大降低——以色列国土狭小，缺乏战略纵深，在无有效防御系统保护的情况下，伊朗可以先发制人一弹而置以色列于死地，而以色列对伊朗却无法做到这一点。”③ 因此，在以色列看来，伊核问题事关国家的安全，实属生死存亡的大事。

---

① 沈雅梅：《美国对伊朗政策调整的动因及其空间》，《现代国际关系》2013 年第 6 期，第 53 页。

② 汪舒明：《大屠杀记忆、以色列战略文化与伊朗核危机》，《外交评论》2013 年第 2 期，第 134 页。

③ 岳汉景：《奥巴马政府在伊朗问题上的困局浅析》，《西亚非洲》2010 年第 2 期，第 58 页。

偏袒以色列已成为美国的战略传统，确保以色列的国家安全成为美国一以贯之的战略目标。"以色列在美国人的心目中以及在美国的政治、文化和对外政策上都占有突出位置。对于千百万美国人来说，无论是犹太人还是非犹太人都一样，与以色列共同的价值观、对历史上遭受反犹主义迫害的犹太人的同情、对以色列危险的安全处境的支持，这些方面的强有力的关注，已经成为美国政治不可分割的一部分。"①

故在伊朗问题上，以色列追求极至安全的战略文化以及美国对其的安全承诺，使得以色列成为美国在处理伊朗问题及发展美伊关系时势必会考虑的一种因素。这种根植于美国政治、文化、外交中的政策偏向，在一定程度上影响和左右了美国政府的伊朗政策。此种影响路径虽非主动构建，但却是潜移默化和根深蒂固的。"自以色列 1948 年建国以来，历届美国总统都不得不设法维护与以色列的'特殊关系'，无论这种关系实质上对美国的利益有利还是有害。"奥巴马政府也不例外，他主张"面对一个威胁全球安全、否定大屠杀并威胁毁灭以色列的政权，美国将尽其所能阻止伊朗获得核武器"。②

（二）以色列国内政治导向

面对奥巴马总统上任伊始踌躇满志的"变革外交"及自信满满的"接触政策"，以色列政府忧心忡忡。这个曾在美国羽翼庇护下的小伙伴，此时竭尽所能拽住美国将要起飞的翅膀，力图扭转美国既定的航向，并在一定程度上阻碍了奥巴马政府缓和美伊关系的进程。"以色列政坛的强硬派正在达成对伊朗核设施进行空中打击的共识，并且频繁与美国交涉，要求美国给予支持。这些状况给美国试图运用'巧实力'来对付伊朗的努力带来一定的压力。"③

---

① Aaron David Miller, "Getting right with Israel", International Herald Tribune, November 27, 2008.

② Remarks by the President at the United States Holocaust Memorial Museum, http://www.whitehouse.gov/, April 23, 2012, http://www.whitehouse.gov/the-press-office/2012/04/23

③ 李格琴：《奥巴马政府对伊朗政策的评析——调整、局限与变革》，《世界经济与政治论坛》2012 年第 3 期，第 68 页。

2009年3月，内塔尼亚胡在就任以色列总理当日接受《大西洋月刊》采访时表示，他对奥巴马政府的政策能否得到伊朗的积极回应表示怀疑，并反复强调伊朗掌握核武器是以色列绝对不能接受的。[①] 内塔尼亚胡政府把战争威胁作为压制伊朗和牵制美国政策的一个重要手段，如果以色列果真先发制人，单独打击伊朗核设施，那么美国不可能独善其身、袖手旁观。2009年5月，内塔尼亚胡访美，主要的会晤议题便是伊核问题。

奥巴马多次重申美国高度重视以色列的安全，强调保障以色列作为一个独立国家的安全始终对美国的国家安全利益至关重要，同意与以色列就伊核问题加强战略协调。[②] 如果说美以特殊的战略文化在客观上影响了美国政府的伊朗政策，2013年3月奥巴马连任后，首访地选在以色列，一方面意在安抚内塔尼亚胡政府，另一方面也寻求两国之间在伊核问题上的共识与协调。

（三）犹太利益集团游说

犹太利益集团也称以色列游说集团，它对美国对外政策的影响力不可小觑。在政策制定过程中，游说集团不仅对民主、共和两党政府施加重要的影响，而且在国会山上也有相当权势。特别是在确保美国与以色列的特殊关系，以及美国对以色列安全承诺方面发挥着举足轻重的作用。一旦出现与犹太民族和以色列相关的议题，深植在美国政界及新闻界的犹太游说组织就会利用它们所掌控的资源，推动有利于以色列的政策。

犹太利益集团担心奥巴马政府实施的对伊缓和政策将恶化以色列的国家安全环境，并弱化其在美国大中东战略中的地位和作用。因而在美伊政策上，犹太利益集团的游说工作与奥巴马政府对伊“接触”几乎同

---

① Jeffrey Goldberg, “Netanyahu to Obama: Stop Iran: Or I Will,” *The Atlantic*, March 31, 2009.

② Andrew J. Shapiro, “The Obama Administration's Approach to U. S. -Israel Security Cooperation: Preserving Israel's Qualitative Military Edge”. 转引自沈鹏：《奥巴马政府对伊朗政策的调整》，《美国研究》2011年第1期，第36页。

时启动，“企图将奥巴马对伊朗政策的调整扼杀在摇篮之中”。[①]

犹太利益集团对奥巴马政府美伊政策的牵制主要通过游说国会实现。在美国以色列公共事务委员会的推动下，众议院国际关系委员会主席霍华德·伯曼（Howard Berman）于2009年4月30日向众议院提出制裁伊朗的《伊朗精炼油法》。这一法案共征集到343名联署人，此法案即当年12月15日通过的HR2194号议案。与此同时，参议员埃文·贝赫（Evan Bayh）和其他30名联署人在参议院提出了类似的制裁法案，即S2799号议案《2009年伊朗制裁、责任及撤资法案》，并于2012年1月28日在参议院通过。由此美国国会推动制裁伊朗的行动拉开了序幕，并对奥巴马政府形成极大的压力，直至7月2日，奥巴马签署了《伊朗制裁、问责、撤资综合法》，以此为分水岭，美国的伊朗政策重新回到“遏制+制裁”的框架中。

此外，美国犹太组织还通过舆论宣传对奥巴马政府施压。“犹太组织将2009年9月10日和10月24日定为华盛顿和纽约两地的伊朗威胁宣传日（Advocacy Day），动员美国犹太各界举行大规模示威，敦促政府遏制伊朗的核冲动。”[②] 这种两面施压的合力，最终迫使奥巴马的伊朗政策转向。

三、从回归到再调整：对以色列因素的评估与反思

自1979以来，美国对伊朗一味采取强制性外交，“9·11”事件的突发，以及此后伊拉克战争、阿富汗战争等事件的叠加，使得美国在对伊遏制的道路上越走越远。与此相对的战略收益却是美国与伊朗敌对日甚，到小布什政府时期更是达到了顶点，而伊核威胁不仅毫无缓解，反

① 沈鹏：《奥巴马政府对伊朗政策的调整》，《美国研究》2011年第1期，第49页。

② 赵建明：《美国犹太组织与奥巴马政府对伊朗的政策》，《美国研究》2011年第1期，第52页。

有愈演愈烈之势。这种战略手段和战略收益的失衡促使新总统求变，奥巴马早在上任前就意识到调整美伊政策势在必行："我们必须采取一种新的方法，我坚信接触是我们的起点。"[①] 而在其第一任期内，"接触"政策刚刚崭露头角就被各种力量打压回去。2012 年 11 月，奥巴马胜选连任，在无竞选压力的情况下再度调整美伊政策。美国相关智库及政府的外交班底也开始全面反思美国的伊朗政策，理性评估以色列因素的影响力量。此一轮调整汲取前期的教训，不再单一强调"接触"，而是"接触"、"遏制"平衡用力，双轨并行，这其中不乏对以色列因素的考量。

首先，对美以特殊关系的再构建。在认可美以特殊关系的基础上，理性对待以色列的安全诉求。安抚以色列的不安情绪，削减其政府中强硬派的政治施压，避免美国在伊朗问题上受以色列国内政治导向的绑架与牵制。"2013 年 3 月，他把第二任期首访地选在以色列，主要就在于安抚内塔尼亚胡政府，寻找美以之间对外交解决伊朗核问题的共识，防止以色列在伊朗核问题上急躁冒进。"[②]

其次，对以色列游说集团的再辨识。以色列游说集团对美国对外政策强大的影响力，已经引起了美国学者的警醒和反思。芝加哥大学约翰·米尔斯海默教授及斯蒂芬·沃尔特教授合著的《以色列游说集团与美国对外政策》一书，开启了学界对于以色列游说集团操控美国对外政策及控制公共话语权的剖析与批判，正如作者在前言中引用波特兰·罗素的话："在一切的事务当中，不时地对你长期认为理所当然的事情打上一个问号，那是一件有益的事情。"[③] 这种质疑不仅影响到公众舆论的取向，也在一定程度上降低了游说集团对与政界的影响力，减少了以色列因素对于美国伊朗政策的影响。

执政 6 年来，奥巴马政府对伊政策走向历经起伏变化。上任初期，

---

① Jeff Zeleny, David M. Herszenhorn and Perer Baker, "In Interview, Obama Talks of 'New Approach' to Iran", http://www.nytimes.com.

② 沈雅梅：《美国对伊朗政策调整的动因及其空间》，《现代国际关系》2013 年第 6 期，第 48 页。

③ John J. Mearsheimer and Stephen M. Walt, *The Israel Lobby and U. S. Foreign Policy*, Farrar, Straus and Giroux, New York, 2007, preface.

在“变革”的口号和思维模式下，奥巴马政府力主调整小布什时期僵硬的美伊关系，开展对伊缓和外交，主动实施“接触”政策；2010 年 7 月 2 日，奥巴马签署了《伊朗制裁、问责、撤资综合法》，以此为分水岭，美国的伊朗政策急速回归，由接触转为遏制；2013 年初以来，连任后的奥巴马再次调整对伊政策，转向接触、遏制双轨政策。由是观之，奥巴马政府对伊政策经历了调整、回归、到再调整的轨迹。奥巴马政府对伊朗政策的两次转向都有绕不过的以色列因素，如果说由调整到回归是以色列国内、美国犹太利益集团百般牵制，以及美国对以色列固有的战略文化使然，那么由回归到再调整，则是美国学、政两界对以色列因素评估反思与校正的结果。“正如有关智库所指出，伊朗问题有可能是奥巴马中东战略中所面临的最为棘手的问题。由于伊朗对伊拉克问题、阿富汗问题、巴以和平问题乃至所有中东问题的巨大影响，伊朗问题能否得到解决、美伊关系能否得到改善，无疑将关系到美国中东战略成败的全局，并考验奥巴马的外交智慧。”①

① 刘中民：《和平与反恐：奥巴马政府中东政策面临的双重挑战》，《外交评论》2009 年第 5 期，第 82—83 页。

传承与嬗变

——当代伊斯兰主义浅析

李高峰

在当前国际政治的大背景下，宗教原教旨主义与宗教政治化已经成为后冷战时代的一个主要关切。从社会学的观点来看，宗教是一个社会客观存在。因此，宗教原教旨主义也是一个社会客观存在。宗教原教旨主义是宗教政治化和概念化的一个现象，伊斯兰有这样的现象，基督教和犹太教也有这样的现象。但我们需要指出的是，宗教原教旨主义是一个全球现象，并不特指伊斯兰原教旨主义，而伊斯兰主义①仅仅是宗教原教旨主义这一总体现象的一个伊斯兰变种。所以，在伊斯兰研究中，我们需要考察伊斯兰作为一个整体的基本主张与政治诉求，厘清伊斯兰与伊斯兰主义两者之间的联系与区别。同时，我们也要甄别和区分“政治伊斯兰”、“伊斯兰政治化”和“伊斯兰觉醒”等这些给伊斯兰政治化贴上的不同标签。然而，我们发现几乎所有的伊斯兰主义者都有共同的伊斯兰信仰目标，但也存在分歧，尤其表现在战略手段的运用上：其中既有暴力的“吉哈德”，也有制度性的参与。随着时代的发展，他们的

---

① “伊斯兰主义”（Islamism）或“伊斯兰主义者”（Islamist）指那些声称伊斯兰教，或更具体而言，声称沙里亚（伊斯兰教法）能为人类生活所有领域均能提供指导，并因此要求建立“伊斯兰国家”或者“伊斯兰秩序”的穆斯林。“伊斯兰主义”概指坚持伊斯兰发展道路的政党、组织及其成员。它是自20世纪70年代以来世界范围内伊斯兰复兴的重要层面。“伊斯兰主义”一词词义较为中性，较能为穆斯林学者所接受，越来越多的中外学者也愿意使用这个称谓，并以取代此前所称的“伊斯兰原教旨主义”或“政治伊斯兰”。

基本价值观趋于一致：就是以伊斯兰的方式来塑造国内和国际秩序。

一、全球化背景下的伊斯兰主义

全球化是宗教原教旨主义兴起的大背景，这也是当代伊斯兰主义与伊斯兰政治化相互联系的根本。[①] 在全球化背景下，伊斯兰传统与变革时时刻刻都受到现代化的影响。因此，全球化的普遍性以及伊斯兰传统的结构都包含在伊斯兰主义里面。但这也导致了伊斯兰作为一个整体防御性文化的出现，而没有成为一个推动性力量来对激进的伊斯兰主义进行塑造。

世界上有大约 13 亿人信仰伊斯兰教，属于想象中的乌玛社团，还包括散居各地的穆斯林。对于伊斯兰来说，人们对其认知和解释存在巨大的分歧。一些西方学者在看待伊斯兰主义时，缺乏对伊斯兰的深入了解，并不是源于对伊斯兰的研究，也没有深入去了解原教旨主义的宗教联系，只是抱着固化的社会解释不放。而对于伊斯兰主义者来说，原教旨主义才是宗教的基本面，自己才是真正的信道者，他们错误地呈现了这一意识形态才是伊斯兰的基本面，并且顺从于原教旨主义。[②] 实际上，这里所指的基本原理大多数是高度选择性的。这个词 usuliyya（原教旨主义）是近期才加到阿拉伯词汇和伊斯兰语言中的，但是这一现象本身要远远早于赋予它这个含义的单词。虽然伊斯兰主义者接受诸如“原教旨主义”（uauliyya）这样的词汇，或者是“政治伊斯兰”，但他们更愿意认为这是伊斯兰的觉醒（al-Sahwa al-Islamiyya）。

那么，什么是伊斯兰主义？它与伊斯兰有什么不同呢？塔里格·拉玛丹（Tariq Ramadan）（穆斯林兄弟会的创始人哈桑·班纳的孙子）认

---

① Frank J. Lechner and John Bali, *The Globalization Reader*, Oxford: Blackwell, 2008, pp. 358 – 363.

② Hasan Hanafi, *al-Usuliyya allslamiyya* [Islamic Fundamentalism], Cairo: Madbuli, 1989, p. 21.

为伊斯兰主义是从早期的阿富汗尼的"伊斯兰复古主义"一直到哈桑·班纳的"政治伊斯兰"。伊斯兰世界第一次原教旨主义运动是成立于1928 年的穆斯林兄弟会。[①]

但很多人并不认同这样的历史划线，他们认为伊斯兰主义并不是复古主义，而是一个传统的变革。伊斯兰主义的主要争论在于伊斯兰与国家的结合，这个词既不包含在《古兰经》里，也不存在于先知的圣训里。同样的情况还有"伊斯兰体系"（nizam Islami）和"伊斯兰政府"（hukumah Islamiyya），这些伊斯兰词汇也并不在于伊斯兰的传统中。

伊斯兰主义反映了政治意识形态，并不是伊斯兰传统的信仰，但它深深植根于伊斯兰。在后冷战时代，尤其是东西方冷战结束时，赛义德·库特卜的思想成为组织伊斯兰运动的核心意识形态。库特卜是政治伊斯兰的精神领袖，同样也是吉哈德主义与和平的制度伊斯兰主义的精神领袖。两者的区别就在于诉诸的手段不同：一个是制度性参与，另一个是发动"圣战"。但两者的目标是一样的：伊斯兰秩序与统治。确切地说，伊斯兰原教旨主义分子并不仅仅在国内活动，他们还旨在联结散落世界各地的穆斯林来实现他们的目标[②]——就是建立真正彰显伊斯兰统治的"沙里亚"国家。

这样，我们就看到了所有宗教原教旨主义的相似之处——宗教原教旨主义者有普遍性的诉求，但在宗教的观点中是缺乏这种普遍性的。而伊斯兰主义者把"伊斯兰之境"作为一个世界实体，并把伊斯兰的世界观延伸到整个人类。库特卜呼吁伊斯兰世界通过宇宙的圣战来创建伊斯兰秩序，强调伊斯兰秩序、建立伊斯兰国家只是这一构想的第一步，但并不能只是局限于想象中的"伊斯兰之境"，而是要在全世界付诸行动。

总而言之，进入 21 世纪，伊斯兰主义在很大程度上具有以下特点：1. 政治方面：伊斯兰强调政教合一，把伊斯兰教解释成为一种政治化宗

---

① Richard P. Mitchell, *The Society of the Muslim Brothers*, London: Oxford University Press, 1969, p. 45.

② Bassam Tibi, "Muslim Migrants in Europe. Between Euro-Islam and Ghettoization," in *Muslim-Europe or Euro-Islam: Politics, Culture, and Citizenship in the Age of Globalization*, New York: Lexington Books, 2002, pp. 31 – 52.

教，规定国家的神圣秩序应该由伊斯兰政府来缔造。2. 法律方面：伊斯兰主义新创制的“沙里亚”法的概念已经超出了伊斯兰教法的传统观念以及《古兰经》的道德内涵，[①] 从本源上看，该法不但是一部涵盖了结婚、离婚、继承等等诸多生活方面内容的民法，而且还是为了国家秩序所准备的，是一部政治秩序极权化的国家法律。3. 文化方面：假设世界上所有的穆斯林形成一个整体的乌玛社会，这一想象的社团反映出整个穆斯林世界共享同样的文化，并且彰显了共同的伊斯兰文化诉求。但另一方面，伊斯兰文化特质在某种程度上是不接受文化的多样性，不仅仅是对待整个世界，在伊斯兰内部也是如此，否认宗教的多元化。基于这样的理解，乌玛社团最终变成了一种民族身份认同，一个统一的封闭团体。尽管如此，在伊斯兰观念中还是希望乌玛社团能够扩展到全球。4. 军事方面：吉哈德[②]是传统的伊斯兰观念，像沙里亚法一样，它已经超出了原来《古兰经》的传统含义，变成了圣战主义，使得非法战争合法化，把恐怖主义理解成不对称战争。

上述特征是所有伊斯兰主义者所共有的。就如前文所述，在伊斯兰主义者之中，最显著的区别在于是制度伊斯兰还是圣战伊斯兰。制度伊斯兰最明显的例子是温和的土耳其伊斯兰主义者，他们追求的目标是通过政治参与来构建民主体系。这些制度化的伊斯兰主义者延续着土耳其政治伊斯兰的传统。[③] 相反的一个极端就是圣战主义[④]，最具代表性的就是基地“组织”及其网络，在全球层面和国家层面都威胁着国际安全。

---

① Joseph Schacht, *An Introduction to Islamic Law*, Oxford: Clarendon Press, 1979, p. 92.

② Bassam Tibi, "War and Peace in Islam," in *The Ethics of War and Peace: Religious and Secular Perspectives*, Princeton: Princeton University Press, 1998, pp. 128 – 145.

③ Bassam Tibi, "Turkey's Islamist Danger, Islamists Approach in Europe," *Middle East Quarterly* 16, no. 1 (2009): pp. 47 – 54.

④ Bassam Tibi, "Religious Extremismnational andor Religionization of Politics? The Ideological Foundations of Political Islam," in *Radical Islam and International Security*, ed. Hillel Frisch and Efraim Inbar, New York: Routledge, 2008, pp. 11 – 37.

二、伊斯兰政治化——当代伊斯兰主义的历史传承与嬗变

为了能够正确地理解伊斯兰主义，我们也需要从宗教功能以及宗教的社会功能来审视它。为此，我们不能简单地反对政治伊斯兰和吉哈德主义，但我们确实也需要把伊斯兰教以及温和的穆斯林与吉哈德恐怖主义分离开。从根本上说，伊斯兰传统的世界观是以新的方式决定了原教旨主义者的意识形态。这个伊斯兰现象本质上既是政治涵义上的，也是宗教意义上的。所以，我们分析这一现象如果仅仅从社会政治背景上就会忽视这一点。

首先，我们需要了解不同历史阶段政治伊斯兰的崛起。1928 年穆斯林兄弟会成立，从一开始这一运动就涉及到广泛伊斯兰信仰的政治化，它在塑造了伊斯兰秩序或者伊斯兰政府的观念的同时，也推动了作为极端主义的吉哈德主义的发展，这让吉哈德的宗教信条和法律观念有了新的涵义。随着在宗教外衣的包裹下的宗教的回归，传统的伊斯兰世界观发生了改变。

这一过程在班纳的著作和库特卜的作品中都有阐述，但这些思想的传播远远超出了埃及，席卷了整个伊斯兰世界。① 这些著作和库特卜的作品一起被视为伊斯兰主义意识形态的基石。因此，在伊斯兰当代历史中，把班纳等同于 19 世纪伊斯兰复兴主义者阿富汗尼，是一种误解。

其次，在形成阶段，也就是从 1928—1966 年库特卜被处死的这一时期，穆斯林兄弟会播下了新方向的种子——从伊斯兰到伊斯兰原教旨主义的转变。在 1928—1967 年这一阶段的早期，政治伊斯兰或多或少还处在边缘。这一情况的转折点是 1967 年的“六・五战争”，阿拉伯国家被

① Hassan al-Banna, *Majmu'at Rasail al-Imam al-Shahid*, Cairo: Dar al-Da'wa, 1990. Herein the basic essay on jihad, pp. 271 – 292.

击败，这一事件成为加剧阿拉伯世界合法性危机的一个分水岭。[①] 纳赛尔主义等一些世俗的意识形态直到1967年才开始流行起来，现在也被原教旨主义者改变了。在阿拉伯世界所发生的这些事件，冲击了伊斯兰文明的核心，并在整个伊斯兰世界产生了涟漪影响。政治伊斯兰开始成为一股推动力量，其范围远远超出了中东，并极强地展现出这是伊斯兰世界解决失败制度的最终选择，并想为整个世界提供秩序观念。

最后，从世界范围来看，所有宗教原教旨主义都有两个共同的目标：第一，去世俗化；第二，在新的“向西方造反”的框架下社会去西方化，特别是针对文化现代性的西方价值观，因为这些价值观总是让人联想到西方霸权。此外，更为重要的是这两个目标紧紧地相互交织在一起，并在新的形势下发生着复杂而深刻的互动。我们反复强调：一些伊斯兰主义者企图颠覆世俗政权的任何尝试都是他们追求世界新秩序的一个步骤。穆斯林兄弟会创建者、理论家哈桑·班纳认为，西方世俗主义和物质主义是伊斯兰社会全面衰落的主要原因，因此需要“回到伊斯兰教中去”，以《古兰经》和圣训作为重建伊斯兰政府体制的主要源泉，以此来解决伊斯兰社会的各种问题。[②] 伊斯兰主义作为宗教原教旨主义的一个变种，并不包括恐怖主义，而是追求世界和国家的秩序。这个过程的发生也可以说是思想的战争。这个比起“基地”恐怖主义本身来说更显得重要。

在库特卜的著作《路标》[③] 一书中，他给出了伊斯兰的路标，不但是给所有的穆斯林的，而且是给整个人类的。库特卜的战略分为两步：第一部是建立真主主权的伊斯兰家园；第二步是在伊斯兰至高无上的权威下，发动一场伊斯兰革命来达到世界和平。在这一意识形态的影响下，伊斯兰主义加速全球化。这场全球伊斯兰革命的矛头直指“贾希利亚”（伊斯兰的蒙昧时代），这种伊斯兰思想的大历史背景是伊斯兰的衰落和

---

① B. Tibi, *Conflict and War in the Middle East. From Interstate War to New Security*, New York: St. Martin's Press, 1993, 2nd edition, 1998, chapters 3 and 4; pp. 50 – 75.

② John L. Exposito, *Islam and Politics*, New York: Syracuse University Press, Fourth Edition, 1998, pp. 137 – 138.

③ Sayyid Qutb, *Ma'alim fi al-Tariq* [*Signposts along the Road*], reprint; Cairo: Daral-Shuruq, 1989, pp. 5 – 10, pp. 201 – 202.

西方世界的崛起。[①] 库特卜的影响不是只局限于吉哈德主义的“基地”组织，它同时也延伸到了制度化的和平伊斯兰主义。从某种意义上来说，这种情况已经成为是当代伊斯兰的一个主要的方面。

总而言之，伊斯兰对于伊斯兰主义者来说，是一整套基于神圣秩序观念的统治体系，它建立起来了穆斯林世界和世界其他地方的联系。伊斯兰原教旨主义乌托邦式的空想用伊斯兰主权代替了主权国家流行的威斯特法利亚世俗秩序。由于这个原因，伊斯兰政治化才成为国际安全的关注点。因为伊斯兰主义是宗教原教旨主义的一个变种，而宗教原教旨主义对其政治信仰的主张具有普遍性。所以，伊斯兰主义者把伊斯兰文明置于与其他人类文明的对抗之中，并在伊斯兰内部制造了分裂。

三、伊斯兰政治化的核心目标追求

伊斯兰政治化属于宗教原教旨主义的组成部分，但宗教原教旨主义的许多变种在冷战结束之前就形成了。因此，伊斯兰政治化既不是后冷战时代的结果，也不是缘于地区和局部冲突。总体来说，对于伊斯兰政治化比较理性的理解应该是：这一现象源于伊斯兰的内部危机，是伊斯兰世界在面对现代化和全球化时产生的一种“抗体”；同时，这也是在伊斯兰改革失败和伊斯兰自由主义衰落之后，整个伊斯兰世界产生的一种十分强烈的“被围困感”；除此之外，伊斯兰世俗化的意识在解决国家发展时显得无能为力，正因为如此，伊斯兰世俗化正在被由伊斯兰主义带来的去世俗化所代替。

实际上，重新塑造世界的驱动力是任何宗教原教旨主义的基本特点之一，而伊斯兰政治化只是表现出一种特别的方式来解决缔造政治秩序的困难。伊斯兰政治化的观念认为：传统的创制源于圣训，这是伊斯兰

---

① Bernard Lewis, *What Went Wrong? Western Impact and Middle Eastern Response*, New York: Oxford University Press, 2002, pp. 3 – 17.

宗教的回归；但为了追求一种新的世界秩序，伊斯兰世界认为采取政治上的改变是可以奏效的。基于这样的理解，宗教政治化有着深刻的全球社会政治背景。我们对于宗教政治化要有一个基本的认知：宗教作为一种文化体系，与政治、社会以及社会经济发展之间有着复杂而深刻的互动关系。对于伊斯兰和伊斯兰主义来说，大体上有三点基本的主张：

首先，对于普通的穆斯林来说，伊斯兰是一种信仰和文化体系，规范着穆斯林生活的方方面面，而不是国家政治秩序的一个框架。相反，对于伊斯兰主义者来说，伊斯兰被解读为是一种严格基于“沙利亚”法的国家秩序。而对于现代伊斯兰来说，这种在传统功能上的创制是伊斯兰文明在面对全球现代化所造成的危机的一种回应。伊斯兰主义是宗教原教旨主义的一个变种，反映了伊斯兰世界对于现代化的一种强势的文化回应——伊斯兰世界的反击——伊斯兰主义主张重新塑造世界，由以前的被挑战者成为了当前世界秩序的挑战者。

其次，从另一个方面来说，伊斯兰主义被解读为宗教原教旨主义的变种，这其实对伊斯兰主义也有欠公允，因为伊斯兰主义在发展过程中也有其合理的诉求部分，它和其他的社会发展和文化传承中遇到困难的应激反应是一样的，是一种伊斯兰世界独有的意识形态。只不过是随着全球化的不断深化，伊斯兰世界的内部和外部危机不断凸显，伊斯兰政治化强势回应这些危机，所以，伊斯兰主义从某种程度上表现出来阻碍了伊斯兰世界加入基于和平与秩序为要素的国际社会，也阻碍了穆斯林与非穆斯林之间、以及穆斯林内部的和谐。

最后，伊斯兰主义把“沙利亚”提升到整个国家法律体系的水平，甚至主张成为宪法制度。伊斯兰的“沙利亚”不但与立法法律相抵触，而且会使得“沙利亚”极权化，与现代民族国家的理念相冲突。[①]“沙利亚”化的伊斯兰不但让穆斯林与其他人类社会所隔离，也在伊斯兰内部也制造了分歧。在伊斯兰主义者的追求中，最终的目标就是建立以伊斯兰“沙利亚”为基础的国家，而不是一个民主国家。政府与个人在政治

---

① Ann Elisabeth Mayer, *Islam and Human Rights*, Boulder, CO: Westview Press, 1991, pp. 277 – 299.

形态上的分离是民主的关键，伊斯兰主义者反对这样的切割，他们认为沙利亚是民主立宪主义的一种表述，这明显与国际社会的普遍原则不符。

简言之，伊斯兰政治化是宗教原教旨主义的一个变种，而宗教原教旨主义会挑战核心的世界秩序，威胁的不仅仅是世俗主义①，还有穆斯林对于美好未来的追求，以及宗教和文化多元化的追求。作为一种极权的意识形态，伊斯兰主义反对多元主义原则，这在很大程度上又加剧了伊斯兰在面对现代化时的困境。② 所以，为了能够融入国际社会，穆斯林不仅需要把信仰从原教旨主义和它的秩序观念中剥离出来，达到去政治化的目的；而且还需要通过宗教改革来“重新思考伊斯兰”；更为重要的是，伊斯兰世界需要付出巨大的努力来重新思考伊斯兰与现代化的适切性。

四、伊斯兰困境：历史的“转向”亦或“终结”？

从公元7—17世纪，伊斯兰文明的影响力十分巨大。西方的崛起改变了整个世界，西方现代化的军事技术是基于战争的工业化，这导致了伊斯兰圣战处于历史的低潮期，取而代之的是欧洲的殖民扩张。伯纳德·刘易斯（Bernard Lewis）曾详细表述了这一过程：这就是伊斯兰主义者对当前的世界秩序的认知，也就是西方世界真正地替代了伊斯兰的统治，而伊斯兰主义者想通过“向西方造反”来颠覆这一历史发展趋势。

伊斯兰主义并不是一个解放理论，但是它对于非穆斯林来说具有一定的威胁性。当代伊斯兰主义挑战世俗民族国家，认为其无法满足发展的需求，而且是有缺陷的，但其所鼓吹的神圣秩序也是非穆斯林所不能接受的。因此，伊斯兰至高无上的权威是不可能被接受的。这就像人们可以理

① Daniel Philipott, “The Challenge of September 11 to Secularism in International Relations,” *World Politics* 55, no. 1 (2002), pp. 66 – 95.

② Bassam Tibi, *Islam's Predicament with Modernity: Cultural Change and Religious Reform*, New York: Routledge, 2009, pp. 65 – 94, pp. 209 – 236.

性地批评美国在外交政策中对于人权的工具性使用，但人们不会自然地反对人权作为一个普遍关切。

过去，伊斯兰文明有着自己辉煌的帝国时期。[①] 伊斯兰帝国衰落后，伊斯兰世界成为了欧洲的殖民地。今天的“伊斯兰之境”（daral-Islam）不仅仅是想象中的社会，实际上，它已经细分成了民族国家。在非殖民化过程之中，伊斯兰世界通过加入民族国家的国际体系，并努力适应新的国际环境。然而，伊斯兰主义者却想通过伊斯兰的整体转向来颠覆这一历史进程。这也就是伊斯兰主义者想用“历史的转向”来代替“历史的终结”的内涵。

在中东的阿拉伯世界，原来奥斯曼土耳其帝国的行省在非殖民化后成为民族国家，并沿袭了西方的模式。从一开始，新的阿拉伯国家就遇到了挑战，这些挑战就是泛阿拉伯主义、世俗的阿拉伯国家主义、以及当前的政治伊斯兰。[②] 它们总是被两个问题所困扰：第一，普遍的伊斯兰主义以及泛伊斯兰主义（这两点经常被错误地认为是一样的）与民族国家之间的紧张关系；第二，地区主权国家（例如：叙利亚、伊拉克等）与泛阿拉伯国家观念之间的冲突，而泛阿拉伯国家观念也挑战了现存的民族国家的合法性。所以，阿拉伯国家体系从一开始就麻烦不断。这些国家从某种程度上来说是“名义上的民族国家”，这些国家缺乏一个民族国家所必需的主要内容：政体、公民社会、公民权以及相关的国家认同。而伊斯兰主义就是给这些名义上的民族国家带来巨大的挑战。

我们认可文化现代性的普遍意义，反对政治伊斯兰的普遍主义，事实上，这种西方模式在中东阿拉伯世界并不奏效，在中东阿拉伯世界现存的民族国家被现实主义者和理想主义者共同嘲笑为“集合在国旗下的部落”。扮演主要角色的埃及伊斯兰主义者和穆斯林兄弟会尤瑟夫·卡拉达维（Yusuf Qaradawi）都谈到了这些不足和缺点。在尤瑟夫·卡拉达维名为《伊斯兰方案》三卷本的著作中，卡拉达维认为，政治伊斯兰最早的传统

---

① Efraim Karsh, *Islamic Imperialism: A History*, New Haven: Yale University Press, 2006, p. 135.

② B. Tibi, *Arab Nationalism. Between Islam and the Nation Slate*, New York: St. Martin's Press, 3rd edition, 1997, p. 242.

在埃及。他通过大量的著作和现代传媒把伊斯兰主义的宣传报道推广到了全球层面，甚至包括散居在欧洲的穆斯林。卡拉达维拒绝来自西方的任何东西，包括民主，因为他认为这是一个外来的解决方案。这些误导性的言论成为了指责西方并解决伊斯兰世界自身问题的药方。在这样的背景下，他呼吁伊斯兰整体上要“去西方化”来净化伊斯兰世界，并且这也是整个世界伊斯兰化的先决条件。

与班纳和库特卜一样，卡拉达维也是今天首屈一指的伊斯兰主义权威。他号召重新回归伊斯兰，但他所指的伊斯兰并不是传统的，只是基于传统的一个变革。当然，宗派力量也会限制他的影响，因为伊斯兰主义中的逊尼派和什叶派也是竞争激烈。尽管他们之间存在分歧，但伊朗伊斯兰革命成功地展示了伊斯兰主义者不但能够掌握政权建立“伊斯兰国家”，还能够让国家拥有核力量。①

当今的伊斯兰世界，我们探讨的还是主流的逊尼派伊斯兰主义。伊朗伊斯兰革命虽然是什叶派的成功，但它的影响还是有限的。它加速了伊斯兰原教旨主义的扩散，但并没有催生出政治伊斯兰，政治伊斯兰作为逊尼派的现象在半个世纪前就出现了。虽然如此，伊朗伊斯兰革命的领导者一直认为伊斯兰共和国具有成为核国家潜力，会成为“宇宙的中心”。

在东西方冷战结束之后，弗朗西斯·福山（Francis Fukuyama）就曾预言希望的前景，提出了“历史的终结”这一论断，并认为这是西方价值观的彻底胜利。然而，这并没有成为现实，正在发生的事情正好与之相反：伊斯兰主义主张恢复伊斯兰信条和训令，但只是伊斯兰传统的变革而已，这又在伊斯兰世界与西方世界重新引发了历史的对立情绪。这种对西方的反抗又产生了伊斯兰主义的新现象，不过这还是有它深刻历史的根源。这种新现象并不是被构建的，而是在伊斯兰世界与基督教欧洲之间重新书写着历史，就像约翰·凯尔西所言：当代有很多回归伊斯兰的情况是由穆斯林作为一个团体的整体认知所推动的，是一件必须完成的任务。而这种集体认知有时会导致冲突，尤其是在西方世界与伊斯兰世界之间。斗争的焦

---

① Alireza Jafarzadeh, *The Iran Threat. President Ahmadinejad and the Coming Nuclear Crisis*, New York: Palgrave, 2007, pp. 47 – 49.

点是谁将为世界秩序给出基本的定义，是西方世界还是伊斯兰世界？西方世界倡导领土边界的概念，市场经济秩序，信仰个人化，以及看重个人权利等等。而伊斯兰世界则强调跨部落团体的普遍义务，号召建立基于纯洁的一神论与自然人性的社会秩序。对于那些设想世界秩序的人来说，问题是："在新的国际环境下，谁来决定秩序的塑造？"其中的关键问题就在于竞争——对于和平、秩序与正义的不同理解而形成的文化传统之间的竞争。从另一个层面来说，这也蕴含着对于构建基于人类共同体概念的世界新秩序的悲观主义情绪。①

不可否认，伊斯兰世界比西方早很长时间就已经引发了被认为是全球化的过程，它试图把伊斯兰的模式对世界其他地方施加影响。伊斯兰的扩张其实是全球化的第一种模式，虽然它没有在整个世界范围内获得成功。在中世纪的历史中，这种"伊斯兰化"② 的全球化是一个历史事实。当阿拉伯穆斯林在公元7世纪开始征服战争时，这种"伊斯兰化"就已经形成了，并且一直持续到17世纪的奥斯曼土耳其帝国。在那个历史时期，穆斯林的目标是把伊斯兰文明推广到全世界。而在阿拉伯帝国衰落之后，实力不断上升的土耳其人继续这种早期的伊斯兰扩张，直到西方世界的崛起。从16—19世纪，西方的崛起缘于战争的工业化以及西方的军事革命。伊斯兰扩张与伊斯兰圣战被西方的全球化所替代。③ 这就是现在伊斯兰主义想要复兴的这段历史。

库特卜号召在伊斯兰的统治下进行世界革命来达到世界的和平与繁荣，这其中就包括与犹太人的战争。在他的观念里，伊斯兰主义者注定要和犹太人竞争，为了达到统治世界的目的，也是为了回到辉煌的过去。

西方在政治领域、经济领域以及军事领域依然在世界上占有优势，但是他们的价值观总是从文化意义上受到质疑。福山关于"历史的终结"的假设，认为这是欧洲价值观的胜利，这一观点被证明是错误的。在东西方

---

① John Kelsay, *Islam and War: A Study of Comparative Ethics*, Louisville, KY: John Knox Press, 1993, pp. 115 – 118.

② Marshall G. S. Hodgson, *The Venture of Islam. Conscience and History in a World Civilization*, 3 vols. Chicago: University of Chicago Press, 1974, p. 342.

③ Geoffrey Parker, *The Military Revolution: Military Innovation and the Rise of the West, 1500 – 1800*, Cambridge: Cambridge University Press, 1988, p. 57.

对峙的两极体系崩塌之后，文明的历史回归也就是对于意识形态方面受到其他文明历史与文化压制的强烈回应。

因此，新形势下，伊斯兰主义与伊斯兰政治化互为表里，传统的伊斯兰主义发生嬗变，而伊斯兰原教旨主义在很大程度上就代表了伊斯兰世界和伊斯兰文明的这种历史的回归。但不幸的是，这种历史的回归包含了许多的陷阱：反西方主义、反美主义甚至是反犹主义。因此，这种发展趋势不是美好未来的标志。伊斯兰主义激发的文化对抗与紧张，还在不断引发暴力与冲突。[①]

五、结　论

从某种意义上来说，宗教的政治化遇到现代性就会导致宗教的原教旨主义。这一现象的伊斯兰变种就是伊斯兰主义，吉哈德主义只是伊斯兰主义的一个维度。因此，把政治伊斯兰同暴力等同起来是错误的，这两者有争论的地方是对建立伊斯兰神圣秩序的追求。伊斯兰主义的独特性在于通过建立伊斯兰世界秩序的想法，体现出对整个国际社会的价值判断，并且伊斯兰主义者认为这是伊斯兰国际主义所承担的重塑世界的历史任务。

伊斯兰的挑战并不仅仅是暴力层面，还有它去世俗化的目的。在国际政治中，怎样定义后世俗化社会，是一个给予宗教以新的角色的反西方的过程。在伊斯兰的例子中，宗教政治化的过程依然在进行着。这发生在两个层面上：在国内统治和国内政治方面宗教的伊斯兰原教旨主义，强调国内的秩序问题，而不是以颠覆为目标；另一个是：政治伊斯兰拒绝承认现今的世界秩序并且提供一种伊斯兰的选择。伊斯兰文明处在一

---

① Bassam Tibi, "Islam: Between Religious-Cultural Practice and Identity Politics," in *Cultures and Globalization: Conflicts and Tensions*, ed. Helmut Anheier and Yudhishthir Isar, London: Sage, 2007, pp. 221 - 231.

种危机的状态下，需要伊斯兰作为解决方案。①

总的来说，穆斯林所需要的不是政治伊斯兰，当代伊斯兰主义不但对于世界和平是个威胁，对于伊斯兰内部和平来说也是个威胁。为了能够解决实际问题，而不是强调文明的危机，穆斯林真正需要的是从伊斯兰沙里亚政治中分离出来。考虑到宗教改革与文化嬗变，伊斯兰伦理是基于伊斯兰人道主义的传统，这与民主、多元主义以及公民社会是相兼容的。然而，真正的温和的伊斯兰是不会不清楚伊斯兰主义——伊斯兰沙里亚国家的意识形态。只有当伊斯兰主义者放弃这项计划，那么他们才能成为合格的后伊斯兰主义者。

---

① Bassam Tibi, "The Return of the Sacred to Politics: The Case of Shari'atization of Politics in Islamic Civilization," in *Theoria: A Journal for Political and Social Theory* 55, no. 115 (April 2008): pp. 91 – 119.

后　记

冷战后，外交战略界和国际政治理论界的一个经常性的话题便是：在全球唯一超级大国美国之外，可能的新兴强国中哪一个将最先成为世界强国？毋庸讳言，主要归因于中国作为洲际大国的规模条件和改革开放事业，中国被认为是21世纪新的世界强国的头号候选者，至少现在和可以明确预见的未来时间里是如此。正因为如此，探讨中国崛起过程中面临着的诸多战略与安全问题，并将之置于世界大势之下予以考察，不仅是一项学术自觉，而且也是一项战略必需。

正是从实现中华民族伟大复兴的中国梦这样的高度出发，习近平主席号召我们要跟上战略创新步伐，增强战略素养，保持战略清醒。他指出："实现我们确立的奋斗目标，我们既要有'乱云飞渡仍从容'的战略定力，又要有'不到长城非好汉'的进取精神"。[①] 习近平主席的话，实际上揭示了这样一个深刻的道理：一个国家、一个民族、一支军队成熟的标志，是战略上的成熟。基于这样的理念，同时响应国家关于加强中国特色新型智库建设的伟大号召，从学院加强学科建设、学术科研、决策咨询三位一体建设发展需要出发，我们适时成立了战略与安全研究所，目的在于通过关注战略与安全问题，研究战略与安全问题，来牵引我们的转型发展，使我们的教学科研更加贴近实际，更加贴近国家战略需求。为此，在加强学术科研的同时，我们注意着力挖掘学院对于战略决策咨询的智力支持功能，以期及时地把学术成果转化为政策启示。

应当指出，学术科研作为战略与安全研究所的任务之一，一个很重

---

① 习近平："在纪念毛泽东同志诞辰120周年座谈会上的讲话"，载《人民日报》2012年12月27日02版。

要的方面，就是要像习近平主席所指出的那样，“要把当今世界的风云变幻看准、看清、看透，从林林总总的表象中去发现本质，尤其是认清长远趋势。”① 这就要求我们在研究战略与安全问题时，既要重视现实问题、热点问题、新兴战略领域问题的探讨，又要加强理论的研究与创新。为此，我们决定编辑出版”解放军国际关系学院战略与安全理论研究丛书”，并将《变革世界中的战略与安全》作为首本推出，目的在于强化这样一种思想认识，即当今中国已经进入了实现中华民族伟大复兴的关键阶段，中国与世界的关系正在发生深刻变化，同世界的互联互动也变得空前紧密。在这样的大背景下，中国要在21世纪前期实现中华民族伟大复兴的中国梦，不仅有赖于国内的改革开放事业不断取得进展，还有赖于中国科学认识和把握世界大势，科学制定和实施国家大战略。正因为如此，习近平主席强调，做好外交工作，胸中要装着国内国际两个大局。“国际大局就是为我国改革发展稳定争取良好外部环境，维护国家主权、安全、发展利益，维护世界和平、促进共同发展。”②

经过改革开放30多年的伟大实践，当今中国“比历史上任何时期都更接近中华民族伟大复兴的目标，比历史上任何时期都更有信心、有能力实现这个目标。”③ 在这种情势下，国际社会必然会高度关注中国，高度关注中国实力的迅速增长，高度关注中国对于力量的运用。有鉴于此，作为主编，经与宋德星教授等人反复讨论，我们集中了院内骨干学术力量，围绕战略与安全这一主线，撰写了一批国际关系文章，分为中国外交、美俄欧研究、东北亚研究、东南亚南亚研究、中亚中东研究等五个专题集结出版，以期明辨中国国家大战略赖以成功的外在战略环境和国内政策基础。这就是《变革世界中的战略与安全》一书的主旨所在。

---

① “习近平出席中央外事工作会议并发表重要讲话”，http：//news. xinhuanet. com/politics/2014 - 11/29/c_ 1113457723. htm

② 习近平：“坚持亲、诚、惠、容的周边外交理念”，载《习近平谈治国理政》，外文出版社2014年版，第299页。

③ 习近平：“实现中华民族伟大复兴是中华民族近代以来最伟大的梦想”，载《习近平谈治国理政》，外文出版社2014年版，第35 - 36页。

图书在版编目（CIP）数据

变革世界中的战略与安全/刘峰主编．—北京：时事出版社，2015.10
ISBN 978-7-80232-851-8

Ⅰ.①变…　Ⅱ.①刘…　Ⅲ.①国际形势—研究②国家安全—研究—世界
Ⅳ.①D5②D815.5

中国版本图书馆 CIP 数据核字（2015）第 135853 号

出 版 发 行：时事出版社
地　　　址：北京市海淀区万寿寺甲 2 号
邮　　　编：100081
发 行 热 线：（010）88547590　88547591
读者服务部：（010）88547595
传　　　真：（010）88547592
电 子 邮 箱：shishichubanshe@ sina. com
网　　　址：www. shishishe. com
印　　　刷：北京昌平百善印刷厂

开本：787×1092　1/16　印张：25.25　字数：364 千字
2015 年 10 月第 1 版　2015 年 10 月第 1 次印刷
定价：98.00 元
（如有印装质量问题，请与本社发行部联系调换）